陕西师范大学马克思主义理论研究丛书

陕西师范大学
马克思主义理论研究丛书

中共歷史人物研究

陈答才 著

中国社会科学出版社

图书在版编目（CIP）数据

中共历史人物研究 / 陈答才著. —北京：中国社会科学出版社，2017.5
（陕西师范大学马克思主义理论研究丛书）
ISBN 978-7-5203-0527-3

Ⅰ.①中…　Ⅱ.①陈…　Ⅲ.①中国共产党—历史人物—人物研究—文集
Ⅳ.①K820.7-53

中国版本图书馆 CIP 数据核字（2017）第 135658 号

出 版 人	赵剑英
责任编辑	宫京蕾
特约编辑	大　乔
责任校对	石春梅
责任印制	李寡寡

出　　版	中国社会科学出版社
社　　址	北京鼓楼西大街甲 158 号
邮　　编	100720
网　　址	http://www.csspw.cn
发 行 部	010-84083685
门 市 部	010-84029450
经　　销	新华书店及其他书店

印刷装订	北京君升印刷有限公司
版　　次	2017 年 5 月第 1 版
印　　次	2017 年 5 月第 1 次印刷

开　　本	710×1000　1/16
印　　张	30.25
插　　页	2
字　　数	496 千字
定　　价	118.00 元

序

杨胜群

　　陈答才教授这部《中共历史人物研究》，收录他三十年来研究中共历史人物有代表性的论文三十多篇。可谓三十年成一书！

　　历史是人的活动史。人物研究是历史研究的基础，重视人物研究是中国史学的优秀传统。中国近代以来，杰出人物辈出，演绎了波澜壮阔的中国近代史、当代史和中共党史。在众多的人物群体中，中共党史人物是一个最为璀璨夺目的群体。今天，加强对他们的研究，不仅是深化中国近代史、当代史和中共党史研究的需要，也缘于他们思想、精神的当代价值而具有重要的现实社会意义。

　　陈答才致力于毛泽东、周恩来等中共党史人物思想生平研究三十年，主要学术成就也在这个领域。早在 20 世纪九十年代初，他师从中共党史学界著名前辈学者彭明教授读博士学位时，就开始做周恩来思想生平研究工作，撰写出版了专著《周恩来经济建设思想论》。当时，老一辈革命家研究的专著尚不是很多。后来，他到陕西师大任教后，又撰写出版了《周恩来研究论稿》。这两部著作的出版，奠定了他在周恩来思想生平研究领域的学术地位。之后，他在这个领域没有止步，而且将研究的对象由周恩来扩大到毛泽东、刘少奇、朱德、邓小平、陈云等中共整个第一代中央领导集体成员和其他重要人物。用他自己的话说，是"把主要的老一代革命家几乎翻了一个遍"。有人问他是什么使他如此执着于中共党史人物研究，他说这是这一代党史研究工作者的责任，并认为只有在对中共党史上的重要人物个体和群体作出准确到位描述的基础上，才能真正构建起中共党史的鸿篇巨制。他还说，他是带着感情研究毛泽东、周恩来等老一辈革命家思想生平的。像他这种年龄、经历的人，说是带着感情做这件事，无疑是真实的。

　　有人认为研究历史要杜绝感情因素，这实际上并不客观。研究历史固然重在客观、理性分析，但又是与研究者的主观思想感情倾向不可分的。而且好的史学著作往往是在对历史客观、理性的阐述和分析中，自然地流露出作者鲜明的思想感情倾向的。被称为西方"史学之父"的希罗多德，也在作品里掩饰不住他对古希腊民众的爱国主义精神和雅典民主精神由衷的礼赞。中国历史上的《史记》等传世的史学著作，更是大都表现出作者鲜明的爱憎好恶。陈答才所研究的中共党史人物群体，是一个具有特殊历史意蕴的人物群体，只要是不带偏见，都会自觉坚持和维护历史对他们已有的正确评价。陈答才在研究中鲜明的思想感情倾向，并没有影响他对历史客观、理性的分析和判断。他有一个很好的习惯，就是在动手研究哪个人物哪怕是专题性的研究的时候，都要通读这个人物全部著述。这使他对人物研究的准备工作非常充分，保证自己的研究占有全面而翔实的材料，并根据材料作出自己的分析、判断，从而往往对一些重要问题能够形成和提出独到的看法和见解。这一点，对于中共党史人物研究可谓至关重要，笔者才做了可贵而深入的尝试。

杰出历史人物的思想生平总是多侧面的。这部论文集，从政治、经济、文化、党建、军事等多方面，分别对毛泽东、周恩来等老一辈革命家的思想生平做了多方面、多视角的深入研究，为拓展中共党史人物研究的视野提供了有益的启示。但是，他又以多年对这些人物考察的多重积累，形成了他研究这些人物的两个主要的视角或主线：

一是这些人物与马克思主义中国化事业的关系。中共党史也可以说是一部马克思主义中国化的历史。毛泽东、周恩来那一代中国共产党人，最早接受并在中国传播马克思主义，并一生致力于马克思主义中国化事业。他们在思想上最重要的贡献，都可以归结为马克思主义中国化。瞿秋白曾经说他们那一代人是"群流并进"，指的就是他们思想上的这一共性特征。陈答才抓住这个人物群体的这一共性特征，以此作为主要视角，分别对毛泽东、周恩来、邓小平等老一辈革命家对马克思主义中国化所作的种种探索、思考及独特贡献进行了深入的分析和概括。这在今天，不仅是中共党史人物研究的有益工作，而且是深刻总结历史经验继续推进马克思主义中国化的有益工作。

二是这些人物的精神世界。杰出历史人物不仅以其不朽的业绩彪炳于史，而且以其崇高的精神品格垂范于世。他们发挥推动历史前进的作用，同他们的人格力量是分不开的。因此，研究历史人物，不仅要全面真实地描述其思想业绩，还要深入揭示其精神品格特质。这也是一种学术境界。陈答才从开始研究老一辈革命家起，就注重研究人物的精神世界，他是最早响应研究"周恩来精神"的学者之一。这部论文集里，有多篇论文是比较集中地阐述老一辈革命家的精神品格及其核心价值观的。研究人物的精神品格，无疑比研究人物的业绩思想要难，陈答才迎难而上，作出了出色的文章。

三十年成一书，反映了陈答才执着的学术追求和突出的学术精进。这部论文集，是中共党史人物研究可喜可贺的新成果，相信会对中共党史人物和中共党史研究产生积极的影响和作用。

（作者系全国政协常委、中共中央文献研究室原常务副主任、中国中共党史学会副会长、中国中共文献研究会副会长）

目　录

毛泽东研究

周恩来研究

刘少奇研究

朱德研究

邓小平研究

陈云研究

李达研究

董必武研究

恽代英研究

毛泽东研究

试论毛泽东的人民民主思想

　　争取人民民主是科学社会主义理论和实践的重要内容，也是毛泽东思想的重要组成部分之一。尽管国际共产主义运动在当前走入了低谷，但中国的社会主义建设却依然充满生机。之所以能够如此，除了我们在经济上进行大胆改革、对外开放、发展生产力，使人民生活水平迅速提高之外，在政治上不断发展社会主义民主，坚持包括人民民主专政在内的四项基本原则也是主要原因。因此，在这样一个新的历史条件下重温毛泽东在人民民主方面的论述，领会其精神实质，对推进现阶段的改革开放，夺取建设有中国特色社会主义的胜利仍具有理论指导意义。毛泽东的人民民主思想至少包括如下几方面。

　　第一，赋予民主以更科学的新含义。

　　"民主"作为一个概念，是两千多年前由古希腊史学家希罗多德提出的。其音译是"德莫特"和"克拉西"，本意是"人民的权力"或"多数人的统治"。就是说，"民主"最初的提出，就是作为一定的国家统治形式出现的。但民主真正成为国家形态，则是在资产阶级政权建立之后。新兴的资产阶级为发动群众、组织力量反对封建专制制度，提出了"主权在民""天赋人权"口号，并创立了一整套民主理论。为适应资本主义生产的发展，他们又创立了议会制、普选制等民主形式，并在实践中使之制度化、法律化。从社会发展的历史长河来考察，这无疑"是一种巨大的进步"。① 然而，这种民主制度又"不能不是狭隘的、残缺不全的、虚伪的、骗人的民主，对富人是天堂，对被剥削者、对穷人是陷阱和骗局"。② 因此，无产阶级革命导师在创立科学社会主义时，力主实现民主

---

① 《列宁全集》第 29 卷，人民出版社 1985 年版，第 42 页。
② 《列宁全集》第 3 卷，人民出版社 1984 年版，第 630 页。

的本来含义，即以多数人的意志来治理国家，让人民当家作主。马克思和恩格斯曾指出："工人革命的第一步就是使无产阶级上升为统治阶级，争得民主。"① 列宁力主实现的民主"就是承认少数服从多数的国家"。② 作为中国人民革命领袖的毛泽东，他的一生既是为中国人民革命和建设事业奋斗的一生，也是实践马克思主义民主学说，为中国人民争得民主的一生。他在实践过程中结合中国半殖民地半封建社会的国情，赋予民主以更加科学的新含义。

首先，毛泽东提出了"人民民主"这个概念。1939 年 5 月 4 日，他在《青年运动的方向》这篇讲话中指出：我们革命的目的，"就是打倒帝国主义和封建主义，建立一个人民民主的共和国"。③ 次年 1 月，他又以"新民主主义论"为题，阐明中国革命分两步走的历史进程。第一步就是在中国建立新民主主义的政治、经济和文化。在"民主"前面加一个"新"字，以区别于一切旧的民主。所谓新民主主义的政治，简言之，就是"国体——各革命阶级联合专政。政体——民主集中制"。④ 从而勾画出中国民主政治的蓝图。抗战胜利前夕，毛泽东在《论联合政府》的报告中反复阐述新民主主义的政治、经济、文化，都不应该是"少数人所得而私"的，并再次强调中国共产党的纲领是"彻底消灭日本侵略者，并建立独立、自由、民主、统一和富强的新中国"。⑤ 解放战争时期，随着革命形势的迅速发展，统治中国 22 年之久的国民党反动政权迅速崩溃。于是，筹建新中国便摆到了议事日程。1949 年 6 月 30 日，毛泽东发表《论人民民主专政》一文，明确指出未来中国的国家政权，"就是工人阶级（经过共产党）领导的以工农联盟为基础的人民民主专政"。⑥ 毛泽东在新中国成立前夕提出的人民民主专政这种政治制度，不仅是当年的立国之本，也是当今的治国之本。

其次，毛泽东对"人民"的含义作了符合中国国情的准确界定。指出人民"在中国，在现阶段，是工人阶级，农民阶级，城市小资产阶级

① 《马克思恩格斯选集》第 1 卷，人民出版社 1995 年版，第 293 页。

② 《列宁选集》第 3 卷，人民出版社 1972 年版，第 241 页。

③ 《毛泽东著作选读》上册，人民出版社 1986 年版，第 297 页。

④ 同上书，第 365 页。

⑤ 《毛泽东选集》第 3 卷，人民出版社 1991 年版，第 1055 页

⑥ 《毛泽东著作选读》下册，人民出版社 1986 年版，第 687 页。

和民族资产阶级"。① 新中国成立之后，在国内阶级关系发生重大变化的形势下，毛泽东又于 1957 年 2 月，适时地对人民的概念作了新的界定："在现阶段，在建设社会主义的时期，一切赞成、拥护和参加社会主义建设事业的阶级、阶层和社会集团，都属于人民的范围；一切反抗社会主义革命和敌视、破坏社会主义建设的社会势力和社会集团，都是人民的敌人。"② 总之，毛泽东对人民范围的界定和对人民民主的阐述，比起马克思、恩格斯倡言的为无产阶级争得民主要宽泛得多，比起列宁的"为大多数人"争得民主也要具体得多。这不能不说是毛泽东对马列主义民主思想的一个重大发展。

第二，规定了人民应享有的民主权利的具体内容。

毛泽东在对人民的范围作了明确界定之后，又指出人民有言论、集会、结社等项自由和选举权、被选举权。进入全面社会主义建设时期之后，他又作了补充，认为中华人民共和国公民有言论、出版、集会、结社、游行、示威、宗教信仰等自由。社会主义国家的国家机关实行民主集中制，国家机关的工作必须依靠人民群众，国家机关工作人员必须为人民服务。总之"我们的这个社会主义的民主是任何资产阶级国家所不可能有的最广大的民主"。③ 从而明确了人民应该享有的民主权利。

第三，强调了民主与专政的辩证统一关系。

人民民主专政是一种新型的国家形态，它对人民实行民主，对敌人实行专政。因为在社会主义制度确立之后，剥削阶级作为一个阶级已不复存在，但反抗、敌视社会主义的人依然在进行破坏和捣乱。因此，为使人民已经获得的民主权利不至于得而复失，为了保证全体人民的和平生活，把我国建设成为一个具有现代工业、现代农业和现代科学文化的社会主义国家，就必须对国内外的敌人实行专政。这样，就决定了专政有两个职能，其一，是对国家内部的反动阶级、反动派和反抗社会主义革命的剥削者、社会主义建设的破坏者实行专政；其二，是防御国家外部敌人的颠覆活动和可能的侵略。那么，由谁来行使专政呢？毛泽东指出，当然是工人阶级和在它领导下的人民。而运用的武器只能是人民的军队、人民的警察和人

---

① 《毛泽东选集》第 3 卷，人民出版社 1991 年版，第 1475 页。

② 《毛泽东著作选读》下册，人民出版社 1986 年版，第 757—758 页。

③ 同上书，第 760 页。

民的法庭这些人民民主专政的国家机器。总之，"对人民内部的民主方面和对反动派的专政方面，互相结合起来，就是人民民主专政"。① 这样，毛泽东就正确阐明了民主与专政的辩证统一关系：只有给人民以最广泛的民主，才能给敌人以有效的专政；只有给敌人以有效的专政，才能保证人民享有最广泛的民主。

第四，描绘了民主的崇高理想和目标。

1957 年，毛泽东曾作了非常鼓舞人心的描绘："我们的目标，是想造成一个又有集中又有民主，又有纪律又有自由，又有统一意志，又有个人心情舒畅、生动活泼那样一种政治局面"②。1962 年，他又在扩大的中央工作会议上的讲话中再次重申了那样一种政治局面，并强调"党内党外都应当有这样的政治局面，没有这样的政治局面，群众的积极性是不可能调动起来的"。③ 邓小平在拨乱反正的新时期，也重申、肯定了毛泽东描绘的这幅民主蓝图，并特别强调指出："毛泽东同志这里讲的政治局面不只是讲党，而且是讲整个国家，整个军队，整个人民，就是说，全党、全军、全国人民都要有那样一种政治局面。"④ 邓小平的这段话对我们理解毛泽东民主思想的实质，具有很大的启迪意义，也进一步说明毛泽东是把民主作为社会主义的崇高目标来看待的。

第五，把民主集中制作为根本组织原则和领导方法，把目的和手段统一起来。

民主究竟是目的，还是手段？人们在分析和研究毛泽东的民主思想时，往往认为毛泽东是把"民主"作为手段看待的。根据在于他说过："民主这个东西，有时看来似乎是目的，实际上，只是一种手段。"⑤ 其实，以我的理解，这是对毛泽东民主思想的误解。理由在于：首先，这段话是 1957 年 2 月毛泽东在《关于正确处理人民内部矛盾的问题》这篇讲话中说的，语言环境是集中阐述如何处理人民内部矛盾的问题，是侧重从民主集中制这个领导方法的角度来阐述的，而处理人民内部矛盾的方法，应该是而且只能是民主的方法，具体化就是"团体—批评—团结"这样

---

① 《毛泽东著作选读》下册，人民出版社 1986 年版，第 682 页。

② 《毛泽东选集》第 5 卷，人民出版社 1977 年版，第 456—457 页。

③ 《毛泽东著作选读》下册，人民出版社 1986 年版，第 819 页。

④ 《邓小平文选（1975—1982）》，人民出版社 1983 年版，第 41 页。

⑤ 《毛泽东著作选读》下册，人民出版社 1986 年版，第 761 页。

一个精练的公式。既然是从领导方法角度讲的，它就不能不是一个手段。其次，就毛泽东讲民主只是手段这段话本身而言，他说的是"有时看来是目的"，既然"有时"是，那么也不排除它绝对不是目的。最后，纵观毛泽东民主思想的形成和发展历程，都说明作为社会发展崇高目标，即作为目的意义上的民主思想，也是前后相通、一以贯之的。远的不说，单就本文已经提到的《青年运动的方向》《新民主主义论》《论联合政府》和《论人民民主专政》这些文章中，他都是这样论述的。至于新中国成立后作为目的意义上的表述相对少些，是因为随着中华人民共和国的成立，毛泽东认为人民已经翻身作主赢得了民主，所以他阐述、强调作为领导方法上的民主集中制较多，则是正常的。因此，我认为学习和研究毛泽东的民主思想，分析其究竟是目的还是手段，应首先弄清毛泽东是在哪个层次、哪个范畴的意义上论及的。只有这样，才不至于对毛泽东的民主思想产生误解，甚或认为毛泽东是轻视民主的。也只有这样分析，才能更加清晰地看出，毛泽东始终强调的民主是作为党和国家的根本组织原则，也作为领导方法的民主集中制又是目的和手段的统一，这两方面同时又互为因果。因为只有实行最充分的民主，才能形成正确的集中；也只有在集中正确意见的基础上，才能做到统一认识、统一政策、统一计划、统一指挥、统一行动，才能更好地建设社会主义，发展人民民主。毛泽东说，这就叫作"集中统一"。值得指出的是，毛泽东晚年，在民主生活和民主实践上，的确背离了他可贵的思想，屡屡破坏民主集中制的原则，也相对忽视了社会主义民主制度和法律制度建设，进而酿成了"十年浩劫"那样的历史悲剧，这不能不是毛泽东晚年在民主实践上的一个重大遗憾。然而，即便如此，毛泽东对终极目标意义上的民主追求始终是没有松懈的。他运用了"大鸣、大放、大字报、大辩论"这种被歪曲了民主真实含义的所谓"大民主"，最终导致了破坏人民民主和社会主义法制的南辕北辙的结果，恰恰说明这是他的出发点与归宿点相去十万八千里的原因，从民主出发却误入非民主的沼泽地，这是历史的深刻教训。

毛泽东不仅把民主视为社会主义的崇高理想目标，而且还视民主为实现崇高目标的有效方法。那么，如何实现双重意义上的民主呢？毛泽东又指出了具体的途径：第一步是要"争"。在半殖民地半封建社会的中国还必须是用暴力革命这种形式去争。第二步是当人民民主争得以后，在人民政权中，使人民享有充分的民主，给敌人以有效的专政；在党内，贯彻民主集中制，实行民主基础上的集中和集中指导下的民主；在党外，坚持"长期共存、互相监督"的方针，与各民主党派真诚合作，不断发展和完善人民民主制度。

综上不难看出，毛泽东的民主思想内容丰富全面，思想含义深刻隽永。他不仅继承捍卫了马克思主义民主学说，而且结合中国的社会实际，赋予民主以新的含义，创造性地发展了科学社会主义理论，并给我们指出实现人民民主的实际操作办法与途径。当然其中有些内容还有待在实践中不断发展和完善。十一届三中全会以来，党中央一直把建设有中国特色的社会主义民主政治作为我国政治体制改革的目标，正是坚持并在新形势下发展了毛泽东思想中民主政治的论述。重温和学习毛泽东这方面的论述，对我们认真贯彻十四大精神和学习邓小平建设有中国特色社会主义的理论，尤其是对学习这个理论体系中关于政治体制改革的论述，关于坚持四项基本原则的论述，都有理论上的承上启下和衔接意义。

（刊于《信阳师范学院学报》（哲学社会科学版）1995 年第 1 期）

论毛泽东的调查研究实践与思想

——纪念毛泽东诞辰110周年

实事求是是毛泽东思想、邓小平理论的精髓，是领导干部必须坚持的思想方法。如何做到实事求是呢？必须经常深入群众，调查研究。调查研究是我党一贯的优良传统。在党的诸多领导人中，毛泽东堪称调查研究的典范。学生时代，他数次游学，开调查研究之先风。其后一生，虽戎马倥偬，日理万机，但调查研究始终未辍，从而为准确把握国情、正确制定中国革命和建设的路线、方针和政策奠定了基础。在长期的调查研究实践中，毛泽东留下了大量的调查研究文稿，形成了丰富的调查研究思想，成为我党理论宝库的重要内容。在纪念毛泽东诞辰110周年之际，重温他的这一思想，对坚持党的正确领导，贯彻"三个代表"重要思想，全面建设小康社会都有着重要的现实指导意义。

一　毛泽东调查研究的历史实践及意义

毛泽东一生的调查研究实践可以分为五个历史时期，而且每个时期的调查研究不论是对他个人的思想成熟，还是对当时中国革命和建设的发展，都有着非常重要的意义。

1. "一师"时期的游学对他接受马克思主义起了促进作用。1918年，毛泽东到了北京，开始接触李大钊等人和马克思主义理论。他认为，"到了1920年夏天，我已经在理论上和在某种程度的行动上，成为一个马克思主义者，而且从此我也自认为是一个马克思主义者了"。① 那么是什么促使他能够接受马克思主义呢，或者说他自身具有的什么与马克思主义产

---

① ［美］埃德加·斯诺:《西行漫记》，董乐山译，三联书店1979年版，第131页。

生了共鸣呢？要弄明白这个问题，不能不考察毛泽东在"一师"时期（1913—1918）的思想与实践。据毛泽东自己说，"在这个时候，我的思想是自由主义、民主改良主义、空想社会主义的大杂烩，我憧憬'十九世纪的民主'、乌托邦主义和旧式的自由主义，但是我反对军阀和反对帝国主义是明确无疑的"。① 关于毛泽东这一时期的思想，有研究者认为，他非常重视精神的作用和个性解放，同时又强调实践。在哲学思想上基本上还是个二元论者，在社会历史观方面是唯心主义的，在认识论方面却有了唯物主义的基础，同时有了明显的辩证法的思想，并认为"在当时的条件下，具有这种唯心主义的观点，如此强调精神、哲学的作用，正是一个负责的思想家走向历史唯物主义的必经之路，不经过这条路，倒是很奇怪的"。② 正是在上述思想的推动下，毛泽东在"一师"的最后两年，进行了三次颇具规模的游学，分别是：第一次，从1917年7月中旬至8月16日，他邀萧子升同游，身无分文，历时一个多月，途径长沙、宁乡、安化、益阳、沅江五县城乡，步行近千里，记下了许多笔记和心得，返校后在同学中广为传阅。第二次，1917年寒假，他步行至浏阳文家市，在铁炉冲陈赞周家住了几天，和农民一起挑水、种菜，晚上，同附近农民谈心，还到西乡土桥炭坡大屋陈晶家走访。第三次，1918年春，由于学校驻兵，学校被迫停课，他同蔡和森徒步洞庭湖南岸和东岸，经湘阴、岳阳、平江、浏阳等县，游历半个多月，了解农村的政治经济情况。关于这三次游学，没有太多资料，但可以推测的是毛泽东在游学中充分了解了农民的生活状况、贫富的差距、土地的占有状况以及农民的思想状况等。如果说此时的思想"为他接受马克思主义打下了坚实的基础"，③ 那么游学的收获则为他接受马克思主义提供了直观的实践素材，推动了这一进程。可以想象，当他在北京接触马克思主义时，从游学中所获得的那些印象和资料既使他有着强烈的印证感，也使那些丰富而杂乱的收获一下子明晰起来，从而初步确立了他的马克思主义信仰。

2. 大革命时期的调查研究使毛泽东确信"农民问题是中国革命的中心问题"。建党初期，毛泽东对农民问题认识并不充分，甚至当恽代英

---

① 转引自李锐《毛泽东的早期革命活动》，湖南人民出版社1980年版，第98页。

② 李锐：《毛泽东早期的革命活动》，湖南人民出版社1980年版，第107—108页。

③ 同上书，第99页。

1923 年向他建议"也可以学习陶行知到乡村里搞一搞"时，他认为，"现在城市工作还忙不过来，怎么顾得上农村呢?"① 当时几乎全党的工作重点都是国共合作和工人运动，毛泽东也不例外。1924 年毛泽东离沪回乡，在家期间，"看望他的乡亲也不少，他和杨开慧也四处串门……他通过各种渠道作了不少调查研究"。这些调查研究使他在思想上发生了很大转变："以前我没有充分认识到农民中间的阶级斗争的程度"，这次回到韶山后，才体会到湖南农民变得非常富有战斗性，于是他"发动了一个把农民组织起来的运动"。② 1925 年 11 月，他撰写的《中国社会各阶级的分析》明确提出，自耕农、半自耕农、半贫农、贫农、雇农，都是"我们真正的朋友"。1926 年 1 月，他又写了一篇《中国农民中各阶级的分析及其对于革命的态度》。在同月召开的国民党"二大"上，他受主席团指定参加修改《农民运动决议案》，该决议案指出："中国之国民革命，质言之即为农民革命，为要巩固国民革命之基础，亦唯有首在解放农民。"③ 同年 9 月，他在广州填写的一份《少年中国学会改组委员会调查表》的"学业"一栏中写道："研究社会科学，现在注重研究中国农民问题。"④ 毛泽东注意力的这种转向和思想的转变，无疑得益于在韶山的那段调查。此后，他在担任国民党中央农民部主办的农民运动讲习所第六届所长期间，亲自教授"中国农民问题""农村教育""地理"三门课，并提倡学员研究各省的农民问题，组织了以地区划分的 13 个农民问题研究会，还主持拟订了地租率、田赋、地主来源、抗租减租等 36 个调查项目，要求学员认真调查填写，为研究中国农民运动积累了大量资料。1926 年 9 月，毛泽东在这些材料的基础上写出《国民革命和农民运动》，文章指出，"农民问题乃国民革命的中心问题，农民不起来参加并拥护国民革命，国民革命不会成功"。⑤ 这个认识击中了中国革命的要害，揭示了此前的资产阶级民主革命不能成功的原因，也为他后来开创中国革命的新道路奠定了基础。

    3. 土地革命时期的调查研究为制定正确的根据地政策提供了素材和

---

① 金冲及主编:《毛泽东传（1893—1949）》（上），中央文献出版社 1996 年版，第 107 页。

② 同上书，第 109 页。

③ 同上书，第 114 页。

④ 同上。

⑤ 同上书，第 117 页。

证据。1927 年 9 月秋收起义后，毛泽东带领队伍上井冈山。1929 年年初，又开辟赣南闽西根据地，后发展为"中央苏区"。这个时期，党和红军的几乎每一项政策都是开创性的，不能不通过实践来积累经验，因此，毛泽东"每到一地总是挤出时间作社会调查，一边了解情况，决定政策或检验改进已定的政策。凡是有地方党组织的，都找当地干部谈话，指导他们总结斗争经验，指出当前的任务和工作，着重讲党的政策和策略"。① 所以，他这一时期的调查最多，仅 1927—1934 年，就有宁冈调查、永新调查、仁凤山调查、寻乌调查、兴国调查、东塘等六村调查、木口村调查、长冈乡调查、三次塘边村调查、蛟洋调查、长汀调查、三次才溪乡调查等，留下了许多调查文稿，其中以寻乌、长冈、才溪调查文稿最为详细。从留下的文稿看，上述调查使毛泽东基本了解了根据地的政治区划、行政、地理环境、交通运输、工商业、人口成分、阶级构成、土地占有及受剥削程度、土地山林池塘房屋的分配及斗争、地租税收、苏维埃组织建设、农村军事组织及斗争、民主建设以及生产、文化、卫生、社会救济、革命宣传等情况，有了农村的基础概念，加深了对城市工作重要性的认识。例如，他曾亲口说，"我做了寻乌调查，才弄清了地主和富农的问题，提出了解决问题的办法"，"贫农和雇农的问题，是在兴国调查之后才弄清楚的，那时才使我知道贫农团在分配土地过程中的重要性"。② 在寻乌调查后，他倡议："倘能引起同志们（尤其是做农村运动和红军工作的同志们）研究城市问题的兴味，与研究农村问题之外还加以去研究城市问题，那更是有益的事了。"③ 在上述调查的基础上，毛泽东不断修正和改进根据地建设中的土地、税收、阶级、军队、城市等各项政策，并开始阐述中国革命崭新的道路理论——工农武装割据理论。从 1928 年年底到 1934 年长征前，他先后撰写了著名的《中国的红色政权为什么能够存在？》《井冈山的斗争》《星星之火，可以燎原》《必须注意经济工作》《怎样分析农村阶级》《我们的经济政策》《关心群众生活，注意工作方法》等文章，初步阐述了中国革命的道路、根据地的军事斗争、军队建设、经济政策、党的建设、阶级划分等重大问题，标志着新民主主义革命

① 《郭化若回忆录》，军事科学出版社 1995 年版，第 26 页。

② 《毛泽东农村调查文集》，人民出版社 1982 年版，第 22—23 页。

③ 转引自田居俭《党史研究者要关注社会史研究》，《北京党史研究》1997 年第 2 期。

道路理论的基本形成。

4. 解放战争时期的调查研究为纠正新中国成立前后的"左"右倾错误奠定了基础。1947 年秋,挫败胡宗南对陕北的进攻后,中央和军委决定前往西柏坡。这一时期,毛泽东作了大量的调查研究:1947 年 10 月 17 日,他到佳县县城,当晚在住处召集县领导干部谈话,了解当地土改情况。18 日中午到达谭家坪,参观峪口纸厂,详细了解了纸的生产情况。1948 年 3 月 26 日到达晋绥边区领导机关所在地兴县蔡家崖,27—29 日,同周恩来、任弼时听取贺龙、李井泉汇报晋绥边区战争、土改、整党、工农业生产、工商业政策和支前工作等情况,并先后召开贫农团代表、土改工作团代表和地方干部代表等的座谈会,详细调查农村中各阶级比例、土地占有情况、土改工作团怎样发动群众等情况。4 月 4 日到达岢岚县城,当晚听取县委书记丛一平关于土地改革、整党情况的报告。4 月 6 日又在代县听取县委书记兼县长苏黎和土地改革工作团副团长、晋绥日报社社长郝德青的汇报。4 月 7 日在繁峙县伯强村又邀请村党支部书记、村长、贫农团长等干部,座谈村土地改革、农业生产和人民生活情况。通过这些调查研究,毛泽东基本掌握了解放区的土改、整党、整军、阶级斗争、政策宣传、民主政权建设、领导干部的工作方式方法、工农业生产、党的各项政策的实施等情况,发现并纠正了上述工作中的一些错误倾向。在此基础上,毛泽东先后撰写了《关于目前党的政策中的几个重要问题》《在不同地区实施土地法的不同策略》《纠正土地改革宣传中的"左"倾错误》《新解放区土地改革要点》《在晋绥干部会议上的讲话》《新解放区农村工作的策略问题》《一九四八年的土地改革工作和整党工作》等文件和讲话。在这些文件和讲话中,他充分肯定了这一时期解放区土改、整党、整军、保护和鼓励发展中小工商业、政权建设等方面的巨大胜利,批评了各地各种工作中的错误倾向,总结了将近一年来各种工作中反对右的和"左"的倾向的经验,指明了下一阶段的工作方向和任务,全面阐述了中国共产党在新民主主义革命时期的总路线和总政策——无产阶级领导的,人民大众的,反对帝国主义、封建主义和官僚资本主义的革命,以及土地改革工作的总路线和总政策——依靠贫农,团结中农,有步骤地、有分别地消灭封建剥削制度,发展农业生产。这些经验和政策有效地确保了党的各项工作的顺利进行,确保了新中国的顺利成立和新政权的巩固。

5. 20 世纪 60 年代初的调查研究为部分地纠正"大跃进"的错误提

供了可能。由于众所周知的原因，20 世纪 50 年代末 60 年代初，我国经济出现严重衰退，工农业生产锐减，尤其是农业，人民生活极为困难。为了扭转这种局面，1961 年 1 月毛泽东亲自组织了三个调查小组，分别由田家英、胡乔木、陈伯达任组长，去浙江、湖南、广东农村调查，时间为10—15 天，然后直接向毛泽东汇报；再转入广州市调查，时间一个月。在毛泽东的带动下，中共中央政治局委员、候补委员、大区和省的负责人等都积极展开调查研究。调查的资料使毛泽东在不久之后的广州南三区会议上开始提醒大家注意平均主义和公共食堂存在的问题。会议期间，他还印发了 30 年代初写的《关于调查研究》一文，并要求领导干部"作系统的亲身出马的调查，而不是老爷式的调查"，强调各级书记要亲自作调查研究。他认为"只要省、地、县、社四级党委的第一书记都作调查研究，事情就好办了"。① 南三区会议刚结束，他又在广州主持召开中央工作会议，主要研究解决农村工作中的问题，继续讨论制定《农村人民公社工作条例（草案）》。这一时期，毛泽东为了解决农村、农民和农业问题，还审阅了中央调查组和许多省区的调查材料，并和前来参加两会的同志进行了认真讨论。在 3 月 23 日的中央工作会议上，他指出，最近几年吃情况不明的亏很大，付出的代价很大。"这几年出现的高指标等问题，总的责任当然是我负，因为我是主席。我的责任在什么地方呢？为什么到现在我才提倡调查工作呀？为什么早不调查呢？……为补过起见，现在我来提倡一下。"② 同一天，经毛泽东提议并亲自修改补充，中共中央发出《关于认真进行调查工作问题给各中央局，各省、市、区党委的一封信》，信中指出：一切从实际出发，不调查就没有发言权，必须成为全党干部的思想和行动的首要准则。此次中央工作会议经过充分讨论，集思广益，通过了《农村人民公社工作条例（草案）》（简称《农业六十条》）。该条例规定了实行按劳分配和公社、大队、生产队三级所有，大队为基础，鼓励发展家庭副业，社员个人的生活资料任何人不得侵犯等原则。稍后又加入以生产队为公社的基本核算单位、是否办公共食堂由社员决定、取消分配上的部分供给制、社员的口粮分配到户等措施。这些措施纠正了当时农村公社中的主要错误，解决了当时群众反映最强烈的紧迫问题，从而起到了调

---

① 《毛泽东文集》第 8 卷，人民出版社 1999 年版，第 251—254 页。

② 同上书，第 261—262 页。

动农民积极性、促进农业生产恢复和发展的积极作用，使全国农村工作、农业生产和农民生活逐渐走出困境。

综上可以看出，毛泽东伟大的一生，也是深入调查研究的一生。

二　毛泽东调查研究的思想及其方法论

（一）调查研究的思想内容

伟大的实践，产生伟大的理论。正因为毛泽东有着几近一生的长期调查研究实践，就决定了他这方面的思想特别丰富。归纳其主要内容包括：

1. 调查研究是解决问题的前提和途径。为什么要调查研究呢？首先，没有调查，"你对某个问题的现实情况和历史情况必然不知底里，对于那个问题的发言便一定是瞎说一顿"。所以，"没有调查，就没有发言权"。① 其次，调查就是解决问题。毛泽东说："调查就像'十月怀胎'，解决问题就像'一朝分娩'"，"一切结论产生于调查情况的末尾，而不是在它的先头"。那些不作调查研究，整天冥思苦索地想办法的人，"一定要产生错办法和错主意"。② 他认为抗日战争和解放战争时期，革命所以能顺利发展，就是因为"我们做调查研究工作比较认真一些，注意从实际出发，实事求是，通过调查研究，情况明了来下决心，决心就大，方法也就对"。③ 相反，20 世纪五六十年代，社会主义建设之所以遭受挫折，"首先是因为情况不明，情况不明，政策就不正确，决心就不大，方法也不对头"。④ 最后，只有调查研究才能反对形式主义。所谓形式主义，就是对于上级的指示，不根据实际情况进行讨论和审查，一味盲目地表面上执行；就是只有"上级观念"，没有群众观念，只看表面现象，不实事求是，动辄就是上级领导、"本本"如何如何。毛泽东认为"这是反对上级指示或者对上级指示怠工的最妙办法"，是"为什么党的策略路线总是不能深入群众"的主要原因⑤。怎样纠正这种形式主义呢？他认为只有向实

---

① 《毛泽东农村调查文集》，人民出版社 1982 年版，第 1 页。

② 同上书，第 2—3 页。

③ 《毛泽东文集》第 8 卷，人民出版社 1999 年版，第 235 页。

④ 同上书，第 253 页。

⑤ 《毛泽东农村调查文集》，人民出版社 1982 年版，第 3 页。

际情况作调查。"对于只懂理论不懂实际情况的人，这种调查工作尤有必要，否则他们就不能将理论和实际相联系。"① 实际情况明了了，既能贯彻好党的政策，又能使之符合当时当地的实情。

2. 调查研究要有正确的指导思想。所谓指导思想，是指世界观、方法论和阶级立场。不作调查研究就没有发言权，不作正确的调查研究同样没有发言权。怎样才能保证调查研究的正确性呢？首先要保证调查研究的方法是科学的。而要保证其方法正确，就必须有正确的指导思想，即坚持用辩证唯物主义，坚持站在无产阶级和广大人民群众的立场上而不是用唯心主义，站在剥削阶级或官僚主义的立场上去作调查。毛泽东本人在1920 年成为一个马克思主义者后，就开始用唯物辩证法和阶级分析法来观察分析中国社会，他认为"我们需要时时了解社会情况，时时进行调查研究"，并号召"速速改变保守思想"，改变"一成不变的保守的形式"，"到群众中作实际调查去"。② 新中国成立后，他又多次强调调查研究要坚持群众路线，他指出，"一定要搞好调查研究，一定要贯彻群众路线"，"绝对禁止党委少数人不作调查，不同群众商量，关在房子里作出害死人的主观主义的所谓政策"。③ 因为只有用发展的眼光看，才能把握中国瞬息万变的革命和建设形势；只有坚信人民是历史的创造者，是推动社会发展之伟力的根源，才能站在人民的立场上去了解、组织和教育群众，才能作出正确的调查研究。

3. 调查研究要有明确的目的。目的是方向，是行动的指南。没有目的，无的放矢，就会无所适从。怎样明确目的呢？毛泽东认为，调查研究的目的是和要解决的问题直接相关的。问题决定目的。民主革命时期，党的任务是"争取工人阶级的大多数，发动农民群众和城市贫民，打倒地主阶级，打倒帝国主义，打倒国民党政权，完成民权主义革命"④，因此调查的目的就是"要明了社会各阶级的政治经济情况"，"调查所要得到的结论，是各阶级现在的以及历史的盛衰的情况"，从而得出正确的阶级估量，制定出正确的斗争策略⑤。但问题本身并不是调查的目的，问题明

---

① 《毛泽东农村调查文集》，人民出版社 1982 年版，第 17 页。

② 同上书，第 8 页。

③ 《毛泽东文集》第 8 卷，人民出版社 1999 年版，第 272、275 页。

④ 《毛泽东农村调查文集》，人民出版社 1982 年版，第 7 页。

⑤ 同上书，第 5 页。

确并不意味着调查的目的明确。调查的直接目的是为制定用以解决问题的政策提供材料，应决定调查的对象和内容，并蕴含调查的方法。譬如你要为治理腐败作调查，你固然可以说调查的目的是治理腐败，但这等于没说，因为这个目的并不能使你的调查更有方向，不能解决向谁作调查、调查什么的问题。调查应该使你产生治理腐败的办法，因此调查的目的就应是弄清群众对腐败的认识和态度、腐败官员的职务和层次、腐败是怎样产生和运行的、腐败与制度的关系等一系列的问题。目的的明确与指导思想也有关。仍举上例，倘若你站在腐败官员的立场上，用形而上学的方法去作调查，你调查的对象可能就是腐败干部，你的矛头就会指向群众，仅仅问群众在腐败产生中的作用和地位是什么、群众的思想和习惯是否是腐败的土壤等。如果你站在群众的立场上，用辩证的方法看问题，情况就大不相同。你会问：腐败是如何在监督与被监督的互动中滋生的？是被监督压过了监督还是相反？原因是什么？是制度上的缺陷还是制度执行上的缺陷？等等。

4. 调查研究是长期的任务，不能一劳永逸。毛泽东认为，认识事物和世界不是一件容易的事。"事物是运动的，变化着的，进步着的。因此，我们的调查，也是长期的。今天需要我们调查，将来我们的儿子、孙子，也要作调查，然后，才能不断地认识新的事物，获得新的知识。"①所以，调查研究是长期的任务，必须要有耐心和恒心，不能性急，不能指望一劳永逸。

（二）调查研究的方法

认识了调查研究的重要性，还要有正确的调查研究的方式和方法。毛泽东历来重视方法对实现崇高目标的决定性意义，在调查研究的问题上也不例外。

1. 调查研究要讲究方式方法。毛泽东一生作过许多调查，不同时期，调查的方式也是不同的，大致可分三种：学生时代是游学，那时他身无分文，无职无权，却心忧天下，一路乞讨，虽最艰苦，但亦最能了解中国的实情；革命年代以下基层开调查会为主；新中国成立后则是委派身边工作人员代劳或看报告，毛泽东并不赞赏这种做法，他最推崇也最擅长亲自搞

---

① 《毛泽东农村调查文集》，人民出版社1982年版，第21页。

调查。他说："书面报告也可以看，但是这跟自己亲身的调查是不相同的。自己到处跑或住下来做一个星期到十天的调查，主要是应该住下来做一番系统的调查研究。"① 20 世纪 60 年代，他还多次号召领导干部，要搞调查研究，把小事撇开，用一部分时间，带几个助手，去调查研究一两个生产队或公社。那么，怎样亲自作调查研究呢？开调查会。如何开好调查会呢？毛泽东认为：首先，要有纲目，即要根据调查的目的，事先设置一系列问题，然后"调查人按照纲目发问，会众口说"，防止跑题。② 所谓调查纲目，既要有大纲，还要有细目。其次，参加调查会的人既要深切明了所调查的问题，又要有经验，只要符合这两点，三教九流皆可请来。至于开调查会的人来多少好，要看调查人的指挥能力，"人多有人多的好处，就是在做统计时，在做结论时，能得到比较正确的回答"。③ 但对于指挥能力欠缺的人来说，人多亦有坏处，会使会场陷入混乱。再次，调查要找典型。"调查的典型可以分为三种：一、先进的，二、中间的，三、落后的。"④ 依据这种分类，每类调查两三个即可。因为"如果有问题，就要从个别中看出普遍性，不要把所有的麻雀统统拿来解剖，然后才证明'麻雀虽小，五脏俱全'"。⑤ 复次，调查要深入。要深入，"就是要了解一个地方（例如一个农村、一个城市），或者一个问题（例如粮食问题、货币问题）的底里"。⑥ 深入的结果是一处通，处处通。最后，要自己做记录。"假手于人是不行的"，每个人的认识不同，记录的重点就不同。

2. 调查研究要有向下的兴趣和决心。毛泽东认为，要作调查，"第一是眼睛向下，不要只是昂首望天，没有眼睛向下的兴趣和决心，是一辈子也不会真正懂得中国的事情的"。⑦ "没有满腔的热忱……没有求知的渴望，没有放下臭架子、甘当小学生的精神，是一定不能做，也一定做不好的。"⑧ 他在作兴国、长冈、才溪调查时，就把那些干部、农民、秀才、

---

① 《毛泽东文集》第 8 卷，人民出版社 1999 年版，第 253 页。
② 《毛泽东农村调查文集》，人民出版社 1982 年版，第 10 页。
③ 同上书，第 9—10 页。
④ 同上书，第 27 页。
⑤ 《毛泽东文集》第 6 卷，人民出版社 1999 年版，第 478 页。
⑥ 《毛泽东农村调查文集》，人民出版社 1982 年版，第 10 页。
⑦ 同上书，第 15—16 页。
⑧ 同上书，第 16—17 页。

狱吏、商人、钱粮师爷当作"可敬爱的先生"，态度也是恭谨勤劳和采取同志态度式的。为什么呢？因为不这样，群众就会说假话，或知而不言、言而不尽。而群众是真正的英雄，"力量的来源就是人民群众，不反映人民群众的要求，哪一个人也不行。……所以要当先生，就得先当学生，没有一个教师不是先当过学生的，而且就是当了教师之后，也还要向人民群众学习，了解自己的学生的情况"。①

3. 要善于和正确运用调查资料。毛泽东认为正确运用调查资料的方法有二：一是对立统一，分析综合。人对事物的认识最初总是片面的、个别的、分散的，只有逐渐积累、辨析、综合，认识才能全面正确。因此要对来自各方各处的调查资料认真比较分析，再加以综合，才能弄清问题的本质。二是要抓住要点。"材料是要搜集得愈多愈好，但一定要抓住要点或特点（矛盾的主导方面）。"不调查固然没有发言权，"假若丢掉主要矛盾，而去研究细枝末节，犹如见树木不见森林，仍是无发言权的"。② 因此，无论解决任何问题，都应该把主要矛盾作为认识和解决问题的出发点。

综上使我们体会到，毛泽东调查研究思想内容丰富，内涵深刻，特点鲜明，不妨将其概括为：解决中国革命和建设问题的重要前提和根本途径，必须是而且只能是深入的调查研究；革命和建设的实践无止境，因而调查研究不能一劳永逸，而是长期的任务；要搞好调查研究还必须有正确的立场和方法，要有向下的兴趣和态度，要善于和正确使用调查资料；这样做，只有这样做，才能达到动机和效果、目的和手段的高度统一，才能正确而有效地解决中国革命和建设的实际问题。

三　毛泽东调查研究实践和思想的理论依据

所谓理论依据是指毛泽东进行和提倡调查研究的思想动因和理论支撑。我们认为大概有以下几个方面：

1. 马克思主义的"阶级斗争"学说是革命时期倡导和践行调查研究的主要动因。马克思主义认为，原始社会末期，氏族社会内部由于生产力

---

① 《毛泽东文集》第 8 卷，人民出版社 1999 年版，第 324 页。

② 同上书，第 25—26 页。

的进步开始出现财产占有不平等，并最终分化为阶级。阶级就是在一定的生产方式中，由于对生产资料的占有的方式和多寡不同，因而在劳动产品的分配和社会历史中处于不同地位的一些集团。阶级斗争是一切阶级社会进步的动力之一。资本主义的出现和发展使整个社会日益分化成资产阶级和无产阶级两大阵营的对立，世界的未来将在这两大阶级的战斗中呈现。而资产阶级的灭亡和无产阶级的胜利都是必然的。马克思的这一学说对毛泽东影响极深，他接受马克思主义就是从阶级斗争学说开始的，他在延安时曾说，他读的书上"并没有中国的湖南、湖北，也没有中国的蒋介石和陈独秀。我只取了它四个字：'阶级斗争'，老老实实地开始来研究实际的阶级斗争"。① 毛泽东一生都对这一学说非常信奉并有所发展，以至有人认为他成也阶级斗争、失也阶级斗争。② 从 20 世纪 20 年代中期起，人口成分、阶级构成、各阶级的经济生活状况、力量对比和对革命的态度等就成为毛泽东调查研究的主要内容。毛泽东认为，"我们调查工作的主要方法是解剖各种社会阶级，我们的终极目的是要明了各种阶级的相互关系，得到正确的阶级估量，然后定出我们正确的斗争策略，确定哪些阶级是革命的主力，哪些阶级是我们应当争取的同盟者，哪些阶级是要打倒的。我们的目的完全在这里"。"离开实际调查就要产生唯心的阶级估量和唯心的工作指导，那么，它的结果，不是机会主义，便是盲动主义。"③ 这一点从他留下的实地调查文稿可以看出：1926 年发表的《中国社会各阶级的分析》中，他把中国社会分成地主阶级和买办阶级、中产阶级、小资产阶级、半无产阶级、无产阶级以及游民无产者，阐明了"谁是我们的敌人，谁是我们的朋友"这个革命的首要问题。1930 年的《寻乌调查》中，后半部分专门介绍寻乌旧有的土地关系和土地斗争。其中包括农村人口成分、旧有土地分配、公共地主、富农、贫农、山林制度、剥削状况、文化、土地山林池塘房屋的分配、公田及个人得田的情况、对"平田"的态度、债务与土地税、土地斗争中的妇女，等等。同年 10 月的《兴国调查》内容也与此大同小异。可见，弄清各阶级的状况及彼此的关系是毛泽东革命时期调查的主要动因。

---

① 《毛泽东农村调查文集》，人民出版社 1982 年版，第 22 页。
② 参见李君如《毛泽东与当代中国》，福建人民出版社 1997 年版，第 238 页。
③ 《毛泽东农村调查文集》，人民出版社 1982 年版，第 6 页、第 4 页。

2. 实践是真理的源泉和检验真理的唯一标准。马克思主义认为，社会存在决定社会意识。人的思想是存在和社会发展过程的反映，人类的自由不在于以幻想中摆脱现实存在而独立，而在于认识这些存在，并站在这些存在的基础上有计划地使其为一定的目的服务。毛泽东在长期的革命实践和思想探索中继承和发展了这一理论。他认为，就知识的总体而言，无论何种知识都是不能离开感觉和直接经验的。"无论任何人要认识事物，除了同那个事物接触，即生活于（实践于）那个事物的环境中，是没有法子解决的。""如果要直接地认识某种或某些事物，便只有亲身参加变革现实、变革某种或某些事物的实践的斗争中，才能触到那种或那些事物的现象，也只有亲身参加变革现实的实践斗争中，才能暴露那种或那些事物的本质而理解它们。这是任何人实际上走着的认识路程。"人的认识分为两个阶段，"在低级阶段，认识表现为感性的，在高级阶段，认识表现为理性的。但任何阶段，都是统一的认识过程中的阶段"①。感性认识和理性认识不可分离，后者依赖前者，前者必须上升为后者，因为人的目的不仅仅是认识世界，更是要通过认识来改造世界。人们必然用认识去指导实践并在实践中修正认识。"所谓认识客观真理，即是人在实践中，反映客观外界的现象和本质，经过渐变和突变，成为尚未经过考验的主观真理。"②要知道这一主观真理是否真正反映了客观真理，还需再回到实践中去检验。实践是发展变化的，认识的真理性问题也只有经常地回到实践中才能解决，实践是检验真理的唯一标准。"实践、认识、再实践、再认识，这种形式循环往复以至无穷，而实践和认识之每一循环的内容，都比较地进到了高一级的程度，这就是辩证唯物主义的全部认识论，这就是辩证唯物论的知行统一观。"③毛泽东调查研究实践和思想无疑是受这一认识论的驱动，是这一认识论的必然反映。调查就是到实践中去，在实践中去不断认识事物、获得真理，并不断检验真理。这和毛泽东的认识论是完全吻合的。

3. 人民群众是力量的源泉。这一思想根源于辩证唯物主义认识论。一方面，人民群众的实践是理论创新的源泉。毛泽东指出，马克思主义的

① 《毛泽东选集》第 1 卷，人民出版社 1991 年版，第 286—287 页。

② 《毛泽东文集》第 8 卷，人民出版社 1999 年版，第 324 页。

③ 《毛泽东选集》第 1 卷，人民出版社 1991 年版，第 297 页。

认识论，"简单地说，就是从群众中来，到群众中去，下决心长期下去蹲了，就能听到群众的呼声，就能从实践中逐步地认识客观真理，变为主观真理。然后再回到实践中去，看是不是行得通。如果行不通，则必须重新向群众的实践请教"。① 群众的实践是认识和理论发展的动力。群众的实践发展呼唤理论的发展，而新的理论又必须经过群众的实践检验才能成为人们行动的指南。中国共产党的理论创新和发展都是产生于党和人民的实践过程中，并为党和人民的事业发展服务的。毛泽东思想诞生于中国人民艰苦卓绝的革命斗争和建设中，并指引人民取得了新民主主义革命的伟大胜利和社会主义革命与建设的巨大成就。邓小平理论产生于中国人民20年改革开放的探索和实践中，并指引中国取得了新时期社会主义建设的伟大成就，开辟了建设有中国特色社会主义的新道路。另一方面，人民群众是历史的创造者，是历史进步的动力源。"战争的伟力之最深厚的根源，存在于民众之中"，改革发展的伟力之最深厚的根源仍存在于民众之中。群众路线是共产党的基本路线，领导干部任何时候都要坚决走群众路线，一切问题都要和群众商量，然后共同决定，作为政策贯彻执行。没有群众的理解和实践，任何理论和政策，即使是正确的，也是空洞无益的。只有那些官僚们，"他们脱离群众，脱离下面的实际情况，关在房子里写决议案，写指示，决议案、指示像雪片一样地飞出去，下面的情况究竟怎么样，能不能执行，不去管……只是注意所谓布置工作，却没有注意检查工作"。② 应该牢记中国共产党的一切力量都来自人民群众，它的一切成就都得益于人民群众的信赖和支持。因此，毛泽东非常重视亲自到群众中去作调查研究，因为这不仅是要从人民群众的实践中获取真理，更是要通过了解人民群众的生活和愿望、解决人民群众的困难和疾苦来获取人民的信赖和支持，使中国共产党真正成为一个扎根于人民、服务于人民的、永葆青春和活力的党。

　　总之，毛泽东极力倡导和躬身践行调查研究的根本动因，在于他一生追求把马克思主义中国化，以及为了改造社会、国家振兴和人民幸福而不懈奋斗。

---

① 《毛泽东文集》第8卷，人民出版社1999年版，第324页。

② 《毛泽东文集》第6卷，人民出版社1999年版，第265页。

四　提倡调查研究的现实意义

既然调查研究是一个永恒的课题，是长期的任务，那么，在全面建设小康社会的新的历史条件下，重温毛泽东的调查研究思想与实践，提倡领导干部亲自搞调查研究，无疑具有非常现实的借鉴和指导意义。

1. 调查研究是确保党的执政政策正确的基本方法。作为执政党，党的政策正确与否关系到社会的稳定，也关系到国家和民族的发展前途。所谓正确，就是党和国家的方针政策要与中国的国情相一致，符合存在问题的实际情况，能够不断缓解改革和发展中出现的矛盾、问题和紧张关系，从而使生产力、人民生活水平、综合国力等各方面都能健康快速发展。邓小平讲过，发展才是硬道理，发展太慢不是社会主义。如果党和国家的政策脱离实际，不能克服改革和发展中的关键问题，快速发展又从何谈起呢？那么，如何确保政策的正确呢？调查研究。制定政策首先要领导干部弄清国情、省情、县情、乡情、村情，问题发生的历史和现状，等等。领导干部只有走出机关，到基层去，到群众中去，和群众交朋友，才能了解真实情况，听到群众的真实声音，弄清问题产生的来龙去脉，才能制定出维护和发展人民利益的正确政策。政策执行以后，效果如何？仍然要深入群众调查研究，这样才能使政策不断完善。这就是"从群众中来，到群众中去"。没有调查研究，就不能对"实事"准确把握，必然要产生主观主义的估量和判断。把政策建立在那种主观随意的估计和武断的判断上，又岂能正确呢？

2. 调查研究是克服形式主义的重要方法。形式主义是指一种片面追求形式而忽视内容的形而上学观点、方法和作风。比如，在学习上理论脱离实际，搞"本本主义"；在执行上级指示中，不去认真研究和解决实际问题，走过场，不注重实效。形式主义的本质是主观主义。形式主义者的毛病是不愿作深入的详细系统的调查研究，不愿了解"实事"，他们的信条是保住自己的乌纱帽。因此，形式主义者不可能对问题产生正确的分析和判断，从而不可能得出解决问题的正确方法。形式主义目前在很多领导干部中已严重存在，以至在 2003 年的"两会"期间一度成为代表们的热门话题。形式主义的危害在于，不能发现存在的问题或使已经发现并应及时解决的小问题酿成了大问题，给政治、经济和社会发展埋下了隐患，紧张了党和人民的关系，损害了党的良好形象。胡锦涛同志在"七一"讲话中明确指出，"人心向背，是决定一个政党、一个政权盛衰的根本因素。马克思主义政党的理论路线和方针政策以及全部工作，只有顺民意、谋民利、得民心，才能得到人民群众的支持和拥护，才能永远立于不败之地"，"领导干部必须深入基层、深入群众，特别是要到最困难的地方去，到群众意见多的地方去，到工作推不动的地方去，同那里的干部和群众一道，努力排忧解难，化解矛盾，打开工作局面"。① 提倡调查研究就是让领导干部丢掉主观主义的空想，到事实中去，到实践中去，到群众中去，把一切对问题的分析判断和解决问题的方法政策都切实地建立在事实上，建立在群众利益上，真正解决好群众关心的问题，维护和发展好群众的根本利益。

3. 调查研究是融洽干群关系的有效手段。中国古代一直是"普天之下，莫非王土；率土之滨，莫非王臣"，所有官吏只对上级或君主负责，官民之间是一种统治与被统治的对立关系。再加之往往吏治腐败，为官者贪污受贿、任人唯亲、鱼肉百姓、为虎作伥、官逼民反之事时有发生。久而久之，官民之间的那种对立情绪和紧张关系积淀成一种社会心理和社会意识，并传承下来。民国时期，这种社会意识和社会心理不仅没有缓解和消除，反而由于国民党的反动和腐败统治更加恶化。新中国成立初期，由于党为人民建立的功勋和党的正确政策，一度使干群关系相当融洽，但这种融洽由于过于短暂而没能根本消除历史长期积淀下来的上述社会心理和社会意识，所以当毛泽东错误发动"文化大革命"时，这种社会心理和社会意识再次以无意识的形式支配了人们的行为，疯狂地暴露出来，使很多领导干部受到错误的批判和迫害。改革开放以来，尽管人民生活水平普遍提高，但由于多种原因，特别是愈演愈烈的官员腐败一直不断地滋养着那种对立情绪、社会心理和社会意识，从而阻挠了干群之间的互动和关系的融洽。这种情况已严重影响了党和国家政策的正确执行，损害了人民的利益，使党的建设脱离群众，成为无本之木，甚至威胁党的生存和政权稳定。调查研究是干群互动的一种重要形式。提倡调查研究，就是让领导干部在了解与被了解、调查与被调查的关系互动中熟悉群众的实际生活，想

---

① 胡锦涛：《在"三个代表"重要思想理论研讨会上的讲话》，《人民日报》2003 年 7 月 2 日。

群众所想，急群众所急，帮助群众解决实际问题、紧迫问题，切实做到"群众利益无小事"。如此，认真而切实的调查研究，不仅能融洽干群之间的紧张关系，使党真正成为群众根本利益的代表者，而且能起到稳定社会、巩固政权的良好作用。

4. 调查研究是永恒的研究课题和实践过程。毛泽东早就说过，"没有调查就没有发言权"，"中国革命斗争的胜利要靠中国同志了解中国情况"。改革开放初，陈云说，改革要"摸着石头过河"①。所谓"摸着石头过河"，就是要边探索，边实践，边总结，有错就改，无则加勉。改革二十多年，回首望去，改革之路挫折迷离，峰回路转，以至有经济学家评论说，中国的改革没有计划，是歪打正着？原因何在呢？除了中国的改革开放是个全新的事业，无成例可循外，更主要的是，我们没有摸着石头过河，而是望着别人过河（有时甚至连别人也不看），别人怎么过，我们怎么过，忘记了中国的情况与人家是大相径庭的。国有企业改革是如此，医疗制度改革是如此，经济体制改革也是如此。总之，我们因为缺乏实事求是的思想方法和调查研究的工作方法，吃了很大的亏。改革的道路还很漫长，国际国内形势又风云变幻，错综复杂。面对如此的艰难局面，我们的领导干部们，一定要本着为人民谋幸福的思想，把调查研究作为一个永恒的课题来研究，使其制度化、科学化，作为一个永恒的实践过程，谦虚谨慎地坚持和传递下去。唯其如此，才能确保社会主义中国不断繁荣昌盛。

　　（此文入选 2003 年 12 月由中央宣传部、中央党校、中央文献研究室、中央党史研究室、教育部、中国社会科学院、解放军总政治部联合举办的全国纪念毛泽东同志诞辰 110 周年学术研讨会；刊于《陕西师范大学学报》（哲学社会科学版） 2004 年第 3 期，收入《毛泽东与当代中国——全国纪念毛泽东诞辰 110 周年学术研讨会论文集》（上），中央文献出版社 2004 年版）

---

① 《陈云文选》第 3 卷，人民出版社 1995 年版，第 279 页。

毛泽东与马克思主义中国化

马克思主义是科学的世界观和方法论，是无产阶级认识世界和改造世界的强大思想武器。中国共产党自成立起，一批共产党人就注重把马克思主义的基本原理同中国革命的具体实践相结合，在实践中不断创新，使之成为中国化的马克思主义，指引中国革命和建设事业不断发展。毛泽东作为中国共产党第一代领导集体的核心人物，在马克思主义中国化的历史进程中，可谓居功至伟。

一

毛泽东探索马克思主义中国化的历史，大体上经历了四个阶段。

第一阶段，对马克思主义中国化的初步探索。

1921年中国共产党成立前后，很长一段时间内，共产党人在理论上主要是宣传历史唯物主义，在实践上侧重于组织和发动工人运动，走城市武装暴动的革命道路。毛泽东也不例外，除了深入工矿调查、组建工会、办夜校之外，1922年9月，他还与李立三、刘少奇等一起领导组织和发动了安源路矿1.7万名工人大罢工。但不同的是，毛泽东出身于湖南省农民家庭，自幼受到农民务实的朴素唯物主义与湖湘一带"经世致用"文化传统的熏陶，从学生时代起他就非常重视"立志""修身"、身体力行、知行合一，也常怀改造社会、改造世界的理想。毛泽东在湖南"一师"时"身无半文，心忧天下"，利用假期纵横数县，不辞辛苦了解社会，又声称"吾于近人独服曾文正公"即是证明。

在这种背景影响下，毛泽东从开始接受马克思主义，便与李大钊、陈独秀等大知识分子有着鲜明的区别。一是由于学历背景和理论水平高低的不同，李大钊、陈独秀都对马克思主义的基本框架和内容有较为系统的认知（虽然并不完全准确），这一点从二者早期的文章即可看出。李大钊有著名的《我的马克思主义观》，陈独秀也有《社会主义批评》，李大钊、陈独秀对马克思主义的接受，可以说是基于马克思主义理论本身的科学性和自洽性，而毛泽东则不是，这个时期的毛泽东尚没有对马克思主义的整体性理解，因而无论是在接受还是实践马克思主义时，反而没有来自理论本身的严格束缚。在 1920 年他自认为无论在理论上还是实践上都成为一个马克思主义者之前，并没有系统地介绍或阐述马克思主义的文章，他对马克思主义的理解和接受是有选择的，正如他自己所说，"我只取了它四个字：'阶级斗争'，老老实实地开始来研究实际的阶级斗争"①，这固然有其片面和狭隘之处，但这种选择却直指中国社会的现实问题。事实上，对于要把马克思主义这个舶来品应用于半封建半殖民地的中国来说，这种做法可能是必需的。毛泽东之所以接受马克思主义而不是其他主义，主要是因为马克思主义较之别的主义有更明显的实效性。因此，1921 年年初，他在新民学会会员大会上指出："改良是补缀办法，应主张大规模改造。至于方法，启民主用俄式，我极赞成。因俄式系诸路皆走不通了新发明的一条路，只此方法较之别的改造方法所含可能的性质较多。""激烈方法的共产主义，即所谓劳农主义，用阶级专政的方法，是可以预计效果的，故最宜采用。"②

二是从革命理论的角度来讲，李、陈都曾受到国家主义的影响，最早试图对中国上层政治进行改造从而挽救中国之存亡，政治革命无成，才转而追求对整个社会的根本改造，最终成为马克思主义者。而毛泽东则不是，他在湖南"一师"读书时，北洋军阀政府的不断更迭和腐败统治已经打碎了国家主义者在民国初年实现民主政治和国家富强的幻想，几乎从一开始接受的就是社会改造和社会革命的理念。因此，毛泽东没有李、陈早期脱离中国底层社会的缺陷，无论是作为无政府主义者，还是转变为马克思主义者以后，他所接受的思想始终要求他关注中国社会的下层民众和社会改造。

这两点为毛泽东把马克思主义与中国实际情况相结合奠定了思想基础，使他在接受马克思主义后表现出了明显不同的兴趣方向：一方面，毛

---

① 《毛泽东农村调查文集》，人民出版社 1982 年版，第 22 页。
② 《毛泽东文集》第 1 卷，人民出版社 1999 年版，第 1、2 页。

泽东一直试图从经济基础和阶级斗争的角度去认识中国社会及各种力量。1923 年 4 月 10 日，他在《外力、军阀与革命》一文中指出，中国现在之所以是军阀统治，是因为"从中国的社会经济现象看……人民百分之九十几未受教育；除开沿江沿海沿铁路应乎他们的经济情形有一点微弱的组织，像工商、教职员、学生等团体外，几乎全是家族的农村的手工业的自足组织；内蒙古、新疆、青海、西藏、陕西、甘肃、四川、贵州、广西各地至今无一寸铁路；全国无一个有三十万确实党员的政党；全国无一家销到二三十万份的报纸；全国无一种销到二三万份的杂志；而中国全体有人口四万万，有土地三千余万方方里"。① 1925 年冬，他又撰写了两篇文章，一篇是《国民党右派分离的原因及其对于革命前途的影响》，指出同盟会至国民党历史上数次分裂的原因，主要是基于不同的阶级性，分裂势力代表了不同的阶级利益，并指出国民党右派的分离，不仅"不足以妨碍国民党的发展，并不足以阻挠中国的国民革命"，而且有助于革命派的"更大的团结"。② 另一篇就是著名的《中国社会各阶级的分析》。文中内容，众所周知。另一方面，毛泽东是党内为数甚少的最早重视农民问题的领导人之一。1925 年 10 月 20 日，他在《〈广东省党部代表大会会场日刊〉发刊词》中指出，广东全省代表大会的责任是，"怎样检查以前的工作，规定以后的方法，产生有力量的全省指挥机关，用以发展各界人民的组织，尤其是发展那占广东全人口百分之八十即二千数百万的农民大群众的组织，以保障而且扩大我们的胜利"。③ 一个月以后，他又在《少年中国学会改组委员会调查表》的"学业"一项中明确填上：研究社会科学，现在注重研究中国农民问题。1926 年 1 月，他在《中国农民》第一期上发表《中国农民中各阶级的分析及其对于革命的态度》一文，初步运用马克思主义的阶级分析法，将农村居民分为大地主、小地主、自耕农、半自耕农、半益农、贫农、雇农及乡村手工业者、游民等八个阶级，并就各个阶级对革命的态度进行了比较深入的分析，初步形成关于农村阶级分析的理论。同年 5—9 月，在广州主办第六届农民运动讲习所期间主办《农民问题丛刊》，总结推广国内外特别是广东农民运动的经验，以指导和促进

---

① 《毛泽东文集》第 1 卷，人民出版社 1999 年版，第 11—12 页。

② 同上书，第 30 页。

③ 同上书，第 16 页。

全国农民运动的发展。他在为此刊所写的序中鲜明地提出："农民问题乃是国民革命的中心问题，农民不起来参加并拥护国民革命，国民革命是不会成功的；农民运动不迅速地做起来，农民问题不会解决；农民问题不在现在的革命运动中得到相当的解决，农民不会拥护这个革命。"① 号召党内同志"立刻下了决心，立刻去做那组织农民的浩大的工作。要立刻下了决心，把农民问题开始研究起来。要立刻下了决心，向党里要到命令，跑到你那熟悉的或不熟悉的乡村中间去，夏天晒着酷热的太阳，冬天冒着严寒的风雪，挽着农民的手，问他们痛苦些什么，问他们要写什么。从他们的痛苦和需要中，引导他们组织起来，引导他们和土豪劣绅争斗，引导他们和城市的工人、学生、中小商人合作建立起联合战线，引导他们反帝国主义反军阀的国民革命运动"。并指出，只有农民组织起来的时候，"帝国主义、军阀的基础才能确实动摇，国民革命才能得着确实的胜利"。② 1927 年 3 月，他又亲自考察了湘潭、湘乡、衡山、醴陵、长沙等五县的农民运动，深入了解、调查我国农村各阶级的状况和农民反抗土豪劣绅的情况，发表了《湖南农民运动考察报告》一文，充分估计了农民在中国革命中的作用，指出了在农村中建立农民政权和农民武装的必要性，阐明了占中国人口大多数的贫农是农民中最革命的力量，着重宣传了放手发动群众、组织群众、依靠群众的革命思想。

这些思想可谓马克思主义中国化的初步成果，亦为大革命失败后中国革命力量的重新崛起奠定了理论基础。

第二阶段，对马克思主义中国化的自觉追求。

大革命失败后，中国革命进入了一个新的阶段。但是中共党内多数人并未走出依靠工人进行城市武装暴动的老路子，直到 1927 年 9 月，毛泽东带领秋收起义军攻打长沙受挫后转移到敌人统治力量薄弱的湘赣边界的罗霄山脉中段井冈山，才使中国革命走上一条最具创造性的道路。这个时期，毛泽东进行了广泛的调查研究，据统计，仅 1927—1934 年，毛泽东就有宁冈调查、永新调查、仁凤山调查、寻乌调查、兴国调查、东塘等六村调查、木口村调查、长冈乡调查、三次塘边村调查、蛟洋调查、长汀调查、三次才溪乡调查等，留下了许多调查文稿，其中以寻乌、长冈、才溪

---

① 《毛泽东文集》第 1 卷，人民出版社 1999 年版，第 37 页。

② 同上书，第 39 页。

调查文稿最为详细。从留下的文稿看，上述调查使毛泽东基本了解了根据地的政治区划、行政、地理环境、交通运输、工商业、人口成分、阶级构成、土地占有及受剥削程度、土地山林池塘房屋的分配及斗争、地租税收、苏维埃组织建设、农村军事组织及斗争、民主建设以及生产、文化、卫生、社会救济、革命宣传等情况。在上述调查的基础上，毛泽东积极探索，不断修正和改进根据地建设中的土地、税收、阶级、军队、城市等各项政策，从而在思想路线、革命道路、军队建设、根据地建设、军事战略战术等方面取得了丰硕的成果，为马克思主义中国化实现第一次历史性的飞跃，为毛泽东思想的系统形成奠定了基础。

第一，关于思想路线。针对党内存在的把马克思主义教条化，把共产国际的决议和苏联经验神圣化的倾向，1930 年 5 月，毛泽东撰写了《反对本本主义》一文，并初步论述了马克思主义中国化的思想。他说："我们的斗争需要马克思主义……马克思主义的'本本'是要学习的，但是必须同我国的实际情况相结合。我们需要'本本'，但是一定要纠正脱离实际情况的本本主义。"① 这就为中国共产党人摆脱苏联经验的束缚、冲破党内教条主义的统治提供了理论依据。

第二，关于革命道路理论。井冈山革命根据地初创时，关于在农村搞革命能否取得胜利、是否符合马列主义的疑问很多。毛泽东则坚信像井冈山根据地这样的红色政权能够存在下去。其原因有五：帝国主义及军阀对中国之分裂政策；好的群众基础；革命形势之发展；相当力量红军之存在；党的正确领导。1928 年 11 月，他在给中央的报告中又补充了两条，即有便于作战的地势、有足够给养的经济力。（以前的教科书和相关研究成果都只注意前五条，忽视了这两条，实际上 1934 年苏区之失败，除了全国革命形势的停顿和李德等的军事教条主义的错误以外，蒋介石的战术变化使根据地的有利地形不能发挥有效作用和长期战争使根据地缺少足够的给养都是致败原因。）但就此确认毛泽东已经确定了农村包围城市的革命道路尚为时过早。因为毛泽东在《中国的红色政权为什么能够存在》中说得很清楚。他说："以宁冈为中心的湘赣边界工农武装割据，其意义绝不限于边界数县，这种割据在湘鄂赣三省工农暴动夺取三省政权的过程

---

① 《毛泽东选集》第 1 卷，人民出版社 1991 年版，第 111—112 页。

中是有很大的意义的。"① 1929 年 4 月，毛泽东在给中央的信中仍然认为，虽然革命的现阶段是民权主义而不是社会主义，党的目前任务是争取群众而不是马上举行暴动。"但是革命的发展将是很快的，武装暴动的宣传和准备应该采取积极的精神。在大混乱的现局之下，只有积极口号积极精神才能领导群众。党的战斗力的恢复也一定要在这种积极精神之下才有可能。""无产阶级领导是革命的唯一关键，党的无产阶级基础之建立，大区域产业支部之创造，正是目前党在组织方面的重要任务，但同时农村斗争的发展，小区域苏维埃之建立，红军之创造和扩大，亦是帮助城市斗争、促进革命潮流高涨的条件。"② 甚至到了 1930 年 1 月，他仍坚持革命高潮很快就要到来，认为争取江西一省的计划是对的，只不过不应以一年为期。但不同的是，毛泽东此时已经确信"朱德毛泽东式、方志敏式之有根据地的，有计划地建设政权的，深入土地革命的，扩大人民武装的路线是经由乡赤卫队、区赤卫大队、县赤卫总队、地方红军直至正规红军这样一套办法的，政权发展是波浪式地向前扩大的，等等的政策，无疑义的是正确的"。③ 换句话说，他此时认为正确的革命路线是先在农村建立小块红色政权发展力量，进而夺取一省或数省（当时主要的目标是湘鄂赣三省），然后夺取全国政权。这种思路显然和农村包围城市的道路理论是不同的。但无疑这向农村包围城市的道路理论迈进了一大步。

第三，关于军队建设。第一次大革命失败后，毛泽东非常重视军队建设，"八七会议"上提出"枪杆子里面出政权"，此后在给中央的信中又指出："以农业为主要经济的中国的革命，以军事发展暴动，是一种特征。"并建议中央，"用大力作军事运动"。④ 为了改变过去军队由个人领导的传统，毛泽东把加强党的领导作为军队建设的首要任务。1927 年秋收起义失败后，毛泽东在三湾村对起义军进行整编，并在连上建立党支部，营以上建立党委，但是这并未能确立党对军队的绝对领导。当时"小团体主义充分存在而发展，党不敢做调动枪支上的尝试，红军后方兼顾主义与少数同志的红军本位主义是相冲突的，军需制度和编制法规未能建立，个人支配政治和武器的事常常有的，这时候的党从连到军从它的实

① 《毛泽东选集》第 1 卷，人民出版社 1991 年版，第 52 页。
② 《毛泽东文集》第 1 卷，人民出版社 1999 年版，第 54—55 页。
③ 《毛泽东选集》第 1 卷，人民出版社 1991 年版，第 98 页。
④ 《毛泽东文集》第 1 卷，人民出版社 1999 年版，第 79 页。

质说是处在一种从属的地位，在某些问题上是绝对听命于个人"。1928 年
9 月后，在毛泽东的不断努力下，这种情况有所改变，"党能开始在理论
上建设（原文如此，疑是"批评"——引者注）小团体主义了（虽然在
实际上还不能），军需制度建立，成立了七十五支长枪一连的制度……这
时期内少数同志极力把头低下来，党确处在指挥的地位了，从支部以至前
委大体上说来都是如此的"。① 即便如此，在 1929 年 4 月、5 月间，仍然
发生了关于党权与军权关系的激烈争论，毛泽东甚至不得不一度离开军
队。直到著名的"九月来信"后，这一争论才告一段落。1929 年 12 月红
四军第九次党代表大会上，首先是毛泽东对党的组织建设以及军事系统与
政治系统的关系进行了全面检讨，作出了比较明确的规定。其次是进行政
治训练。毛泽东提出，在红军成分以游民无产阶级和农民为主的条件下，
要建立一支无产阶级的武装力量，"只有加紧政治训练的一法"。② 1929
年，古田会议决议对政治训练的对象、方法、内容、教材、组织形式、执
行机关等都作了详细的规定，并对当时军队内存在的单纯军事观点、极端
民主化、非组织观点、绝对平均主义、主观主义、个人主义、流寇思想、
盲动主义等小资产阶级的思想观点进行了系统的批判。毛泽东的这些思想
开创了人民军队政治工作的先河。

　　第四，关于根据地建设。这一时期，毛泽东经过多次详尽细致的调查
研究，对根据地建设提出了一系列理论政策。主要包括土地政策、阶级政
策、经济政策、基层政权建设。对于土地问题，毛泽东早在 1927 年 4 月
就列出了一个简单的研究提纲。正是有了这一基础，井冈山根据地开辟约
一年时间，中国共产党的第一部《土地法》诞生了。关于这一《土地
法》，毛泽东是这样评价的："这是一九二七年冬天至一九二八年冬天一
整年内土地斗争经验的总结，……这个土地法有几个错误：（一）没收一
切土地而不是只没收地主土地；（二）土地所有权属政府而不是属农民，
农民只有土地使用权；（三）禁止土地买卖。"另外还提出了按照劳动力
分配土地和共同耕种的错误政策。尽管这一土地法还带有教条和理想的成
分，但毕竟积累了经验。此后，毛泽东不断根据实际情况对上述土地法进
行修正。1930 年 2 月的陂头会议，否定了按劳动力分地的错误做法，肯

---

① 《毛泽东文集》第 1 卷，人民出版社 1999 年版，第 66 页。

② 同上书，第 63 页。

定了按人口分配土地的做法。1930 年 6 月汀州会议，又在原来抽多补少的原则上增加了抽肥补瘦的原则。关于阶级政策，这一时期毛泽东对阶级的认识还比较激进。他在《查田运动的群众工作》中实际上把地主、富农划为一类，认为地主是封建剥削者，富农是半封建剥削者，对地主采取消灭政策，对富农采取削弱政策，在土地分配上对地主不分田、富农分坏田。这种情况直到 1935 年 12 月才有所变化，他在当月 1 日给张闻天的信中指出过去富农分坏田的做法不对，富农可与中农、贫农分得同等土地，保障富农经营工商业及雇工自由，但是仍然坚持对富农土地完全不动的原则不对，认为富农在斗争深入时必然转入地主阵线，因此富农无权参加红军，也没有选举权。① 关于经济政策，毛泽东提出了优先发展农业，有组织有计划地发展对外贸易，依靠发展经济增加财政收入，国民经济应包括国营经济、合作社经济、私营经济，要鼓励发展私营经济等政策和思想。这些政策的贯彻"在实际上逐步形成了一种根本不同于半封建半殖民地社会的新民主主义经济的雏形"②。关于政权建设，毛泽东专门撰写了一篇长文《乡苏维埃怎样工作》，对于根据地基层政权建设给予明确而具体的指导。

第五，关于军事战略战术。这一时期，党的军事力量刚刚发展起来，又处在敌人的多路围剿之中，经过了血的教训和多次胜利后，毛泽东对人民军队的战略战术进行了总结。他说："我们用的战术就是游击的战术。大要说来是，'分兵以发动群众，集中以应付敌人。''敌进我退，敌驻我扰，敌疲我打，敌退我追。''固定区域的割据，用波浪式的推进政策。''强敌跟追，用盘旋式的打圈子政策。''很短的时间，很好的方法，发动群众。'"③

尽管在这一时期由于各种原因，毛泽东提出的一些理论政策还带有历史的局限性，但是从这些政策的变化过程可以看出，他一直在自觉地努力将马克思主义与中国实际相结合。

第三阶段，向全党提出马克思主义中国化的任务。

如果说前一时期，由于在党和军队中的地位，毛泽东还只是个人努力

---

① 参见《毛泽东文集》第 1 卷，人民出版社 1999 年版，第 372—375 页。

② 金冲及主编：《毛泽东传（1893—1949）》（上），中央文献出版社 1996 年版，第 310 页。

③ 《毛泽东文集》第 1 卷，人民出版社 1999 年版，第 56 页。

在理论和实践中将马克思主义中国化的话，随着 1935 年 1 月遵义会议后他在党和军队中领袖地位的先后确立，他开始把这一正确的方向向全党推广。

全国抗日战争爆发前后，为贯彻执行党的抗日民族统一战线政策，从思想认识上清理党内存在的主观主义和教条主义思想，总结两次国内革命战争的历史经验，制定和贯彻正确的路线、方针和政策，1937 年 7 月和 8 月，毛泽东在抗日军政大学作了《实践论》和《矛盾论》的著名讲演，从马克思主义哲学角度，论证了理论与实践相统一的关系，强调实践在认识运动中的重要地位与作用；强调事物的对立统一是唯物辩证法的根本法则，矛盾的普遍性寓于特殊性之中，具体问题具体分析是马克思主义的活的灵魂。毛泽东尖锐地指出："唯心论和机械唯物论，机会主义和冒险主义，都是以主观和客观相分裂，以认识和实践相脱离为特征的。"① 因此，要求中国共产党人必须运用马克思主义基本原理和方法，从中国特殊国情出发，总结中国革命的经验，揭示中国革命的特殊规律，概括出符合实际的理论原则，使马克思主义具有中国特点。《实践论》和《矛盾论》的发表，有力地批判了党内教条主义和主观主义错误，为党的思想路线作出哲学论证，为马克思主义中国化奠定了坚实的理论基础，表明毛泽东对马克思主义中国化的认识已达到了完全自觉的高度。

然而，党内的主观主义思想并没有因此而彻底得到克服。抗战爆发初期，一些党和军队的领导人受民族主义情绪的影响，多主张采取不符合八路军实力的阵地战、运动战。1937 年 11 月底，王明又"从天而降"，按照苏联人的指示，到处宣扬"一切要服从统一战线，一切要经过统一战线"的右倾言论，在主持长江局工作后，又以中共中央自居，在组织上搞独立性。针对这些情况，毛泽东明确向全党提出了马克思主义中国化的任务。1938 年 10 月毛泽东在党的六届六中全会上说：中国共产党人要"学会把马克思列宁主义的理论应用于中国的具体的环境"②，"离开中国特点来谈马克思主义，只是抽象的空洞的马克思主义。因此，马克思主义的中国化，使之在其每一表现中带着中国的特性，即是说，按照中国的特

---

① 《毛泽东选集》第 1 卷，人民出版社 1991 年版，第 295 页。

② 《毛泽东选集》第 2 卷，人民出版社 1991 年版，第 543 页。

点去应用它，成为全党亟待了解并亟须解决的问题"①。在这里，毛泽东不仅第一次鲜明提出了"马克思主义中国化"这一概念，而且针对党内盛行的把马克思主义教条化，把共产国际决议和苏联经验神圣化、绝对化的错误倾向，强调指出："洋八股必须废止，空洞抽象的调头必须少唱，教条主义必须休息，而代之以新鲜活泼的、为中国老百姓所喜闻乐见的中国作风和中国气派。"② 在这里，毛泽东从确立指导中国革命最基本的原则的高度，提出马克思主义必须与中国革命的具体实践相结合的问题。在他看来，坚持马克思主义的基本立场、观点和方法，是实现马克思主义中国化的前提；如果离开了这个前提，所谓的"中国化"就会走入歧途。他还认为，中国共产党人对于马克思主义在中国的应用，"必须将马克思主义的普遍真理和中国革命的具体实践完全地恰当地统一起来，就是说，和民族的特点相结合，经过一定的民族形式，才有用处，决不能主观地公式地应用它"。③

　　同时，凭借延安当时较为安宁的客观环境，毛泽东进一步思考和总结了中国革命前一阶段和新阶段在武装斗争、党的建设、统一战线、政权建设等方面的经验教训。从 1938 年至 1940 年，他相继发表了《抗日游击战争的战略问题》（1938 年 5 月）、《论持久战》（1938 年 5 月）、《论新阶段》（1938 年 10 月）、《统一战线中的独立自主问题》（1938 年 11 月 5 日）、《战争和战略问题》（1938 年 11 月）、《共产党人发刊词》（1939 年 10 月）、《中国革命和中国共产党》（1939 年 12 月）、《新民主主义论》（1940 年 1 月）等文章，批判了抗日战争"速胜论"和"灭亡论"，提出了抗日战争是持久战，战争的最后胜利属于中国人民；批判了在中国革命道路问题上照抄照搬外国经验的教条主义，科学地论证了中国革命为什么必须走农村包围城市，最后武装夺取政权的道路，提出了武装斗争、党的领导、统一战线是中国革命的三大法宝，形成了完整的农村包围城市革命道路的理论；批判了王明的右倾言论，提出中国共产党要在抗日民族统一战线中坚持独立自主的原则；批判了国民党的一党专政，提出了建设新民主主义的新中国；等等。这些理论的形成生动地体现了马克思主义活的灵

---

① 《中共中央文件选集》第 11 册，中共中央党校出版社 1991 年版，第 658—659 页。

② 《毛泽东选集》第 3 卷，人民出版社 1991 年版，第 844 页。

③ 《毛泽东选集》第 2 卷，人民出版社 1991 年版，第 707 页。

魂，是马克思主义中国化的具体体现，标志着中国化的马克思主义走向成熟。

在党的核心层提出马克思主义中国化的问题并逐渐形成统一认识后，毛泽东又把目光扩大到全党，发动了一场轰轰烈烈的整风运动。1941 年下半年，整风首先以党的高级干部学习中共党史为开端，1942 年 2 月，毛泽东在中共中央党校作《整顿学风党风文风》的报告后，整风在全党拉开帷幕。延安整风期间，毛泽东强调，怎样对待马克思主义是一个学风问题，"学风问题是领导机关、全体干部、全体党员的思想方法问题，是我们对待马克思列宁主义的态度问题，是全党同志的工作态度问题"。① 在《改造我们的学习》和《整顿党的作风》中，毛泽东尖锐地批评了那种对国内各方面情况不作系统周密的调查研究，"闭塞眼睛捉麻雀""瞎子摸鱼"，粗枝大叶，夸夸其谈，只满足于一知半解的主观主义作风，明确指出必须理论联系实际，"有的放矢"，"中国共产党人只有在他们善于应用马克思列宁主义的立场、观点和方法，善于应用列宁、斯大林关于中国革命的学说，进一步从中国的历史实际和革命实际的认真研究中，在各方面作出合乎中国需要的理论创造，才叫做理论和实际相联系"。"马克思列宁主义之箭，必须用了去射中国革命之的。这个问题不讲明白，我们党的理论水平永远不会提高，中国革命也永远不会胜利。"② 历史经验证明，能不能坚持马克思主义学风，以科学的态度对待马克思主义，是党在理论和政治上是否成熟的一个重要标志，是关系党的前途和中国革命命运的一个重大问题。延安整风在全党普及了理论联系实际、实事求是的马克思主义学风，为全党走向成熟、为中国革命的胜利奠定了思想基础，也为马克思主义大众化开拓了一条新路子。

1944 年至 1945 年 6 月，中共六届七中全会和七大相继召开，会议以党的决议的形式确认了整风运动的成果，清算了党在各个时期所犯的路线错误，巩固了毛泽东在全党全军无以替代的领袖地位，也把中国化的马克思主义——毛泽东思想写进了党章。

第四阶段，在艰难曲折中坚持马克思主义中国化。

从 1949 年至 1976 年可以称为第四阶段。在这一阶段，我国曾面临无

---

① 《毛泽东选集》第 3 卷，人民出版社 1991 年版，第 813 页。

② 同上书，第 820 页。

数前所未有的困难，国际形势又风云变幻，给新中国的建设提出了很多难题。在这种复杂艰巨的形势下，毛泽东继续将马克思主义中国化，积极探索中国社会主义建设道路，其间既有伟大成就，也发生了很多曲折。但"总的来说，是我们党在马克思列宁主义、毛泽东思想指导下，领导全国各族人民进行社会主义革命和社会主义建设并取得伟大成就的历史"。①

新中国成立前夕，毛泽东已将马克思主义和中国革命的历史经验相结合，为新中国搭建了"人民民主专政"的政治框架和五种经济成分共同发展的经济框架，在 1949 年 9 月通过的中国人民政治协商会议决议中还没有明确写入社会主义的前途，而是要建设新民主主义国家。但是对于以共产主义为理想追求、以马克思主义为信仰且掌握了国家政权的共产党人来说，急于进入社会主义是情有可原的，特别是在没有搞清楚什么是社会主义、怎样建设社会主义，而把社会主义当成工业化加公有制的代名词时，尤其如此。事实也的确是这样。在七届二中全会上，毛泽东就指出，虽然中国经济落后，要允许私人资本主义经济的存在和发展，但是"中国资本主义的存在和发展，不是如同资本主义国家那样不受限制任其泛滥的。它将从几个方面被限制——在活动范围方面，在税收政策方面，在市场价格方面，在劳动条件方面。我们要从各方面，按照各地、各业和各个时期的具体情况，对资本主义采取恰如其分的有伸缩性的限制政策"。②他也清楚："对于私人资本主义采取限制政策，是必然要受到资产阶级在各种程度和各种方式上的反抗的，特别是私人企业中的大企业主，即大资本家。"因此将"限制和反限制"作为新民主主义国家内部阶级斗争的主要形式，将工人阶级和资本家之间的矛盾列为新中国两大基本矛盾之一。③ 同时，毛泽东也在设想中国迈入社会主义的路径。他说："占国民经济总产值百分之九十的分散的个体的农业经济和手工业经济，是可能和必须谨慎地、逐步地而又积极地引导它们向着现代化和集体化的方向发展的，任其自流的观点是错误的。必须组织生产的、消费的和信用的合作社，和中央、省、市、区、县的合作社的领导机关。……中国人民的文化落后和没有合作社传统，可能使得我们遇到困难；但是可以组织，必须组

---

① 《中国共产党中央委员会关于新中国成立以来党的若干历史问题的决议》，《三中全会以来重要文献选编》（下），人民出版社 1982 年版，第 794 页。

② 《毛泽东选集》第 4 卷，人民出版社 1991 年版，第 1431 页。

③ 同上书，第 1432—1433 页。

织，必须推广和发展。单有国营经济而没有合作社经济，我们就不可能领
导劳动人民的个体经济走向集体化，就不可能由新民主主义社会发展到将
来的社会主义社会，就不可能巩固无产阶级在国家中的领导权。谁要是忽
视或轻视了这一点，谁也就要犯绝大的错误。"① 正是这一预设路径，自
觉不自觉地改变了新中国的发展和马克思主义中国化的方向。

新中国刚成立，经济发展还是千疮百孔，但随着土改的顺利推进，合
作经济也逐步发展，并且在一定程度上、一定范围内提高了农业生产力。
加之这一时期由于私人资本主义在国家经济建设中的不良表现而受到打击
后，毛泽东改变了最初关于新民主主义社会的想法，于 1952 年开始批评
"巩固新民主主义秩序"的言论，并提出"一化三改"的过渡时期总路
线，开始进行社会主义改造。不久，又把党在过渡时期总路线解释为：其
实质"就是使生产资料的社会主义所有制成为我国国家和社会的唯一的
经济基础"。②

在社会主义改造过程中，毛泽东创造性地将列宁的"和平赎买"思
想和中国实际相结合，提出了从加工订货、统购包销到公私合营的资本主
义工商业改造道路和从互助组到初级社再到高级社的农业和手工业改造道
路。按照这一道路，用了大约三年时间和平实现对资本主义工商业、农业
和手工业的改造。"在这个历史阶段中，党确定的指导方针和基本政策是
正确的，取得的胜利是辉煌的。"③ 在改造完成以后，毛泽东宣布过渡时
期结束，中国进入社会主义建设时期。而事实上毛泽东最初的设想是过渡
时期"包括基本上完成国家工业化，基本上完成对农业对手工业对资本
主义工商业的社会主义改造"④，即"一化三改"，"一化"为主体，"三
改"是两翼。他对这一转变的解释是："只有完成了由生产资料的私人所
有制到社会主义所有制的过渡，才利于社会生产力的迅速向前发展，才利
于在技术上起一个革命，把在我国绝大部分社会经济中使用简单的落后的
工具农具去生产的情况，改变为使用各种机器直至最先进的机器去生产的
情况"。⑤ 这一解释忽略了经济发展的内在规律，把生产关系放在了决定

---

① 《毛泽东选集》第 4 卷，人民出版社 1991 年版，第 1432—1433 页。

② 《建国以来毛泽东文稿》第 4 册，中央文献出版社 1990 年版，第 405 页。

③ 《三中全会以来重要文献选编》，人民出版社 1982 年版，第 798 页。

④ 《建国以来毛泽东文稿》第 4 册，中央文献出版社 1990 年版，第 326 页。

⑤ 同上书，第 405—406 页。

生产力发展速度的地位，用所有制的改变代替生产力的发展作为社会主义制度的优越性，显然违背了马克思主义关于生产力决定生产关系的基本原理。而社会改造的快速实现背后实际上隐藏了毛泽东对待经济发展的急躁情绪、对社会主义制度的强烈愿望和对社会主义的简单化理解。正是这些东西导致了以后大炼钢铁、人民公社化、"大跃进"等一系列违背经济规律问题的发生。这不能不是毛泽东在继续推进马克思主义中国化中的一段曲折。

另外，就在即将完成社会主义改造时，东欧的社会主义阵营发生了"波匈事件"，中国社会也出现了一些不稳定因素，这些事情使毛泽东开始思考中国经济和政治发展中存在的一些问题，以及苏联领导人关于社会主义的一些理论。1956年4月，毛泽东经过认真的调查研究，提出了指导中国经济和政治发展的"十大关系"。1957年2月，他又提出：社会主义存在着基本矛盾和我国社会存在着两类不同性质的矛盾，正确处理人民内部矛盾是国家政治生活的主题。处理人民内部矛盾，只能用民主的方法，只能用说服教育、讨论和批评的方法，简单说就是"团结—批评—团结"，并提出了正确处理人民内部矛盾的一些原则和方法。这些思想是毛泽东将马克思列宁主义基本原理与中国社会主义建设实际相结合所取得的又一硕果，为指导国家经济、政治和社会发展提供了理论基础，但是这些理论尚未在全党扎下根来，1957年党的整风所引发的一些过激言论便导致毛泽东和一些领导人对国内的阶级形势产生了错误的估计，随即改变了上述正确的思想，开始强调阶级斗争和敌我矛盾。1959年的"反右倾"、1963年的"四清运动"和1965年的"反对党内走资本主义道路的当权派"，乃至"使党、国家和人民遭到建国以来最严重的挫折和损失"的长达10年的"文化大革命"，大概都与这一改变有着一定的渊源。然而必须指出：即便在10年"文化大革命"这一全局性错误中，毛泽东仍在努力追求着马克思主义，"三要三不要"的第一条就是"要马克思主义，不要修正主义"。只遗憾的是，这时的他对马克思主义的理解已有偏差。

二

纵观毛泽东探索马克思主义中国化的历程，他从初步认识到理性接受,从简单照搬到自觉改造,从新民主主义理论的水到渠成到社会主义理论的曲折发展,既揭示了马克思主义中国化的一般规律,也对我们在新的历史条件下继续推进马克思主义中国化的事业给予了深刻的启示。

第一,推进马克思主义中国化是中国共产党人永恒的事业。

马克思主义中国化是坚持和发展马克思主义的本质要求。马克思主义最显著的特点就是其实践性。实践的发展变化是永不停息的,那么对实践的认识和分析,将马克思主义与实践的结合也应该是永不停止的。正如毛泽东所说:"社会实践中的发生、发展和消灭的过程是无穷的,人的认识的发生、发展和消灭的过程也是无穷的。……客观现实世界的变化运动永远没有完结,人们在实践中对真理的认识也就永远没有完结。"① 毛泽东一生领导革命和建设的实践反复证明,凡是马克思主义中国化比较顺利的时期,都是他能够深入调查研究,对中国革命和建设的具体情况把握得比较全面和准确的时期(比如抗日战争时期和新中国成立初期)。相反,凡是把马克思主义和中国实际结合较差的时期,多是他脱离实践,对中国国情缺乏系统研究和全面准确把握的时期(比如社会主义建设的某些时期)。就认识和把握实践而言,对于中国这种正在发生巨变的发展中大国也并非易事,一方面,在不同的历史时期和社会发展的不同阶段,会有不同的国际国内环境,不同的生产力水平、生产力结构和生产关系,社会基本矛盾和主要矛盾的内容和表现形式也都会有明显的差异,历史所赋予的基本任务和所设置的主要困难也必然不同。另一方面,中国幅员辽阔,即使在同一时期,经济和社会发展也会存在着明显的结构性差异、阶段性差异、地区差异和城乡差异。作为执政者,如果不能与时俱进,随时掌握已经发展变化了的实际情况,"不是从全部总和、不是从联系中去掌握事实,而是片断的和随便挑出来的,那么事实就只能是一种儿戏,或者甚至连儿戏也不如",② 那么就必然要犯教条主义或经验主义的错误。只有不断进行调查研究,全面准确把握国情,才可能因时制宜、因地制宜,才能够推动马克思主义中国化事业不断前进。也唯其如此,才能继续坚持和发展马克思主义,推动中国特色社会主义事业不断前进。

---

① 《毛泽东选集》第 1 卷,人民出版社 1991 年版,第 295—296、296—297 页。

② 转引自中共中央马克思恩格斯列宁斯大林著作编译局编《马克思恩格斯列宁斯大林毛泽东论正确对待马克思主义》,人民出版社 1979 年版,第 35 页。

　　第二，推进马克思主义中国化需要自觉追求真理的科学精神。反观历史，毛泽东对马克思主义中国化的探索，以第二、第三阶段条件最为困难，环境最为恶劣，然而成果却最为丰硕，对中国革命的推动作用也最大。究其原因，一则革命形势之所迫，二则革命实践发展之推动，然而更重要的则是毛泽东具有将马克思主义与中国革命实践结合的自觉追求。在土地革命初期，战事频仍，但毛泽东利用战争间隙积极进行调查研究，对他提出的理论政策不断进行修正，使中国革命朝着正确的方向不断迈进。1932年后他受到"左"倾中央领导的打压，一度丧失了在党和军队中的领导权，但他并没有放弃对中国革命道路的自觉探索，他一方面"从漳州以及其他地方搜集来的书籍中，把有关马恩列斯的书通通找了出来，不全不够的就向一些同志借。……差不多整天看，读了这本，又看那本，有时还交替着，扎扎实实下功夫，硬是读了两年书"。[①] 另一方面积极探索苏维埃政权建设和经济发展的道路，但仍然密切关注着前线战事的发展，思考第五次反围剿失败的原因，总结"左"倾路线对中国革命带来的惨痛教训，终于在遵义会议上力挽狂澜，挽救中国革命和红军于危亡。抗日战争爆发以后，毛泽东自知缺少对马列主义经典著作的研读，为了总结中国革命的经验教训，他利用延安难得的和平环境，大补马列之课。据不完全统计，毛泽东在延安时期读的马恩列斯和有关马克思主义的著作主要有：马克思的《资本论》，恩格斯的《社会主义从空想到科学的发展》《反杜林论》，多卷本《列宁选集》，斯大林的《论列宁主义基础》《论列宁主义的几个问题》《论中国革命的前途》《论南斯拉夫的民族问题》《论布尔什维克十二条》《在克里姆林宫举行的红军学院学员毕业典礼上的讲话》《马克思恩格斯列宁斯大林论艺术》，苏联西可洛夫等的《辩证法唯物论教程》、米丁等的《辩证法唯物论与历史唯物论》，艾思奇的《哲学与生活》《大众哲学》《研究提纲》，李达的《社会学大纲》《联共（布）党史简明教程》。对这些书，毛泽东不仅读了，其中有些书他甚至读了十几遍，并留下了大量读书笔记。正是这种不懈努力的科学精神，使他的马克思主义理论水平有了空前的提高，并在此基础上撰写了一大批重要的理论著作，顺利完成了对中国革命经验的科学总结，创造了马克思主

---

　　① 引自金冲及主编《毛泽东传（1893—1949）》（上），中央文献出版社1996年版，第323页。

义中国化的第一个理论成果——毛泽东思想。中国革命和建设的历史道路
是坎坷的，未来也必将面临无数挫折和困难，因此，必须具备对真理自觉
追求的科学精神和勇于战胜困难的顽强意志，才能推动马克思主义与中国
国情的不断结合，进而推动社会主义建设的顺利进行。

　　第三，推进马克思主义中国化需要敢于打破教条冲破束缚的理论创新
精神。

　　研究毛泽东的一生，他之所以能在马克思主义中国化的道路上取得巨
大的成功，主要原因之一就是他能够摆脱苏联经验和马列主义某些具体结
论的束缚，能够根据中国革命和建设的实际情况大胆创新。他一生都非常
痛恨并坚决反对教条主义，他多次说，"我们说马克思主义是对的，绝不
是马克思这个人是什么'先哲'，而是因为他的理论，在我们的实践中，
在我们的斗争中，证明了是对的"。"马克思主义的'本本'是要学习
的……但是一定要纠正脱离实际情况的本本主义。"① "把马克思列宁主义
书本上的某些个别字句看作现成的灵丹圣药，似乎只要得了它，就可以不
费气力地包医百病。这是一种幼稚者的蒙昧。" "洋八股必须废止，空洞
抽象的调头必须少唱，教条主义必须休息。"② 在毛泽东思想中，很多理
论和思想都具有原创性，比如，走农村包围城市的道路进行无产阶级革
命，通过整风来实现无产阶级政党的团结与统一，建立无产阶级领导的工
农小资产阶级和资产阶级的联合政权，正确处理人民内部矛盾是社会主义
国家政治生活的主题，也正是这些创造性的思想引导中国革命和建设取得
了巨大胜利。马克思主义是世界观和方法论，并不是解决具体问题的教
条。马克思曾在《给〈祖国纪事〉杂志编辑部的信》中针对他的批评家
指出："他一定要把我关于西欧资本主义起源的历史概述彻底变成一般发
展道路的历史哲学理论，一切民族，不管它们所处的历史环境如何，都一
定要走这条道路，——以便最后都达到在保证社会劳动生产力极高度发展
的同时又保证每个生产者个人最全面的发展的这样一种经济形态。但是我
要请他原谅。他这样做，会给我过多的荣誉，同时也会给我过多的侮
辱。"③ 因此，在 160 多年后，我们要在世界资本主义和社会主义都发生

---

① 《毛泽东选集》第 1 卷，人民出版社 1991 年版，第 111—112 页。
② 《毛泽东选集》第 3 卷，人民出版社 1991 年版，第 820、844 页。
③ 《马克思恩格斯选集》第 3 卷，人民出版社 1995 年版，第 341—342 页。

了巨大变化的历史时期，要在全新的异质的文化环境、生产力结构和生产关系中继续高举马克思主义的旗帜，推进马克思主义中国化，必须具有前所未有的创新精神。

总之，马克思主义中国化并不是一件一劳永逸、一蹴而就的事情，而是一个充满变化和曲折的尚未结束的漫长历史进程。在这一过程中，既需要不断深化对马克思主义基本原理的认识、理解，也需要对世界文明的优秀思想成果关注和吸纳；既需要对数千年的中国历史文化传统进行辨析和扬弃，也必须对不断发展的社会实践进行科学周全的考察和掌握；既需要把马克思主义中国化的理性自觉和理论热情，也需要一切从实际出发、遵守经济社会发展的客观规律的冷静头脑；只有这样，才能不断结合发展变化着的中国实际对马克思主义作出创造性的发展，才能不断自觉地推动马克思主义中国化，形成中国化的马克思主义，也只有如此，才能指导中国的社会主义事业少走弯路，不走弯路。

（刊于《高校理论战线》2010 年第 2 期，人大复印报刊资料《毛泽东思想研究》2010 年第 5 期全文复印转载；收入《毛泽东与新中国研究论文集》（上），中央文献出版社 2010 年 7 月版）

延安时期毛泽东马克思主义大众化探索及其当代价值

人民群众政治水平与理论修养的提高离不开党的组织与推动，"群众的文化程度和政治水平是和党的组织状况有联系的"。[①] 因此，"教育人民历来是我们党的任务，要一直坚持下去"。[②] 毛泽东一生致力于对人民进行马克思主义教育，特别是延安时期，他倾注大量心血和精力去提高全党理论水平，推动马克思主义由深奥抽象到通俗具体，由被党内少数人理解掌握到被全党所理解掌握，为大众化事业作出了重要贡献。

一 历史缘起

1937 年 6 月 5 日，毛泽东在中共中央政治局会议上作《群众工作问题》的报告时提出"普及与深入马克思主义的方法论（唯物辩证法）于多数干部中"[③]，第一次明确提出了马克思主义大众化的历史命题。之后他在《在延安文艺座谈会上的讲话》中，又第一次使用了"大众化"的术语[④]。毛泽东之所以提出马克思主义大众化，是基于几个方面的需要。

（一）适应抗战时期中共面临的复杂的社会现实的需要

"学习马恩列斯的理论及中国革命各项具体政策的计划，必须适合目前革命形势和革命任务的需要。"[⑤] 抗战时期中共面临的复杂的社会现实，

---

① 《建国以来毛泽东文稿》第 1 卷，人民出版社 1987 年版，第 505 页。
② 《毛泽东文集》第 4 卷，人民出版社 1996 年版，第 199 页。
③ 《毛泽东文集》第 1 卷，人民出版社 1993 年版，第 510 页。
④ 《毛泽东选集》第 3 卷，人民出版社 1991 年版，第 851 页。
⑤ 《毛泽东文集》第 5 卷，人民出版社 1996 年版，第 234 页。

是毛泽东大众化探索的首要的起始语境和特定语境。毛泽东从当时社会现实的实际需要出发，作出推动大众化的重大战略抉择，以争取抗战胜利。

抗战时期中共面临的社会现实主要是，民族矛盾与阶级矛盾两个矛盾并存，民族解放与民主革命两个任务并存，国统区与解放区两种社会制度并存，国民党与共产党两个领导中心并存，国民党军队与人民军队两支军队力量并存。社会现实异常复杂，矛盾丛生。具体地讲，在抗日民族统一战线内部，国民党始终以中央自居，盲目自大，不肯平等对待中共，时刻都在试图限制乃至消灭之。统一战线内部随时可能会发生剧烈对抗乃至军事冲突。在军事上，日本侵略者实力强大而又残忍。国民党掌握中国抗战的绝大部分军事力量，但因其推行片面抗战路线而造成局势日趋恶化。坚持全面抗战的共产党领导下的人民军队屡屡获胜，但却装备差，物资供应匮乏。在党的建设上，全党理论水平不高，教条主义影响还很严重，宗派主义盛行。如何应对复杂的社会现实、争取抗战胜利，是我党要迫切解决的最重大的时代课题。

复杂的社会现实，客观上要求我党必须提高全党理论水平，马克思主义大众化也就提上了日程。对此，毛泽东明确表示，"我们的任务，是领导一个几万万人口的大民族，进行空前的伟大的斗争。所以，普遍地深入地研究马克思列宁主义的理论的任务，对于我们，是一个亟待解决并须着重地致力才能解决的大问题"。"如果我们党有一百个至二百个系统地而不是零碎地、实际地而不是空洞地学会了马克思列宁主义的同志，就会大大地提高我们党的战斗力量，并加速我们战胜日本帝国主义的工作。"[1]

（二）加强党的理论建设的需要

中共成立以来，党的建设，特别是理论建设，一直处于滞后状态。我们党是以马克思主义为指导的，但是从马克思主义传播、第一批共产主义者出现，到党的成立，这一过程仅用了2—3年，时间较短。成立之后，由于斗争的现实需要又立即投入艰苦的革命斗争中，没有自觉地组织全党进行理论学习，因此党的理论水平比较低下。在之后长期斗争中，虽然党取得巨大成就，积累了丰富经验，但大革命后期党内出现的右倾投降主义错误和土地革命时期出现的三次"左"倾错误，也一再暴露出理论准备

---

[1] 《毛泽东选集》第2卷，人民出版社1991年版，第533页。

不足和马列主义水平不高的弱点。对此，毛泽东有着清醒的认识。他在中共六届六中全会上指出："我们党的马克思列宁主义的修养，现在已较过去有了一些进步，但是还很不普遍，很不深入。"① 1940 年 6 月，在延安新哲学会第一届年会上讲话时，他再次强调："理论这件事是很重要的，中国革命有了许多年，但理论活动仍很落后，这是个大缺憾。"②

因此，延安时期毛泽东一再要求全党掌握马克思主义思想武器，努力提高马克思主义理论素养。他指出，"没有大量的真正精通马克思列宁主义革命理论的干部，要完成无产阶级革命是不可能的"。③ "要领导几千万人、几万万人的革命，假使没有学问，是不成的，共产党人就应该懂得各种各样的事情。"④ 只有提高全党理论水平，才能担当领导革命的重任。

（三）保证马克思主义中国化顺利发展的需要

从我党的历史看，土地革命时期党内"左"倾错误屡反屡犯，马克思主义中国化事业遭受挫折，一个重要原因就是马克思主义大众化发育程度不够。大众化发展滞后于中国化发展，广大党员干部群众理论水平满足不了中国化事业发展的需要，致使他们在教条主义者掌握马克思主义并垄断理论资源的解释权和话语权面前束手无策，只能任其在党内泛滥，甚至在某种程度上助长"左"倾思想发展，成为其肆虐的温床基础，贻害中国化事业，留下深刻教训。对此，延安时期，毛泽东就曾尖锐地指出，"教条主义是哪里来的？是不是从马、恩、列、斯那里来的？不是的。他们经常在著作里提醒我们，说他们的学说是行动的指南，是武器，不是教条。人家讲的不是教条，我们读后变成了教条，这是因为我们没有读通，不会读，我们能责备他们吗？许多人不重视理论工作，似乎这个工作不要紧。对理论工作看法的动摇是不对的"⑤。对此，陈云也有着同样的认识，他说："正因为我们的一般知识和理论知识少，文化程度不够，所以有些同志就上了人家的当，成了教条主义的俘虏。"⑥ 总结历史经验教训，毛

---

① 《毛泽东选集》第 2 卷，人民出版社 1991 年版，第 533 页。

② 江湘：《延安新哲学会举行第一届年会》，《新中华报》1940 年 6 月 28 日。

③ 《毛泽东年谱（1893—1949）》中卷，中央文献出版社 2002 年版，第 249 页。

④ 《毛泽东文集》第 2 卷，人民出版社 1993 年版，第 177 页。

⑤ 《毛泽东文集》第 3 卷，人民出版社 1996 年版，第 418 页。

⑥ 《陈云文选》第 1 卷，人民出版社 1995 年版，第 261 页。

泽东大力倡导马克思主义大众化，提高全党理论水平，以反对教条主义，保证中国化事业顺利发展。

（四）满足民众理论需求，争取抗战胜利的需要

抗日战争爆发带来了中华民族历史上空前的民众动员和政治觉醒，极大地刺激了对革命理论大众化的需求。同时，由于"共产党员自始至终都只是人民中的极少数，没有绝大多数人民了解我党主张，真心实意地愿与我党合作，我党主张便无从实现"。[①] 因此，只有当广大人民群众理解与支持党的方针路线时，才能有效动员民众，实现抗战最后胜利。正如 1941 年中共中央发出《中央宣传部关于党的宣传鼓动工作提纲》所强调的，没有马列主义理论、党的纲领与主张、党的战略与策略的宣传，并在思想意识上动员全民族和全国人民，就不可能获得"一定阶段内的彻底胜利"[②]。延安时期，毛泽东明确强调，"我们的政策，不光要使领导者知道，干部知道，还要使广大的群众知道"，"群众知道了真理，有了共同的目的，就会齐心来做"。[③] 只有推进马克思主义大众化，满足民众理论需求，才能有效动员民众参与抗战，指导民众进行抗战，取得抗战最后胜利。大众化是满足民众理论需求、动员民众参与、争取抗战胜利的需要。

抗战进入相持阶段后，战争局势日趋稳定，大批优秀知识分子从全国各地汇集延安，大量马克思主义经典原著翻译出版，党的第一代领导集体日渐形成，毛泽东也能够积极致力于倡导和推动大众化事业发展。

二　探索实践

（一）科学揭示大众化的实质

马克思曾尖锐地指出："哲学家们只是用不同的方式解释世界，而问题在于改变世界。"[④] 因此，经典作家创立的理论以"改变世界"为旨趣，

---

① 《毛泽东文集》第 2 卷，人民出版社 1993 年版，第 395 页。

② 《中共中央文件选集》第 13 册，中共中央党校出版社 1991 年版，第 126 页。

③ 《毛泽东选集》第 4 卷，人民出版社 1991 年版，第 1318 页。

④ 《马克思恩格斯选集》第 1 卷，人民出版社 1995 年版，第 61 页。

绝不是"书斋里的学问",也绝不是"纯粹思辨的观念"。它来自实践,在实践中得以验证和发展,又以指导实践为价值趋向,具有强烈的实践性。"实践的观点是辩证唯物主义认识论的第一和基本的观点,马克思主义本质上是实践的科学。"① 然而,马克思主义如果被人民群众掌握后没有运用于实践,仅仅停留在思想认识或理论层面,束之高阁,那么它就无法最大限度地发挥指导人民群众实践活动的作用。

因此,毛泽东一再强调,学习马克思主义,就是要"使之群众化,为广大干部和人民群众所掌握","变为群众手里的尖锐武器"②。在《改造我们的学习》中,他批评"许多同志的学习马克思列宁主义似乎并不是为了革命实践的需要,而是为了单纯的学习",强调要运用马克思主义的立场、观点和方法"来具体地研究中国的现状和中国的历史,具体地分析中国革命问题和解决中国革命问题"③。在《整顿党的作风》中又表示,"对于马克思主义的理论,要能够精通它、应用它,精通的目的全在于应用"④。在《在延安文艺座谈会上的讲话》中明确指出:"学习马克思主义,是要我们用辩证唯物论和历史唯物论的观点去观察世界,观察社会。"⑤ 正是在他的大力推动下,党的六届七中全会通过的《关于若干历史问题的决议》指出:"在中国生活和奋斗的中国共产党人学习辩证唯物论和历史唯物论,应该是为了用以研究和解决中国革命的各种实际问题。"⑥ 学习马克思主义,使之变为群众认识世界、改造世界的科学方法和尖锐武器,在延安时期成为全党共识。

(二) 准确概括大众化的基本要求

1. 民族化

所谓民族化,就是指用广大民众熟悉的民族文化素材和语言风格阐释马克思主义。民族化话语的构建,从深层次来看,是一个解释学上的"视域交融"问题,是一个文化融合问题,而不仅仅是一个表达方式改变

---

① 《十五大以来重要文献选编》,人民出版社 2000 年版,第 338 页。

② 《毛泽东文集》第 8 卷,人民出版社 1999 年版,第 323 页。

③ 《毛泽东选集》第 3 卷,人民出版社 1991 年版,第 797 页。

④ 同上书,第 815 页。

⑤ 同上书,第 874 页。

⑥ 同上书,第 987—988 页。

问题①。人们在认识事物时，总是以自己已有的文化传统的知识背景为观照，总是按照自己的思维定式和心理沉淀去把握对象。因而，任何一种外来思想文化要在一个新的民族或地区广泛而有效地传播，就必须与该地区该民族的社会生活和文化传统相结合，并致力于回答和解决该地区该民族的现实社会生活中的重大问题，即实现民族化或本地化。延安时期，毛泽东明确提出在大众化过程中的民族化的要求。他指出："马克思主义必须和我国的具体特点相结合并通过一定的民族形式才能实现。""按照中国的特点去应用它，成为全党亟待了解并亟须解决的问题。""洋八股必须废止，空洞抽象的调头必须少唱，教条主义必须休息，而代之以新鲜活泼的，为中国老百姓所喜闻乐见的中国作风和中国气派。"②"必须将马克思主义的普遍真理和中国革命的具体实践完全地恰当地统一起来，就是说，和民族的特点相结合，经过一定的民族形式，才有用处，绝不能主观地公式地应用它。"③

2. 简约化

传播的简约化，就是指把博大精深、卷帙浩繁的马克思主义内容有选择性地传播，用符合广大民众认知水平和认知习惯的形式简明扼要、具体形象地加以叙述。

具体来说，叙事言语要具有简洁性和通俗性。简洁性，就是要反对长篇大论的空话、套话。在《反对党八股》中，毛泽东把反对"空话连篇，言之无物"列为首条。他认为，文章应该"写得短些，写得精粹些"，还"应当禁绝一切空话"。"最不应该、最要反对的是言之无物的文章。演说也是一样，空话连篇言之无物的演说，是必须停止的。"④ 通俗性，就是反对文件式程序化表述。文件式的语言往往晦涩难懂，形式呆板，程序烦琐，致使理论亲和力下降，与民众产生感情隔阂，甚至引起反感，影响理论大众化效果。毛泽东借用季米特洛夫在共产国际第七次大会上的话说，"如果我们没有学会说群众懂得的话，那么广大群众是不能领会我们的决议的"。"应当学会不用书本上的公式而用为群众事业而奋斗的战士们的

① 林国标：《马克思主义大众化基本范式及其演变》，《湖南城市学院学报》2010 年第 4 期。

② 《毛泽东选集》第 2 卷，人民出版社 1991 年版，第 534 页。

③ 同上书，第 707 页。

④ 《毛泽东选集》第 3 卷，人民出版社 1991 年版，第 834 页。

语言来和群众讲话。"① 他还明确寄希望于《中国工人》"多载些生动的文字，切忌死板、老套，令人看不懂，没味道，不起劲"。②

叙事内容上要具有概括性、选择性。概括性，就是要言简意赅。西方思维方式下生成的文本宏大而抽象，逻辑性强。相反，中国思维方式下产生的文本简洁而又具体，直观性强。因此，必须要把宏大、抽象、逻辑性强的文本概括和置换成简洁、具体、直观性强的文本。最典型的例子就是，毛泽东提出："马克思主义的道理千头万绪，归根结底就是一句话：造反有理。"③ 他本人还讲过，第一次看过考茨基的《阶级斗争》、陈望道翻译的《共产党宣言》等书后，"只取了它四个字'阶级斗争'，老老实实地来开始研究实际的阶级斗争"。④ 简洁、具体、直观的文本的生成，才有利于群众的接受。选择性，就是要突出重点。从受众而言，只有那些与受众所强烈坚持的态度、信仰或行为相符的信息，受众能够理解的信息，才有可能被他们接受并实现内化。从马克思主义而言，它博大精深、篇幅浩繁，并非所有的人都具有能够完全系统掌握这个理论体系和各个组成部分所需的专门知识、理论修养和时间精力，并非所有的人都能系统掌握它。因此，在传播内容上要有选择性，突出重点。毛泽东在党的七大作口头政治报告时，要求全党读《共产党宣言》和《共产主义运动中的"左派"幼稚病》等五本书。他说："马、恩、列、斯的书多得很，如果先读了这五本书，就差不多了。"⑤ 1945 年 9 月 8 日，他表示"如果要求大家读全部马列选集，也不现实，可以挑选一些，不然书那么多，读起来也是困难"，"不要太多，多则不灵"。⑥

3. 时代化

近代以来，外来思潮纷沓而至。但它们都被中国人当作解决现实问题的理论工具，而不是作为单纯学理思想资源来看待的。马克思主义要在众多思潮中脱颖而出，取得主导地位，就必须在解决中国现实问题上体现出比其他思潮更具有彻底性和有效性。只有关注社会现实问题，贴近人民现

① 《毛泽东选集》第 3 卷，人民出版社 1991 年版，第 842—843 页。

② 《毛泽东文集》第 2 卷，人民出版社 1993 年版，第 728 页。

③ 李锐：《毛泽东的早年与晚年》，贵州人民出版社 1992 年版，第 118 页。

④ 《毛泽东文集》第 2 卷，人民出版社 1993 年版，第 378—379 页。

⑤ 《毛泽东文集》第 3 卷，人民出版社 1996 年版，第 351 页。

⑥ 《毛泽东文集》第 5 卷，人民出版社 1996 年版，第 138 页。

实生活实际，解决现实问题，彰显价值意蕴，马克思主义才能赢得民众认同、信仰，在中国生根、发芽、开花、结果，永葆生命力，也才能战胜其他外来思潮。因此，毛泽东明确表示，学习马克思主义，是要"来具体地研究中国的现状和中国的历史，具体地分析中国革命问题和解决中国革命问题"。① 不同时期人们接受、信仰、运用马克思主义就在于，不同时期只有马克思主义才能彻底有效地解决当时的现实问题。对于民主革命时期而言，正如毛泽东所说，人们"找到马克思列宁主义这个最好的真理，作为解放我们民族的最好的武器"②。特别是延安时期，多年的革命实践已经证明，只有把马克思主义同当时中国人民反帝反封建斗争实践相结合的、体现和把握革命与战争的时代主题和时代特征的毛泽东思想，而没有别的理论，可以指导民主革命取得胜利。毛泽东思想是马克思主义时代化的结果，因而，作为时代的产物，它理所当然成为当时大众化的核心内容。在推进大众化过程中，还必须实现马克思主义的时代化。

（三）有效探索大众化的实现路径

1. 在自觉总结党的历史经验教训中推进大众化

恩格斯说："伟大的阶级，正如伟大的民族一样，无论从哪方面学习都不如从自己所犯错误的后果中学习来得快。"③ 他认为，"群众需要有时间和机会来成长"，"他们将通过本身的错误、通过亲身经历的痛苦经验而前进"。因此，"要获取明确的理论认识，最好的道路就是从本身的错误中学习，'吃一堑，长一智'"④。总结历史经验教训，鉴往知今，是主体增长知识、提高自己的重要途径。

延安时期，毛泽东非常重视研究党的历史，总结中国革命的经验教训。他说："现在大家在研究党的历史，这个研究是必须的。如果不把党的历史搞清楚，不把党在历史上所走的路搞清楚，便不能把事情办得更好。"⑤ 整风期间，在毛泽东的领导下，中央领导层和高级干部集中学习并进行讨论党的历史上的几个重大是非问题，最终在党的六届七中全会通

---

① 《毛泽东选集》第3卷，人民出版社1991年版，第797页。

② 同上书，第796页。

③ 《马克思恩格斯选集》第4卷，人民出版社1995年版，第432页。

④ 同上书，第678—679页

⑤ 《毛泽东文集》第2卷，人民出版社1993年版，第399页。

过的《关于若干历史问题的决议》里全面系统地总结了党的历史经验教训。

通过总结历史经验教训，加深了对革命规律的认识。毛泽东本人曾说："在抗日战争前夜和抗日战争时期，我写了一些论文，例如《中国革命战争的战略问题》《论持久战》《新民主主义论》《〈共产党人〉发刊词》，替中央起草过一些关于政策、策略的文件，都是革命经验的总结。那些论文和文件，只有在那个时候才能产生，在以前不可能，因为没有经过大风大浪，没有两次胜利和两次失败的比较，还没有充分的经验，还不能充分认识中国革命的规律。"他说，只有经过两次胜利和两次失败，在抗日时期，"中国民主革命这个必然王国才被我们认识，我们才有了自由"。①

通过总结历史经验教训，全党更加深刻认识到教条主义主观与客观相脱离，"用切断历史和生搬硬套的办法，把书本子上的抽象概念套到中国来，把生动的中国看成僵硬的中国，把复杂的社会看成简单的社会"的错误；深刻认识到革命发展，"必须彻底无保留地打破主观主义、公式主义和生搬硬套书本上的概念，从具体的中国情况出发，抓住中国的特点"，还要"根据这些具体特点来制定正确的方针和政策"。② 毛泽东领导全党，认真研究党的历史，总结革命的经验教训，提高了全党的马克思主义理论水平，推进了大众化。

2. 在满足群众需要，实现群众利益中推进大众化

马克思主义认为，"理论在一个国家实现的程度，总是决定于理论满足这个国家的需要的程度"。③ 现代传播学也认为，有效性是任何一种信息得以流传的前提。推进大众化的重要方法就是要着眼和依靠实现、维护和发展群众利益去推进大众化。这样群众才能从给自己带来的实实在在的利益中认知、接受理论。因此，"一切群众的实际生活问题，都是我们应当注意的问题。假如我们对这些问题注意了，解决了，满足了群众的需要，我们就真正成了群众生活的组织者，群众就会真正围绕在我们的周围，热烈地拥护我们"。④ 也就是说，关注民生、满足群众需要、实现群

---

① 《毛泽东文集》第8卷，人民出版社1999年版，第299—300页。

② 《陈云文选》第1卷，人民出版社1995年版，第235页。

③ 《马克思恩格斯选集》第1卷，人民出版社1995年版，第11页。

④ 《毛泽东选集》第1卷，人民出版社1991年版，第137页。

众利益是马克思主义价值意蕴的体现，也是马克思主义在群众之间传播的切入点、立足点和落脚点。

延安时期，毛泽东教育全党说："一切空话都是无用的，必须给人民以看得见的物质福利"，"就目前陕甘宁边区的条件说来，就是组织人民、领导人民、帮助人民发展生产，增加他们的物质福利，并在这个基础上一步一步地提高他们的政治觉悟与文化程度"，"我们应该不惜风霜劳苦，夜以继日，勤勤恳恳，切切实实地去研究人民中间的生活问题，生产问题"，"并帮助人民具体地而不是讲空话地去解决这些问题"。"这个问题非常重要，希望大家十分注意，并向全党宣传这个道理。"① 毛泽东领导全党开展大生产运动，实施精兵简政来发展生产，减轻群众负担，改善民生，在实现群众利益中推进大众化。

3. 在促使马克思主义与中国文化传统相结合中推动大众化

一个民族的行为选择深受自身文化传统的影响与支配。正如马克思所说："人们自己创造自己的历史，但是他们并不是随心所欲地创造，并不是在他们自己选定的条件下创造，而是在直接碰到的、既定的、从过去承继下来的条件下创造。一切已死的先辈们的传统，像梦魇一样纠缠着活人的头脑。"② 马克思主义与中国文化传统有着许多相似相通之处，两者的相结合，可以使中国民众在文化心理和情感上与马克思主义产生共鸣与共振，实现交流契合沟通，从而接受马克思主义，实现大众化。从这个意义上讲，中国文化传统也是推进马克思主义在中国大众化的一个重要的切入点。

早期具有初步共产主义思想的先进知识分子，曾简单地将中国文化传统视为已经过时的旧东西而加以否定。与之形成鲜明对比的是，延安时期，中国共产党人在对待中国文化传统上开始走向自觉成熟，开始继承中国文化遗产，把马克思主义与中国文化传统相结合。毛泽东在党的六届六中全会上讲道："学习我们的历史遗产，用马克思主义的方法给以批判的总结，是我们学习的另一任务。"我们这个民族有数千年的历史，"我们是马克思主义的历史主义者，我们不应当割断历史。从孔夫子到孙中山，我们应当给以总结，承继这一份珍贵的遗产。这对于指导当前的伟大的运

---

① 《毛泽东文集》第 2 卷，人民出版社 1993 年版，第 467—468 页。
② 《马克思恩格斯选集》第 1 卷，人民出版社 1995 年版，第 585 页。

动，是有重要的帮助的"。①

毛泽东本人深受中国传统文化的熏陶。青少年时代曾长期接受传统文化教育，对中国传统文化有着深刻了解。他又来自仍然保留着中国传统文化巨大影响力的湖南农村，以后长期在农村领导中国革命，对中国民间文化传统有着独特领悟。因而，延安时期，他能够用中国文化解读和阐释马克思主义，成为推动马克思主义与中国文化传统相结合的最杰出的代表。除了"实事求是"取材于中国文化素材外，他还有许多其他创造性运用。例如，他借用中国民众广为熟知的神话小说《封神演义》中的典故将武装斗争、统一战线、党的建设称为"三大法宝"。毛泽东还非常善于借助中国成语、俗语、寓言，因而大众化效果尤为明显。

4. 利用媒体传播马克思主义

在无产阶级的新闻理论中，报纸，尤其是党报的强大的社会传播功能，使之成为"党的宣传鼓动工作最有力的工具"②，成为无产阶级宣传自身政治主张和实现政治诉求的重要工具和媒介。恩格斯就曾指出："党的报刊的任务是什么呢？首先是组织讨论，论证、阐发和捍卫党的要求，批驳和推翻敌对党提出的各种要求和论断。"③ 毛泽东也明确强调，帮助进行党的建设的伟大工程"不是一般党报所能胜任的，必须有专门的党报，这就是《共产党人》出版的原因"。④

报纸还是增进群众政治认知、实现政治动员的最好媒介。如何才能把党的政策变为群众行动呢？毛泽东指出，"办法之一，就是要充分地利用报纸。办好报纸，把报纸办得引人入胜，在报纸上正确地宣传党的方针政策，通过报纸加强党和群众的联系，这是党的工作中的一项不可小看的、有重大原则意义的问题"。"报纸的作用和力量，就在它能使党的纲领路线，方针政策，工作任务和工作方法，最迅速最广泛地同群众见面。"⑤

因此，要把报纸当作重要的工作方式和教育方式，组织和教育群众。毛泽东明确提出，要"认识通讯社及报纸是革命政策与革命工作的宣传

---

① 《毛泽东选集》第 2 卷，人民出版社 1991 年版，第 533—534 页。

② 《中共中央文件选集》第 13 册，中共中央党校出版社 1991 年版，第 358 页。

③ 《马克思恩格斯选集》第 1 卷，人民出版社 1995 年版，第 199 页。

④ 《毛泽东选集》第 2 卷，人民出版社 1991 年版，第 602 页。

⑤ 《毛泽东选集》第 4 卷，人民出版社 1991 年版，第 1318—1319 页。

者组织者这种伟大的作用"。① "应该把报纸拿在自己手里，作为组织一切工作的一个武器，反映政治、军事、经济并且又指导政治、军事、经济的一个武器，组织群众和教育群众的一个武器。"② 报纸也要积极担负起推进马克思主义大众化的重任。他曾指出，"中国共产党的使命就是本报（指《解放日报》）的使命"。③ "利用《解放日报》，应当是各机关经常的业务之一。"④ "这种利用报纸来推动中心工作的开展的方法，成为党报的重要经验和传统。"⑤

延安时期，我党创办了非常多的报刊杂志。毛泽东给予这些刊物以极大的关注、支持和指导。他亲自指导了《解放日报》的整风改革，还成为报刊的重要撰稿人。以《解放日报》为例，他撰稿 67 篇，仅收入《毛泽东选集》的社论就达 8 篇之多⑥。

此外，延安时期毛泽东本人还多次亲自接受外国记者采访，仅收入《毛泽东选集》《毛泽东文集》的就有 11 次之多。这些采访者后来写下的许多通讯报道，真实、及时、详细地向全中国和全世界介绍了中共的主张以及各解放区革命面貌，我党的路线、方针和政策也因此得以传播到国统区乃至世界，极大地扩大了影响。

5. 利用学校和集会等场域进行马克思主义教育

党校担负着提高广大党员干部政治理论水平，推进大众化的重要任务。毛泽东多次强调，党校肩负推进大众化的责任。1943 年 8 月，他指出，"我们办党校，就是要使我们同志的政治水平和理论水平提高一步，使我们党更加统一"。⑦ 1945 年 2 月，他再次指出："办党校或其他干部学校的目的，就是要使我们党在思想上是纯洁的，是马列主义的。"⑧ 延安时期，党中央还先后设立过 20 余所学校，数量多，种类全。它们是宣传马克思主义的主阵地，是推动大众化的重要渠道。

---

① 《毛泽东文集》第 2 卷，人民出版社 1993 年版，第 454 页。

② 《毛泽东文集》第 3 卷，人民出版社 1996 年版，第 111 页。

③ 《毛泽东文集》第 2 卷，人民出版社 1993 年版，第 353 页。

④ 同上书，第 409 页。

⑤ 方汉奇：《中国新闻传播史》，人民出版社 2002 年版，第 256 页。

⑥ 许冲：《对毛泽东思想大众化的历史考察——以〈解放日报〉为考察对象》，《现代哲学》2009 年第 4 期。

⑦ 《毛泽东文集》第 3 卷，人民出版社 1996 年版，第 61 页。

⑧ 同上书，第 261 页。

延安时期，毛泽东经常借助于开学和毕业典礼、纪念大会、座谈会等群众场合发表演讲，由党的主要领导人在会上发表演讲，以强化宣传、推动学习马克思主义。一般来说，群众大会能容纳较多的民众参与，易形成有影响的宣传声势和氛围，听众之间也易于相互感染，从而引起社会广泛影响和关注，成为传播、诠释马克思主义的重要场所和契机。

三 当代价值

（一）要高度重视和充分发挥大众化在马克思主义中国化中的作用

如前所述，为保证马克思主义中国化事业顺利发展，毛泽东倡导了马克思主义大众化。而推进大众化的实践，也确实为中国化事业奠定了重要基础。

推进大众化，为马克思主义中国化事业发展，为中国革命奠定了干部基础。它使广大党员干部提高了自身理论修养，许多还成为革命骨干。中央纪委原第二书记王鹤寿提到"通过学习，看问题更全面了。遇到问题，就会从各方面去考虑，既考虑这一面，又考虑那一面，全面来考虑问题，这在工作上是很有用的，对我帮助很大"。原国家计委主任袁宝华也认为，"那段理论启蒙学习，为今后一生的革命实践打下了扎实的基础，是极为可贵的，可以说是造就了一代人"。① 一大批具有较高马克思主义理论修养，在实践活动中自觉以马克思主义为指导的党员干部队伍的出现和壮大，为中国革命胜利提供了干部基础。正如党的六届七中全会所指出的，"以毛泽东同志为代表的马克思列宁主义的思想更普遍地更深入地掌握干部、党员和人民群众的结果，必将给党和中国革命带来伟大的进步和不可战胜的力量"。②

推进大众化，为马克思主义中国化的第一个理论成果——毛泽东思想指导地位的确立奠定了思想认识基础。通过学习马列著作和理论，总结党的历史，全党日益深刻地认识到毛泽东思想对中国革命的重大指导意义和用它武装广大党员群众的重大意义，增强了认同，思想认识实现空前统

---

① 刘家栋：《陈云在延安》，中国方正出版社 2005 年版，第 76—77 页。

② 《毛泽东选集》第 3 卷，人民出版社 1991 年版，第 999 页。

一，为确立毛泽东思想指导地位奠定了思想认识基础。陈云对许多问题的认识，包括对毛泽东比较全面的认识也都是通过读书开始的。他后来说"过去我认为毛泽东只是军事上很行"，"毛泽东写出《论持久战》后，我便了解了他在政治上也是很行的，实际上毛泽东政治、军事都很好"。①党的七大上毛泽东思想被确定为全党的指导思想，是全党的共识，也是在全党普及马克思主义的结果。

由此可见，马克思主义大众化在中国化中可以发挥重要作用。事实上，马克思主义中国化最终必须落脚在人民群众这个实践主体上。民众的参与程度和理论水平，决定着中国化的发展程度和发展质量乃至兴衰成败。以武装民众头脑，给民众提供行动指南和精神武器为己任的大众化，由此就成为实现中国化的重要条件和重要保障，也是中国化得以实现的重要途径，更是检验和衡量中国化实现程度的标志和实现绩效的标志。在推进马克思主义中国化进程中，必须高度重视和充分发挥马克思主义大众化的作用。

（二）要根据不同语境来转换大众化的任务、内容和话语表达

不同时代的语境，马克思主义大众化的任务和内涵各异，话语表达也不尽相同。

从任务看，延安时期（民主革命时期），毛泽东侧重于使马克思主义由少数知识分子精英向广大人民群众的下移，在文化场域里打破近代鸦片战争以来逐渐形成的西方自由主义与传统文化并存的格局，建立马克思主义的话语权，最终确立马克思主义的指导地位。对于当代中国而言，则侧重于在坚持马克思主义主导地位的前提下，建立马克思主义、大众文化、精英文化良性互动、和谐发展的文化格局。要根据不同时期中国的社会需求，在文化场域内建立马克思主义指导地位下的文化新格局。

从内容看，毛泽东思想产生后，尽管就全党而言，随即开始规模推进毛泽东思想大众化，然而毛泽东本人则对使用"毛泽东思想"概念持谨慎态度和科学精神②，他更多的是侧重于普及马克思主义的理论知识。因

---

① 廖心文：《延安时期陈云的读书生活》，《党的文献》2005 年第 3 期。

② 傅佑全：《毛泽东对使用"毛泽东思想"概念的谨慎态度与科学精神》，《毛泽东思想研究》2010 年第 1 期。

此，在推进大众化的历程中，以毛泽东思想诞生为标志，可以划分为两个大的阶段：毛泽东思想诞生以前，强调的是马克思主义普遍真理在中国的大众化。毛泽东思想诞生以后，强调的是中国化马克思主义的大众化。其中，后一个阶段，以改革开放为标志，又可分为两个小的阶段：改革开放以前，强调的是毛泽东思想的大众化；改革开放以后，强调的则是中国特色社会主义理论体系（当代中国的马克思主义）的大众化。因此，马克思主义大众化在不同时期的国情和时代背景下，其内容是不尽相同的。要根据不同时期中国的社会需求，不断转换大众化内容的侧重点。

从话语表达看，不同时代有不同的话语主题内容和表达方式，话语置换在理论大众化中具有重要意义，影响着受众对理论的认知与信仰。把握时代脉搏，关注现实诉求，表达民众利益；叙述简明扼要，语言通俗流畅，风格平易近人，感情亲切真挚，是一种优质的话语系统应该达到的基本要求和判断标准。延安时期，毛泽东推进大众化能够取得成功，与其构建了这样一种优质的话语系统是分不开的。在推进大众化的历程中，应该继续以此为标准，不断创造新的优质的话语系统。

（三）要构建全方位的大众化工作大格局

延安时期，毛泽东借助报刊传播媒体，依托学校和集会等场域进行传播，极大地提高了大众化的绩效。

当代中国，除了利用报纸、广播电台既有媒体外，还要努力充分利用电视、网络等新兴媒体载体，利用设论坛、开博客、发短信、看视频等现代交流沟通渠道，扩大宣传阵地，增强宣传时效。在利用高等学校、党校、社会学术团体等组织形式进行学理研究的基础上，还要重视各种政治性社会团体的导向作用，利用政治性社团具有的广泛群众基础，将理论普及到人民群众当中。同时在社会阶层分化的情况下，还要积极动员充分利用民间力量的参与，将其纳入推动大众化队伍体系中。最终建立起全方位、多渠道、立体式的理论传播体系，形成齐抓共管、多管齐下的推动大众化的工作机制与格局，汇成推进大众化的强大合力，提高大众化的绩效。

（刊于《西北大学学报》（哲学社会科学版）2011 年第 6 期；收入《毛泽东与马克思主义中国化研究文集》，中央文献出版社 2012 年版）

从毛泽东哲学思想的形成和发展
看中国共产党的理论创新

理论是先行官，是领航员。胡锦涛同志指出："90 年来党的发展历程告诉我们，理论上的成熟是政治上坚定的基础，理论上的与时俱进是行动上锐意进取的前提。"① 实践的发展是永无止境的，因而指导这种实践的理论也要不断前进。90 年来，党能够领导广大人民群众不断从胜利走向胜利，是与党坚持理论创新分不开的。中国特色社会主义伟大实践的发展和不断推进，对党的理论创新提出了新任务和新要求。考察和梳理毛泽东哲学思想形成和发展的历史，就是重温一段中国共产党的理论创新史，回顾一段马克思主义中国化史。

一 毛泽东哲学思想的形成发展史就是一部理论创新史

哲学是时代精神的精华，伟大的时代必然产生伟大的哲学思想。毛泽东哲学思想的每一步前进，都离不开实践创新。毛泽东是理论创新的典范，其哲学思想的形成和发展不是偶然的，经历了一个历史过程。考察其形成和发展的过程可以勾勒出党进行理论创新的历史轨迹。

（一）从萌芽到初步形成时期——理论创新的起点

中国共产党的成立，是中国历史上开天辟地的大事变，它的诞生使中国革命的面貌为之一新。从党的成立到《反对本本主义》一文的问世，是毛泽东哲学思想从萌芽到初步形成时期。

---

① 胡锦涛：《在庆祝中国共产党成立 90 周年大会上的讲话》，人民出版社 2011 年版，第 11 页。

　　第一次国内革命战争时期是党的幼年时期。由于实践还未充分开展，党在思想上、政治上还不成熟，毛泽东哲学思想还处于孕育、萌芽过程中。大革命的失败给中国共产党人提出了一个新的历史课题——中国革命向何处去？以毛泽东为代表的中国共产党人，在初步摸清中国特殊国情的情况下，以极大的政治勇气和理论气魄进行了理论创造。在中国革命道路问题上，毛泽东从成功和失败的实践中，总结了正反两方面的经验教训，提出了以农村包围城市、武装夺取政权的"工农武装割据"思想，为把党的工作重心从城市转到农村奠定了理论基础。这一看似天经地义的真理，却是以付出了巨大代价换来的。历史上轰轰烈烈的太平天国运动之所以失败，很重要的，就是因为没有科学理论做指导，而只是诉诸宗教感化和约束。遗憾的是，党内的教条主义者忘记了历史，忘记了马克思主义的生命力来源于理论创新，忘记了党推进理论创新的历史使命。

　　列宁指出："没有革命的理论，就不会有革命的运动。"[①] 毛泽东勇于坚持实践中得来的真理，揭露教条主义的错误，认为理论与实践相分离是其根源，进而初步确立了一条辩证唯物主义的思想路线。《反对本本主义》一文可以说是一篇理论联系实际的、中国化的马克思主义哲学著作，它鲜明地体现了毛泽东哲学思想的特色。其中"没有调查，没有发言权"[②] 著名论断的提出，使理论与实践相分离的病症找到了真正的药方。理论创新的过程本质上就是马克思主义理论与中国实际相结合的过程，就是马克思主义中国化的过程。毛泽东在文中首次提出了要把马克思主义普遍真理同中国的实际情况相结合的思想。这是马克思主义中国化的起点，同时也是理论创新的起点。毛泽东还第一次提出了"思想路线"的新概念，即"从斗争中创造新局面的思想路线"[③]。上述这些思想蕴含了毛泽东哲学思想的基本点即实事求是、群众路线、独立自主的雏形，是毛泽东哲学思想形成的标志。从某种程度上说，没有理论上的开拓创新，就没有中国革命的胜利。正是由于毛泽东在革命斗争实践中，在党和人民的集体奋斗中，总结了新鲜经验，做了艰苦的理论创造，才形成了其哲学思想，才使中国革命不断从胜利走向胜利。

---

① 《列宁专题文集：论无产阶级政党》，人民出版社 2009 年版，第 70 页。

② 《毛泽东选集》第 1 卷，人民出版社 1991 年版，第 109 页。

③ 同上书，第 116 页。

（二）从形成到成熟时期——理论创新的中点

毛泽东哲学思想从形成到成熟是同实践的不断发展同步的。从第二次国内革命战争后期到抗日战争前期，中国革命的实践日益丰富。这一时期，以毛泽东为代表的中国共产党人，坚决抵制和批评了我们党内盛行的把马克思主义教条化、把共产国际决议和苏联经验神圣化的错误倾向。在关于同错误路线作斗争的问题上，毛泽东进行了大胆的理论创新，向全党提出了马克思主义中国化的时代命题，以理论创新推动实践的发展。在此过程中，毛泽东哲学思想完成了系统化。

随着实践的推进，毛泽东哲学思想不断走向成熟。在如何对待抗日的问题上，毛泽东分析了国内外新的矛盾和问题，进行了理论创新。如制定了抗日民族统一战线的政治策略，系统地论述了抗日民族统一战线建立的必要性和重要性，从哲学的高度阐明了统一战线的辩证法。他指出："中国新民主主义的革命要胜利，没有一个包括全民族绝大多数人口的最广泛的统一战线，是不可能的。"① 在关于国共合作的问题上，毛泽东坚持马克思主义的辩证法，提出了既斗争又合作、以斗争求团结的正确策略，进而揭示了中国革命战争的规律，形成了一整套人民战争的战略战术等。这些成果的取得是毛泽东坚持运用马克思主义的立场、观点和方法解决中国革命问题的理论创新成果。

毛泽东 1937 年在延安抗日军政大学讲哲学，撰写了《实践论》和《矛盾论》（简称"两论"）。"两论"的诞生标志了中国化的马克思主义哲学达到了系统化的新高度。这两篇哲学论文，是对第一次、第二次国内革命战争经验的哲学总结，从哲学高度分析和批判了违背马克思主义和中国革命具体实际相结合的主观主义特别是教条主义，从而深刻地阐明了以实践为基础的认识论，以矛盾为核心的辩证法，为中国革命的胜利提供了科学的世界观和方法论。它们不仅是毛泽东哲学思想成熟的标志，而且为马克思主义哲学的发展作出了杰出的贡献，在马克思主义哲学发展史上占有重要的地位。自从有了毛泽东思想，尤其是毛泽东哲学思想这个科学的理论武器，中国革命的面貌就为之一新。

---

① 《毛泽东选集》第 4 卷，人民出版社 1991 年版，第 1257 页。

（三） 从成熟、多方面展开到曲折发展时期——理论创新的延续

抗日战争后期到新中国成立初期，是毛泽东哲学思想从成熟到多方面展开的重要时期。毛泽东在领导抗日战争和解放战争中，把马克思主义哲学创造性地运用于军事、政治、经济、文化和党的建设等方面，撰写了一系列重要著作，对中国革命经验作了系统总结和理论概括。这个时期，毛泽东思想的活的灵魂即实事求是、群众路线和独立自主得到了系统化、理论化，毛泽东思想得到了全党的公认，成为我们党的指导思想。

新中国成立后，毛泽东哲学思想在总结新的实践经验中，得到了进一步丰富和发展。如在关于政权性质问题上，提出了新民主主义社会是过渡性质的，不是一个独立的社会形态，这是其最大的理论创造，是毛泽东思想的核心内容；在社会主义改造道路上，开辟了一条中国化的社会主义改造道路，即以和平赎买的方式实现了由新民主主义到社会主义的成功过渡；在关于处理人民内部矛盾问题上，毛泽东提出了正确处理人民内部矛盾是国家政治生活的主题，极大地丰富了马克思主义关于矛盾的学说。毛泽东在晚年犯了严重错误，但毛泽东哲学思想在曲折中亦有创新之处。

值得指出的是，毛泽东哲学思想同马克思主义哲学既一脉相承，又有创新和发展。无论以实践为基础的认识论，以矛盾规律为核心的辩证法，还是以社会基本矛盾、两类矛盾和群众路线为主要内容的历史唯物论，都是马克思主义哲学基本原理的继承和发展。之所以说毛泽东哲学思想的形成和发展过程体现了党的理论创新，是因为毛泽东哲学思想的产生、形成和发展继承了马克思主义基本原理，同时又说了老祖宗没有说过的新话，它是与当时的社会实践的展开程度同步的，是实践创新的必然要求；当然毛泽东哲学思想本身就是党进行理论创新的重要成果，鲜明地体现了理论创新的基本原则。如果没有中国革命和建设实践的不断展开，毛泽东哲学思想不能产生，理论创新更无从谈起；同样，如果没有理论创新的不断推进，中国革命和建设实践的发展必定会经历这样那样的曲折。历史和现实已经昭示我们："马克思这些老祖宗的书，必须读，他们的基本原理必须遵守，这是第一。但是，任何国家的共产党，任何国家的思想界，都要创造新的理论，写出新的著作，产生自己的理论家，来为当前的政治服务，

单靠老祖宗是不行的。"① 由此可见，一部毛泽东哲学思想发展史不仅仅是一部理论创新史，更是一部马克思主义中国化的历史。

二　以实事求是为核心的毛泽东哲学思想是中国特色社会主义理论创新的基石

贯穿毛泽东哲学思想始终的不是别的东西，是其基本立场、观点和方法，就是"实事求是"。邓小平就曾指出："毛泽东同志在延安为中央党校题词，就是'实事求是'四个大字，这是毛泽东哲学思想的精髓。"② 毛泽东哲学思想不是纯粹的思辨和逻辑推演，而是一种实践哲学。它的来源是实践，它的使命是回到实践、指导实践。伟大的事业，需要伟大的理论支撑。而要做到这一点，就要坚持"实事求是"。

（一）毛泽东哲学思想为理论创新提供了理论基础

理论创新是在坚持和继承马克思主义的基础上，向前推进马克思主义，用马克思主义的态度对待马克思主义。所谓马克思主义的态度就是实事求是的态度。所以，它既不是丢掉老祖宗的标新立异，也不是不顾形势发展变化躺在书本上，而是在不丢掉老祖宗的前提下，又说出老祖宗没有说过的符合时代特征和客观实际的新话来。马克思说："哲学家们只是用不同的方式解释世界，问题在于改变世界。"③ 理论创新的目的不是为了创新而创新，而是解决问题。

毛泽东是理论创新的典范。无论是在新民主主义革命时期，还是社会主义革命和建设时期，毛泽东坚持实事求是，运用马克思主义的立场、观点和方法，通过调查研究，分析中国社会的各种矛盾，进行新的理论创造，以满足实践的需要。他提出了新民主主义理论，并对新民主主义社会的经济、政治和文化等政策和方针进行了卓有预见性的分析和探索。他关于两类矛盾与正确处理人民内部矛盾的思想，至今仍有时代价值。毛泽东哲学思想是贯穿毛泽东思想科学体系的立场、观点和方法。毛泽东哲学思

---

① 《毛泽东文集》第 8 卷，人民出版社 1999 年版，第 109 页。

② 《邓小平文选》第 2 卷，人民出版社 1994 年版，第 67 页。

③ 《马克思恩格斯选集》第 1 卷，人民出版社 1995 年版，第 57 页。

想为解决中国向何处去奠定了哲学基础和理论依据。在中国这样一个特殊的国情下，如何建设社会主义是一个极复杂的问题。毛泽东对此进行了艰辛的探索，而这些探索成果的取得是坚持实事求是的结果，又为中国特色社会主义的建设奠定了政治前提和制度基础。

中共十一届三中全会以来，以邓小平、江泽民和胡锦涛为代表的中国共产党人以毛泽东思想为指导，坚持解放思想、实事求是、与时俱进，一切从实际出发，从社会主义初级阶段这个最大的国情出发，自觉地把思想认识从那些不合时宜的观念、做法和体制中解放出来，从对马克思主义的错误的、教条式的理解中解放出来，从主观主义和形而上学的桎梏中解放出来，不断把改革开放和社会主义现代化建设推向前进。对"什么是马克思主义、怎样对待马克思主义，什么是社会主义、怎样建设社会主义，建设什么样的党、怎样建设党，实现什么样的发展、怎样发展"等重大的理论和现实问题进行了进一步的探索，取得了举世瞩目的成就。党所走过的90年奋斗历程充分证明，解放思想、实事求是、与时俱进是引导党和国家前进的强大力量。什么时候党能够坚持实事求是，我们的事业就顺利前进；什么时候把实事求是抛在一边，我们的事业就会遇到困难和挫折。

理论创新引领实践创新。改革开放之所以是一场新的伟大革命，之所以发挥了中国特色社会主义强大动力的作用，之所以取得了伟大的成功，最重要的就在于走出了正确的道路，形成了正确的理论指南。这条正确的道路就是中国特色社会主义道路，这个正确的理论指南就是中国特色社会主义理论体系，其哲学基础就是解放思想、实事求是。以实事求是为核心的毛泽东哲学思想是中国特色社会主义理论创新的基石。

（二）毛泽东哲学思想为理论创新提供了方法论和正确原则

哲学本身就是方法论，就是方法的总结。正确认识理论创新的意义是一个问题，真正做到理论创新又是另一个问题。前者属于认识论，后者属于方法论，二者是一个问题的两个方面，同等重要。恩格斯说："马克思的整个世界观不是教义，而是方法。"① 同样，作为中国化马克思主义的毛泽东哲学思想，其产生是对以往人类文明成果创新的总结，又为新的理

---

① 《马克思恩格斯选集》第4卷，人民出版社1995年版，第742页。

论创新提供了方法原则。所谓实事求是，就是依据马克思主义的立场、观点和方法，正确地阐释实际问题的来龙去脉，能够在中国实际问题上给予科学的解释和理论的说明，就是理论创新。

毛泽东哲学思想为新时期理论创新提供了哪些方法原则呢？

首先，要坚持没有调查就没有发言权。马克思主义哲学解决了认识来源于实践的问题，至于怎样从实践中获得认识，马克思还没有来得及阐述。毛泽东在继承马克思主义哲学和批判吸收中国传统哲学精华的基础上，不但坚持实践是认识的来源、检验真理的标准，而且提出了"没有调查，没有发言权"的著名论断，认为调查研究是从实践中获得认识的主要手段，这可以说是毛泽东哲学思想对马克思主义哲学的又一重要贡献。理论创新说来说去还是在实践的基础上进行理论创造，离开了实践，一切无从谈起。对中国革命规律的认识和把握是中国革命胜利的前提。中国革命的实质是农民革命，在如何争取民众上，毛泽东指出"要争取和依靠农民，就要调查农村"①。他还说马克思列宁主义的态度，"就是应用马克思列宁主义的理论和方法，对周围环境作系统的周密的调查和研究"②。土地革命战争时期，毛泽东为解决土地革命中一系列重大问题，做了大量的农村调查，尤其对以赣南和闽西为中心的中央苏区进行了集中调查，撰写了《寻乌调查》《兴国调查》《长冈乡调查》《才溪乡调查》等大量的调查报告。这一时期的农村调查研究，形成了系统的社会调查理论和方法，是毛泽东思想的一个重要组成部分。"没有调查就没有发言权""中国革命斗争的胜利，要靠中国同志了解中国的情况"等观点就是毛泽东基于这些调查研究而提出的。这些观点充分说明了调查研究的极端重要性，也成为我党理论联系实际、大兴调查研究之风的行动指南。从某种程度上，理论创新成果的取得是调查研究的结果。薄一波在回顾社会主义建设中出现失误的历史时语重心长地说："搞经济建设，要坚持实事求是的原则，加强调查研究，掌握经济发展的客观规律。"③ "文化大革命"的发生从反面说明了，理论创新离开了调查研究，就会误入歧途。新时期新阶段推进理论创新离不开调查研究，离不开实事求是的调查研究。

---

① 《毛泽东文集》第7卷，人民出版社1999年版，第133页。

② 《毛泽东选集》第3卷，人民出版社1991年版，第800—801页。

③ 薄一波：《关于若干决策与事件的回顾》，中共党史出版社2008年版，第510页。

再者，要不断推进马克思主义中国化。在党的历史上，坚持理论创新的典型范例和辉煌成果，是马克思主义与中国实际相结合的两次历史性飞跃以及产生的两大理论成果——毛泽东思想和中国特色社会主义理论体系。两次历史性飞跃的实现，两大理论创新成果的形成，其实质是解决马克思主义中国化的问题，这是直接关系到我们党能否充满生机和活力乃至关系到党生死存亡的重大问题。胡绳认为："毛泽东哲学思想是在马克思主义哲学基础上发展起来的，它又确实在许多方面对马克思主义有所发展，有所丰富。它有自己的特点，这是同马列主义中国化分不开的。"① 在从中国实际出发创造性地运用马克思主义解决中国革命具体问题的实践中，毛泽东提出这样的精辟结论："马克思列宁主义的伟大力量，就在于它是和各个国家具体的革命实践相联系的。……离开中国特点来谈马克思主义，只是抽象的空洞的马克思主义"。② 应用于中国的具体的环境，按照中国的特点去应用，使马克思主义在中国具体化——这就是对马克思主义的理论创新，这就是使马克思主义在中国这块特殊大地上发挥指导作用、具有强大生命力的关键所在，这也就是我们党在艰难困苦中能够坚定不移地走向胜利的根本保证。

三　推进党的理论创新的几点启示

在世情、国情和党情发生深刻变化的新形势下，推进理论创新不仅仅是理论问题，更是实践问题、政治问题。在改革开放的新时期、新阶段，什么是马克思主义、如何对待马克思主义，什么是社会主义、如何建设社会主义等如此重大的问题必然要反映到理论上，反映到思想上，并集中通过作为世界观、方法论的哲学问题而反映出来，这就使理论创新变得更加紧迫，"感觉只解决现象问题，理论才解决本质问题"③ 这一带有根本性的问题，将伴随我们事业的漫长过程，而对这个问题的不同回答，将决定我们事业的成败。

---

① 石仲泉主编：《毛泽东哲学思想研究三十年》，中央文献出版社 2011 年版，第 1 页。
② 《毛泽东选集》第 2 卷，人民出版社 1991 年版，第 534 页。
③ 《毛泽东选集》第 1 卷，人民出版社 1991 年版，第 286 页。

（一）理论创新的前提根据是坚持和继承马克思主义

理论导向是理论创新回答的首要问题，它关系着理论创新的方向。理论创新是党领导人民群众进行的伟大事业。党从诞生之日起，就把马克思主义写在自己的旗帜上，"中国人找到了马克思列宁主义这个放之四海而皆准的普遍真理，中国的面目就起了变化了"。① 90 年的历史实践表明，如何对待理论的问题有两个方面的内容：一是如何对待马克思主义与非马克思主义——即要不要马克思主义的问题，例如问题和主义之争；另一个就是如何正确对待马克思主义理论——即如何科学对待马克思主义的问题。前者是个立场问题，是质的问题，我们的回答是肯定的，没有回旋余地。要么是马克思主义者，要么是非马克思主义者，除此之外，都是鬼话。而后者是态度问题，是量的问题。历史上以各种面目出现的教条主义和经验主义就是不能正确对待马克思主义的明证。从某种程度上，后者比前者的解决更复杂，难度更大，危害性更严重。因为它带有迷惑性和欺骗性。理论导向问题主要是与教条主义和经验主义作斗争的问题。

首先，坚持马克思主义是理论创新的前提根据。俗话说，种瓜得瓜，种豆得豆。理论多种多样，千差万别，真假难辨，那么理论创新依据什么样的理论呢？毛泽东明确指出："真正的理论在世界上只有一种，就是从客观实际抽出来又在客观实际中得到了证明的理论，没有任何别的东西可以称得起我们所讲的理论。"② "我们说马克思主义是对的，决不是因为马克思这个人是什么'先哲'，而是因为他的理论，在我们的实践中，在我们的斗争中，证明了是对的。"③ 进行理论创新的前提就是坚持这样的理论，而不是其他的什么理论，在中国就是坚持马克思主义。没有这个前提根据，一切的理论创新都是骗人的把戏。那样下去，不仅在理论上是错误的，在实践上也是有害的。认识到这样一点可以避免理论创新误入歧途。毛泽东又指出："马克思主义的'本本'是要学习的，但是必须同我国的实际情况相结合。我们需要'本本'，但是一定要纠正脱离实际情况的本本主义。"④ 这就要求我们不断推进理论创新，实现马克思主义中国化。

---

① 《毛泽东选集》第 4 卷，人民出版社 1991 年版，第 1470 页。

② 《毛泽东选集》第 3 卷，人民出版社 1991 年版，第 817 页。

③ 《毛泽东选集》第 1 卷，人民出版社 1991 年版，第 111 页。

④ 同上书，第 111—112 页。

其次，要正确看待理论创新。理论创新的历史价值在于"新"，"新"就是符合历史发展的方向，具有远大的前途和强大的生命力。相反，如果表面上"新"而实际上不新，那就会葬送党和国家的前途和命运。如原苏联领导人的"政治新思维"，表面上看似新，其实质是在兜售社会民主主义的旧货，其恶果是导致苏联的瓦解。所以，我们加强对理论创新的认识、研究，有助于人们，特别是广大党员炼就火眼金睛，识别哪些是真正的理论创新成果，哪些是披着理论创新伪装的旧货、假货，从而准确地选择它来指导我们的实践活动。在弥漫着焦虑、浮躁、盲从气氛的今天，这应该是一种很好的清醒剂。我们一定要把坚持马克思主义作为理论创新的前提，正确对待理论创新，而不是有意无意地误入歧途。

（二）理论创新的根本动力是实践创新的需要

首先，理论创新的根本动力是实践。马克思主义哲学原理告诉我们，实践是认识的来源和动力。毛泽东哲学思想到处闪烁着认识论的光辉。毛泽东强调理论创新一定要重视实践，而不能从理论到理论，否则就使理论失去了其固有的价值。他指出："许多人是做研究工作的，但是他们对于研究今天的中国和昨天的中国一概无兴趣，只把兴趣放在脱离实际的空洞的'理论'研究上。许多人是做实际工作的，他们也不注意客观情况的研究，往往单凭热情把感想当政策。这两种人都凭主观，忽视客观实际事物的存在。"① 正如斯大林所指出的："离开革命实践的理论是空洞的理论，而不以革命理论为指南的实践是盲目的实践。"② 我们必须从新的实际出发，坚持以科学理论指导党的建设，以改革创新精神研究和解决党的建设面临的重大理论和实际问题。在新的历史条件下坚持马克思主义，关键是及时回答实践提出的新课题，作出新的理论概括，永葆科学理论的旺盛生命力，为实践提供科学指导。"任何思想，如果不和客观的实际的事物相联系，如果没有客观存在的需要，如果不为人民群众所掌握，即使是最好的东西，即使是马克思列宁主义，也是不起作用的。"③

其次，必须坚持理论与实践相结合。毛泽东是坚定的马克思主义者，

① 《毛泽东选集》第 3 卷，人民出版社 1991 年版，第 799—800 页。
② 《斯大林选集》上卷，人民出版社 1979 年版，第 199—200 页。
③ 《毛泽东选集》第 4 卷，人民出版社 1991 年版，第 1515 页。

在党内最反对理论与实际相分离，他还把两者相结合提到了党性的高度。"如果有了正确的理论，只是把它空谈一阵，束之高阁，并不实行，那末，这种理论再好也是没有意义的。"① "没有科学的态度，即没有马克思列宁主义的理论和实践统一的态度，就叫作没有党性，或叫作党性不完全。"② 这就要求我们正确认识理论和实践的关系，不断推进马克思主义中国化时代化大众化，始终用发展着的马克思主义指导实践。怎样才能做到理论创新？毛泽东明确指出："中国共产党人只有在他们善于应用马克思列宁主义的立场、观点和方法，善于应用列宁斯大林关于中国革命的学说，进一步地从对中国的历史实际和革命实际的认真研究中，在各方面作出合乎中国需要的理论性的创造，才叫作理论和实际相联系。"③ 90 年来，中国共产党人始终坚信马克思主义基本原理是颠扑不破的科学真理，同时坚信马克思主义必然随着实践发展而不断丰富和发展。在 90 年的奋斗、探索中，我们确立了把马克思主义基本原理与中国实际相结合的方针，坚持在革命、建设、改革进程中推进马克思主义中国化，先后实现了马克思主义中国化的两次历史性飞跃，产生了两大理论成果，不仅使马克思主义理论深深扎根在中国实际的土壤中，而且始终保持和发展着蓬勃旺盛的生命力。

（三）理论创新是中国特色社会主义发展的永恒主题

实践永无止境，理论的发展也永无止境。党的理论创新是一个不断向前的历史进程。"中国特色社会主义道路必将在党和人民的创造性实践中不断拓展，中国特色社会主义制度必将在深化改革、扩大开放中不断完善。这一过程必将为理论创新开辟广阔前景。"④ 但理论创新既不能一蹴而就，更不能漫无目的、天马行空，而是必须坚持阶段性和长期性的统一，这是马克思主义的认识论。理论创新可以有阶段性成果，但阶段性成果的形成并没有终止理论创新，而是新的理论创新的起点。从长期性来看，阶段性创新成果又为下一次的理论创新提供了基石。"实践、认识、

---

① 《毛泽东选集》第 1 卷，人民出版社 1991 年版，第 292 页。

② 《毛泽东选集》第 3 卷，人民出版社 1991 年版，第 800 页。

③ 同上书，第 820 页。

④ 胡锦涛：《在庆祝中国共产党成立 90 周年大会上的讲话》，人民出版社 2011 年版，第 11 页。

再实践、再认识，这种形式，循环往复以至无穷，而实践和认识之每一循环的内容，都比较地进到了高一级的程度。"① 认识不到这一点，就可能犯新的教条主义和经验主义的错误。中国特色社会主义是不断发展的事业，我们在前进中还会遇到这样那样的新情况新课题，还要应对各种可以预料和难以预料的风险和挑战，因此还要继续进行新的实践和新的探索。

马克思主义是发展的理论。理论创新是开创马克思主义新境界的必然要求。马克思主义要想获得生命，一刻也离不了发展，停顿就意味着死亡。所谓对马克思主义的丰富和发展，主要是对实践中出现的新情况、新问题、新矛盾，运用马克思主义的立场、观点和方法，从理论上作出科学的回答和系统的阐述。这就是：根据实践的发展，创造性地提出新概念、新思维、新理论，解决实践提出的新问题，根据实践的需要，对马克思主义哲学基本问题进一步解释和发挥，并加以系统化。在走向 21 世纪的进程中，理论创新仍然是当代马克思主义发展的主题，建设中国特色社会主义的成功，一刻也离不开理论的创新。

马克思主义辩证法告诉我们，正确和错误是相对的。没有正确就无所谓错误，反之亦然。在追求真理的道路上，我们永远没有尽头。不敢承认错误是最大的悲剧。真理的获得是与错误的克服相伴而生的。我们更多的是想获得正确的认识，殊不知"错误常常是正确的先导"②。承认错误是认识错误的前提。我们从事的是前无古人的崭新事业，难免要遇到这样那样的困难、问题甚至严重的挫折。承认错误和认识错误不是目的，目的是吸取经验教训，避免或少犯错误。1964 年 11 月，中共中央肯定和批转吕正操同志《关于开展群众性的设计工作革命运动的报告》中写道："对于自然规律性的认识需要经过不断的反复的实践，由物质到精神，由精神到物质，循环往复，不断发展，才能由失败、犯错误，到少失败、少犯错误，从知之不多到知之较多，逐步扩大，逐步深化，以至无穷。"③ 认识自然规律是这样，认识社会规律也是这样。只有这样，才能真正认识到理论创新的长期性和艰巨性，获得新的认识，接近真理。

总之，创新是一个民族进步的灵魂，是国家兴旺发达的不竭动力。理

---

① 《毛泽东选集》第 1 卷，人民出版社 1991 年版，第 296 页。
② 《毛泽东选集》第 3 卷，人民出版社 1991 年版，第 803 页。
③ 《建国以来重要文献选编》第 19 册，中央文献出版社 1998 年版，第 340—341 页。

论创新引导各方面的创新。理论创新对我们党和党所领导的事业的发展具有极其重要的意义。正如十六大报告指出的："实践基础上的理论创新是社会发展和变革的先导。通过理论创新推动制度创新、科技创新、文化创新以及其他各方面的创新；不断在实践中探索前进，永不自满，永不懈怠，这是我们要长期坚持的治党治国之道。"①

（刊于《理论学刊》2012 年第 8 期）

① 《江泽民文选》第 3 卷，人民出版社 2006 年版，第 537 页。

毛泽东的诚信价值观及其现实意义

诚信是中华民族的传统美德，也是当前社会各界高度关注的现实问题。党的十八大报告中六处提及"诚信"，这在党的历史上是前所未有的政治高度和理论力度。诚信价值观是道德主体对诚信的道德功能、实践诉求、影响变量、具体特征、建构路径等基本问题的看法和观点。毛泽东诚信价值观是毛泽东思想的重要组成部分，鉴于当前学术界关于毛泽东诚信思想的研究尚薄弱，本文试论之，以期能够为当代中国的诚信建设提供借鉴。

一 价值取向：较早认识诚信在社会生活中的道德功能

青年时期是一个人价值观形成的重要时期，深受优秀传统文化熏陶的毛泽东，很早就认识到了诚信的重要价值，而且从多角度进行了阐释。1912年6月，中学时期的毛泽东在《商鞅徙木立信论》的作文中，深刻论述了政务诚信的重要性①。传统诚信文化奠定了毛泽东对诚信的认知基础，1913年11月，他在《讲堂录》"修身"中记录了一段名言："老者安之，少者怀之，朋友信之"；12月，在"国文"中又写道："有万世之通义，如仁义礼智信②"。在传统诚信文化的哺育下，毛泽东认识到，诚是指真诚、诚实，信是指讲信用、有诺必践；诚信是社会良性运行和个人安身立命的基本道德规范，事关良好社会信用和人际互信；讲诚信就是对人对事既不自欺也不欺人。

毛泽东身体力行讲诚信，1915年2月，他在写给表兄的还书便条里

---

① 《毛泽东早期文稿》，湖南人民出版社2008年版，第1—2页。

② 同上书，第531—540页。

诚实地说："书十一本，内《盛世危言》失布匣，《新民丛报》损去首叶，抱歉之至，尚希原谅。泽东敬白。"① 他极为推崇人际交友要真诚、守信用，1916 年 6 月 24 日，他致信好友萧子升说"前托时惠德言，愿勿食信"。1917 年 4 月，他在《新青年》上发表的《体育之研究》中诚恳地说："所言并非皆已实行，尚多空言理想之处，不敢为欺。"他批评说："今之所称教育家多不谙体育。自己不知体育，徒耳其名，亦从而体育之，所以出之也不诚，所以行之也无术，遂减学者研究之心。夫荡子而言自立，沉湎而言节饮，固无人信之矣。"② 8 月 23 日，他在给黎锦熙的信中提出，改造中国必须首先进行彻底的思想道德建设，认为"思想道德必真必实"。③

此后，他积极投身于社会实践活动，进一步加深了对诚信价值的认识。1917 年 10 月，他创办了公益性质的夜学，在首卷日志中总结道："任事者为两部职教员，日中事繁，夜上精力或有□□，间因风两〈雨〉作辍，不免有失信用之处。"④ 并提出"管理取严格主义，以坚学生信仰"。1917—1918 年，他在《〈伦理学原理〉批注》中写道："欺诬足以破信用，信用破则社会交际将受其障害。"⑤ 毛泽东的诚信思想还源自家庭环境，1919 年 10 月，他在《祭母文》中说："吾母高风，首推博爱。……爱力所及，原本真诚。不作逛言，不存欺心。"⑥ 受良好家风影响，他极为关注社会诚信问题，11 月，湖南赵五贞女士因包办婚姻而自杀，他认为媒婆制度是始作俑者，主张打破说谎的媒人制度。12 月，他严词批评湖南矿务局局长向帝国主义出卖矿权："为虎作伥，惟利是嗜，又焉有丝毫计公益，恤民隐之心？以此欺人，夫谁信之！"⑦ 表达了对政务失信的强烈不满。1920 年 1 月，在其签名的《湘教职员请撤惩张敬尧》中，揭露了湖南督军张敬尧克扣教育经费，"减成"发放却要学校出具收到"十成"的收据，对这种明目张胆的欺骗

---

① 《毛泽东早期文稿》，湖南人民出版社 2008 年版，第 3 页。
② 同上书，第 62 页。
③ 同上书，第 73 页。
④ 同上书，第 83 页。
⑤ 同上书，第 107 页。
⑥ 同上书，第 374 页。
⑦ 同上书，第 415 页。

行为，他奔走呼号开展"驱张运动"。这一时期，受新文化运动和五四运动影响，毛泽东十分重视国人的思想文化建设。同年7月，他发起成立了销售新书籍、传播新思想的文化书社。10月，他在第一次营业报告中谈到经营11家出版社书籍时，阐述了信用至上、诚信经营的思想："因经李石岑、左舜生、陈独秀、赵南公、李大钊、恽代英诸君为信用介绍，各店免去押金。而初时交易，多须现款，本社为稳固信用起见，亦不愿向人赊欠，因此本钱太少，周转颇难。"① 这是毛泽东平生唯一一次直接涉足商业活动。

以上文献表明，青年毛泽东对诚信价值的认识涉及个人品德、政治活动、人际交友、学校教育、男女婚姻、商业经营等诸多方面，反映了他深厚的传统文化底蕴、高尚的道德修养情怀、强烈的现实问题意识，这不仅为他投身于革命活动打下了坚实的诚信道德认知基础，也为当前中国社会诚信建设提供了丰富的思想素材。

二　价值诉求：以诚信的态度解决理论和实践的关系问题

诚信的哲学基础是坚持主观与客观的辩证统一，基本要求是诚实无欺，真实不伪，以真表诚，以诚认信。马克思主义以其科学的理论原则、鲜明的实践观点以及对人民群众的终极关怀，显示了真理的强大魅力，具有"诚"的品质，其理论的效用，必须在实践中为人们认识世界、改造世界开辟成功的道路，才能体现出来，才能被人们所信赖、信仰。毛泽东以诚信的态度对待马克思主义理论，信仰坚定、实事求是，积极建构马克思主义理论的中国框架。

1. 自觉追求真理，始终坚定信仰马克思主义。毛泽东是较早自觉追求真理、积极传播马克思主义的重要一员，他在批注《伦理学原理》时读到社会主义，1919年7月21日，他在《民众的大联合》中谈到了马克思的暴力革命学说，在同日的《健学会之成立及进行》、9月1日的《问题研究会章程》和1920年10月11日的《湖南自治运动请愿书》中均谈到了社会主义，1920年11月10日，他在《文化书社通告诸君》中列出

---

① 《毛泽东早期文稿》，湖南人民出版社2008年版，第481页。

了经销的有关马克思和社会主义的书籍①，25 日，他回复罗章龙强调，改造中国，尤其要有一种为大家共同信守的……主义譬如一面旗子，旗子立起了，大家才有所指望，才知所趋赴②。在这里，毛泽东强调了对"主义"的"信守"。毛泽东是中国最早的一批马克思主义者，他一旦接受了马克思主义，就表现出对马克思主义理论信仰的自觉性和坚定性，他说："我接受马克思主义，认为它是对历史的正确解释，以后，就一直没有动摇过。……一九二〇年夏天，我已经在理论上和在某种程度的行动上，成为一个马克思主义者。"③

2. 以诚实的态度，积极建构马克思主义中国化理论体系和大众化理论信仰。如何以求真求实的态度对待马克思主义理论，发挥理论的效用，事关实践成败和理想信念。1930 年 5 月，毛泽东在《反对本本主义》中大声疾呼："许多的同志都成天地闭着眼睛在那里瞎说，这是共产党员的耻辱"④。他呼吁注重调查，反对瞎说，彰显了求真务实的态度。1937 年，他在《实践论》中说："知识的问题是一个科学问题，来不得半点的虚伪和骄傲，决定地需要的倒是其反面——诚实和谦逊的态度。"⑤ 1938 年，他在六届六中全会上明确提出"使马克思主义在中国具体化""按照中国的特点去应用它"，提倡"新鲜活泼的、为中国老百姓所喜闻乐见的中国作风和中国气派"⑥。1939 年，他在给张闻天的信中说："如果做事不忠实，那'知'只是言而不信。"⑦ 此后，他相继发表了一系列经典著作，详细分析了中国的现实国情，从实际出发，系统阐明了新民主主义理论。1942 年，他在《改造我们的学习》中强调："马克思列宁主义是科学，科学是老老实实的学问，任何一点调皮都是不行的。我们还是老实一点吧！"⑧ 经过延安整风到党的七大，我们党确立了实事求是的思想路线，

---

① 《毛泽东早期文稿》，湖南人民出版社 2008 年版，第 116、314、335、363、628、486 页。

② 《毛泽东年谱（1893—1949）》上卷，人民出版社、中央文献出版社 1993 年版，第 71 页。

③ 《毛泽东自述》，人民出版社 1993 年版，第 39 页。

④ 《毛泽东选集》第 1 卷，人民出版社 1991 年版，第 109 页。

⑤ 同上书，第 287 页。

⑥ 《毛泽东选集》第 2 卷，人民出版社 1991 年版，第 534 页。

⑦ 《毛泽东文集》第 2 卷，人民出版社 1993 年版，第 163 页

⑧ 《毛泽东选集》第 3 卷，人民出版社 1991 年版，第 800 页。

建构了马克思主义中国化理论体系——毛泽东思想，大力推进了马克思主义大众化。这一切体现了对待马克思主义要做到坚持与发展、主观和客观、理论和实践、知和行的具体的历史的统一。1956 年，他在中央政治局扩大会议上说："你讲的如果是真理，信的人势必就会越来越多。"① 因此，毛泽东以求真求实"有的放矢"的态度对待马克思主义，开辟了马克思主义中国化的新境界，开创了中国革命的新局面，以理论和事业的新发展建构了人们对马克思主义的信任、信心和信仰。

毛泽东以革命家的诚信风范，对马克思主义的坚定信仰，以求真求实的态度对待马克思主义理论，建构马克思主义中国化理论体系和大众化理论信仰的经验，后来被邓小平所继承和发展，成为新时期开辟新道路的基本指导思想，这对于始终坚持以马克思主义为指导，坚定中国特色社会主义信念，不断谱写新的美好篇章具有重要启迪意义。

三 价值理念：始终以全新的利益观破解影响诚信的核心变量

政党的理论信仰、指导思想决定其政治理念和价值追求。马克思指出，人民是历史的主人，人民利益至上，"人们为之奋斗的一切，都同他们的利益有关"。② 利益是影响诚信的核心变量，利益观是评判诚信的风向标和价值尺度。以诚实的态度，正确对待人民利益，不断建构人民群众对党的信任，是马克思主义政党面临的重大课题。毛泽东阐明了党的群众观、利益观，要求党员干部坚持集体主义，先人后己、真诚为民，不断建构社会信用。

1. 实事求是承认个人利益，兼顾个人利益。"全部人类历史的第一个前提无疑是有生命的个人的存在。"③ 人民是由具体的个人组成的，毛泽东客观地指出，个人利益是个人生存的基础，利己本身无可厚非，他在早年的《〈伦理学原理〉批注》中曾指出："人莫不以自存为鹄。"④ 新民主主义革命时期，他主张要承认个人利益、尊重个人利益，共产党人也食人

---

① 《毛泽东文集》第 7 卷，人民出版社 1999 年版，第 55 页。

② 《马克思恩格斯全集》第 1 卷，人民出版社 1995 年版，第 187 页。

③ 同上书，第 67 页。

④ 《毛泽东早期文稿》，湖南人民出版社 2008 年版，第 124—125 页。

间烟火，要尊重党员合理的个人利益。更为重要的是，他更强调满足群众的个人利益。1945 年，他在《论联合政府》的报告中指出，对于"耕者有其田"，"只有我们共产党人把这项主张看得特别认真，不但口讲，而且实做"①。1952 年 12 月，他在给《中国农村的社会主义高潮》写的按语中号召"提倡以集体利益和个人利益相结合的原则为一切言论行动的标准的社会主义精神"。② 在《论十大关系》和《关于正确处理人民内部矛盾的问题》中，他两次强调要兼顾国家、集体和个人的利益。他在读《苏联政治经济学教科书》时指出："公和私是对立的统一，不能有公无私，也不能有私无公。我们历来讲公私兼顾，早就说过没有什么大公无私，又说过先公后私。个人是集体的一分子，集体利益增加了，个人利益也随着改善了。"③

2. 真心实意为人民谋利益，坚持集体主义。毛泽东在《〈伦理学原理〉批注》中精辟分析了由利己到利他的可能性："真者，善也；伪者，恶也，实行利己主义者，念虽小犹真也，借利他之名而行利己之实者，则大伪也。由利己而放开之至于利人类之大己，利生类之大己，利宇宙之大己，系由小真而大真，人类智力进步可得达到也。"④ 毛泽东始终以求"大真""大善"的理念强调，我们党的一切工作都是为了人民的解放和幸福。1921 年 11 月，他提出"要谋全阶级的根本利益"⑤。大革命时期，他认为革命是要使"民族得到解放""人民自立于统治地位""中国大多数穷苦人民得享有经济幸福"⑥。土地革命时期，他强调要"真心实意地为群众谋利益"⑦。抗战时期，他反复阐明了党的群众观和利益观。他在六届六中全会上告诫全党，个人利益应该服从人民群众的利益，自私自利是可鄙的，克己奉公是可敬的。1941 年 11 月，他在陕甘宁边区参议会上坦诚地说："共产党并不是一个只图私利的小宗派、小团体。"⑧ 1942 年 5

---

① 《毛泽东选集》第 3 卷，人民出版社 1991 年版，第 1075 页。

② 《毛泽东文集》第 6 卷，人民出版社 1999 年版，第 450 页。

③ 《毛泽东文集》第 8 卷，人民出版社 1999 年版，第 134 页。

④ 《毛泽东早期文稿》，湖南人民出版社 2008 年版，第 124—125 页。

⑤ 《毛泽东文集》第 1 卷，人民出版社 1993 年版，第 6 页。

⑥ 同上书，第 16 页。

⑦ 同上书，第 138 页。

⑧ 《毛泽东选集》第 3 卷，人民出版社 1991 年版，第 810 页。

月，他在《延安文艺座谈会上的讲话》中指出：我们"反对封建阶级的、资产阶级的、小资产阶级的功利主义，反对那种口头上反对功利主义、实际上抱着最自私最短视的功利主义的伪善者"，"我们是无产阶级的革命的功利主义者，我们是以占全人口百分之九十以上的最广大群众的目前利益和将来利益的统一为出发点的……任何一种东西，必须能使人民群众得到真实的利益，才是好的东西"。① 12 月，他又在《经济和财政问题》中强调："一切空话都是无用的，必须给人民以看得见的物质福利。"② 他在《论联合政府》的报告中明确指出："人民，只有人民，才是创造世界历史的动力"；要全心全意地为人民服务，一切从人民的利益出发，而不是从个人或小集团的利益出发。他在 1957 年的一次干部会议上说："共产党就是要奋斗，就是要全心全意为人民服务，不要半心半意或者三分之二的心三分之二的意为人民服务。"③

毛泽东始终强调真心实意为人民的切身利益而奋斗，这充分体现了无产阶级革命家忠诚纯洁的优秀品质和政治诚信的先进理念。毛泽东承认个人利益、兼顾个人利益、真心实意为人民谋利益、坚持集体主义的思想，不仅是共产党人永恒的政治理念，而且对当代社会诚信建设具有重要指导意义。

四　价值表征：准确阐明党员干部讲诚信的形象特征

组织形象是政治理念的重要体现，形象就是影响力、向心力、凝聚力、战斗力。早在 1920 年冬，毛泽东在长沙筹组社会主义青年团时就谈到"青年团此时宜注重找真同志"④，"真同志"区别于"假同志"，实质是组织成员的诚信问题。毛泽东准确阐明了党员干部讲诚信的基本特征。

1. 个体形象：坦白忠诚、表里如一、言行一致、求真务实。毛泽东认为党员干部讲诚信，在个体形象方面表现为讲真话、言为心声，干实事、不务虚名。新民主主义革命时期，毛泽东主要阐明了党员对党组织要诚实、坦白、忠诚，对革命理想和党的纪律要有坚定性和自觉性。1937

① 《毛泽东选集》第 3 卷，人民出版社 1991 年版，第 864—865 页。
② 《毛泽东文集》第 2 卷，人民出版社 1993 年版，第 467 页。
③ 《毛泽东文集》第 7 卷，人民出版社 1999 年版，第 285 页。
④ 《毛泽东早期文稿》，湖南人民出版社 2008 年版，第 629 页。

年 9 月，他在《反对自由主义》中指出，一个共产党员应该是襟怀坦白、忠实、积极的。1938 年，他在六届六中全会上深刻指出："阳奉阴违，口是心非，当面说得好听，背后又在捣鬼，这就是两面派行为的表现。必须提高干部和党员对于两面派行为的注意力，才能巩固党的纪律。"① 1939 年 5 月，他批评说："有一些人，他们嘴上道德、气节乱喊一阵，但在政治上是不坚定的，中途会变节的，这是无道无德。"② 1943 年 6 月，他提出干部的标准是"无限忠心，联系群众，有独立工作能力，遵守纪律"③。新中国成立后，毛泽东强调党员干部要讲真话、求真务实。1957 年 3 月，他《在南京、上海党员干部会议上讲话的提纲》中呼吁："要讲真心话，很多事不要两套。"④ 1959 年 4 月，他在《党内通信》中强调要讲真话，"爱讲假话的人，一害人民，二害自己，总是吃亏"，他一针见血地指出："应当说，有许多假话是上面压出来的。上面'一吹二压三许愿'，使下面很难办。"⑤ 这既从反面阐明了党员干部诚信缺失的个体表现，又在深层次上揭示了诚信缺失的组织原因。随后，在七千人大会上，毛泽东等中央领导带头做自我批评，检讨工作中的不足，这种实事求是对待自身错误的态度，体现了共产党人的诚信品德。

2. 组织形象：言而有信、有诺必践、上下一致、内外一致。首先，在统一战线工作中，毛泽东格外强调党员要坚决落实党的决定，破除关门主义、去掉孤傲习气，以诚待人，开诚布公，言必信、行必果。1936 年 10 月，他在《国共两党抗日救国协定草案》中提出国共双方"互矢最大诚信与决心"。⑥ 1938 年，他在六届六中全会上指出：首先，共产党员"应该言必信，行必果，不傲慢，诚心诚意地和友党友军商量问题，协同工作，成为统一战线中各党相互关系的模范"。⑦ 其次，在外交工作中，他多次阐明了外交诚信的思想，认为必须言行一致、履行诺言。1954 年，他会见尼赫鲁时说："如果一个国家说了不做，那末就有理由来指责它，

---

① 《毛泽东选集》第 2 卷，人民出版社 1991 年版，第 532 页。

② 《毛泽东文集》第 2 卷，人民出版社 1993 年版，第 191 页。

③ 《毛泽东选集》第 3 卷，人民出版社 1991 年版，第 899 页。

④ 《毛泽东文集》第 7 卷，人民出版社 1999 年版，第 290 页。

⑤ 《毛泽东文集》第 8 卷，人民出版社 1999 年版，第 50 页。

⑥ 《毛泽东文集》第 1 卷，人民出版社 1993 年版，第 466 页。

⑦ 《毛泽东选集》第 2 卷，人民出版社 1991 年版，第 522 页。

它在人们眼中就输了理。"① 1955 年，他在接见泰国客人时指出："我们不是当面一套，背后另一套，我们只有一套，没有两套。""我们究竟是否说的一套，做的一套，那你们也可以看。口说无凭，你以后还可以看事实。看的时间久了，就看清楚了。"② 由此，新中国外交树立了诚信外交的崭新形象。

毛泽东对党员干部讲诚信组织形象的阐释，是历史的一面镜子，可以为实现十八大报告提出的"教育引导党员、干部做诚信风尚的引领者"，解决少数党员干部理想信念动摇、宗旨意识淡薄、形式主义、官僚主义、享乐主义和奢靡之风提供了重要借鉴。

五　价值实现：积极探索多措并举
推进诚信建设的有效路径

毛泽东清醒地认识到，加强诚信建设的关键在党内，基础在社会，积极探索推进诚信建设的具体路径。第一，毛泽东格外强调思想教育、精神力量的重要性。井冈山时期，他率先提出思想建党问题，高度重视通过思想教育充分发挥人的主观能动性、激活人的精神力量。1941 年，他提出："掌握思想教育是我们第一等的业务。"③ 1942 年，他提出："掌握思想领导是掌握一切领导的第一位。"④ 新中国成立后，最终在全党形成了"思想政治工作是一切工作的生命线"的共识。1956 年 11 月，他强调指出"人是要有一点精神的"，无产阶级的革命精神是党的领导和教育的结果。⑤ 通过思想教育、精神鼓励，唤醒人的精神力量、提升人的精神境界是加强诚信建设的根本基础。第二，毛泽东探索通过制度设计推进党内诚信建设。井冈山时期，他确立了支部建在连上、党指挥枪的重要制度。1943 年 6 月，他阐明了领导方法的若干问题，提出从群众中来、到群众中去，彻底粉碎主观主义和官僚主义的领导方法。1948 年 1 月，他提出建立报告制度，以克服存在于党内和军队内的无纪律、无政府状态，9 月

---

① 《毛泽东文集》第 6 卷，人民出版社 1999 年版，第 362 页。

② 同上书，第 511—513 页。

③ 《毛泽东文集》第 2 卷，人民出版社 1993 年版，第 375 页。

④ 同上书，第 435 页。

⑤ 《毛泽东文集》第 7 卷，人民出版社 1999 年版，第 162 页。

20 日又提出健全党委制，保证集体领导、防止个人包办，避免党委委员等同虚设、会议决定流于形式。1949 年 3 月，他在七届二中全会上详细阐述了党委会的工作方法。第三，毛泽东高度重视通过树立典型加强诚信建设。他亲自树立了白求恩、张思德、刘胡兰、王进喜、雷锋、焦裕禄等牢记宗旨、引领诚信的先进英模典型，也亲手处理了黄克功、刘青山、张子善等背信弃义、漠视法纪的反面教员。总之，毛泽东高度重视通过思想教育、制度设计、树立典型，规范社会生活中具体的个人的思想和行为，以党员干部诚信建设引领与培育社会诚信风尚，不断净化社会环境，由此，成功开辟了多措并举推进诚信建设的有效路径。

综上所述，毛泽东在继承中国传统诚信文化的基础上，以马克思主义理论的宽广视野认真审视中国革命和建设的具体实践，形成了独具特色的多维度、立体式的诚信思想，极大地提升了党和国家的诚信道德水平。深入学习研究毛泽东的诚信思想，对于进一步培育和提升公民诚信意识，加强当代中国社会诚信建设具有重要的借鉴意义。

（刊于《中共中央党校学报》2014 年第 1 期）

周恩来研究

论公务员人格的基本素质

——兼论周恩来精神

行政道德建设的目的，是要在广大公务员中形成普遍的、完美的行政人格，亦即公务员人格。所谓公务员人格，是指国家公务员与其他职业者相区别的内在规定性，是公务员的伦理尊严、伦理品质、伦理境界以及所理解与实现社会伦理价值的总和；它是国家公务员在社会生活，特别是在行政管理中地位与作用的统一，是长期的习惯性伦理行为的升华。这种行政伦理人格，既具有普遍性，又为每一位公务员所特有。这样，公务员人格就成为评价公务员综合素质的重要标准。那么，怎样才算具备了公务员人格素质，至少应包括以下基本方面。

一 恪尽职责是公务员的起码素质

眼下，行政伦理存在的问题之一是人民群众深恶痛绝的行政干部的"门难进、脸难看、事难办"，一个重要原因是有些干部对工作不负责任，效率低下。表现在：首先，一些干部没有责任心，该做的工作不做，该管的事不管，造成工作事务在部门之间、人员之间推诿；其次，一些干部工作马马虎虎，办事拖拉，效率低下；最后，一些干部业务水平低、素质差，不能胜任自己的工作，却又占据着重要的工作岗位。显然，这些状况是达不到公务员起码素质的。

古人云："不在其位，不谋其政"；"在其位，谋其政"。国家公务员肩负着行使国家权力，执行国家公务的重要责任。这样，忠于职守，就成为国家公务员的天职；履行公务、坚守岗位、尽职尽责是国家行政人员最基本的义务。在中国古代，蜀相诸葛亮鞠躬尽瘁、死而后已被世人久为传颂。在现代社会，忠于职守、尽职尽责也理所当然的是保证政府工作正常进行，追求政府工作高效的前提条件，是对人民负责、全心全意为人民服务的具体体现。

所谓恪尽职责，就是要求公务员通过自己的辛勤工作，很好地完成所处岗位要求完成的任务，很好地尽到自己的职业责任。每个党政机关都有自己的职能，每个党政机关的工作人员都有自己的岗位和责任。每个公务人员做好自己的本职工作、尽到自己的职业责任，是行政道德的基本要求。尽职尽责可分为两个层次的要求。

首先是基本要求。这就是要求公务员能胜任自己的工作，完成规定的任务。这个要求是对所有公务员的要求，如果谁不能达到这个要求，就应该受到批评或处罚，如果长期达不到这个要求，就应该被辞退。如果因为能力方面的原因达不到要求，就应该主动辞职。公务员要能胜任自己的工作，完成规定的任务，必须具备智、勤、勇等素质。"智"就是有知识、有文化、有智慧。公务员主要从事的是脑力劳动，没有文化、知识和智慧，是不可能做好本职工作的。"勤"即"勤政为民"。一个公务员能力再强，本事再大，如果没有勤政为民的态度，得过且过，懒惰成性，也不可能很好地尽到自己的职业责任。"勇"既包括在制定政策、进行决策和管理时要果敢，要有胆识和魄力，还包括要有勇气承认和改正错误，勇于对自己的行为承担责任，在出现责任事故时要勇于公开道歉、辞职等。

要做到这个基本要求，各级公务员都应力戒和反对官僚主义。官僚主义的最大特点是不负责任。在现实生活中，行政管理方面的官僚主义主要表现是：高高在上，不深入实际；衙门作风，老爷架子；脱离群众，脱离实际；形式主义，好大喜功，不干实事；遇事推诿，不讲效率；弄虚作假，玩忽职守；滥用权力，不负责任。官僚主义是一种顽症，不反对和克服它，正常的管理秩序难以维护，管理工作不能高效运转，公共事业和群众利益受到损害，政府的权威和形象受到影响，社会风气将会被毒化。问题还在于，公务员的职务越高，其官僚主义的危害就越大。所以各级公务员要做到恪尽职责，一定要清醒地认识反对官僚主义的重要性，提高克服官僚主义的自觉性。越是高级行政管理人员，越要在这方面有足够的警觉性和自觉性。

其次是较高要求。这是要求公务员必须尽自己的最大努力做好本职工作。为了把本职工作做好，可以牺牲一切，甚至牺牲自己的生命。焦裕禄、孔繁森是达到这个要求的领导干部的典范，他们一心扑在工作上，为工作牺牲了无数的休息时间，牺牲了自己的家庭幸福，牺牲了自己的身体健康，牺牲了自己年轻的生命。

对于恪尽职责的更高要求来讲，还要求公务员在尽职尽责、兢兢业业的同时，必须具备勇于创新、开拓进取的精神。因为只有创新，才能改造现实，有所作为，完成使命，诚如邓小平所讲的"干革命、搞建设，都需要勇于思考，勇于创新的闯将"。① 因此，公务人员要不迷信权威，不崇拜偶像，要敢于和善于突破条条框框、突破"非此即彼"的思维定式及富有创造性地开展工作，开创新局面。这样做，也只有这样做，才能最好地恪尽职责。反之，如果公务人员缺乏创新，不思进取，墨守成规，怕承担风险和责任，怕挫折和失败，不求有功，但求无过，平平庸庸，无所作为，实际上是最大的失职，是对事业不负责任的表现。

总之，忠于职守、恪尽职责是公务员人格素质的起码要求。

周恩来在政府总理这个最高公务员的岗位上曾有一句名言："历史把我推上舞台，我要完成历史任务。"他是这样说的，也真正做到了这一点。在"文化大革命"狂潮翻滚、人妖颠倒的最混乱的年代，他"参天大树护英华"，保护了一大批老干部。自1967年7月中旬以来，在康生、谢富治、戚本禹等的煽动下，北京上百个造反派组织在中南海西门外安营扎寨，成立"揪刘火线"，围困中南海，冲击国务院。周恩来多次严厉批评造反派，并坚持不搬出中南海，使造反派终不敢进入，从而保护了中南海的许多领导人。② 他更同林彪、江青一伙直面交锋，以身作盾，倾全力保护陈毅。1967年8月27日凌晨，造反派不听劝阻，执意要按他们所提条件批斗国务院副总理兼外交部长陈毅，否则就要拦截陈毅的座车，组织群众冲击会场。对此，已18个小时连轴转而不得休息的周恩来，实在忍无可忍，愤然表示："你们谁要拦截陈毅同志的汽车，我马上挺身而出！你们谁要冲击会场，我就站在人民大会堂门口，让你们从我身上踏过去！"③ 周恩来这种坚守阵地、忠于职守、恪尽职责的大义大举更为可贵。

---

① 《邓小平文选》第2卷，人民出版社1994年版，第143页。
② 《周恩来年谱（1949—1976）》下卷，中央文献出版社1997年版，第176页。
③ 同上书，第183页。

二　清正廉洁是公务员的当然要求

清正廉洁作为行政道德的重要范畴，是由行政道德的基本原则和行政人员的职业特点决定的。这是因为行政人员总是掌握一定的权力，而"权力"又是一个令人生畏和着魔的词儿。对掌权人而言，问题的关键是如何看待和使用手中的权力。要么清正廉洁，要么贪赃枉法。

清正即清白，公道，正派，坚持原则，主持正义，办事公道，不徇私情，不拉帮结派。古人云，"公道立，奸邪塞，私权废。"以公为先，才能光明磊落，大公无私，严于律己，宽以待人，不搞歪门邪道，不滥用权力；廉洁，就是为政清廉，不以权谋私，不贪污受贿，更不贪赃枉法，做到富贵不能淫、贫贱不能移、威武不能屈。廉能生明，廉能生威，廉才能秉公执法，得到人民群众的信任和拥护，使不法分子无机可乘。之所以说"权力"令人"着魔"，就是它还有腐蚀性的一面，古今中外多少英雄豪杰，不怕出生入死，却被糖衣炮弹打中，最终落个身败名裂的下场。正反两方面的经验教训一再证明，国家公务员一定要正确对待权力，正确使用权力，时时刻刻、事事处处想着清正廉洁、努力做到清正廉洁。

然而，目前行政伦理问题最严重、最普遍的是以权谋私、贪赃枉法，且形式、手段诡秘，花样翻新。其中比较常见的有受贿、贪污、公款吃喝玩乐、集体营私、以权谋房、以权谋车、以权谋职、挪用公款、官商勾结、领导干部或其亲属利用职权"下海"捞钱，利用职权沽名钓誉等。其中，受贿是最普遍的以权谋私。在违反党纪国法的党政干部中，有相当一部分人的问题出在受贿上。陈希同、王宝森、成克杰、胡长清就是这类反面教员的典型。公款吃喝玩乐也相当严重，根据国家统计局测算，全国大型饭店、酒家60%—70%营业额来自公款请客，一年吃掉的公款达1000亿元，可以支付全国三年的教育经费开支。一些领导干部经常出没于豪华夜总会、歌舞厅，一切开支公费报销。不少领导干部以参观、考察、学习为名到全国风景文化圣地甚至出国公费旅游。

那么，解决这些行政伦理方面的严重问题，使公务员真正做到清正廉洁，达到公务员的起码素质和当然要求，必须做到：

第一，严守法纪，不贪赃枉法。就是说，所有公务员必须有强烈的法律意识和高度的纪律观念，绝不能利用手中的权力在行使公务中向服务对象索要贿赂；不得向非法从事非法活动（如走私、贩私、投机倒把等）的人提供便利，并从中敲诈、索取或接受贿赂；不得为达到某种目的给他人行贿、送礼；不得以任何借口、任何形式挪用公款公物；不得巧立名目贪污公款，贪占或私分国家的财物；不得走私贩私，倒买倒卖。

第二，秉公尽责，不以权谋私。国家公务员在履行公务、为人处世时，当坚持公平、公正和不偏不倚原则。在充任公职期间，不得利用职务上的权力谋取个人私利，既不以私害公，也不假公济私，而应该公而忘私，一身正气，两袖清风。

第三，艰苦奋斗，不奢侈浪费。作为国家公务员，要发扬勤俭建国、艰苦奋斗的优良传统，把国家和人民的利益放在首位，真正做到吃苦在先、享受在后。在履行公务活动中，不可沾染和滋长挥霍奢侈的恶习，不得摆阔气，讲排场，大吃大喝，铺张浪费，慷国家之慨。生活上不搞特殊化，不得利用职权多占住房、利用公款旅游、动用公款请客送礼。即使在改革开放、人民生活水平有很大提高的今天，仍应这样做，诚如邓小平所说，越是改革开放，越是要发扬艰苦奋斗的精神。

应该说，在清正廉洁方面，任职时间最长的中国最高行政长官周恩来的感人事例举不胜举。陈毅元帅的一句话是最经典的概括："廉洁奉公，以正治国者，周恩来也"。

三　无私奉献是公务员的崇高追求

作为社会主义的公务员除了应当具备恪尽职责、清正廉洁这些基本素质外，还应有更高标准的素质追求。这当然是由公务员的政治信仰和人生价值目标决定的。一般来说，社会主义国家的公务员大多都是共产党员，而共产党员的宗旨，就决定了他们必须是全心全意而不是半心半意或三分之二的心三分之二的意为人民服务。对此，毛泽东在新民主主义革命时期就有充分的论述。

早在1938年，毛泽东在《中国共产党在民族战争中的地位》这篇文章中就要求："共产党员无论何时何地都不应以个人利益放在第一位，而应以个人利益服从于民族的和人民群众的利益，因此，自私自利，消极怠工，贪污腐化，风头主义等，是最可鄙的；而大公无私，积极努力，克己奉公，埋头苦干的精神，才是可尊敬的。"① 1939 年，在《纪念白求恩》这篇讲话中毛泽东又说："白求恩同志毫不利己专门利人的精神，表现在他对工作的极端负责任，对同志对人民的极端的热忱。每个共产党员都要学习他。"毛泽东特别强调"我们大家要学习他毫无自私自利之心的精神"。② 1944 年在《为人民服务》一文毛泽东提出"为人民而死，就是死得其所"。1945 年在党的七大上他又进一步阐明："以中国最广大人民的利益为出发点的中国共产党人，相信自己的事业是完全合乎正义的，不惜牺牲个人的一切，同时准备拿出自己的生命去殉我们的事业，难道还有什么不适合人民需要的思想、观点、意见、办法，舍不得丢掉的吗?"③ 可见"大公无私""克己奉公""毫不利己专门利人""随时准备拿出自己的生命去殉我们的事业"等，就规定了共产党人无私奉献的崇高追求和精神境界。事实上，为了中国新民主主义革命的胜利，李大钊、方志敏、夏明翰等无数的革命先烈，就是为了人民的解放事业而献出了宝贵的生命。

新中国成立后，共产党成为执政党，相当多的共产党员成为人民政府的公务员，他们继续为人民服务，克己奉公，有些同样献出了自己的生命，达到了共产党人无私奉献的精神境界。

20 世纪 60 年代出现了县委书记的好榜样——焦裕禄。焦裕禄自 1962 年冬担任河南省兰考县县委书记后，不顾自己身患肝癌，为解除兰考 36 万人民遭受内涝、风沙、盐碱三害的痛苦，在一年多的时间里，跑遍全县 149 个生产大队中的 120 多个，跋涉 5000 多华里，查遍了全县 84 个风口、1600 个沙丘以及大小河流，并都编了号、绘了图。他以不改造好兰考死不瞑目的决心，总结典型经验，带领群众战天斗地治理"三害"。焦裕禄心里装着全县人民，唯独没有他自己，1964 年 5 月 14 日逝世时，年仅 42 岁。

领导干部的楷模——孔繁森。孔繁森是山东聊城人，原系聊城地委宣传部副部长，从 1979 年起他两次进西藏，历时十载，在党的召唤面前，在人民的选择中，他的精神境界一次次得到升华，生前任西藏阿里地委书

---

① 《毛泽东选集》第 2 卷，人民出版社 1991 年版，第 522 页。

② 同上书，第 659—660 页。

③ 《毛泽东选集》第 3 卷，人民出版社 1991 年版，第 1096—1097 页。

记。为了寻找阿里的发展优势，全地区 106 个乡，他跑了 98 个，雪域高原上留下了他深深的足迹；风雪中，他把自己的毛衣脱给藏族老阿妈；三个藏族孤儿，900 毫升鲜血，他向人民奉献的是比血还浓的炽热情感，是博大、深沉和无私的爱。1994 年 11 月 29 日，孔繁森在去新疆塔城考察边贸的途中，因车祸以身殉职，时年 50 岁。阿里人民称颂孔繁森是"新时期的雷锋""90 年代的焦裕禄"。1995 年 4 月 29 日，江泽民在北京向全党全国发出向孔繁森同志学习的号召。他说，孔繁森同志是我们全党的楷模，我们要向当年学习焦裕禄、学习雷锋一样，大力开展学习孔繁森同志事迹的活动。

实践"三个代表"的典范——郭秀明。郭秀明生前是陕西省铜川市印台区红土镇惠家沟村党支部书记。1991 年担任村党支部书记后，他立志"把党的阳光送到群众手中"，带领党员和群众向贫困宣战，绿化荒山，发展养殖，平田修路，建桥兴学，提高群众生活水平，苦战八年，将一个昔日贫困落后的小山村领上了致富路。更可贵的是，他在身患癌症的情况下，仍以超人的毅力和顽强的意志，与病魔抗争，继续工作，直至生命的最后一刻。郭秀明用自己的实践实现了他于 1988 年入党转正申请书中的誓言："人为一大事来，做一大事去，我不加入自己的组织，不把党的阳光送到群众手里，我死不瞑目。"郭秀明的事迹很快在三秦大地和祖国的四面八方传颂开来。当时的中共陕西省委书记在郭秀明事迹报告会上发表讲话说，郭透明同志深刻理解并始终坚守中国共产党的根本宗旨，不愧是实践"三个代表"重要思想的典范。

周恩来是新中国任职时间最长的最高行政长官。他的无私奉献精神达到了最高的境界——无我。对此，《中国共产党中央委员会关于建国以来党的若干历史问题的决议》有一段记述："周恩来同志对党和人民无限忠诚，鞠躬尽瘁。他在'文化大革命'中处于非常困难的地位。他顾全大局，任劳任怨，为继续进行党和国家的正常工作，为尽量减少'文化大革命'所造成的损失，为保护大批的党内外干部，作了坚持不懈的努力，费尽了心血。"① 邓小平在会见外国记者时对周恩来作了这样的评价："周总理是一生勤勤恳恳任劳任怨工作的人。他一天工作的时间总超过十二小

---

① 《中国共产党中央委员会关于建国以来党的若干历史问题的决议》，人民出版社 1981 年版，第 27—28 页。

时，有时在十六小时以上，一生如此。"① 周恩来忘我工作的情景是常人难以想象的，从现在公布的周恩来工作台历可知，周恩来经常连续工作23 小时、26 小时。十年"文化大革命"中尤其如此。为了维系国家机器的正常运转，他有一次竟连续工作 84 小时。由于他长期苦撑危局，积劳成疾，在 1972 年 5 月常规检查中，确诊为膀胱癌。但他不能住院治疗，一直带病工作到 1974 年 5 月 31 日。就在 1974 年 1 月 1 日到 5 月 31 日这五个月中，他除了到医院检查病情和病重休息外，总共抱病工作 139 天。在这 139 天中，一天工作不足 14 小时的只有 9 天，工作 14 小时到 18 小时的有 74 天，工作 18 小时到 24 小时的共 44 天。

从 1974 年 6 月 1 日住院到 1976 年 1 月 8 日逝世，周恩来在医院动过6 次大手术、8 次小手术，平均每 40 天就要动一次手术。在这样的情况下，他忍受精神上、肉体上的巨大痛苦，找同志谈话，接见外宾，处理日常工作。在这一年半住院的日子里，同中央负责同志谈话 161 次，与中央部门及其他有关方面负责同志谈话 55 次，接见外宾 63 次，与陪同人员谈话 17 次，在医院召开会议 20 次，离开医院外出参加会议 20 次，找人谈话 7 次。

以上情况说明，周恩来作为一名普通的国家公务员，作为国家最高行政长官，心中装着的只有工作、人民，而唯独没有他自己。这种精神就是毛泽东倡导的"革命第一、工作第一、他人第一"和"毫不利己，专门利人"的奉献精神。他完全超越了自我，达到了"无我"的境界，在我们党和国家的领导层中，是率先进入共产党人最高精神境界的领导人、公务员。

焦裕禄、孔繁森、郭秀明，从村党支部书记、县委书记到地委书记，代表了从 20 世纪 60 年代到 90 年代我们国家公务员无私奉献的精神！

周恩来是用他的一生把这种精神升华到了一种最高境界。

无私奉献应当成为我们国家公务员不懈追求的崇高目标。

四　"双向负责"是公务员的应有精神

这里说的"双向负责"，是指对上负责和对下负责的完美结合。作为

---

① 《邓小平文选》第 2 卷，人民出版社 1994 年版，第 348 页。

公务员，忠于国家、恪守职责是其应尽的天职和基本素质要求，同时，想人民所想、急人民所急、帮人民所需也是公务员的义务和责任。一个称职的公务员，对此应该两全其美，兼而优之。周恩来总理仍是这方面的一面镜子。

1998 年 3 月 5 日，是周恩来诞辰 100 周年。中共中央在北京的人民大会堂举行大会，隆重纪念这位世纪伟人和人民公仆。江泽民在大会上发表重要讲话，高度评价周恩来的卓著功勋、崇高精神和人格风范，指出周恩来的精神，就是共产主义远大理想同脚踏实地的工作作风的结合、对上负责同对下负责的结合、高度的原则性同高度的灵活性的结合。江泽民号召全党全军和全国各族人民，特别是各级领导干部，都要努力学习周恩来同志的崇高精神。

关于对上负责和对下负责的结合，江泽民进一步作了阐释："他总是把党的利益、人民的利益摆在第一位。他是严格执行党的路线、方针、政策的模范，又是关心同志、关心群众的模范。作为人民共和国总理，他自觉地维护党中央的集体领导和毛泽东同志的领袖地位。他真诚地把自己看成人民的'总服务员'，切切实实，兢兢业业，履行着'为人民服务而死'的诺言。他每天都孜孜不倦、夜以继日地工作着，这成了他毕生勤勉的显著标志。他艰苦奋斗，廉洁奉公，心里时刻记挂着人民群众，只要是关系群众生老病死的事情，他总是体贴入微、关怀备至。他飞临抗洪前线，奔赴地震现场，哪里有灾情，哪里有群众的困难，就及时出现在哪里。直到临终前，他还嘱咐解决云南锡矿工人肺癌发病问题。越是功高如山，他越是谦虚谨慎，心胸似海，善于倾听各种意见，博采众长。他严于律己，活到老，学到老，改造到老。他真正做到了对工作极端负责，对同志对人民极端热忱。"[1]

对上负责和对下负责完美结合的事例不胜枚举。

1956 年，在社会主义建设的速度问题上，周恩来与党和国家最高领导人毛泽东发生意见分歧。4 月下旬，在反冒进问题上周恩来同毛泽东发生了一次面对面的争执。一天，毛泽东在颐年堂政治局会议上提出追加 1956 年基建预算 20 个亿。在会上，周恩来发言最多，力陈追加基建预算

---

[1] 江泽民：《在周恩来同志诞辰一百周年纪念大会上的讲话》，《人民日报》1998 年 2 月 24 日。

将会造成物资供应紧张，增加城市人口，更会带来一系列困难。毛泽东仍坚持自己的意见，就宣布散会。会后，周恩来又亲自找毛泽东，说他作为总理从良心上不能同意这个决定。这句话使毛泽东非常生气，不久就离开了北京。为进一步了解实际情况、掌握第一手材料，4月下旬到5月上旬，周恩来又到鞍钢、太钢等大型企业作调查研究，发现"不平衡"问题相当突出。在5月中旬的国务院会议、6月上旬的中央会议上，周恩来反复阐述反冒进的必要性并采取"压指标"的断然措施，才使一股来势凶猛的盲目冒进势头暂时得到遏制。

但由于后来毛泽东不能容忍反冒进，发动反反冒进，其直接后果是酿成了1958年那场完全违背经济规律的"大跃进"运动。霎时间，"浮夸风、共产风"，甚嚣尘上。在全党齐奏"狂想曲"的气氛下，周恩来比较清醒，是对上负责和对下负责结合得最好的国家最高行政管理者，是他最先发现和察觉了"浮夸风"，并明令要坚决予以纠正。当他看到河南省新乡县放出一天高产生铁102万吨的"卫星"后，马上产生怀疑，遂派曾搞过钢铁生产的经济秘书去现场了解情况。是年冬，四川省委主管工业的书记陈钢向周恩来汇报，说四川还有几百万人在山上土法炼钢，既无棉衣御寒，又缺乏粮食，请示怎么办？周恩来听完汇报当即命令：立即下山。当他目睹了某地弄虚作假、啼笑皆非的亩产10万斤的高产稻田后，严厉批评了那个省委的负责人："千万不要讲大话，损害群众的利益。"其实，周恩来虽无力从根本上制止这个运动，但在尽可能的范围内给"大跃进"泼了冷水。

1971年2月，林彪反革命集团继续施虐，江青反革命集团逐渐形成，极"左"思潮还在继续。是月13日，周恩来在修改《一九七一年全国计划会议纪要》稿时加写："一切领导机关，切不可对下面提一些脱离实际的口号和要求。对那些爱说假话和逼人说假话的人，要敢于批评抵制，不能把反对说假话、顶歪风，看成是泼冷水。"①在"左"得不能再"左"的"文化大革命"时代，能够和敢于发此言论，非常难能可贵。

对上负责和对下负责相结合，从根本上说，还是对人民负责。周恩来将自己的一生毫无保留地奉献给人民事业，铸就了一个光辉的人民公仆形象，一种伟大的公仆精神。周恩来离开我们28年多了。28年来，人民对

---

① 《周恩来年谱（1949—1976）》下卷，中央文献出版社1997年版，第436页。

他的思念从未停止过。诞辰、忌日的纪念活动，不过是一种更集中的表达方式。28 年来，他的光辉形象不断出现在电视、电影、戏剧、报刊、书籍里，人们几乎用了一切可以运用的艺术手段来纪念他，学习他；28 年来，他爽朗的笑声，时时回响在祖国上空；他稳健的脚步，天天踏在祖国的大地上；他温暖有力的双手，仍在和人民一道推动着伟大事业的进程。时光流逝，没有冲淡人民对他的记忆，相反，时间越久远，他的形象越清晰，越高大，越光辉。

人民怀念周恩来，是怀念他所体现和代表的公仆精神。在 21 世纪的征途上，一切公务员，特别是高级公务员，难道不应该好好学习周恩来这种精神吗？

总之，公务员人格的基本素质还可以归纳概括出好多条来，诸如忠于政府，团结协作，实事求是，等等。但前述四个方面是最高的和基本的素质要求。就这四个方面而言，前两条（恪尽职责、清正廉洁）是起码素质、必备条件，后两条（无私奉献、"双向负责"）则是更高的素质要求，即使短期内还做不到，但应朝着这个方向努力，力争达到。

（刊于《人文杂志》2004 年第 2 期）

周恩来对新中国宗教工作的思考与实践

中国是一个多宗教的国家。佛教、道教、伊斯兰教、天主教、基督教以及各少数民族宗教，都拥有自己的信仰者。在革命时期，制定和贯彻正确的宗教政策，对建立和扩大革命统一战线、夺取革命的彻底胜利至关重要；在建设时期，搞好宗教工作是巩固新生政权和提高党的执政能力的重要方面。周恩来是伟大的马克思主义者和无产阶级革命家，在党的第一代领导集体中，他的关于做好宗教工作的思想堪称丰富，实践贡献可谓卓越。

一

实践是理论的基础，这是从认识的最初源头上讲的，然而，就认识发展的某一个阶段而言，认识又是实践的先导。周恩来在领导革命和建设中，为了发展和壮大新民主主义革命统一战线和社会主义统一战线，巩固党的领导地位和提高党的执政能力，阐释了一系列关于做好宗教工作的正确思想。

第一，反复阐明了党的宗教信仰自由的大政策。

中国共产党成立不久，就主张宗教信仰自由。1923年7月，党的三次代表大会党纲草案就提出"教育与宗教绝对分离"。1925年5月，第二次全国劳动大会决议案强调：工人阶级进行政治斗争时要加强"不分国界省界及手艺、宗教、性别"的团结。1927年6月6日，中共农字第七号通告明确指出"对于宗教尚且必须以宗教信仰自由为原则"。① 这是党的文献中首次明确提出宗教信仰自由的大政策。作为"我们党建立以来

---

① 《中共中央文件选集》第三册，中共中央党校出版社1983年版，第173页。

从事统一战线工作的第一个模范"（胡耀邦语）的周恩来，为了建立、巩固和发展新民主主义革命统一战线和社会主义统一战线，对这个大政策是一再阐释和反复强调的。

在抗日战争初期的1938年5月，周恩来在武汉接见基督教信奉者、宗教界知名人士吴耀宗时阐明了中国共产党对宗教信仰的态度，指出："马列主义者是无神论者，但尊重宗教信仰自由，并愿意同宗教界人士合作，共同抗日。"① 新中国成立前夕，他在中国人民政治协商会议第一届全体会议召开前向政协代表作《关于人民政协的几个问题》的报告，在论及各民族的关系时又阐明"首先是汉族应该尊重其他民族的宗教、语言、风俗、习惯"。②

新中国成立后，周恩来对这个问题的强调是一而再再而三的。1950年4月，他在全国统一战线工作会议上发表讲话说："我们的政策，是要保护宗教信仰自由。"③ 5月，他在基督教问题座谈会上又说："中国人民有宗教信仰的自由。"④ 6月，他在政务院第三十七次政务会议上讨论西北地区的民族工作时讲得更具体："对伊斯兰教，对喇嘛教，都应该尊重。"20世纪60年代，他继续强调："应该做好宗教工作，正确地执行宗教信仰自由政策，进一步团结一切爱国的宗教徒。"⑤

之所以要把宗教信仰自由作为一项政策来强调，是因为"中国的宗教徒有几千万，如果加上在家里信教而不到寺庙去的就更多，差不多有一亿人了"。⑥ 这说明宗教问题不是无足轻重的小事，而是能否正确对待群众的问题，它是关系到团结千百万信教群众共同从事革命和建设事业的大事。

第二，有力论证了宗教信仰是一个长期的问题。

之所以必须坚持宗教信仰自由的大政策，是因为宗教有其存在的长期性。对此，周恩来也有精辟的分析。针对新中国成立之初，有人认为天主教徒"一分到土地就不信教了，天主教的基础就没有了"。周恩来在1951

---

① 转引自童小鹏《风雨四十年（第二部）》，中央文献出版社1996年版，第168页。

② 《周恩来统一战线文选》，人民出版社1984年版，第139页。

③ 同上书，第174页。

④ 同上书，第182页。

⑤ 同上书，第429页。

⑥ 同上书，第309页。

年明确指出："这句话好像很有道理似的，其实问题并不那么简单。别说分了地的农民，就是进入了社会主义社会，也还有信教的。"① 他举例说明，苏联十月革命已经 30 多年了，现在还有很多教堂，很多人画十字。1957 年，当我国生产资料所有制的社会主义改造基本完成后，他又说明："信仰宗教的人，不仅现在社会主义的国家里有，就是将来进入共产主义社会，是不是就完全没有了？现在还不能说得那么死。"周恩来列举共产党内有的农民党员怕鬼的例子说："宗教是会长期存在的，至于将来发展如何，要看将来的情况。但是，只要人们还有一些不能从思想上解释和解决的问题，就难以避免会有宗教信仰现象。有的信仰具有宗教形式，有的信仰没有宗教形式。"他还指出："按照唯物论的观点，当社会还没有发展到宗教赖以存在的条件完全消失的时候，宗教是会存在的。"② 1962 年，周恩来再次批评有些同志"把宗教问题常常看得太简单了，拿共产党员马列主义的认识来要求所有的人，要求所有人的人生观、世界观都一样，这是不可能的"。他认为，思想认识是逐步改变的，而且思想认识问题是人民内部的问题。他特别强调"就宗教信仰来说，更是一个长期的问题"。③ 显然，周恩来对宗教长期性的估计，既是把它作为一种范围广泛和根源深厚的社会现象来考虑的，又是制定和贯彻宗教信仰自由大政策的现实依据。

第三，坦诚表达不信教的和信教的要互相尊重的态度。

对于以辩证唯物主义和历史唯物主义为指导思想的共产党人来讲，当然是不信教的，因为宗教包含神、灵魂的概念，是一些人们的头脑对支配自己日常生活的外部力量幻想的反映。但正因为千百年来形成的宗教根源深厚，且有存在的长期性，因此，不仅要坚持宗教信仰自由的大政策，而且不信教的和信教的要互相尊重。对此，周恩来 1955 年在万隆会议上作过阐述，1956 年在接见两个外国宗教代表团时又有重申。

在万隆会议的补充发言中周恩来说："我们共产党人是无神论者，但是我们尊重有宗教信仰的人。我们希望有宗教信仰的人也应该尊重无宗教信仰的人。"④ 他在同两个外国宗教代表团谈话时又说，宗教在教义上有

① 《周恩来统一战线文选》，人民出版社 1984 年版，第 201 页。
② 同上书，第 383—384 页。
③ 同上书，第 445 页。
④ 《周恩来外交文选》，中央文献出版社 1990 年版，第 123 页。

某些积极作用，对民族关系可以起推动作用。中国的民族很多，其中汉族的人口最多，约占我国人口的94%，其他民族只占6%左右。但是，少数民族居住的地方很大，大概占我国领土的60%。所以，各民族必须互相合作，互相帮助，才能发展。"要互相帮助，就要互相尊重，汉族要尊重少数民族的宗教信仰和风俗习惯。因为中国的少数民族大多信仰宗教，并且有不少的少数民族是整个民族信仰一种宗教的。回族、维吾尔族、乌孜别克族都是整个民族信仰伊斯兰教。藏族全都信仰喇嘛教。"周恩来还说明汉族当中也有很多人是信仰宗教的，汉族首先应该尊重少数民族的宗教信仰。

针对外国人对宗教在中国的前途的担心，周恩来明确指出："我告诉大家一个事实：中国的宗教徒比共产党员多。中国共产党党员人数在世界上是最多的，现有九百多万；但是，中国的宗教徒有几千万，如果加上在家里信教而不到寺庙去的就更多，差不多有一亿了。所以，怎么能够取消宗教呢？况且，对全民族信仰一个宗教的少数民族来说，宗教对家庭关系、社会关系影响就更大些。中国的宗教信仰自由政策是实实在在地执行着的。我们要造成这样一种习惯：不信教的尊重信教的，信教的尊重不信教的，和睦相处，团结一致。"① 周恩来还提出，信仰不同宗教的人也可以合作，因为这对我们民族大家庭的团结互助合作是有利的，对促进多民族的共同发展和国家的繁荣昌盛是有利的。

尤其可贵的是，周恩来在概括出宗教信仰自由大政策和"互相尊重，和睦相处"原则的同时，还引申出了一个重要的观点："不管是无神论者，还是有神论者，不管是唯物论者，还是唯心论者，大家一样地能够拥护社会主义制度。"② "唯物论者同唯心论者，在政治上可以合作，可以共存，应该相互尊重。"③ 这又是一个多么深刻而富有新意的哲学命题！

第四，从逻辑上推出了合作的基础是"共信不立、互信不生"的结论。

既然唯物论者和唯心论者可以在政治上合作，可以共存，那么有无这种合作和共存的基础呢？周恩来从逻辑上层层递进，环环紧扣，推出了肯

---

① 《周恩来统一战线文选》，人民出版社1984年版，第308—310页。

② 同上书，第383—384页。

③ 同上书，第184页。

定的结论。他说："我们同宗教界朋友的长期合作是有基础的，这一点我们毫不怀疑。我们希望宗教界朋友也有这个信心。这便是所谓'共信不立、互信不生'。当然，我们也不隐讳我们之间的不同点。但是，我们可以在《共同纲领》的基础上实行合作，这是我们一致同意的。《共同纲领》是四个阶级合作的基础。从各界来说，宗教界也是合作者之一。"①因为这对我们民族大家庭的团结互助合作是有利的。

第五，创造性地提出独立自主自办宗教的方针。

1950 年 5 月，中共中央和政务院有关部门召集京、津、沪宗教界民主人士座谈会。周恩来认为，宗教界，尤其是基督教，最大的问题是同帝国主义的关系问题，即帝国主义主要是美帝国主义仍企图利用中国的宗教团体来进行破坏中华人民共和国的活动。针对这种情况，中国的宗教团体应该怎么办？周恩来提出：首先，"要把民族反帝的决心坚持下去，割断同帝国主义的联系，让宗教还它个宗教的本来面目"。其次，"宗教思想是唯心主义的。唯心主义和唯物主义，不同就是不同，不必隐瞒。我们只要求宗教团体摆脱帝国主义的控制，肃清帝国主义的影响。我们不搞反宗教运动。我们遵守的约束是不到教堂里去作马列主义的宣传，而宗教界的朋友们也应该遵守约束，不到街上去传教"。最后，"宗教团体本身要独立自主，自力更生，要建立自治、自养、自传的教会。这样，基督教会就变成中国的基督教会了"。② 这样，周恩来就创造性地提出了独立自主、自力更生的"三自"办教方针。

独立自主办教的关键是割断同帝国主义的联系，肃清帝国主义的影响，那么，如何割断与帝国主义的联系，怎样肃清帝国主义的影响呢？周恩来重申，"宗教内部要通过自我批评，把自己的工作与组织进行检讨和整理。这是个原则性的工作。我们搞清楚这些原则，把这件工作做好了，帝国主义就不能再利用宗教团体了"。③

第六，正确地指明了宗教界的努力方向是服务于中国人民。

宗教既是一种社会历史现象，又有其存在的长期性特点，就必然有其历史任务和奋斗目标。对此，周恩来在新中国成立伊始亦有阐述。他说，

---

① 《周恩来统一战线文选》，人民出版社 1984 年版，第 184 页。

② 同上书，第 181—182 页。

③ 同上书，第 186 页。

宗教界（包括基督教青年会在内）要完成自己的历史任务，各宗教之间和各教派之间就应该加强团结，联合起来，研究怎样服务于中国人民；就应该在民主与爱国主义立场上，健全自己，使宗教活动有利于新民主主义社会。他特别强调："一个宗教团体，对新中国有无益处，要以爱国与民主两个条件来鉴别"。① 这不仅指出了新中国宗教团体的历史任务和奋斗目标是服务于中国人民，而且提出了两条鉴别标准——爱国和民主。就这两条标准而言，爱国是前提，是起码的要求，民主是宗教内部（各宗教之间和教派之间）的关系准则。20 世纪 60 年代初，周恩来再次表示："我们只是希望，爱国的宗教界人士，热爱祖国，愿意为社会主义服务，也愿意努力学习。这样，他们思想上还有宗教信仰，这并不妨碍我们整个人民民主统一战线的扩大和团结，并不妨碍我们祖国的社会主义建设。"② 显而易见，时隔 10 年多，周恩来对中国宗教界的奋斗目标和鉴别标准的论述，前后是一贯的。

除以上主要观点外，为了使新中国的宗教事业健康发展，周恩来还主张办高级经学院，以培养宗教人才。20 世纪 50 年代中期，他曾坦诚检讨我们在宗教工作方面"高级的经学院办得也还少了些。为宗教服务的人员还不够，还要扩大"。③ 他说明，因为埃及是伊斯兰教研究经学的权威地方，所以我们请了埃及的教师来讲课。他还表示，我们也愿意同别的国家交换教师、学生，等等。

综上不难看出，除宗教信仰自由是党成立不久就制定的大政策，周恩来不惜反复进行阐述、宣传外，在论述宗教存在的长期性、信教和不信教的要互相尊重、信教的不信教的有合作的基础、独立自主的办教方针、宗教界应当努力的方向等问题上，都体现出周恩来的独创性见解，成为中国共产党人思想宝库别具特色的组成部分。

二

周恩来是理论联系实际的典范，也是率先垂范的典范。他不仅阐发和

① 《周恩来统一战线文选》，人民出版社 1984 年版，第 182 页。
② 同上书，第 445 页。
③ 同上书，第 310 页。

提出了许多弥足珍贵的做好宗教工作的思想，制定了一整套做好宗教工作的方针和政策，而且他理论联系实际，率先垂范，为新中国的宗教工作作出了卓越的实践贡献。最主要的是：

第一，支持宗教革新，使其随着社会的前进而进步。

无论是从党的统一战线工作大局出发，还是从文化事业发展着眼，周恩来对宗教界的事情都非常重视；也无论是战火纷飞的革命岁月，还是热火朝天的社会主义建设时期，不管多么繁忙，他都会挤出时间，同宗教界人士接触，阐述党的宗教政策，指明宗教工作的发展方向，支持宗教界朋友的工作。

据史料记载，在抗日战争最关键的 1938 年 5 月、1941 年 12 月和1943 年 5 月，周恩来先后三次在武汉和重庆会见宗教界知名人士吴耀宗，向他分析抗战形势，论述国共合作和中国革命问题，表明中国共产党对宗教的态度，使吴耀宗进一步认识到，只有中国共产党才能领导中国人民打败日本侵略者，是民族解放的希望。新中国成立之初，国家百废待兴，百业待举，作为全国总管家的政府总理周恩来，工作千头万绪，真是日理万机，但为解决基督教面临的困难，他在 1950 年 5 月同京、津、沪宗教界民主人士座谈了三个整夜。正是在周恩来的长期关怀和支持下，经过宗教界爱国人士的努力革新，我国宗教伴随着深刻的社会改造，发生了很大的变化，随着社会的前进而不断进步。比如，废除了宗教压迫和宗教剥削，建立了宗教爱国组织，宗教已经同国家政权、法律和教育相分离，宗教界人士和宗教职业人员的绝大多数爱国守法，拥护社会主义。

第二，妥善协调了宗教内部各教派的关系。

班禅和达赖均是佛教黄派创始人宗喀巴的徒弟。西藏人民称他们为"师徒三尊"。班禅在后藏日喀则，达赖在拉萨。在宗教上、政治上，班禅和达赖地位不相上下，有时候在有些方面班禅还超过达赖，清朝中央政府就把班禅和达赖置于平等地位，都归皇帝直接领导。但到了近代，英帝国主义势力侵入西藏后，将重点放在拉萨，因而达赖受帝国主义的影响大，对祖国采取分裂的政策，班禅一直坚持反帝爱国。加之经济利益上的纠葛，班禅和达赖的关系恶化。1923 年，九世班禅得知他的重要官员在拉萨被投入监狱，感到大难临头，遂仓促离开后藏日喀则扎布伦寺到青海。为了恢复西藏和中央政府的正常关系，班禅在内地奔走 15 年。但因军阀混战，中央政府自顾不暇，无力解决达赖和班禅的问题。1937 年，九世班禅客死青海。1949 年，班禅已有 26 年不能回到西藏。新中国成立后，班禅把重返西藏的希望寄托于共产党领导的新的中央政府。这样，从历史着眼，从现实出发，促使班禅和达赖和解，让班禅重返西藏，成为政府总理周恩来的又一项重要工作。

周恩来明确指示，在和达赖派来的代表团谈判过程中，要十分尊重和充分听取班禅和堪布厅主要成员的意见。

1951 年 4 月 22 日和 26 日，西藏阿沛·阿旺晋美等先后到北京。27 日下午，周恩来到车站迎接从青海来的班禅，以表示中央政府对班禅的重视和尊敬，当晚还设宴为刚满 13 岁的十世班禅接风洗尘。周恩来并没有把班禅当作稚气未脱的孩子看待，谈话内容十分广泛，从中华人民共和国的成立到西藏的美好前景，从达赖、班禅两位活佛的关系，到藏民族内部的团结及汉藏两个兄弟民族的团结，从班禅在京期间的活动安排到即将开始的和平谈判，周恩来都谈到了。

经过反复谈判，终于在 5 月 23 日达成和平解放西藏办法的协议。同时，也达成班禅回藏问题的协议，班禅额尔德尼的固有地位及职权，应予维持，并说明达赖和班禅的固有地位是指十三世达赖和九世班禅和好相处时期的地位和职权。

协议签订了，能不能执行？千里迢迢，雪山重重，如何护送班禅回到西藏？在周恩来主持下，由李维汉具体负责，研究了护送班禅回藏的交通运输、物资供应、安全保卫等具体事宜。

1951 年 12 月，班禅一行从西宁出发，于 1952 年 4 月 28 日安全抵达拉萨，受到热烈而隆重的欢迎。6 月 23 日到达扎布伦寺。自九世班禅 1923 年离开日喀则已 29 个年头，北洋军阀、国民党政府近 30 年没有解决的问题，新中国政府仅用两年多的时间就解决了。其中渗透着周恩来的智慧和心血。

第三，政治上关心、生活上关怀宗教界朋友。

可以说，前述提到的班禅额尔德尼·确吉坚赞不仅是在周恩来的具体关怀下成长起来的，而且他所取得的进步和成就都离不开周恩来的关怀和帮助。1956 年 11 月 25 日，班禅和达赖应印度政府之邀到新德里参加释迦牟尼涅槃 2500 周年纪念。这时，在印度的少数藏族分裂分子成立所谓的"西藏政府"，公然进行分裂祖国的活动，并企图阻止达赖和班禅回国。1957 年 1 月 24 日，周恩来到印度访问，分别会见班禅和达赖，同他们进行长时间的交谈，使他们在错综复杂的环境里，进一步明确了方向。班禅向周恩来表示：请中央放心，我一定会按中央的安排办事，绝不会受外界的影响。他严厉谴责了极少数分裂主义分子背叛祖国的阴谋活动，旗帜鲜明地拥护中央人民政府的领导，维护祖国的和平和统一，反对任何形式的"西藏独立"图谋。在纪念活动结束后，班禅于 1957 年 1 月 29 日先期飞回拉萨。20 世纪 50 年代末 60 年代初，20 多岁，英姿勃发、精力充沛的班禅在周恩来的具体关怀和帮助下，为西藏的改革建设倾注大量心血，完成了一份 7 万多字的全面、系统表达他关于西藏工作的给中央的意见书（后被称为"七万言书"）。周恩来当面坦言：在"七万言书"中"问题提出来了，就必须解决。但并不等于你提的问题都对，有对的，有不对的"。"对的就接受过来，不对的正面给你提出意见，提出批评。"周恩来认为班禅的报告，"7 个认识有许多错误，8 个问题都是事实，宗教五项原则很好，可以拿过来"。周恩来最后特别强调："国家有前途，藏族有前途，个人有前途，关键在于领导，在于政策，在于团结。"听完周恩来的谈话，班禅心情舒畅，满怀信心，决心要为开创西藏工作新局面而大干一场。①

帕巴拉·格列朗杰也是西藏僧俗领袖之一。从 1956 年 10 月到 1975 年 1 月，有幸 20 多次受到周恩来的接见，并多次得到周恩来苦口婆心的教育。"特别是 1965 年元月，周总理同阿沛·阿旺晋美副委员长和我的一次谈话，对我的教育和鼓舞更大，我将永世不忘。"② 这次谈话的内容主要是三点：一是立场问题，要求他继续站在人民一边，跟党走；二是学习问题，勉励他好好学习，抓紧学习；三是团结问题，希望他要搞好藏、汉民族之间的团结以及藏族上层之间的团结。

周恩来不仅在政治上关心、帮助、爱护宗教界人士，而且在生活问题上对他们的关心更是细致入微，周到有加。赵朴初是中国佛教协会会长。1949 年从上海到北京参加第一届全国政协会议时，出席周恩来的宴请。他拿到请帖后，心想这是许多人参加的宴会，不可能照顾到自己的饮食习惯，只好准备吃"肉边菜"了。出乎意料的是，在赴宴签到时，一位工

① 陈答才：《周恩来与班禅》，载《红岩春秋》1997 年第 1 期。

② 帕巴拉·格列朗杰：《回忆周恩来总理的关心和教诲》，参见《怀念周恩来》，人民出版社 1986 年版，第 428 页。

作人员对他说："赵朴初先生，给您准备了素菜。"周恩来对宗教界人士如此细致入微的关心和照顾，使赵朴初十分感动。赵朴初曾深有感触地说："周总理值得怀念的事情太多了！父母之孝3年，留在人们心中对周总理的怀念是终生的。"[1] 1972 年春，帕巴拉·格列朗杰到北京治病。有一次到人大会堂听文件传达，坐在会场旁边。周恩来看见他，走过去拉着他的手亲切地问："你什么时候来的，身体怎么样？"周恩来的关心，使帕巴拉·格列朗杰万分激动，急忙回答："我一切都好，请总理放心。"尽管他什么困难都没有向周恩来提，但细心的周恩来还是想到了帕巴拉·格列朗杰不懂汉语，在以后几次传达文件时，都指示有关部门派翻译人员坐在他和阿沛·阿旺晋美旁边，为他们翻译传达文件的内容。帕巴拉·格列朗杰在纪念周恩来的文章中写道："周恩来总理的热情关怀和无微不至的爱护，使我深深地感到他是一团火，同他在一起就有温暖和幸福。所以，我每次有机会到北京，都想见到敬爱的周总理，聆听他的亲切教诲。"[2]

第四，"文化大革命"中悉心关照和保护宗教界人士。

"文化大革命"是一场由领导者错误发动，被林彪、江青两个反革命集团利用的一场内乱，人妖颠倒，是非混淆，包括国家元首在内的大批高级领导干部和各界精英遭摧残，受迫害。周恩来苦撑危局，尽其所能予以保护，包括宗教界人士在内。关照和保护班禅是他保护宗教界人士最典型的例证。

其实，班禅的蒙难比"文化大革命"还要早些。20世纪60年代初，正当班禅把全部心力倾注于西藏的改革与建设上时，1962年秋北戴河会议和八届十中全会重提阶级斗争为纲。"民族问题的实质是阶级问题"成为指导民族工作的指针。在这种情况下，班禅的"七万言书"被诬为"反党反社会主义的反动纲领"。1964年9—11月，在西藏自治区筹委会第七次扩大会议期间，班禅受到严厉批判。撤销了他自治区筹委会代理主任职务，给他扣上了"反人民、反社会主义、蓄谋叛乱"三顶莫须有的帽子。随后，三届人大一次会议撤销他全国人大副委员长职务。周恩来担

---

① 童小鹏：《风雨四十年》（第二部），中央文献出版社1996年版，第174页。

② 帕巴拉·格列朗杰：《回忆周恩来总理的关心和教诲》，参见《怀念周恩来》，人民出版社1986年版，第430页。

心这位 26 岁的活佛大师在西藏发生意外，便以政协常委身份（四届政协一次会议保留他全国政协常委一职）调他来京，安排他住在已故沈钧儒副委员长的寓所，实际上是让他继续享受副委员长的待遇。

1966 年夏，"文化大革命"风暴席卷神州大地，西藏民族学院的红卫兵到北京串连，同中央民族学院及首都其他高校红卫兵联合，要轮番揪斗班禅。周恩来一再劝阻红卫兵说，对班禅这样的少数民族和宗教界领袖人物要加以保护，他有问题，可以写揭发材料给中央，但不能揪斗。

8 月下旬一个漆黑的夜晚，少数造反派置周恩来的指示于不顾，翻墙闯进班禅住处，抢走班禅，用卡车拉到中央民族学院私设公堂，任意审讯，随便打骂。周恩来得知后，立即派自己的联络员和卫戍区的解放军指战员一起赶到中央民族学院，把班禅转移到北京卫戍区保护起来。

1968 年夏，班禅再次蒙难，林彪、"四人帮"的帮凶们又以"监护"为名把他监禁起来，一关就是 9 年多。就在这种情况下周恩来仍惦记着、关心着班禅，想方设法保护他的安全，恢复他的自由。

1971 年林彪事件后，周恩来曾考虑班禅的工作安排，终因各种阻力，未能如愿。但仍尽其所能千方百计给予关怀和保护。班禅得了胆囊炎，需要治疗，专案组送上报告，报告是送周恩来、叶剑英、江青等人，周恩来马上批准"送阜外医院治疗"。阜外医院是专门治疗心血管病的，送班禅到阜外是为了给他创造一个较好的休养环境。然后，在江青的名字上画了一个圈，写"暂不送"，用这种方法避开了江青的干扰和迫害。

1974 年 3 月 10 日，周恩来会见科威特客人，由阿沛·阿旺晋美副委员长陪同。已患癌症两年的周恩来特意请阿沛·阿旺晋美提前到人大会堂，商议让班禅出来工作的事。可是，随着"批林批孔"的发展，周恩来的这一提议再次受阻。直到粉碎"四人帮"一年后的 1977 年，班禅才结束 9 年又 8 个月的监禁生活，重获自由。

出狱后，每逢周恩来祭日，班禅总要早早起床做好祈祷准备。然后在上午 10 点钟到天安门广场的人民英雄纪念碑前，恭恭敬敬地为周恩来献上精致的花篮和洁白的哈达，以寄托他深深的哀思与怀念。后来，他重新担任全国人大副委员长后去天安门有些不便，就在家为周恩来祈祷祝福。1988 年 4 月 4 日，在全国人大七届一次会议新闻发言人举行的中外记者招待会上，班禅向全世界坦露了他对周恩来的深情："我在监狱里没有死掉，主要是周恩来先生的恩情。"

"文化大革命"期间,周恩来还亲自写电报,指示对赛福鼎要采取保护措施。

阿沛·阿旺晋美也在周恩来开列的"一份应予以保护的干部名单"范围之内。

总之,宗教界人士正是从周恩来身上看到了中国共产党人的优秀品质,看到了党对宗教界人士的尊重和关怀,因此,他们更加尊重共产党的领导,尊重和拥护党的各项方针政策。

在全面建设小康社会,特别是在推进和构建社会主义和谐社会,不断提高党的执政能力的今天,学习周恩来关于做好宗教工作的思想和实践,定会为我们提供多方面的启迪和教益。同时也以此文表达对周恩来逝世30周年的心祭。

(刊于《中国宗教》2006 年第 1 期)

周恩来精神的实践品格及其逻辑层次

"人是要有一点精神的",伟人毛泽东的这句话可谓意味深长。在中国革命和建设的艰苦卓绝的伟大历程中,涌现出了一大批"有一点精神"的无产阶级革命先烈及民族优秀分子。他们以自己的智慧、鲜血和宝贵的生命,终生追求和实践着这种"精神",从而使自己成为一个"纯粹的人"、一个"高尚的人"、一个"有益于党和人民的人"。人民的好总理周恩来,正是实践并体现这种"精神"的光辉典范。

什么是"周恩来精神"?1993年,石仲泉研究员将其概括为无我、求是、创新、民主、廉洁、严细、守纪、牺牲八个方面;1998年江泽民代表中央将其表述为"三个结合",即共产主义远大理想同脚踏实地的工作作风的结合、对上负责同对下负责的结合、高度原则性同高度灵活性的结合。多年来,众多研究者也仁者见仁、智者见智,从不同侧面、不同角度,根据各自的不同理解,对周恩来精神有着不同的归纳和概括。虽然这些归纳都有一定的合理性,但坦率地讲,大多都没有突破石仲泉和江泽民的概括和表述,仅是换个角度,强调侧重而已,并且大都是一些平面的论述,未能揭示出周恩来精神立体的、丰富的内涵,对几个构成方面之间的内在关系也缺乏一定的梳理。

笔者认为,"周恩来精神"是中华民族一切优秀品质和美德的历史传承和完美再现,是中国共产党人为人民利益无私奉献精神的真实写照,是周恩来高风亮节和人格风范的凝结,具有永恒的文化价值意义。完整地把握周恩来精神,挖掘其对全面建设和谐社会的内在感召力,体现新一届领导人立党为公、执政为民的治政方略,真正落实"以人为本"的科学发展观,就必须对周恩来精神的实质和逻辑层次有一个相对准确的界定和展示。

一　无私奉献、无怨无悔是周恩来精神最耀人的亮点

"精神"之于人，有多重的含义：首先是一种对科学信念的无畏坚持，对一种合理价值目标的毕生追求，对一种伟大而崇高事业的无私奉献；其次，精神更是人之为人的一种百折不回的意志品格和卓越的人格风范，是一种极富感召性和巨大影响力的个性魅力，是一种在坚韧、自觉的人性修炼基础上形成的美好的德性境界。

"周恩来精神"禀赋着深厚的传统文化底蕴和浓郁的民族特色，是特殊历史条件下与特殊实践情景下的产物。

1. 高远的理想——"为共产花开""为民族解放""为人民翻身"。青少年时期的周恩来，在实现了由爱国主义者到革命民主主义者，再到共产主义者的两次思想飞跃后，1922 年秋便郑重声明："我认的主义一定是不变了，并且很坚决地要为它宣传奔走"，为了"共产花开""赤色的旗儿飞扬"宁愿牺牲一切。① 周恩来做到了这一点。新民主主义革命时期，为了革命胜利、民族解放、人民翻身，他涉龙潭、入虎穴、躲明枪、防暗箭，20 多次遭遇惊险和危难，但他总是以大无畏的气概，临危不惊，临难不惧，处险不乱，舍己救人，屡屡勇敢而沉着地化险为夷，转危为安。

2. 为党为民，鞠躬尽瘁，顾全大局，任劳任怨。新中国成立后，周恩来是任职时间最长的最高行政长官，他的无私奉献精神达到了最高境界——无我。对此，《中国共产党中央委员会关于建国以来若干历史问题的决议》有一段结论："周恩来同志对党和人民无限忠诚，鞠躬尽瘁。他在'文化大革命'中处于非常困难的地位。他顾全大局，任劳任怨，为继续进行党和国家的正常工作，为尽量减少'文化大革命'所造成的损失，为保护大批的党内外干部，作了坚持不懈的努力，费尽了心血。"② 邓小平在会见外国记者时也这样评价他："周总理是一生勤勤恳恳任劳任怨工作的人。他一天工作的时间总超过十二小时，有时在十六小时以上，一生

---

① 《周恩来早期文集》下卷，中央文献出版社、南开大学出版社 1998 年版，第 453—455 页。

② 《中国共产党中央委员会关于建国以来党的若干历史问题的决议》，人民出版社 1981 年版，第 27—28 页。

如此。"① 周恩来忘我工作的情景是常人难以想象的。据他当年的卫士长成元功回忆，为了新中国走向世界，1955 年"亚非会议的 7 天里，周总理总共只睡了 13 个小时的觉"②。从现在公布的周恩来工作台历可知，他经常连续工作 23 小时、26 小时。十年"文化大革命"中尤其如此。为保证国家机器的艰难运转，1967 年他曾创下连续工作 84 小时的纪录。③ 由于他长期苦撑危局，积劳成疾，在 1972 年 5 月常规检查中，确诊为膀胱癌。但他不能住院治疗，一直带病工作到 1974 年 5 月 31 日。仅 1974 年 1 月 1 日到 5 月 31 日这五个月中，他除了到医院检查病情和病重休息外，总共抱病工作 139 天。在这 139 天中，一天工作不足 14 小时的只有 9 天，工作 14 小时到 18 小时的有 74 天，工作 18 小时到 24 小时的共 44 天，有一次甚至连续工作 30 个小时。

从 1974 年 6 月 1 日住院到 1976 年 1 月 8 日逝世，周恩来在医院动过 6 次大手术、8 次小手术，平均每 40 天就要动一次手术。在这样的情况下，他肉体上忍受着病魔缠身的巨大疼痛，精神上忍受着"四人帮"明枪对准邓小平、暗箭射向自己的莫大折磨，还得找同志谈话，接见外宾，处理日常工作。为了四届人大的顺利召开，为了国家权力掌握在党的健康力量手中，他置大手术后的身体极度虚弱于不顾，飞赴长沙，向毛泽东力荐邓小平出任国务院第一副总理，挫败了江青一伙的"组阁"图谋。在这一年半住院的日子里，他同中央负责同志谈话 161 次，与中央部门及其他有关方面负责同志谈话 55 次，接见外宾 63 次，与陪同人员谈话 17 次，在医院召开会议 20 次，离开医院外出参加会议 20 次、找人谈话 7 次。

1975 年 12 月中旬，周恩来已经不能进食，只能靠输液和鼻饲维持生命。就在这生命的最后二十几天，他惦念的还是国家的统一大业。12 月 20 日，他体温 38.7 度，躺在病榻上，吊着输液瓶约见中共中央对台工作领导小组办公室主任罗青长谈中国台湾问题，嘱咐不要忘记对人民做过有益事情的人。谈话中，周恩来两次被病痛折磨得说不出话来，只好抱歉地

---

　　① 《邓小平文选》第 2 卷，人民出版社 1994 年版，第 348 页。

　　② 成元功：《回忆亚非会议期间的保卫工作》，《不尽的思念》，中央文献出版社 1987 年版，第 475 页。

　　③ 张佐良：《周恩来的最后十年——一位保健医生的回忆》，上海人民出版社 1997 年版，第 143—147 页。

说："我实在太疲倦，让我休息 10 分钟再谈。"最后不得不终止谈话。①

"为党为民、任劳任怨、勤勤恳恳、无私奉献"，是毛泽东和邓小平对周恩来的准确评价。这方面的事例说不完、道不尽，这就是周恩来离开我们 30 年多了，时光流逝，但丝毫没有冲淡人民对他的记忆与怀念的根本原因。相反，时间愈久远，他的形象越清晰，更高大，愈光辉。

二 一心为民、任劳任怨是周恩来精神的最高境界

周恩来是中华民族的优秀分子，忠诚的共产主义战士，卓越的无产阶级革命家、政治家、战略家、外交家，是一心为人民谋利益的忠实的人民公仆。无论是在战争年代，还是在新中国社会主义建设时期，他都坚定作为共产党人"一心为民"的宗旨和人生信念，从来没有丝毫的动摇。

青年时代，周恩来就视人民"为国家之主人"，认为"共和国之主权在全体国民"。② 共产党执政后，作为共和国总理，他为民、亲民、爱民的理念一直没有改变。他把人民的生命安危、温饱冷暖时时刻刻挂在心头，萦绕于怀。周恩来的一生，心中想着的只有他的人民，而唯独没有他自己。在周恩来的最后岁月，毛泽东当面评价他："恩来啊，你一生为党、为民，任劳任怨。"而周恩来自己也说："我加上八个字，就是：'鞠躬尽瘁，死而后已。'"③

1. 理想的"好管家""现成的内阁总理"。1948 年，中共华北局第二书记薄一波曾向中央工作委员会负责人刘少奇、朱德等汇报工作，并建议赶快抓经济工作。朱德听完汇报满怀信心地说："快了！咱们的周恩来同志快来了。他是个管家的，管这个家。他会把这个事情办好。"朱德还加重语气说："他这个人历来是管家的，是个好管家。"④ 1949 年 3 月，中共七届二中全会酝酿新中国政府的成立事宜时，毛泽东也说："恩来是一定

---

① 《周恩来年谱（1949—1976）》下卷，中央文献出版社 1997 年版，第 723 页。

② 《周恩来年谱（1898—1949）》，中央文献出版社 1998 年版，第 22 页。

③ 郑淑云：《一封信引起的回忆》，李琦主编《在周恩来身边的日子》，中央文献出版社 1997 年版，第 462 页。

④ 师哲：《千里明驼 万古云霄——对敬爱的周总理的回忆片断》，《陕西日报》1980 年 4 月 4 日。

要参加的，其性质是内阁总理。"① 同年 7 月，斯大林同中国代表团谈中国革命的发展形势时说了这样一段话："中国革命很快就会胜利，那时你们就将成立新的共和国，组织中央政府，不过在这方面也不会遇到困难，因为你们有周恩来这样一位现成的总理，哪儿去找这样一位理想的总理呢？"②

"好管家""内阁总理""现成的总理""理想的总理"，是朱德、毛泽东、斯大林根据周恩来长期表现出的德、才、胆、识所作出的判断，所给予的信任。1949 年 10 月 1 日，中华人民共和国成立，周恩来被任命为新中国首任政府总理，连任五届，长达 26 年 3 个月又 7 天，直到耗尽他的全部心力。作为政府最高行政长官，周恩来不辱使命，成为执政为民最光辉的楷模。

2. 在执政理念上，时刻牢记执政为民这一根本宗旨。新中国成立后，周恩来即以政府总理的身份郑重宣布："生产是我们新中国的基本任务。"③ 之所以必须如此，是因为"增加生产对于我们全体人民，对于我们国家，是具有决定意义的。只有生产不断地增加，不断地扩大，才能逐步地克服我们人民的贫困，才能巩固我们革命的胜利，才能有我们将来的幸福"。④ 1954 年 9 月，在一届人大《政府工作报告》中，周恩来更明确地指出："我们的一切工作都是为了人民的。我们的经济工作和财政工作直接地或者间接地都是为着人民的物质生活和文化生活的改善。""逐步改善人民的物质生活和文化生活，是我们的经常性和根本性的任务。"⑤ 1956 年 1 月，在《关于知识分子问题的报告》中，他指出："我们所以要建设社会主义经济，归根结底，是为了最大限度地满足整个社会经常增长的物质和文化的需要。"⑥ 这样一个目的性，也体现在处理国民经济的各种重大关系上，特别是体现在工业和农业的关系上。在同年 9 月党的八大上作《关于发展国民经济的第二个五年计划的建议的报告》时，周恩来

---

① 石仲泉：《周恩来的卓越贡献》，中共中央党校出版社 1993 年版，第 243 页。

② 师哲：《千里明驼　万古云霄——对敬爱的周总理的回忆片断》，《陕西日报》1980 年 4 月 5 日。

③ 《周恩来经济文选》，中央文献出版社 1993 年版，第 24 页。

④ 《周恩来选集》下卷，人民出版社 1984 年版，第 144 页。

⑤ 同上书，第 142、144 页。

⑥ 同上书，第 159 页。

又说："我们应该继续努力发展农业，求得农业和工业的发展互相配合"，妥善地安排"国家建设和人民生活之间的关系"。① 同年 11 月，在八届二中全会上，针对有人绝对化地强调优先发展重工业，周恩来在阐述经济建设的几个方针问题时，指出："我们又要重工业，又要人民。这样结合起来，优先发展重工业才有基础。"②

20 世纪 60 年代前半期，随着中国共产党执政时间的愈益长久，一些干部的官僚主义作风也日益严重起来，周恩来对执政为民思考得更多。1963年 5 月 29 日，在中共中央和国务院直属机关负责干部会议上，周恩来作长篇报告，集中讲了"反对官僚主义"和"过好'五关'"（即思想关、政治关、社会关、亲属关、生活关）的问题。关于反对官僚主义，周恩来指出"官僚主义是剥削阶级长期统治的遗产"，"是领导机关最容易犯的一种政治病症"。在具体列举了官僚主义的 20 种表现后，周恩来严肃地指出，"必须看到，官僚主义在我们执政的党内，在我们的国家机关内，的确是十分有害、非常危险的"。因此，他强调："我们国家的干部是人民的公仆，应该和群众同甘苦，共命运。如果图享受，怕艰苦，甚至走后门，特殊化，那是会引起群众公愤的。"③ 关于干部要过好"五关"，周恩来要求各级领导干部应该把整个身心放在人民事业上，"以人民的疾苦为忧，以世界的前途为念"。这样，"我们的政治责任感就会加强，精神境界就会高尚"。④ 这就是周恩来担任政府总理 26 年的执政理念。

3. 在执政实践上，他是为民、亲民、爱民的光辉典范。从宏观上看，为了中国人民的根本利益和长远利益，周恩来把经济建设摆在首要地位；为了国家的繁荣昌盛，他描绘了四个现代化的蓝图；从农业大国的实际出发，他是抓农业最自觉的人；为了科技现代化，他集中一代精英，亲手组建了尖端科技队伍；20 年间他最关心的两件事之一是兴水治水，并把植树造林看作百年大计。

从微观上看，他心系人民的感人事例不胜枚举，举其要者而述之。包括：

第一，他径直飞往抗洪第一线，亲自组织抢修黄河铁路大桥。1958

---

① 《周恩来选集》下卷，人民出版社 1984 年版，第 226、227 页。

② 同上书，第 230 页。

③ 同上书，第 418、422、421 页。

④ 同上书，第 427 页。

年夏季，黄河下游出现了大洪峰，黄河花园口的洪峰流量达到了历史上罕见的22300立方米/秒，浊浪腾空，异常凶猛。7月17日夜11点半，洪峰一出峡谷就把郑州黄河铁桥冲断两孔，18日上午，黄河管委会急电报告中央。当时正在上海开会的周恩来，当即停止会议，乘专机飞临黄河上空，察看洪灾险情。下午4时到达郑州，听取河南、山东两省省委和黄河管委会汇报，要求两省加强领导，党政军民全力以赴，战胜洪水。晚10时，他到邙山脚下的黄河岸边，察看洪水和抢修黄河铁桥的情况，冒着大雨向抢修大桥的工人、农民、解放军指战员讲话，鼓励大家同暴风雨和洪水作斗争。讲话后又到一座临时工棚同郑州铁路局的领导干部、技术人员查阅黄河水患资料，研究和制定修复铁路桥的办法，直到深夜两点钟才离开。这天周恩来从上海到郑州连续工作18小时。根据他的指示，工程兵部队在很短的时间内，从千里之外来到黄河岸边架起浮桥，以解燃眉之急。在周恩来的亲切关怀和鼓舞下，200万军民英勇顽强战斗在黄河大堤上，经过10个昼夜的艰苦奋斗，不仅郑州铁路桥很快修复通车，而且使汹涌的洪水驯服地流入大海。

第二，殚精竭虑，精打细算筹措救命粮。作为大国总理，周恩来时刻牵挂、惦念着全国人民的吃饭问题。新中国成立伊始他就说，"人民首先需要的就是粮食，衣服可以穿破的，可以少穿一件，而粮食每天要吃"。①因此，他始终把增加粮食产量作为发展农业的头等任务。可是，"大跃进"造成人为灾难，先涝后旱的三年自然灾害和苏联背信弃义、外债威逼，使我国在20世纪60年代初遇到了新中国成立后从未有过的经济困难，而以粮食短缺最为严重，以致安徽、甘肃等省的农村饿死了不少人。周恩来的心情十分沉重，为了筹措救命粮，他耗费的心血更多。在1960—1962年周恩来的工作台历上，记载着他为当时困扰全党和全国人民的粮食问题而运筹帷幄、辛勤操劳的情景：从1960年6月至1962年9月，在这两年零四个月的时间里，他关于粮食问题的谈话就达115次，他及时审阅粮食报表，精心计算粮食安排。周恩来办公室退给粮食部办公厅的32张报表中，周恩来的笔迹竟有994处之多。仅《1962年至1963年粮食生产产量和征购的估算》这张表上，周恩来用红蓝铅笔作标记145处，调整和修改数字40处，在表格边上计算6处，批注数字70处，批注

---

① 《周恩来经济文选》，中央文献出版社1993年版，第163页。

文字 7 处。这些报表作为珍贵的历史文物，既反映了周恩来一丝不苟的工作态度，更表现出他在危难关头解决粮食问题上的才能和智慧。周恩来还多次出京调查粮食情况，解决粮食调拨问题。比如，他亲自找江西省委书记借粮说：你们已经对中央作出了巨大贡献，现在还要你们再调出两亿斤。你们这两亿斤粮食要救活多少人啊！时任粮食部部长的陈国栋回忆说："三年困难时期，总理直接抓粮食工作，为几亿人的吃饭问题，付出了很多心血。"① 中央文献研究室研究员方留碧专门研究国民经济调整时期的周恩来，他通过详尽的资料分析得出结论："周恩来是全国解决粮食问题的总指挥。他了解实情，统筹全局，果断决策，使我们的国家和人民比较顺利地渡过了难关。"②

第三，置个人生命安危于不顾，慰问地震灾民。1966 年 3 月 8 日，河北邢台发生大地震，第二天周恩来就赶到地震灾区。余震频繁，安全没有保障，地方和军队领导劝他不要去重灾区。周恩来态度非常坚决："我来干什么？那里太危险，群众住在那里，就不危险吗？"执意要到重灾区，亲自察看群众受灾情况。为了尽快赶到重灾区，他取近道直奔隆尧县震中地带。他看到伤亡群众不少，许多群众没有得到安置，痛心地说："我这这个总理没有当好哇！"他不顾连续余震，冒着风雪，逐村逐队慰问。他发表讲话时，坚持让群众背风听，自己迎风讲，鼓励群众克服困难，互相帮助，发展生产，重建家园。他到临时搭建的简易病房看望受伤群众，一次又一次地俯身问候躺在地铺上的伤员，仔细察看伤情。他接连慰问了 140 多名伤病员，感动得在场的人无不热泪盈眶。

第四，下"军令状"，要求贫困地区尽快改变落后面貌。陕甘宁地处西北内陆黄土高原，气候干燥，风沙大，灾害频繁。1970—1973 年，甘肃定西地区连续四年大旱，粮食大幅度减产，人畜饮水严重困难。1973 年 5 月，已是癌症缠身的周恩来得知这一情况后，深情地说："这是我的工作没有做好，我心里很不安。"他向甘肃省负责同志明确表示："中央一定帮你们改变这个地区的面貌。"③ 并指示国务院农林等八个部门负责同志组成工作组前往调查，安排群众的生产和生活问题，帮助定西人民战

---

① 陈国栋：《周恩来与粮食工作》，参见《怀念周恩来》，人民出版社 1986 年版，第 97 页。

② 方留碧：《周恩来在国民经济调整时期为粮食工作辛勤操劳》，参见《怀念周恩来》，人民出版社 1986 年版，第 82 页。

③ 魏其荣：《周恩来与甘肃》，《社科纵横》2001 年增刊，第 32 页。

胜了困难。同年 6 月 9 日，周恩来陪同越南客人到延安参观访问。一下飞机他就激动地说，"我又回到老家了"。在欢迎客人的午宴上，周恩来有意同延安地委领导共席，当他得知延安人民的生活还很困难时，他不喝酒，不吃大米饭和白面馒头，只吃了一碗小米饭，并含泪说："我这个总理没当好，延安人民生活这么苦，我怎么吃得下去。"他遂向地委领导立下"延安三年变面貌，五年粮食翻一番"的"军令状"。周恩来还表示，"等延安改变面貌了，只要我还活着，一定再来看望延安人民"。①

第五，心系人民健康，要求医务工作者面向基层，为大多数人服务。周恩来关注人民的健康，尤其关心工矿、农村和边远地区人民的健康。他强调：卫生要面向基层，面向农村，为大多数人服务。20 世纪 60 年代中期，在他的关怀下，北京组织一批去西北农村和流行病高发区服务的医疗队。他指示到河南省林县食道癌高发区的小分队：癌症的发病因素很多，要有严格的科学态度，防止片面性和表面性。70 年代初，全国防治气管炎工作会议在北京召开，周恩来五次接见与会代表并发表讲话：慢性气管炎的防治工作要抓好，这是关系到人民群众健康的大事，要一抓到底。他赞成对肿瘤发病状况和地区分布进行详细调查，要求画一个分布图，做一个大沙盘以便有针对性的防治。1975 年 2 月，在周恩来接受大手术前，偶然的话题使他听到了云南的个旧锡矿工人肺癌发病率较高，在手术台上他把肿瘤医院院长叫到跟前，要求马上派人到矿区了解情况。就在他辞世前的 11 个小时，即 1976 年 1 月 7 日晚 11 时，弥留之际的周恩来从昏迷中醒来，认出了主治大夫吴阶平，用极其微弱的声音说："我这里没有什么事了，你还是去照顾别的生病的同志，那里更需要你们。"② 这是周恩来留下的最后三句话，再过 10 个小时 57 分钟，他为人民耗尽了最后一丝心力，离开了他挚爱并无私奉献了一生的祖国和人民。

除以上，周恩来甚至把"让老百姓洗上温泉澡""要把搬迁户的住房盖好""为炼钢工人防暑降温""为煤炭工人供暖驱寒""交通民警的冷暖怎样""孩子们是否缺奶"等这些具体得不能再具体的琐碎事情都考虑得很周到。

---

① 陈答才：《周恩来关于陕西经济和社会发展的思想》，《陕西师范大学学报》2002 年第 3 期。

② 《周恩来年谱（1949—1976）》下卷，中央文献出版社 1997 年版，第 726 页。

心系人民，一切为了人民，对有些人来说，说起来容易做起来难；但对周恩来而言，他说到了，也做到了，他真真正正、切切实实做到了。他堪称执政为民的光辉典范。

三　开拓创新、与时俱进是周恩来精神的实践品格

"开拓创新""与时俱进"是近年来新一届中央领导人所倡导的新的执政理念和理论前提，实际上，有关这方面的思想，在中国古典文献中早已有之。如战国时代的《易传》上就有"与时偕行"，《韩非子》上也讲到"与时迁移"。其意思都是讲，作为一个人应跟上时代前进的节拍，要有开拓创新的精神；作为一种思想观点或理论体系，同时应适应形势发展、实践进程的要求而有所前进、有所发展和创新。我们现在讲马克思主义具有与时俱进的理论品质，就指的是后者。对周恩来而言，应当说两者兼而有之，且以前者更为突出。

1. 一生都注重、倡导与时俱进和开拓创新的精神。开拓创新、与时俱进的思想基础在周恩来精神里也由来已久。早在他旅日期间的1918年2月11日，也就是农历戊午年的春节这天，还不足20岁的周恩来就在日记中写道："我平生最烦恶的是平常人立了志向不去实行"，接着就写下了他在新的一年的奋斗目标和行事准则："第一，想要想比现在还新的思想；第二，做要做现在最新的事情；第三，学要学离现在最新的学问。思想要自由，做事要实在，学问要真切。"对这三条的重要性他还在旁作注："有如三宝"。① 表明此时的周恩来与时俱进、开拓创新的观念已初步形成。新民主主义革命时期，周恩来作为中共核心领导层的重要成员，1943年，他在《我的修养要则》中提出"要有发现和创造"。② 在《怎样做一个好的领导者》的报告大纲中，他强调"要有学习的精神"，"要估计环境及其变动，并找出此地此时的特点"；他提出领导者的主要任务，首要便是"注意大事"；关于领导艺术，他主张"不可跑得太前，也不可落在运动后面，而应抓住中心一环，推向前进"。③ 新中国成立后，周恩

---

① 《周恩来早期文集》（1912.10—1924.6）上卷，中央文献出版社、南开大学出版社1998年版，第331—332页。

② 《周恩来选集》上卷，人民出版社1984年版，第125页。

③ 同上书，第128、129、130、132页。

来勉励青年人要"跟着新生力量走""用发展的观点看问题"。要思想解放，富有朝气，敢想、敢说、敢干。① 这表明周恩来一直注重和倡导与时俱进和开拓创新的精神。

2. 从不墨守成规，注重实践创新。在实际工作中，周恩来从不被各种"条条""框框"所束缚。凡他直接领导或由他指导的工作领域和范围，在当时都开创出崭新的工作局面，或呈现出蓬勃发展的生机。比如统战工作、外交工作、文化工作等领域就很能说明问题。为了使篇幅不至过长，并尽量减少叙述上的累赘，仅用几段名人名言作证据。

关于统战工作，1982 年 1 月，时任中共中央主席的胡耀邦在全国统战工作会议上讲话时说："在中国民主革命时期和社会主义建设时期的几十年时间内，为建立、巩固和发展我们党所领导的革命统一战线作出最大贡献的，则是周恩来同志。周恩来同志不愧是我们党建立以来从事统一战线工作的第一个模范。他为我们党和中国革命事业，争取、团结和教育了一批又一批的党外朋友，他在国内和国外的朋友中，赢得了崇高的声望，为我们党增添了光彩。而当我们在斗争中发生失误和遭受挫折的时候，由于有周恩来同志的崇高形象，使许多朋友理解和原谅我们的许多失误，增强了对我们党的同情和信念。周恩来同志一生对中国革命统一战线所作的巨大贡献，他所留下的光辉形象和精神力量，是永存的。"② 16 年后的中共中央总书记江泽民也高度赞扬周恩来是"党的统一战线工作的卓越领导人"，"为统一战线的创建和发展""进行了大量基础性、开拓性的工作"。③

关于外交工作，20 世纪 50 年代中期，由于周恩来敏锐洞察和及时抓住国际局势和缓的征兆，适时而创造性地提出了和平共处五项原则和求同存异的方针，在日内瓦会议和万隆会议上机智果断地掌握会议方向，维护和捍卫了世界和平，提高了我国的国际地位，也使他赢得了世界各国人民和国际友好人士的普遍尊敬，赞赏他是"最伟大的外交家""最杰出的外交家"和"最能干的外交家"。④

---

① 《周恩来教育文选》，教育科学出版社 1984 年版，第 16 页。

② 《新时期统一战线文献选编》，中共中央党校出版社 1985 年版，第 173—174 页。

③ 《人民日报》1998 年 2 月 24 日。

④ 新华通讯社编译：《举世悼念周恩来总理》，人民出版社 1978 年版，第 47、117、305 页。

关于文化艺术工作，陈荒煤说："我认为周恩来同志领导文艺工作的思想和方法，在坚决贯彻百花齐放、百家争鸣的方针中作出了卓越的贡献，并在理论上有所发展，主要的也是从创作实践中存在的种种现象，用马克思主义的观点给予科学的回答，从而促进、推动了文艺作品的繁荣。"①

周恩来开拓创新、与时俱进的杰出贡献是多方面的，得到了党的第三代领导集体的充分肯定。江泽民在周恩来诞辰100周年纪念大会上讲话时说："周恩来同志善于把马克思主义基本原理同中国革命和建设的具体实际相结合，善于发现和总结人民群众历史创造活动中的新鲜经验，善于从中华民族优秀文化遗产和世界文明中吸取智慧。他在政治、经济、军事、外交、统一战线、文化教育和党的建设等领域都有理论建树，为毛泽东思想的形成和发展作出了重要贡献。他对在中国如何建设社会主义进行了艰辛的探索，提出了许多今天仍有重要启示作用的思想理论观点。"②

可见，开拓创新、与时俱进是周恩来精神的一个重要方面，也是其最显著的特点。

四　实事求是、坚持原则是周恩来精神的根本和灵魂所在

一切从实际出发，实事求是，是马克思主义的精髓，也是毛泽东思想、邓小平理论活的灵魂，更是周恩来精神的根本所在。

无论在革命时期，还是在建设时期，周恩来实事求是的精神、求真务实的品格，不仅为党内同志、全国人民所公认，而且向来为国际社会所称道。一位美国友人就曾这样评价周恩来，"他的力量在于注重实效"；③巴西《观察》杂志也曾发表文章，称周恩来"是一位求实的领袖"。④

1. 提倡"戒慎恐惧"和"脚踏实际"的工作作风。周恩来处理问题

① 陈荒炼、陈播主编：《周恩来与电影》，中央文献出版社1995年版，第6页。

② 《人民日报》1998年2月24日。

③ ［美］马丁·伯克：《注重实效的革命家》，新华通讯社编译《举世悼念周恩来总理》，人民出版社1978年版，第311页。

④ 巴西《观察》杂志：《一位求实的领袖逝世了》，《举世悼念周恩来总理》，人民出版社1978年版，第224页。

细致周到，全面具体。他所作出的决策总是正确或往往正确，根本原因就在于，他注重调查研究，坚持理论同实际相结合，一切从客观实际出发，多角度、辩证而全面地认识问题和解决问题，反对各种形式的极端化和片面性。

还在 20 世纪 40 年代，周恩来就强调："事实是对的，就说对，不对的就说不对。结论放在后面。"① 他要求全党要有实事求是的科学态度，"是则是，非则非"。②

在社会主义建设时期，虽然党的整个工作出现过像"冒进""大跃进"及"文化大革命"等曲折、偏差和全局性错误，但难能可贵的是周恩来能始终如一地坚持实事求是，尽管在当时情况下往往成效甚微，特别是在建设方针偏离正确轨道时，他不惜反反复复地强调实事求是原则。他认为，经济计划发生不符合实际情况时，就应该修改计划。他要求各部门制订计划时，"不管是十二年远景计划，还是今明两年的年度计划，都要实事求是"。③ 他无论批评建设指导思想上的急躁情绪，还是纠正建设速度上的急于求成倾向，始终运用的思想武器仍是"实事求是"。

周恩来不仅反复强调"经济工作要实事求是"，还再三提醒人们："现在有点急躁的苗头，这需要注意。社会主义积极性不可损害，但超过现实可能和没有根据的事，不要乱提，不要乱加快，否则就很危险。""领导者的头脑热了的，用冷水洗洗，可能会清醒些。"④ 遗憾的是，这么正确的经济建设指导思想，却被 1958 年的"大跃进"所抛弃，致使社会主义建设事业遭受严重挫折。1961 年，在总结"大跃进"的教训时，周恩来尖锐地指出："这几年来，我们调查研究较少，实事求是也差，因而'五风'刮起来就不容易一下子得到纠正。"⑤ 他特别具有启发性地要求人们，特别是各级领导干部："要说真话，鼓真劲，做实事，收实效。这四句话归纳起来就是：实事求是。"⑥

2. "关于调查工作应切实去做"，才能"使我们的建设搞得好"。那

① 《周恩来选集》上卷，人民出版社 1984 年版，第 157 页。

② 同上书，第 342 页。

③ 《周恩来选集》下卷，人民出版社 1984 年版，第 191 页。

④ 同上书，第 190、191 页。

⑤ 同上书，第 313 页。

⑥ 同上书，第 350 页。

么，怎样才能做到实事求是呢？周恩来认为，"首先要通过最实际的调查研究"。文献资料表明，周恩来是我们党第一代领导集体中较早和明确提出调查研究的人。早在 1929 年，他在中央《九月指示信》中就指出，"关于调查工作应切实去做"。"前委应指定专人去做，这个工作做得好，对于了解中国农村实际生活及帮助土地革命策略之决定有重大意义。"①毛泽东可能是受了这个观点的启发，遂于 1930 年写了《反对本本主义》一文，提出"没有调查，没有发言权"的著名论断。因为《九月指示信》就是发给红四军前委的。社会主义建设时期，他又说："要使我们的建设搞得好，首先就要实地调查，才能知道实际情况，如实反映情况，才有具体材料，具体经验可供讨论和研究。"②周恩来不仅在多种场合反复强调调查研究对于实事求是的重要性，而且总是身体力行，在政务繁忙、日理万机之中，深入农村、厂矿等最基层，进行调查研究。为了调查研究，他的足迹遍及大江南北、长城内外、东海之滨、西北边陲，乃至在饭桌上、理发椅上，总之在一切可能的场合，他都不放过调查研究的机会，从而尽其所能地把党的路线、方针和政策加以具体化，并使之不断完善，进而变成人民群众的自觉行动。

为了人民的根本利益，为了建设事业的健康发展，为了坚持实事求是的原则，周恩来不是谨小慎微，唯唯诺诺，而是不唯书、不唯上，敢于和善于表明自己的态度和意见。仅举三例：

例一，革命时期的第三次"左"倾错误统治期间，1931 年年底周恩来离沪赴苏区前，临时中央负责人博古向他交代：要毛泽东在苏区只管政府而不管军事，实际上是要剥夺毛泽东对红军的实际领导权。周恩来到苏区后，通过对实际斗争的考察，认为毛泽东关于"在苏区打寨子的必要，而不要打大城市"的意见正确，他不顾临时中央指示，坚决支持了毛泽东继续对红军领导的权力。

例二，建设初期的 1956 年，为了保证建设事业健康发展，在反冒进问题上周恩来又同党和国家的最高领导毛泽东进行了一次面对面的争执。4 月下旬的一天，毛泽东在颐年堂政治局会议上提出追加 1956 年基本建设预算 20 个亿，受到与会者多数的反对。在会上周恩来发言最多，认为

① 《周恩来选集》上卷，人民出版社 1984 年版，第 36 页。

② 《周恩来选集》下卷，人民出版社 1984 年版，第 391 页。

追加基建预算将造成物资供应紧张；增加城市人口，更会带来一系列困难。毛泽东坚持己见，宣布散会。会后，周恩来单独找毛泽东谈话，表明自己的坚决态度，说他作为总理从良心上不能同意这个决定。这句话使毛泽东非常生气，不久，便离开了北京。为了找到更有说服力的证据说服毛泽东，周恩来也离京赴鞍钢、太钢等大型企业作深入的调查研究，发现国民经济"不平衡"的问题相当突出，才有了他回京后中央和国务院一系列更坚决的反冒进措施。

例三，"文化大革命"期间，人妖颠倒，是非扭曲，江青凭借其特殊身份，有恃无恐，伙同林彪一伙，大肆迫害和摧残老干部。在一次批斗会上，一个林彪死党打了武汉军区司令员陈再道两记耳光。江青对此人大加赞赏，称其为真正的造反派。周恩来当即予以驳斥：又不是三岁小孩，不能这样干嘛。①　像这样当面批评江青的事例在《周恩来年谱（1949—1976)》下卷中还有多处记载。"文化大革命"史研究专家王年一根据他的研究，也得出结论："'文化大革命'来势凶猛，光怪陆离，离开了毛泽东思想的轨道。中央常委中第一个在公众场合否定错误做法的，老一辈无产阶级革命家中作这样否定最多的，都是周恩来。"②

以上三则例证，不仅说明了周恩来是实事求是的典范，而且足以反映出他不唯上、只认理的一身勇气，从而纠正了那些对周恩来人格力量有所怀疑的浅薄之见。

求真务实，不仅是一种品格、一种境界，而且是一种难以一以贯之真正做好、做彻底的优秀品格和崇高精神境界。周恩来达到了这个境界，这是周恩来精神的根本所在。

综上，周恩来精神是一个有内在逻辑构成的严密体系，概括来说，可以从周恩来作为中华民族的"优秀分子""共产党人""人民公仆""革命家""政治家""外交家"等多重角色和身份的统一角度来作多方面定位：无私奉献、无怨无悔的共产党人崇高思想境界，克己奉公、勤政爱民的忠实的人民公仆意识，求真务实、与时俱进的昂扬斗志和意志品质，廉洁自律、与民负责的卓越政治家的高风亮节。显然，在这样一种逻辑层次

---

①　力平：《周恩来的一生》，中央文献出版社 2001 年版，第 446 页。

②　王年一：《周恩来 1966 年 8—12 月的一些言论》，转引自《周恩来的一生》，中央文献出版社 2001 年版，第 444 页。

中，共产主义的信念和远大理想、为中华民族伟大复兴和崛起的努力、为无产阶级和广大劳动人民群众的翻身解放和幸福生活的伟大实践等，都得到了最充分的体现。

认真研究和学习周恩来精神，准确把握其逻辑层次，尤其是崇尚其实践品格，对我们在 21 世纪坚持立党为公、执政为民的执政理念，切实落实科学发展观具有极大的现实借鉴意义。

（刊于《觉悟》2007 年第 4 期）

机智、果敢、艰辛的 104 天

——试论周恩来在和平解决西安事变中的卓越贡献

1976 年周恩来逝世后，法国驻华大使马纳克在题为"一个完人"的悼文中写道："周恩来无处不在。他同重大的事情紧密相关。"[1] 巴西《观察》杂志也发表悼文说："中国现代历史上每一个重大的事件都离不开周恩来。"[2] 国际上这些评论皆公允。周恩来是 20 世纪中国与孙中山、毛泽东、邓小平齐名的历史伟人之一。在这个世纪前四分之三的时段中（即 1976 年 1 月周恩来辞世前），几乎所有的重大事件都与他有关。1936 年 12 月 12 日，张学良、杨虎城发动西安事变，意在促使蒋介石停止内战，一致抗日。事变的和平解决，成为时局转换的枢纽，结束了十年内战，开始了国共合作的新时期。

就和平解决"西安事变"的过程而言，绝不限于从扣蒋到送蒋这 13 天，还有不少突发事件要机智、果敢应对和处置，更有大量艰辛的说服工作和谈判斗争，周恩来从 1936 年 12 月 17 日到西安，1937 年 4 月初离开，在这里机制、果敢、艰辛地战斗了至少 104 天，为事变的和平解决作出了卓越贡献。

一　充当调停角色，坚定张、杨和平解决事变的信念

"西安事变"是东北军首脑张学良将军和十七路军首脑杨虎城将军领导发动的。事前，中国共产党丝毫没有与闻。但由于"九一八"事变以来，中国共产党逐步形成的抗日民族统一战线政策的感召和影响，特别是

---

① 《举世悼念周恩来总理》，人民出版社 1978 年版，第 265 页。

② 同上书，第 225 页。

1935 年末，毛泽东致信杨虎城表示愿与其合作抗日，1936 年 4 月、5 月周恩来同张学良两次肤施会谈，使张、杨坚信中国共产党是真正抗日的。所以，12 日零时，当临潼、西安方面的行动布置妥当后，张学良才要刘鼎电告中共中央："我已发动捉蒋，请予支持。"晨 5 时，张学良又致电毛泽东："吾等为中华民族及抗日前途计，不顾一切，今已将蒋介石及其重要将领陈诚、朱绍良、蒋鼎文、卫立煌等扣留，迫其释放爱国分子，改组联合政府。兄等有何高见，速复。"并望红军全部速集中于环县一带，以便共同行动，防胡（宗南）敌北进。接着，张、杨又联名电请中共中央派人到西安"共商大计"①。当天深夜，毛泽东、周恩来复电张学良："恩来拟来兄处，协商大计"。② 这样，张、杨是事变的发动者，是主体，如何解决事变，主体的态度和意见将起主导作用。蒋介石是事变的对象，是客体。他只能被动接受，但他的立场、态度转变与否也是解决事变的重要因素。以周恩来为代表的中国共产党代表团是张、杨请来的，是客人，是参与协商解决事变"大计"的，只能以民族利益为重，充当调停角色。周恩来一到西安就进入角色，在 18 个小时之内，就坚定了张、杨和平解决事变的信念。

张、杨发动事变的初衷就是"停止内战，一致抗日"。这不仅体现在事变前他们多次的"劝谏""哭谏"中，而且体现在事变发动后通电全国的八项政治主张中。周恩来是 15 日晨带领罗瑞卿、杜理卿、张子华、童小鹏等 18 人，骑马驰往肤施，等候张学良派来的飞机飞赴西安。时值隆冬，大雪纷飞，加之沟深路窄，马蹄打滑，致使从保安到肤施 170 华里路程走了两天。17 日下午才登上张学良派来的飞机。当日傍晚周恩来到西安后，被安排在金家巷张公馆东楼下榻。在中楼为中共代表团举行的接风洗尘晚宴一结束，周恩来就与张学良进行了单独长谈，一直进行到深夜。张学良先叙述蒋被扣后的表现，南京的动态和多方面的反应。眼下，最迫切需要解决的关键问题是，如何处置蒋介石。张学良说据他个人看，争取蒋抗日，现在最有可能。他的意见是只要蒋停止内战，一致抗日，应该放蒋，并拥护他做抗日领袖。

周恩来明确表示同意张学良的看法。接着，他分析了对蒋的不同处置

---

① 童小鹏：《风雨四十年》（第一部），中央文献出版社 1994 年版，第 60 页。

② 《周恩来年谱（1989—1949）》（修订本），中央文献出版社 1998 年版，第 338 页。

方法可以导致截然不同的两种前途：如果能说服蒋停止内战，一致抗日，就会使中国免于被日寇灭亡，争取一个好的前途；如果宣布他的罪状，交付人民审判，不仅不能停止内战，而且还会给日本帝国主义造成进一步灭亡中国的便利条件，这就使中国的前途更坏。历史的责任，要求我们争取中国走向一个更好的前途。力争说服蒋，只要他答应停止内战、一致抗日的条件，就释放他回去，有利于发动全面的抗日民族解放战争。周恩来提出这样明确的意见，进一步坚定了张学良和平解决事变的决心。

杨虎城和中国共产党有着长期的友好关系。18日上午，周恩来到九府街杨公馆拜会杨虎城，首先代表中共中央向杨致以问候。接着，向杨说明了同张学良谈话的经过和主要内容。杨虎城听后十分惊奇，他原以为：共产党同蒋介石有十年的血海深仇，一旦捉蒋，绝不会轻易主张放蒋。他对蒋将来能否抗日，是否对发动事变的人不实行报复，有所顾虑。并说，共产党同国民党是敌对党，地位上是平等的，对蒋可战可和；他是蒋的部下，如果轻易放蒋，蒋一旦翻脸，他的处境就和共产党有所不同了。周恩来对杨虎城的担忧表示理解，并解释说：现在不但全国各阶层逼蒋抗战，就连国际上也争取他抗日。蒋本人现在是抗日则生，不抗日则死。因此，促使他改变政策，实现对日作战的可能性是存在的。至于蒋是否会报复，并不完全取决于他个人。只要西北三方面团结一致，进而团结全国人民，形成强大的力量，他虽有报复之心，也不可能实现。周恩来一席话使杨虎城的顾虑和担忧顿时释然。他说："共产党置党派历史深仇于不顾，以民族利益为重，对蒋以德报怨，令人钦佩，我是追随张副司令的，现在更愿意倾听和尊重中共方面的意见。既然张副司令同中共意见一致，我无不乐从。"①

至此，周恩来到西安不到18个小时，便以调停者的身份，坚定了张、杨和平解决事变的信念和决心。

二　准确传递信息，保证中共中央形成与完善和平解决事变的方针

周恩来在西安"调停""协处"和平解决西安事变固然是遵循中央关

---

①　罗瑞卿、吕正操、王炳南：《西安事变与周恩来同志》，人民出版社1978年版，第48页。

于和平解决西安事变的方针，但客观地说，中共中央关于和平解决西安事变的方针是逐步提出来的，并且主要是根据周恩来到西安后及时准确报告纷繁复杂的形势，并建立在周恩来的科学分析和建议基础上形成的。事发当天，毛泽东、周恩来在复张学良电中除说明"恩来拟来兄处协商大计"外，主要是关于东北军主力和十七路军主力调集的建议，丝毫看不出和平解决的迹象。13 日，政治局会议肯定西安事变是革命的、推动抗日的，决定采取不与南京对立的方针，不组织与南京对抗的政权，但没有涉及如何处置蒋这个关键问题。况且毛、周在致张学良电中强调的是，"只有将全部行动基础置于民众之上"，西安事变才能胜利。在当时，广大民众是热切企盼将蒋介石公审的。14 日，毛泽东、朱德、周恩来、张国焘及红军各方面军负责人联名致电张、杨，建议：（一）组成西北抗日援绥联军。（二）与敌决战时要各个击破之。（三）目前第一要务是巩固内部，战胜敌人。15 日，毛泽东、朱德、周恩来等红军将领致电国民党、国民政府呼吁国共合作，"共赴国难"。建议南京政府"接受张、杨主张，停止内战，罢免蒋氏，交付国人裁判，联合各党、各派、各界、各军，组织统一战线政府"。① 16 日，中华苏维埃共和国中央政府机关报《红色中华》发表文章，不仅肯定西安事变是"蒋介石自己出卖中国，镇压全国抗日运动的必然结果"，而且提出"我们要求把蒋介石交给人民公审！我们要求把蒋介石交给人民裁判"的口号。这说明此前中共中央关于和平解决西安事变的方针还是不明确的，至少说明在事变初期，中共中央是把和平解决事变与处置蒋介石个人的问题加以区别的，是主张争取南京政府中的抗日分子来主持局面，并继而组成国防政府的设想，仍强调对蒋介石"交人民审判"。

中共中央关于和平解决事变的方针是周恩来到西安后才逐步形成并明确的。17 日下午，在肤施机场一上飞机，周恩来就要随机前来接代表团的中共地下党员刘鼎汇报西安几天来的情况。刘鼎说，"张扣蒋的动机，是逼他停止内战，共同抗日。他交代执行捉蒋的官员时说，要捉活的，保证其安全，促其反省，如他答应抗日，还要拥护他。"周恩来对此情况很重视，又问了许多问题，从事变的经过到各方面的反应，从张学良到东北军、从杨虎城到十七路军的思想动态，再到蒋介石的态度，都一一问到

---

① 《周恩来年谱（1989—1949）》（修订本），中央文献出版社 1998 年版，第 340 页。

了。刘鼎也一一作了详细的报告。当晚同张学良长谈后，加上在飞机上了解的情况，周恩来不仅对西安的形势有了较全面的掌握，而且对南京方面的态度也有所了解。于是当晚深夜就草拟了致"毛并中央"的第一份电报交童小鹏译发。① 电报通报了西安方面的情况，建议中央在对蒋介石的处置问题上可以采取"保蒋安全"的策略。18 日，拜见杨虎城后又数次致电中央和毛泽东，通报南京各派、各省地方实力派和蒋介石的情况；在错综复杂、瞬息万变的形势下，周恩来以超人的智慧，紧紧抓住影响事变进程的各个主要环节，分析形势，提出对策，及时电告中央，从而使中央及时了解时局发展的动向，对事变的性质作出正确的判断，进而制定出符合实际的方针策略。18 日，中共中央便发出《中共中央关于西安事变致国民党中央电》，提议召集抗日救国大会，呼吁南京与西安"双方和解"。② 19 日，中共中央又根据周恩来建议，发出了《中共中央关于西安事变及我们的任务的指示》，该指示不再把事变说成"起义""革命"，而认为"是中国一部分民族资产阶级代表，也是国民党实力派的一部分，不满意南京政府的对日政策，要求立即停止'剿共'，停止一切内战，并接受了共产党抗日主张的结果"。《中共中央关于西安事变及我们的任务的指示》共四条，第一条便是："我们主张南京与西安间在团结抗日的基础上和平解决。"③ 至此，中国共产党关于和平解决西安事变的方针明确而完整地形成了。事实上，也是周恩来将个人智慧转换成了党的方针政策。

三　多场合做劝解，增大和平解决事变的因子

蒋介石独裁专制统治整整十年，人民特别是广大工农劳苦大众深恶痛绝。捉蒋后，西安人民群情激昂，纷纷要求公审蒋介石是合情合理的。但当和平解决事变的方针确立后，对各界、各阶层和广大群众的劝解又是不可忽视的重要工作，因为这关乎和平解决事变因子的增多、增大，也直接关乎事变和平解决后善后事宜的平稳和有序。

---

① 童小鹏：《风雨四十年》（第一部），中央文献出版社 1994 年版，第 68 页。

② 《周恩来年谱（1898—1949）》（修订本），中央文献出版社 1998 年版，第 342 页。

③ 同上书，第 343 页。

　　尽管周恩来的工作千头万绪、繁重之至，但他仍然尽量开辟时间，见缝插针，在多种场合做解释工作，努力推动事变得以和平解决。比如，12月19日，他在西京招待所接见中共地下党负责人宋黎、谢华、徐彬如等，阐明中共和平解决西安事变的方针，并听取汇报，了解西安地下党组织情况。① 又如，20日前后，他又通过徐彬如，邀请杨明轩、熊伯韬、李连璧、何寓础等20余位群众救亡团体负责人在韩兆鹗任县长的长安县政府举行座谈会，阐明和平解决西安事变的意义②。还如，周恩来曾受陕西省银行经理李维城邀请，在省银行会见金融界人士。会见之后，"银行界人士对于周先生的谈吐风度及远见卓识，无不表示钦佩"。③ 在此期间，周恩来还审定《解放日报》、广播电台的宣传纲要。指示西北民众运动指导委员会主任王炳南充分发动群众，支持张、杨八项主张。指出，只有把群众发动起来，才能保证事变和平解决。并广泛接触各方人士，分别和陕西省政府秘书长杜斌丞、西北教育界抗日救国大同盟主席杨明轩（共产党员）、抗日联军西北军事委员会第四处处长卢广绩、原西北"剿匪"政训处处长曾扩情（原黄埔军校学生）等二三十人个别谈话，宣传中共和平解决西安事变的方针，希望他们为此作出贡献。周恩来还分别听取朱理治、汪锋等人的汇报，指示他们多做东北军、十七路军工作，力争西安事变和平解决的前途。④

　　还有一天，周恩来在一所中学操场演讲，听众越来越多，树上、墙头都站满了人。他说理透彻、气势磅礴的演讲，不断被掌声和欢呼声打断。在场的一些爱国的国民党人感动得流下了热泪。一位过路人听了周恩来的讲演，长长地舒了一口气说："啊，中国有救了，周恩来在西安。"⑤

　　这样，周恩来也把对各界、各阶层甚至对群众的解释劝导工作做到家了，从而为事变的和平解决奠定了坚实的群众基础。

---

　　① 《周恩来年谱（1898—1949）》（修订本），中央文献出版社1998年版，第342页。

　　② 陈答才：《韩兆鹗与西安事变》，《西安晚报》1986年12月16日。

　　③ 卢广绩：《回忆西安事变》，参见《在同张学良相处的日子里》，辽宁人民出版社1986年版，第19页。

　　④ 《周恩来年谱（1898—1949）》（修订本），中央文献出版社1998年版，第343—344页。

　　⑤ 陈答才：《铁肩道义"战斗古城"》，参见曹应旺主编《周恩来的智慧》，中共中央党校出版社1994年版，第230页。

四　大展谈判艺术，促成事变和平解决

1946 年，马歇尔来华调处国共关系，几个月下来不无感慨地说："周恩来将军是我遇到的最能干的谈判者"；在原苏联外交部长莫洛托夫眼中，周恩来是一个强硬的谈判对手；前美国国家安全事务助理基辛格则认为，周恩来是一位镇定自若、才能过人的谈判家。[①] 周恩来，这位举世公认的谈判大师，为中国革命和民族解放斗争的彻底胜利，为新中国在世界舞台大放异彩，一生进行过数百次谈判。他在谈判中能将对立双方的谈判演化为一门极富表现力和感染力的艺术，令对手为之吸引，令世人为之瞠目。而促成西安事变和平解决的谈判，是周恩来谈判生涯的一次极为重要而闪亮的登场，也使他的谈判艺术光彩四射。

和平解决西安事变的谈判，大体可分三个阶段。12 月 17—20 日，主要是与张、杨会谈阶段，坚定张、杨和平解决事变的决心；12 月 21—24 日，主要是同张、杨一起与蒋介石的代表宋子文、宋美龄谈判阶段（当然 21 日、22 日主要是谈判准备）；12 月 25 日以后，是西安事变的善后谈判阶段。而这次最能体现周恩来谈判艺术的主要在第二阶段，因为两天的实际谈判是最实质和最关键的。

12 月 20 日，宋子文由端纳陪同飞抵西安。宋子文是南京政府中亲美派的主要领袖，同亲日派有矛盾，又是蒋介石的妻舅。他到西安的目的，一是为了同蒋介石取得联系，二是为了进一步探明情况。端纳原为张学良的顾问，现是蒋介石的顾问，他同来西安便于西安方面同南京方面的沟通。宋子文到西安后，张学良陪同他见蒋，并告诉他，中共代表周恩来在西安，东北军、十七路军和红军三个方面已经共同商定了和平解决事变的方针，只要委员长答应八项主张，三方面将一致同意释放委员长。宋子文听说周恩来在西安大惊失色，认为中共代表一来，事情就难以解决。为避免不被南京亲日派抓住把柄，遂派与他同来的郭增恺与周恩来洽谈，周恩来表示："只要蒋先生抗日，共产党当全力以赴，号

---

① 温乐群、陈答才、江英：《谈判大师周恩来》，河北人民出版社 1996 年版，第 1 页。

召全国拥护国民政府，结成抗日统一阵线。"① 周恩来希望宋子文能为此作出贡献。宋子文得知中共的态度后，十分高兴，21 日飞回南京，筹划正式谈判。

这时，周恩来接到中共中央书记处的电报，电报说：目前局势是日本与南京右派联盟，企图夺取蒋系中央政权，造成大内乱；另方面是南京与各地左派企图调和，而中派在动摇中。我们与西安策略，应扶助左派，争取中派，打倒右派，变内战为抗战。电报主张："争取蒋介石、陈诚等与之开诚谈判，在下列基础上成立和平：第一，南京政府中增加几个抗日运动之领袖人物，排除亲日派，实行初步改组；第二，取消何应钦等之权力，停止讨伐，讨伐军退出陕甘，承认西安之抗日军；第三，保障民主权利；第四，停止'剿共'政策并与红军联合抗日；第五，与同情中国抗日运动的国家建立合作关系；第六，在上述条件有相当保证时，恢复蒋介石之自由，并在上述条件下赞助中国统一，一致抗日。"② 电报还特别叮嘱周恩来应以共产党代表资格，公开与蒋介石、陈诚、宋子文、阎锡山、于右任等"基于上述条件，与谈判调停双方"。③ 根据这一指示，周恩来同张学良、杨虎城具体商讨了与蒋介石和南京方面谈判的相关问题。

12 月 22 日，宋子文偕宋美龄、端纳、蒋鼎文等到西安。蒋介石授意宋美龄、宋子文代表他与西安方面谈判，并说对商定好的条件，他以"领袖"人格保证，不作书面签字，回南京后分条逐步执行。④

23 日、24 日，西安方面和南京方面在金家巷张学良公馆西楼二层正式谈判。第一天，蒋方由宋子文出席，西安方面由张学良、杨虎城、周恩来三人出席。

谈判开始，首先由周恩来提出中共和红军关于和平解决事变的六项主张：（一）双方停战，中央军撤至潼关以东；（二）改组南京政府，肃清亲日派，加入抗日分子；（三）释放政治犯，保障人民的民主权利；（四）停止"剿共"，联合红军抗日，共产党公开活动；（五）召开各党、

---

① 金冲及：《周恩来传（1898—1949）》，中央文献出版社、人民出版社 1989 年版，第 336 页。

② 西安事变研究会资料室编：《西安事变电文选》，陕西师范大学出版社 1986 年版，第 77—78 页。

③ 同上书，第 79 页。

④ 《周恩来年谱（1898—1949）》，中央文献出版社 1998 年版，第 345 页。

各派、各界、各军的救国会议；（六）与同情中国抗日的国家合作。张、杨同意以此为基础谈判。宋子文救蒋心切，表示个人同意，答应转告蒋介石。关于放蒋的条件，宋子文提出：只要蒋下令撤兵，即应允其回南京，到南京后释放爱国领袖。张、杨、周要求先撤兵，释放政治犯，蒋才可回南京。①

24日上午，谈判继续进行，蒋方由宋、宋出席，西安方面仍由张、杨、周出席。会谈中，对西安方面前一天提出的条件进行了逐条讨论。宋美龄明确表示赞成停止内战，说："我等皆为黄帝裔胄，断不应自相残杀，凡内政问题，皆应在政治上求解决，不应擅用武力。"② 最后达成协议如下：（一）孔、宋组成行政院，肃清亲日派。（二）中央军调离西北。（三）蒋允许回后释放爱国领袖。（四）苏维埃、红军仍旧。两宋担保蒋停止"剿共"，并经张学良接济红军。抗战发动，红军再改番号，统一指挥，联合行动。（五）开放政权，召集救国会议。（六）分批释放政治犯。（七）抗战发动，中共公开。（八）联俄，与英、美、法联络。（九）蒋回后通电自责，辞行政院长职。③

下午，因张、杨有其他公务需办理，由周恩来与宋子文谈判。宋子文表示要中共做他抗日反亲日派的后盾，并派专人驻沪与他秘密接洽；提出暂不开国民代表大会，先开国民党的会议，改组国民党，开放政权；说回去后就商量释放政治犯的办法；并答应南京政府每月可给红军、苏区50万元的经费。

谈判结束后，蒋介石就商谈结果答复张学良：（一）下令东路军退出潼关以外，中央军离开西北。（二）委任孔祥熙、宋子文为行政院正、副院长，要孔、宋与张学良商组政府名单。决定令何应钦出洋，朱绍良及中央人员离开陕西。（三）回南京后释放爱国七领袖。（四）联红容共，现在苏区、红军不变，经过张学良暗中接济红军，俟抗战起，再联合行动，改番号。（五）立即召开国民党会。（六）联俄联英美。④

至此，蒋介石总算择善而从，同意了西安方面的六项要求，和平解决

---

① 《周恩来年谱（1898—1949）》，中央文献出版社1998年版，第345页。

② 金冲及主编：《周恩来传（1898—1949）》，中央文献出版社、人民出版社1989年版，第337页。

③ 《周恩来年谱（1898—1949）》，中央文献出版社1998年版，第346页。

④ 同上。

西安事变的实质性谈判终有结果，关键环节终于突破。周恩来在这次谈判中的谈判艺术至少体现在：

第一，凡事预则立，不预则废。在这次谈判中周恩来把谈判文件准备得很充分。如前所及，此次谈判，西安张、杨是主体，南京宋、宋是客体，中共是处于第三方的调停者。但在谈判前，由于中共代表团做了充分的文件准备，所以在 23 日上午谈判一开始，首先由周恩来提出中共和红军的六项主张，张、杨表示同意。这样，周恩来反倒由调停者的角色变为谈判的主体。用张学良的话说，是"事实上的主谋"。应当说，这个角色替换，首先是事前文件准备充分，入情入理，不仅张、杨，而且南京方面也无懈可击。

第二，坚持原则的坚定性和策略的灵活性。这次谈判的原则是六项主张，核心是停止内战，保证民主权利，对此，不能有丝毫的妥协和让步。关于放蒋的条件，宋子文在谈判中提出只要蒋下令撤兵，即应先放其回宁，回宁后释放政治犯。周恩来坚持先撤兵、释放政治犯后，蒋才可回宁。至于形式问题，蒋是否签字，周恩来认为没有多少实际意义。签了字，他要不承认，同样可以撕毁。即使采取了某些措施，要想变卦也容易。所以真正的保证不是别的，是全国人民要求团结抗战给予他的压力，是国际和平阵线不容许蒋投靠日本帝国主义，特别是东北军、十七路军和红军的紧密团结，蒋就不能为所欲为。所以，在这些非实质性问题上，可以灵活，可以变通。也正因为这样做了，谈判才得以举行并达到预期结果。

第三，不卑不亢，以其人格魅力征服对方。谈判第一天，本来宋美龄不出席，但她还是忍不住要同周恩来见面。面晤中宋美龄说：既然中共有诚意，就应该在政府领导下共同努力。周恩来表示，只要蒋同意抗日，中共就拥护他做全国领袖，并希望蒋从速抗日。24 日晚，周恩来在宋氏兄妹陪同下见蒋。这次见面对蒋而言非常尴尬，因为第一次国共合作的大革命时期，蒋任黄埔军校校长，周是政治部主任。"四一二"反革命政变后，蒋曾悬赏二万五千块大洋缉拿周。而 10 年之后却是在这种特殊的境况下见面，蒋能不感到苦涩！周一进屋，蒋勉强起坐，请周坐下。周落落大方，语气平和："蒋先生，我们有十年没见面了，你显得比从前苍老些。"蒋叹口气说："恩来，你是我的部下，你应该听我的话。"答："只要蒋先生能够改变'攘外必先安内'的政策，停止内战，一致抗日，不但我个人可以听蒋先生的话，就连我们红军也可以听蒋先生的指挥。"接着，周恩来反问蒋为什么不肯停止内战，宋美龄赶紧打圆场，以后不"剿共"了。并说："你们本是同校故交，今日见面要互相见谅。此次委员长在西安出事，多亏周先生千里迢迢来斡旋，实在感激得很。"周恩来以他不卑不亢的特有气质和开诚坦荡、落落大方的举止，又使蒋在这次谈话中，亲口作了三点表示：（一）停止"剿共"，联红抗日。（二）由宋子文等全权代表他同周谈判，解决一切问题。（三）回宁后，周可以直接去谈判。① 难怪一位外国朋友评价周恩来："具有一种特有的魅力，他能够把他认识和接触的各种各样的人，甚至包括他的敌人，吸引到他的周围"。②

　　总之，和平解决西安事变的谈判，是周恩来谈判生涯中最光辉、最耀人的亮点之一。

五　临危沉着不惊，果敢制止东北军少壮派制造事端

　　蒋介石答应和平解决事变的六项条件，放蒋的原则有了，但如何放蒋、何时放蒋、放蒋以后怎么办？这些问题都应由张、杨和中共三方进一步协商。张学良从善良的愿望出发，于25日擅自决定送蒋返宁。但不幸的事还是发生了。蒋获释后，立即采取了报复行动。飞抵洛阳后，即命令张学良让杨虎城释放陈诚、卫立煌等。27日，他在南京发表《对张杨的训词》，说西安事变是张、杨受了"反动派之煽惑"。29日，国民党中常会通过决议，将张学良"交军事委员会依法办理"。从此，张学良遭数十年的软禁。与此同时，蒋又下令将杨虎城和甘肃省政府主席于学忠撤职，委顾祝同为军事委员会西安行营主任，调集37个师向西安推进。

　　在南京如此暴横面前，西安方面不能示弱退让，而需在政治上表明严正立场，在军事上作出有力部署。周恩来同杨虎城等东北军、十七路军高级将领协商，由杨虎城领衔发出措辞强硬的电报，抗议蒋介石扣押张学良和重新挑起内战的阴谋。周恩来电请中央批准，调一部分红军主力向关中开进；1937年1月10日、11日，他又分别致信张学良、蒋介石，再三表

　　① 温乐群、陈答才、江英：《谈判大师周恩来》，河北人民出版社1996年版，第38页。
　　② 转引自《我们的周总理》，中央文献出版社1990年版，第208页。

明反对亲日派挑起内战、分裂中国的阴谋。

然而，张学良被扣后，东北军和十七路军实际陷于群龙无首的混乱状态。杨虎城虽受张学良委托，名义上可以指挥东北军，但十七路军的力量较东北军小，东北军高级将领中又没有人能帮助他控制局面，这使杨虎城十分为难。而共产党是张、杨请来的客人，不便干涉友军内部事务，只能处在建议和赞助的地位。恰在这时，围绕营救张学良这一要务，东北军内部少壮派和元老派的矛盾日益尖锐。

张学良离开西安时虽指定 51 军军长于学忠统领东北军，但于学忠不是东北军的嫡系，又远在兰州，无法起到这种作用，实际上由 67 军军长王以哲和 57 军军长何柱国在西安主持，他们被称为元老派。东北军内还有一个以卫队团团长孙铭久、政治处处长应德田、抗日同志会负责人苗剑秋为首的少壮派。少壮派都是中下级军官和政治工作人员，强烈要求抗日，对张学良有深厚的感情。张学良在时，少壮派获得张学良的信任，通过向张学良提建议，来影响东北军。张学良不在，元老派不把少壮派放在眼里。新老两派之间，一向对问题的看法存在分歧，而在营救张学良的问题上，元老派主张通过和平谈判营救，少壮派主张必须释放张学良，否则与南京决一死战。东北军内部的矛盾也影响到了十七路军，亦出现和战分歧。

面对如此尖锐复杂和险象丛生的形势，1 月 27 日，周恩来邀集少壮派谈话。少壮派很坚决，只有张学良回来才能撤兵。周恩来说，那样有引起战争的危险，并动情地说："共产党与蒋介石的血海深仇，我们永远不会忘记。共产党与东北军和张副司令的血肉联系，我们也永远不会忘怀。凡对张副司令有好处的事，我们一定尽力而为。但现在这样坚持，一旦引起战争，不但张副司令回不来，而且容易造成更加混乱的局面，对国家前途，对团结抗日前途，对东北军前途，对副司令前途，都没有好处。"[①]周恩来在苦口婆心劝解的同时，也表示了对他们道义上的支持和军事配合上的承诺。事后，曾专程到云阳镇红军司令部同彭德怀等研究红军协同东北军作战问题。29 日，东北军团以上军官在渭南举行军事会议。王以哲因病缺席，虽何柱国主和，但少壮派反对，会议作出决议，在张副司令回来之前，坚决不撤兵。中央军如再进军，不惜决一死战。

---

① 温乐群、陈答才、江英：《谈判大师周恩来》，河北人民出版社 1996 年版，第 47 页。

　　王以哲、何柱国不愿执行渭南会议决议，遂接于学忠来西安，举行东北军、十七路军、红军三方面最高军事会议。参加会议的有杨虎城、于学忠、王以哲、何柱国和周恩来。会上，于学忠首先发言主和，王以哲、何柱国表示同意，杨虎城本来主战，鉴于东北军三个高级将领一致主和，也同意。杨虎城问周恩来意见。周恩来说，我们一直主张和平解决，以后东北军和十七路军有许多人坚决主战，为巩固"三位一体"的团结，只要你们两方一致主战，我们可以保留和平解决的主张，全力支持你们打一仗。现在你们两方一致主和，我们当然是赞同的。

　　会议结果，出乎少壮派的意料。他们认为，王以哲、何柱国主和，是投降南京，出卖东北军和张学良。2 月 2 日晨，少壮派派人闯入王以哲家，枪杀王以哲，造成"二二"事件。接着，几个青年军官又气势汹汹地冲进周恩来的办公室。周恩来立刻明白了他们的来意，厉声斥责："你们要干什么？你们以为这样干就能拯救张副司令回来吗？不，这恰恰害了张副司令！你们破坏了团结，分裂了东北军，做了蒋介石想做也做不到的事情，你们是在犯罪！"① 一席严厉痛斥，使几个青年军官头脑渐渐清醒起来，遂跪下向周恩来请罪。周恩来不顾个人安危，在刘鼎陪同下，于枪杀事件发生不到一个小时之内，赶到了王以哲家吊唁，安排布置灵堂，使王以哲的家属深受感动，也使东北军将领消除了误会（"二二"事件后，有人恶意造谣说，少壮派是受共产党指使行动的）。

　　"二二"事件，严重破坏了东北军内部的团结和"三位一体"的巩固。驻防前线的东北军调转枪口向西安进发，声言要杀孙铭久等为王以哲祭灵，一场大规模的自相残杀眼看就要发生。周恩来认为少壮派在发动西安事变中是有功的，他们错误枪杀王以哲只是想救回张学良，也不能轻易牺牲他们。于是又不避嫌疑，把他们送到三原红军驻地，从而避免了东北军的内战，为抗日民族解放战争保存了力量。

　　"二二"事件后，中共中央十分关心中共代表团的安全，致电他们在紧急时立即移至三原。但周恩来清楚，环境越危险，他越不能离开，如果撤离，刚刚建立起来的国共高层联系可能中断，红军部队就难以在关中立足，国共正式谈判也难以进行。因此，他置个人安危于度外，安排博古、叶剑英、李克农、刘鼎等和大部分工作人员转移到三原，自己仍在西安坚

---

　　①　温乐群、陈答才、江英：《谈判大师周恩来》，河北人民出版社 1996 年版，第 50 页

守。真是铁肩担道义，一身正气斗古城。周恩来从容镇定地留在西安，以他的实际行动表明了中国共产党坚持国内和平、反对内战的态度，表达了共产党和国民党第二次合作的诚意与坚决抗日的决心。

六　东奔西返历艰辛，巩固和平解决事变的成果

张学良被扣后，南京方面为进一步分化西安内部，在谈判中故意提出甲乙两种方案，让西安方面选择：甲案是中央军进驻西安，东北军和十七路军撤至陕西西部和甘肃一带，红军仍返陕北，陕西省政府主席委十七路军的人充任；乙案是中央军进驻西安，东北军移驻安徽和淮河流域，十七路军移驻甘肃，红军仍返陕北，安徽省政府主席可委东北军的人充任，甘肃省政府主席可委十七路军的人充任。①

两个方案，接受前者则东北军、十七路军和红军仍靠拢在一起，"三位一体"不致解体；接受后者，东北军东开后"三位一体"自然瓦解。这时，西安内部矛盾更加尖锐，十七路军主张接受前者；东北军元老公开表示接受前者，但暗中想接受后者；东北军少壮派则主张先救张学良回来，其他一概不论。周恩来根据和平解决事变的方针向杨虎城提出三点建议，中心是由杨虎城派人去奉化见蒋，对乙案坚决拒绝，对甲案可基本接受，但中央军全部退出甘肃，在西安保留东北军和十七路军一部。经过1月下旬李志刚两次赴奉化见蒋，至 30 日西安方面和南京方面在潼关大体商谈就绪，决定采取甲案。

令人痛心的是，"二二"事件的鲁莽行为，不仅造成东北军的内部分裂，而且严重削弱了西安方面谈判和营救张学良的实力和地位。东北军人心涣散，最终高级军事会议决定全军东开。十七路军也被迫撤离西安，全部开到三原。2 月 8 日，中央军一个师进驻西安。

9 日，顾祝同到西安，蒋介石委他任国民党方面在西安的谈判代表，以后又增加张冲、贺衷寒参加。中共方面以留在西安的周恩来为谈判代表，后来叶剑英也参加。国共两党的西安谈判就这样开始了。

顾祝同到西安的当天，周恩来就同他会谈。11 日、12 日，继续会谈，周恩来陈述了中共对一些基本问题的意见。顾祝同再次表示同意红军在西

---

① 《西安事变档案史料选编》，档案出版社 1986 年 11 月版，第 4 页。

安设办事处，保证不迫害民众团体。双方就共产党在适当的时候公开、苏区政府改为中华民国特区政府、红军改编为国民革命军、扩大民主、分期释放在狱的共产党员等问题达成了初步协议。

15 日，国民党举行五届三中全会。为推动国民党真正走向全面抗战，会前，中共曾致电国民党三中全会，提出著名的"五项要求和四点保证"。会议虽没有制定出明确的抗日方针，但在国内改革上确认了和平统一、修改选举法、扩大民主、开放言论、释放政治犯等原则。这样，在国共合作的道路上总算前进了一步。

然而，前进道路上总是充满荆棘。26 日，张冲参加完国民党五届三中全会回到西安。说临行蒋介石曾对他说：共产党等宪法公布后再公开，特区恐怕中央的法令不能容；红军可以改编为三师九团，不能再加。周恩来对此表示遗憾，并就红军改编的具体问题继续同他商谈。经过反复协商，双方意见逐渐接近。3 月 8 日，周恩来、叶剑英和顾祝同、张冲、贺衷寒会谈。彼此认为许多意见大体一致，决定将一个月来的谈判作一个总结，由周恩来写成条文，当晚电告蒋介石做最后决定。可是，周恩来将他起草的"三八协议"草案提交顾祝同后，两天没有消息。11 日，突然由贺衷寒提出一个意在"把红军和苏区完全置于南京当局直接控制之下"的草案，限定红军改编后只能有 3 万人，要服从南京军事委员会和蒋介石的"一切命令"。[①] 当晚，周恩来约见张冲，指出由于贺衷寒节外生枝，一切都有根本动摇的可能。事情到此，周恩来认为：这些问题已经不是西安的国民党谈判人员能解决得了的，需要同蒋介石直接谈判。中共中央书记处同意周恩来的意见，由他向国民党方面"申明西安无可再谈，要求见蒋解决"[②]。

3 月下旬，周恩来飞抵上海。先同宋美龄会晤，将谈判书面交宋请她转蒋。宋表示中共可以合法存在。周恩来在上海还与宋子文、蒋鼎文等会晤。接着，在潘汉年陪同下飞抵杭州，直接同蒋介石会谈。会谈中，周恩来严正声明：中共为国家民族利益计，与蒋及国民党合作，但不能忍受"投降""改编"之诬蔑。提出红军编为三个师，每个师 15000 人，共

45000 人；三个师上设某路军指挥部；陕甘宁边区须成为整个行政区，不能分割，国民党不能派政训人员和辅佐；红军增加防地；等等。

在大敌当前、人民强烈要求抗日、周恩来据理斗争的形势下，蒋介石不得不承认国共分裂十年造成军阀割据和帝国主义入侵的局面。他说："你们不必提和国民党合作，只是与我合作。"蒋表示，边区、红军改编都是小事，只要拥护他为领袖，一切好办。至于合作的形式他一时也拿不出具体方案。

蒋之所以提出与他个人合作是因为他对于没能消灭红军和共产党一直耿耿于怀，现在要承认共产党与国民党的平等地位，进行对等谈判，心里很不是滋味。周恩来机制而巧妙地处理了这件事，马上提出国共合作的形式可采取共同纲领的方法。蒋介石无奈地说，那就赶快回延安去，商量合作的纲领问题。这样，中国共产党再次掌握了谈判的主动权。

3 月 30 日，周恩来携带同蒋介石联系的密码飞回西安。当晚，又同顾祝同谈判，就接济红军给养等问题达成协议。4 月初回到延安，国共合作的局面初步形成。

综上可以看出，作为历史转折点的西安事变已经载入中华民族解放运动的史册。周恩来身系民族安危，奔赴西安，以他机智、果敢的雄才大略，尽调停者之责任，历尽艰辛，苦撑危局，终于促成了西安事变的和平解决和善后事宜的妥当处置，对中华民族解放事业作出了不可磨灭的贡献。

（刊于《陕西师范大学学报》（哲学社会科学版）2007 年第 2 期）

论周恩来精神的当代价值

　　周恩来精神是以周恩来为代表的中国共产党人在长期执政的历史条件下形成的以为人民服务为价值核心的马克思主义政治道德品质。周恩来精神完美地实现了共产主义远大理想同脚踏实地的工作作风的结合、对上负责同对下负责的结合、高度原则性同高度灵活性的结合①，这"三个结合"既体现着无产阶级革命精神的一般要求，又传承着中华民族的一切优秀品质和美德，对于当代中国共产党的先进性建设和"以人为本"科学发展观的实践具有极其重要的价值。

一　立党为公、执政为民：周恩来精神的当代道德价值

　　马克思、恩格斯在《共产党宣言》中指出，共产党人"没有任何同整个无产阶级的利益不同的利益"②。马克思、恩格斯所指出的共产党人的这一特点在中国共产党的历史进程中被凝结为一种道德精神，即为党为民、鞠躬尽瘁、顾全大局、任劳任怨、无私奉献的周恩来精神。

　　新中国成立后，周恩来始终把立党为公、执政为民作为自己的执政理念和根本宗旨。1949 年 12 月，他就以政府总理身份郑重宣布："生产是我们新中国的基本任务。"③ 之所以必须如此，是因为"增加生产对于我们全体人民，对于我们国家，是具有决定意义的。只有生产不断地增加，不断地扩大，才能逐步地克服我们人民的贫困，才能巩固我们革命的胜

---

　　① 　江泽民：《在周恩来同志诞辰 100 周年纪念大会上的讲话》，《人民日报》1998 年 2 月 24 日。

　　② 《共产党宣言》，人民出版社 1997 年版，第 40 页。

　　③ 《周恩来经济文选》，中央文献出版社 1992 年版，第 24 页。

利，才能有我们将来的幸福"。① 1954 年 9 月，在一届人大《政府工作报告》中，周恩来更明确地指出："我们的一切工作都是为了人民的。我们的经济工作和财政工作直接地或者间接地都是为着人民的物质生活和文化生活的改善。""逐步改善人民的物质生活和文化生活，是我们的经常性和根本性的任务。"② 在 26 年 3 个月的总理任期内，周恩来一直坚守这一执政理念和根本宗旨，其突出表现是忘我工作、无私奉献。

1981 年，中共中央《关于建国以来若干历史问题的决议》在评价周恩来时说："周恩来同志对党和人民无限忠诚，鞠躬尽瘁。他在'文化大革命'中处于非常困难的地位。他顾全大局，任劳任怨，为继续进行党和国家的正常工作，为尽量减少'文化大革命'所造成的损失，为保护大批的党内外干部，作了坚持不懈的努力，费尽了心血。"③ 邓小平在评价周恩来时也说："周总理是一生勤勤恳恳任劳任怨工作的人。他一天工作的时间总超过十二小时，有时在十六小时以上，一生如此。"④ "为党为民、任劳任怨、勤勤恳恳、无私奉献"，是党对周恩来的准确评价。这种评价既是对周恩来作为一个具体历史人物的"盖棺论定"，也是对周恩来背后的精神世界和道德境界的挖掘。应该说，后者的意义远远超过了前者。胡锦涛在评价周恩来时说："周恩来同志一生心底无私，严于律己，廉洁奉公，是共产党人立党为公、执政为民的典范。"⑤ 可见，周恩来精神所彰显出的是一种强烈的道德价值力量。党执政的时间越长，越是深刻地认识到立党为公、执政为民是执政的中国共产党的道德生命线。

1990 年 3 月，在东欧已经巨变、苏联即将解体的背景下，党的十三届六中全会通过的《中共中央关于加强党同人民群众联系的决定》清醒地指出："我们党执政以后，有了更多更好的为人民服务的条件。由于地位的变化，现在又实行改革开放，发展商品经济，如果不能正确地运用权力，如果不能自觉抵制资产阶级和其他剥削阶级腐朽思想的侵蚀，就会滋

---

① 《周恩来选集》下卷，人民出版社 1984 年版，第 144 页。

② 同上书，第 142、144 页。

③ 《中国共产党中央委员会关于建国以来党的若干历史问题的决议》，人民出版社 1981 年版，第 27—28 页。

④ 《邓小平文选》第 2 卷，人民出版社 1994 年版，第 348 页。

⑤ 胡锦涛：《在纪念周恩来同志诞辰 110 周年座谈会上的讲话》，《人民日报》2008 年 3 月 1 日。

长脱离群众的危险。"① 党的十六大以来，以胡锦涛为总书记的党中央创造性地提出党的先进性建设，并把立党为公、执政为民上升到执政理念的高度。十六届四中全会通过的《中共中央关于加强党的执政能力建设的决定》，总结了 55 年来党执政的六条经验，其中第四条就是"必须坚持立党为公、执政为民，始终保持党与人民群众的血肉联系"。② 党的十七大指出，必须要把党的执政能力建设和先进性建设作为主线，使党"成为立党为公、执政为民，求真务实、改革创新，艰苦奋斗、清正廉洁，富有活力、团结和谐的马克思主义执政党"。③ 把立党为公、执政为民上升到党的先进性建设的核心内涵和党的执政理念的高度是在新的历史条件下对周恩来精神道德价值的挖掘、继承和发展。

二　以民为本、关注民生：周恩来精神的当代政治价值

青年时代，周恩来就视人民"为国家之主人"，认为"共和国之主权在全体国民"④。新中国成立后，周恩来为民、亲民、爱民的理念一以贯之。他把人民的生命安危、温饱冷暖时时刻刻挂在心头，萦绕于怀。1963年 5 月 29 日，周恩来在中共中央和国务院直属机关负责干部会议上指出，党的干部要"以人民的疾苦为忧，以世界的前途为念。这样，我们的政治责任感就会加强，精神境界就会高尚"。⑤ 这是周恩来对党的干部的要求，他自己更是这方面的典范和化身。

周恩来精神是以民为本、关注民生的马克思主义执政党政治品质的具体表现，对于当代中国的发展具有重要的政治价值。首先，周恩来精神中的民本理论和实践为"以人为本"的科学发展观的形成提供了重要的实践依据和理论基础。党的十七大报告第一次把以改善民生为重点的社会建设作为一个独立的问题提了出来，指出："必须在经济发展的基础上，更加注重社会建设，着力保障和改善民生"，"努力使全体人民学有所教、

---

① 中共中央文献研究室：《十三大以来》（中），人民出版社 1991 年版，第 928—929 页。

② 《十六大以来重要文献选编》（中），中央文献出版社 2006 年版，第 274 页。

③ 胡锦涛：《高举中国特色社会主义伟大旗帜，为夺取全面建设小康社会新胜利而奋斗》，人民出版社 2007 年版，第 50 页。

④ 《周恩来年谱（1898—1949）》，中央文献出版社 1998 年版，第 22 页。

⑤ 《周恩来选集》下卷，人民出版社 1984 年版，第 427 页。

劳有所得、病有所医、老有所养、住有所居，推动和谐社会建设"。① 这样一种社会正是周恩来一生为之追求的，一定意义上说，这是周恩来精神的政治价值在当代中国社会发展进程中的政治凸显。其次，周恩来的民本风范为各级领导干部全面贯彻落实科学发展观、坚持"以人为本"，立了一根标杆，"集中体现了中国共产党人的高风亮节，在中国人民心中矗立起一座不朽的丰碑"。② 党的十六大以来，胡锦涛总书记、温家宝总理亲民、爱民的作风深得人民的爱戴，受到国际舆论的称赞。应当说，这是中央带头对周恩来精神的弘扬和践行。

三 实事求是、开拓创新：周恩来精神的当代文化价值

实事求是、开拓创新是马克思主义理论的本质要求，是党的思想路线的核心内容，同时也是周恩来精神内在的理论支撑和文化价值。

周恩来一生都注重实践、倡导开拓创新的精神。早在旅日期间的1918 年 2 月 11 日，周恩来就在日记中写道："我平生最烦恶的是平常人立了志向不去实行"，接着就写下了他在新的一年的奋斗目标和行事准则："第一，想要想比现在还新的思想；第二，做要做现在最新的事情；第三，学要学离现在最新的学问。思想要自由，做事要实在，学问要真切。"对这三条的重要性他还在旁作注："有如三宝。"③ 1943 年，周恩来在《怎样做一个好的领导者》的报告中强调"要有学习的精神"，"要估计环境及其变动，并找出此地此时的特点"。④ 而要在工作中做到开拓创新，必须要立足于实事求是，"是则是，非则非"。⑤ 正是由于长期重视实事求是，新中国成立后面对"冒进""大跃进"及"文化大革命"等曲折、偏差和全局性错误，周恩来能始终如一地坚持实事求是的原则并与之

---

① 胡锦涛：《高举中国特色社会主义伟大旗帜，为夺取全面建设小康社会新胜利而奋斗》，人民出版社 2007 年版，第 37 页。

② 胡锦涛：《在纪念周恩来同志诞辰 110 周年座谈会上的讲话》，《人民日报》2008 年 3 月 1 日。

③ 《周恩来早期文集》上卷，中央文献出版社、南开大学出版社 1998 年版，第 331—332 页。

④ 《周恩来选集》上卷，人民出版社 1980 年版，第 128—129 页。

⑤ 同上书，第 342 页。

进行力所能及的斗争。

胡锦涛在评价周恩来时指出："周恩来同志始终实事求是、严谨细致，集中表现为他求真务实的精神。周恩来同志坚持解放思想、实事求是，坚持理论联系实际，坚持用科学的世界观和方法论指导实际工作。"① 胡锦涛所说的这"三个坚持"鲜明地概括出了周恩来精神的科学性和实践性，也反映出注重实践、实事求是、开拓创新作为周恩来精神的重要内容对于当代中国的发展所具有的重要理论价值。党的十七大郑重向全党指出："要加倍珍惜、长期坚持和不断发展党历经艰险开创的中国特色社会主义道路和中国特色社会主义理论体系，坚持解放思想、实事求是、与时俱进、勇于改革、勇于创新、永不僵化、永不停滞，不为任何风险所惧，不被任何干扰所惑，使中国特色社会主义道路越走越宽广，让当代马克思主义放射出更加灿烂的真理光辉。"② 一定意义上说，这折射出了在新的历史和新的理论高度上对注重实践、实事求是和开拓创新的周恩来精神的承接，或者说，体现出了一种新时期的周恩来精神。

我还以为，实事求是、开拓创新也是中国文化瑰宝中的精髓所在。"修学好古，实事求是"出自《汉书·河间献王传》，唐代学者颜师古把"实事求是"注释为"务得事实，每求真是也"。而《周易》上的"与时偕行"、《韩非子》上的"与时迁移"，都是讲与时俱进、开拓创新的意思。显而易见，周恩来的实事求是、开拓创新精神又是对中华传统文化的发扬、继承和升华。加之文化有广义与狭义之分，前者指人类在社会发展的历史长河中所创造的物质文明和精神文明的总和，后者指与政治、经济等并列的，即有关人类社会生活的思想理论、道德风尚、文学艺术、教育和科技等方面的内容。那么周恩来实事求是、开拓创新的精神既是马克思主义理论的内在本质所然，也具有重大的文化意义。十七大提出推动社会主义文化大发展大繁荣，首要任务当然是"建设社会主义核心价值体系，增强社会主义意识形态的吸引力和凝聚力"，但同时也提出了"弘扬中华文化，建设中华民族共有精神家园"的任务，强调"中华文化是中华民族生生不息、团结奋进的不竭动力。要全面认识祖国传统文化，取其精

---

① 胡锦涛：《在纪念周恩来同志诞辰 110 周年座谈会上的讲话》，《人民日报》2008 年 3 月 1 日。

② 胡锦涛：《高举中国特色社会主义伟大旗帜，为夺取全面建设小康社会新胜利而奋斗》，人民出版社 2007 年版，第 12 页。

华，去其糟粕，使之与当代社会相适应，与现代文明相协调，保持民族性，体现时代性"。① 这样，周恩来实事求是、开拓创新的精神就不仅为中国革命、建设事业作出了杰出的理论指导和实践推动贡献，而且在把中华传统文化与现代文明相适应、相协调并体现时代性方面作出了独特贡献。这难道不是周恩来精神的当代文化价值所在吗?!

总之，周恩来精神中的立党为公、执政为民的道德价值源于其以民为本、关注民生的政治价值，而这一政治价值又源于其实事求是、开拓创新的马克思主义的理论和文化价值，这三重价值的内在统一正是周恩来精神的力量和魅力所在。

中国共产党的事业永无止境，周恩来精神的价值愈益珍贵。

(刊于《陕西师范大学学报》2008 年第 3 期，收入本书的是原文的节录，目的在于避免同其他文章的资料重复)

---

① 胡锦涛：《高举中国特色社会主义伟大旗帜，为夺取全面建设小康社会新胜利而奋斗》，人民出版社 2007 年版，第 33—35 页。

论周恩来对中国现代化理论与实践的贡献

中国共产党 90 年的奋斗历程，也是为中国现代化不懈奋斗的历程。本文仅就中国共产党的杰出代表周恩来对中国现代化的理论与实践贡献作一梳理，以示纪念党成立 90 周年。周恩来作为新中国经济建设的直接领导者，他为中国规划设计的经济发展目标是"四个现代化"。无疑，如同一切思想都有其发展和深化的过程一样，"四个现代化"战略目标的形成和确定，经历了五分之一世纪还多的时间，曾有过几种提法，逐步走向科学化、规范化，这是周恩来对中国现代化事业作出的杰出贡献。

一 从"工业化"到"建设现代化工业国"的号召

当代所有发达国家都是高度工业化的国家，而当代不发达国家几乎都是工业落后的国家。这一历史事实自然使人们把经济发展与工业化联系起来。什么叫工业化？它的英文是 Industrialization，在经济文献中有各种不同的解释，但观点比较一致的是：工业化是一个长期的、不断变化的过程；工业化意味着经济结构的变化，一般来说，这种变化体现在对落后的农业部门的改造和先进的工业部门的形成和发展。第二次世界大战结束前后，工业化成为发展中国家追求和奋斗的首要目标，正如一位学者指出的："在全世界，工业化实际上已成为世纪中叶一个使人着魔的字眼。"[①]

还没有执政的中国共产党人正是在这个时期提出了实现中国工业化的口号，开始筹划将来新中国经济发展的战略目标。

1944 年，是中国抗日民族解放战争胜利的前夜。5 月 22 日，毛泽东

---

① ［美］布赖斯（M. D. Bryce）：《工业发展》（英文版），（纽约）麦格劳山图书公司 1960 年版，第 3 页。

在中共中央办公厅为陕甘宁边区工厂厂长及职工代表会议举行的招待会上讲话时就明确提出："要打倒日本帝国主义，必须有工业；要中国的民族独立有巩固的保障，就必须工业化。我们共产党是要努力于中国的工业化的。"① 时隔不到一年，1945 年 4 月，他在党的七大作《论联合政府》的报告。报告中说："为着打败日本侵略者和建设新中国，必须发展工业。""在新民主主义的政治条件获得之后，中国人民及其政府必须采取切实的步骤，在若干年内逐步地建立重工业和轻工业，使中国由农业国变为工业国。"报告还提出："中国工人阶级的任务，不但是为着建立新民主主义的国家而斗争，而且是为着中国的工业化和农业近代化而斗争。"② 这是中国共产党人第一次以党的文献形式提出中国工业化的问题。此后，周恩来在多种场合多次重申和强调这一问题。1946 年 1 月 31 日，他和美国驻华特使马歇尔会谈时表明：我们"要使中国能进行农业改革、工业化，从而建成一个独立自由富强的国家"。③ 1949 年 6 月，周恩来主持起草并得到全国政协一届一次会议通过的《共同纲领》规定：中国要"发展新民主主义的人民经济，稳步地变农业国为工业国"④。这就不只是党的一般号召，而是以国家临时大法的形式，确定了经济发展的战略目标。

1949 年 10 月，中华人民共和国成立，中国共产党人接手的是国民党遗留下来的一个"破烂摊子"：百业凋零，处处废墟，通货膨胀，物价猛涨。国内外的敌对势力都预言，中国共产党虽然取得了战争的胜利，但在经济上必遭失败。然而，历史的发展再次不以反动势力的意志为转移，中国共产党领导下的新政权，以最大的决心和最有力的措施，抑制了通货膨胀，稳住了物价，克服了种种困难，仅用三年时间就完成了国民经济恢复的任务。正是在恢复时期的最后一年，周恩来主持起草《中国经济状况和五年建设的任务（草案）》，在这个草案里，提出的基本任务是"为国家工业化打下基础"⑤。

至于工业化的时间，按周恩来 1952 年 10 月的估计，"中国工业化，

---

① 《毛泽东文集》第 3 卷，人民出版社 1996 年版，第 146 页。

② 《毛泽东选集》第 3 卷，人民出版社 1991 版，第 1080、1081 页。

③ 《周恩来年谱》（1898—1949）（修订版），中央文献出版社 1998 年版，第 657—658 页。

④ 《新华月报》1949 年创刊号。

⑤ 转引自力平《周恩来与"四个现代化"的提出》，《业绩·方略·情怀》，中央文献出版社 1994 年版，第 7 页。

是十年、二十年的问题"。他强调指出："欲速则不达，必须稳步前进。"①

　　中国共产党人对工业化经济结构指标的理解，起初是以苏联的经验为借鉴。根据苏联的经验，实现国家工业化，其指标要求是工业总产值在国民经济全部产值中达到70%。斯大林1933年对苏联第一个五年计划的总结，就说工业产值在国民经济全部生产中的比重已经增长到70%，苏联已经由农业国变为工业国了。如果按照这个指标，我国达到工业化所需要的时间要不了很久。根据有关资料分析和估计，在抗日战争以前，我国现代工业产值只占国民经济总产值的10%左右。根据1953年的统计，我国使用机器的工业产值1949年约占工农业生产总值的17%，1952年是28%左右。1956年7月，周恩来会见南斯拉夫驻华大使波波维奇。在谈话中周恩来讲到：我们要实现工业化，至少必须争取使工业在整个国民经济中所占比重达到60%—70%。这个百分比大体同苏联宣布由农业国变为工业国时工业产值在国民经济中所占比重相当。

　　1953年是我国第一个五年建设计划实行的第一年。这时，周恩来已经有了三年多经济恢复和建设的实践经验。实践使他认识到，把"工业化"作为唯一的目标是不够的。这年上半年政务院财政经济委员会副主任贾拓夫在全国劳动大会上作报告，曾孤立地用过"实现社会主义工业化"的口号，周恩来看到报告后建议他作些修改，"因为这个口号在我们这个过渡时期作为唯一目标来说是不完全的，其中没有包括农业集体化及利用和改造资本主义工业"②。不久，国家计委主任高岗向中央报送了《关于编制五年计划几个问题的意见》的修改稿。修改稿上说，我国"在今后一个相当的时期内，我们的目标就是要稳步地实现社会主义的工业化"。周恩来看后指出，开头一段不如初稿写得"恰当全面"。他致信毛泽东并转高岗，还是沿用初稿的提法："在今后一个长时期内，党的基本任务就是：稳步地实现国家的工业化，有步骤地促进农业的集体化，使我们由落后的农业国变为先进的工业国，同时在发展经济的过程中不断地扩大社会主义的经济基础，以实现我国逐步地过渡到社会主义社会。"③

　　1954年9月，周恩来在一届人大一次会议上作《政府工作报告》。他

---

① 《周恩来经济文选》，中央文献出版社1993年版，第126页。

② 同上书，第133页。

③ 同上书，第134页。

在报告中满怀信心地说："我们一定可以经过几个五年计划，把中国建设成为一个强大的社会主义的现代化的工业国家。"① 周恩来在国家工业化问题上的这个新提法，其内涵显然是更加丰富了。这就是在"工业国家"的前面冠以"现代化"。这表明周恩来对新中国经济发展战略目标又有了新的认识和更高的要求。一届人大一次会议还把逐步实现社会主义工业化的目标庄严地载入新中国的第一部宪法之中，使这一战略目标法律化了。

二　从"完整的工业体系"到"独立的国民经济体系"的阐发

对经济发展战略目标的确定，也是随着建设实践和认识的发展而不断发展的。

如果以苏联关于工业化的指标体系作参照，中国在 1958 年或 1959 年就可望实现工业化。1957 年我国工农业总产值是 1241 亿元，其中工业产值 704 亿元，占 56.7%。1958 年，工农业总产值 1649 亿元，其中工业产值 1083 亿元，占 65.6%。1959 年，工农业总产值 1980 亿元，其中工业产值 1483 亿元，占 74.9%。所以，如果按照 60% 到 70% 的要求，1958年我国已经达到工业化了；如果按照苏联宣布由农业国变为工业国的百分比要求，1959 年我国也达到了。

但是，周恩来历来不把话说绝，他一向主张留有余地。他不赞成过早地宣布实现了工业化。1956 年 2 月 8 日，在国务院的会议上，他说："绝不要提出提早完成工业化的口号。"② 为什么不要过早宣布工业化呢？周恩来认为，单纯用百分比作工业化实现的标志，显得过于简单。那么，如何作出更科学的解释？

同年 9 月，周恩来在党的八大上作《关于发展国民经济的第二个五年计划的建议的报告》。在报告中，他对工业化的解释有了新的提法："我国社会主义工业化的主要要求，就是要在大约三个五年计划时期内，基本上建成一个完整的工业体系。"③ 这一点，后来写进了八大通过的

---

① 《周恩来经济文选》，中央文献出版社 1993 年版，第 181 页。

② 同上书，第 251 页。

③ 《周恩来经济文选》，中央文献出版社 1993 年版，第 288 页。

《关于发展国民经济的第二个五年计划（1958—1962）的建议》中。该建议要求，"保证我国有可能大约经过三个五年计划的时间，基本上建成一个完整的工业体系，使我国能够由落后的农业国变为先进的社会主义工业国"。① 11 月，周恩来在八届二中全会上重申了八大的方针，为了把我国由落后的农业国变为先进的社会主义工业国，我们必须在三个五年计划或者再多一点的时间内，建成一个基本上完整的工业体系。他进一步阐释说："这个方针，把过去的为社会主义工业化而奋斗的提法具体化了，提出了建设一个基本上完整的工业体系的要求。我们的工业化，就是要使自己有一个独立的完整的工业体系。"②

　　怎样才算建成完整的工业体系？周恩来是这样解释的："这样的工业体系，能够生产各种主要的机器设备和原材料，基本上满足我国扩大再生产和国民经济技术改造的需要。同时，它也能够生产各种消费品，适当地满足人民生活水平不断提高的需要。"③ 这是他初次提出"完整的工业体系"时的解释。时隔三个月，他又进一步说明："我们的工业化，就是要使自己有一个独立的完整的工业体系。""我们所说的在我国建立一个基本上完整的工业体系，主要是说：自己能够生产足够的主要的原材料；能够独立地制造机器，不仅能够制造一般的机器，还要能够制造重型机器和精密仪器，能够制造新式的保卫自己的武器，像国防方面的原子弹、导弹、远程飞机；还要有相应的化学工业、动力工业、运输业、轻工业、农业等。但是，应该指出，基本上完整并不是说一切都完全自足。"④ 可见，建成一个完整的工业体系不仅把社会主义工业化的提法具体化了，而且使社会主义工业化的内容更加充实和进一步发展了。

　　完整的工业体系是周恩来在党的八大前后，为中国人民指出的经济发展目标。

　　1959 年，周恩来又提出了"建成我国独立的经济体系"的号召。12 月 24 日，他在黑龙江省组织的厅局以上干部会议上作报告，专门阐发当时社会主义建设的四项任务，第一项任务便是更快地建成我国独立的经济体系。他在报告中指出："我们的国家很落后，比起工业发达的国家，我

---

① 《中国共产党第八次全国代表大会文献》，人民出版社 1957 年版，第 123 页。

② 《周恩来经济文选》，中央文献出版社 1993 年版，第 338 页。

③ 同上书，第 288 页。

④ 同上书，第 338、339 页。

们不仅经济上落后，而且生活水平以及科学文化水平也不高。要摆脱这种落后状态，就得很快地建成一个独立的经济体系。"什么是独立的经济体系？周恩来接着说明："这包括工业、农业、财政、贸易、文教、科学、国防等各方面。"① 周恩来在报告的第二个问题中进一步指出："我们要建立独立的经济体系，不仅表现在生产方面，而且表现在社会基础上，包括城乡、工业和农业、生产和生活、积累和消费等。独立经济体系是全面的，不只是生产指标或者生产品种的问题。"② 周恩来在报告中还以高度的历史责任感和强烈的现实紧迫感强调，我们必须努力，分秒必争，加快进行建设。他设想，如果能够在八年（也就是第三个五年计划）内，或者到1972年（就是第四个五年计划），很快地建成独立的经济体系，那么对社会主义阵营，对反对帝国主义的斗争，都是有利的。这么一个强大的国家，一旦建成独立的经济体系，战争来了，我们也就能应付了。在这里，周恩来把建成独立的经济体系同国家的独立与长治久安联系起来考虑，富有极大的战略远见。

正是在提出建立独立的国民经济体系的同时，周恩来又指出了完成战略任务的可能性与有利条件。他分析说："我们现在的条件，比俄国十月革命后列宁时期和斯大林初期的条件好得多了！我们现在建国十年的情形，比起苏联在1927年的情形大大地好了，生产指标、基本建设、科学等方面的条件都比他们当时有利。这就给我们一种可能，更快地建成一个独立的经济体系。"③

从"完整的工业体系"到"独立的经济体系"的阐发，是周恩来在国家建设的实践中对工业化标准认识上的深化，也是对我们国家和民族在相当长时期内奋斗目标上认识的深化。

值得指出的是，如同一切认识的深化都可能有个反复过程一样，周恩来对"完整的工业体系"和"独立的经济体系"的阐发也有过反复，甚至在时间跨度上有过交替阐发。比如，尽管1959年他全面阐发了"建立独立的经济体系"，但1961年他在二届人大常委会第37次扩大会议上作《关于国内外形势和当前任务的报告》时，再次沿用了要建立一个独立的

---

① 《周恩来经济文选》，中央文献出版社1993年版，第403页。

② 同上书，第405页。

③ 同上书，第404页。

工业体系的表述。他说："建立独立的工业体系，我们提了多年，现在我们必须有一个新的认识，就是六十年代的工业体系。"① 接着他说，我们这样一个大国需要一个独立的工业体系，这是大家都承认的，但是到底是什么内容、什么范围、什么水平？比如说，我们现在有 1800 万吨钢，从数量上说，苏联在第二次世界大战以前也是 1800 万吨，德国希特勒时代也不过是这样的数目，日本发动侵略战争时只有几百万吨钢。可是，那是 20 世纪 30 年代、40 年代的工业水平，现在是 60 年代的工业水平了，是原子、电子、喷气这样的水平了。这样的工业水平，品种也多了，质量也高了，规格也严了，技术也复杂了。因此，我们所要求的独立的工业体系，就比以前更加先进。时代不同了，我们不能满足于照抄老的。周恩来强调："在数量上达到一定的水平时，必须转向质量，求质量、求品种、求规格、求技术的跃进。不这样，我们就不能成为一个有独立的工业体系的国家。"②

那么，到了 1963 年 8 月，在讨论《关于工业发展问题（初稿）》时，周恩来发表讲话，集中阐述国民经济发展的方针和目标，再次以"独立的国民经济体系"作为发展经济的战略目标，就是说，这个目标又回到 1959 年的表述上来了。他说，根据发展国民经济的方针，"经过 1963 年至 1965 年过渡和 1966 年至 1975 年十年规划，基本建立一个独立的国民经济体系。国民经济体系不仅包括工业，而且包括农业、商业、科学技术、文化教育、国防各方面"。他强调说明："工业国的提法不完全，提建立独立的国民经济体系比只提建立独立的工业体系更完整。"③ 他还以苏联"光提工业化，把农业丢了"的教训，提醒要引起我们的注意。

正是在这次讲话中，周恩来对建立一个独立的国民经济体系的指标体系作了初步而具体的设想。这就是经过 13 年，到 1975 年的奋斗目标是：粮食产量达到 5500 亿斤，那时人口将有 8.5 亿人，每人平均有原粮 650 斤。棉花产量达到 4000 万担，加化学纤维 25 万吨，每人平均有布 16 尺。钢产量达到 2800 万—3000 万吨，才可以初步满足国民经济的需要。煤炭产量达到 4 亿吨，石油产量达到 3000 万吨，才可以开始改变我国燃料首

① 《周恩来经济文选》，中央文献出版社 1993 年版，第 425 页。

② 同上。

③ 同上书，第 519 页。

先是改变化工原料的构成。再加以在木材、有色金属和稀有金属、各种钢材、化肥、酸碱、机床、发电量上达到相应的产量，铁路运输里程达到5.5万公里左右。在轻工业产品和各种运输量上，在国防工业和尖端技术上，也有相应的增长和相当的发展。

周恩来说："这样，就可以说基本上建成独立的国民经济体系了。"①

至此，关于建立国民经济体系的发展目标，不仅在命题上确立了，而且指标体系也具体化了，表明这一设想比起"工业化"、比起"独立的工业体系"在内容上都更加完整了，提法上也更加科学了。如果按周恩来规划的这一具体而鼓舞人心的发展目标扎扎实实地干下去，我们的建设步伐必将大大加快，综合国力必将大大提高，人民生活也必将大大改善。但是，后来由于林彪和江青两个反革命集团的破坏，非但未能实现周恩来设想的发展目标，相反，国民经济被他们破坏到了崩溃的边缘。1973年周恩来曾说："林彪一伙一直破坏到'九一三'，影响到1973年，恶果逐步暴露出来了。"他要求把林彪一伙破坏经济的情况编个材料，供大家批判。"一定要批透。把破坏性的后果消除掉。"②但事实是，1973年以后，江青一伙为了实现他们"组阁"的野心，把经济破坏得更加严重。

林彪、江青一伙对国民经济的破坏令人愤慨，使国家元气大伤，但这两个反面教员却使中国人民认识到周恩来所规划的国民经济发展目标是多么的珍贵！

三　从"四化"概念的提出到完整表述

当新中国历史进入改革开放的新时期，作为总设计师的邓小平多次阐明"我们党在现阶段的政治路线，概括地说，就是一心一意地搞四个现代化"。并强调"这件事情，任何时候都不要受干扰，必须坚定不移地、一心一意地干下去"。③把"四个现代化"这一目标上升到党的政治路线的高度，足见经济发展战略目标的制定绝不是可有可无的问题，而是"最大的政治"，是一切工作中压倒一切的"中心"。

---

① 《周恩来经济文选》，中央文献出版社1993年版，第520页。

② 同上书，第638页。

③ 《邓小平文选》第2卷，人民出版社1994年版，第276页。

　　然而，从"四个现代化"这个概念的最早提出到对它内容的丰富、对它完整而科学的表述，都是周恩来完成的。大致可分这么几个阶段。

　　第一阶段，20 世纪 50 年代中期最早提出了"四个现代化"的概念。

　　前面提到，当我国第一个五年建设计划刚实行不久，在工作实践中，周恩来已初步认识到仅仅把"工业化"作为唯一的目标是不够的。1953 年 9 月 8 日，他在一届政协第 49 次常委扩大会议上作报告时强调"重工业是国家工业化的基础"。"因此，不能不首先集中主要力量来发展重工业。"① 但是，时过半月不到，他在党的全国组织工作会议上作政治报告时，一方面继续强调"我们要首先集中主要力量来发展重工业"，另一方面他又说明：集中主要力量发展重工业，不是说把一切力量都摆在重工业上，其他都不搞了，农业不发展了，轻工业也不发展了。他尖锐地指出："那是不行的，因为只有重工业还不能满足人民的需要。广大人民不仅需要重工业的生产资料，而且还需要一些轻工业的生产资料。因此，国家对工业（又分重工业和轻工业）、农业、交通运输的投资比例要恰当。"② 这时，周恩来针对苏联当年一味发展重工业而造成的消极影响，认识到国民经济的发展必须是全面的协调发展。他说，"要使各方面都能全面地有配合地向前发展，才能保证我们计划建设的胜利。"③ 他还说："交通运输是建设中的一种先行部门，不发展交通运输业，工业也就无法有大的发展"；"必须相应地发展农业"，"要逐步改善人民生活，则必须随时注意粮食问题，不能忽视"；"国防工业是要在重工业基础上发展的"。④ 上述这些思想观点是周恩来在专门阐述过渡时期总路线问题时讲的。他的这些思想为中央所接受，时隔三个月，中共中央批准中宣部《为动员一切力量把我国建设成为一个伟大的社会主义国家而斗争——关于党在过渡时期总路线的宣传提纲》中，专门写了一段阐述工业化和各方面关系的话："在革命胜利后，我们党和全国人民的基本任务就是要改变国家的这种经济状况，在经济上由落后的贫穷的农业国，变为富强的社会主义的工业国家。这就需要实现国家的社会主义工业化，使我国有强大的重工业可以自己制造各种必要的工业装备，使现代化工业能够完全领导整个国民经济而

---

　　① 《周恩来经济文选》，中央文献出版社 1993 年版，第 141 页。

　　② 同上书，第 159 页。

　　③ 同上书，第 143 页。

　　④ 同上书，第 143、142 页。

在工农业生产总量中占据绝对优势，使社会主义工业成为我国唯一的工业。实现国家的社会主义工业化，就可以促进农业和交通运输的现代化，就可以建立和巩固现代化的国防，就可以保证逐步完成非社会主义经济成分的改造。"① 事实上，中宣部这个宣传提纲便成为"四化"的雏形。

1954 年 9 月，周恩来第一次明确提出了"四个现代化"的概念。9 月 15 日至 28 日，中华人民共和国第一届全国人民代表大会第一次会议胜利召开。23 日，周恩来在大会上作政府工作报告。他在报告的国内工作部分首次指出，我国伟大的人民革命的目的，是从帝国主义、封建主义和官僚资本主义的压迫下面，最后也从资本主义的束缚和小生产的限制下面，解放我国的生产力，使我国国民经济能够沿着社会主义的道路得到有计划的迅速的发展，以便提高人民的物质生活和文化生活水平，并且巩固我们国家的独立和安全。接着他强调："我国的经济原来是很落后的。如果我们不建设起强大的现代化的工业、现代化的农业、现代化的交通运输业和现代化的国防，我们就不能摆脱落后和贫困，我们的革命就不能达到目的。"② 周恩来关于"四化"的首次提出，不仅是中国共产党人在新中国创造的一个全新概念，而且在中国历史上也是第一次；"四个现代化"不仅仅作为一个新名词的形成而新奇，更重要的是其内涵极其丰富，即要把一个贫穷落后的中国载入一个繁荣、昌盛、文明的强国之林。当然，此时周恩来提出"四个现代化"，还没有明确地把它作为战略目标。正因为"四个现代化"是一个全新的概念，是极其鼓舞人心的伟大的事业，所以这个提法很快被全党所接受。两年后，党的八大通过的党章，在总纲中也庄严而明确地写道："中国共产党的任务，就是有计划地发展国民经济，尽可能迅速地实现国家工业化，有系统有步骤地进行国民经济的技术改造，使中国具有强大的现代化的工业、现代化的农业、现代化的交通运输业和现代化的国防。"③ 然而，当时的战略目标仍然是"我们一定可以经过几个五年计划，把中国建设成为一个强大的社会主义的现代化的工业国家"④。尽管如此，从 1954 年起到之后的 20 余年中，周恩来多次重提和

---

① 中国人民大学中共党史系资料室编：《中国社会主义革命和建设史教学参考资料》上册，第 235 页。

② 《周恩来经济文选》，中央文献出版社 1993 年版，第 176 页。

③ 《新华半月刊》1956 年第 20 号，第 153—154 页。

④ 《周恩来经济文选》，中央文献出版社 1993 年版，第 181 页。

阐述四个现代化。据曾参与三届人大和四届人大政府工作报告起草工作的顾明统计，在此后的 20 多年中，周恩来至少有七次讲"四个现代化"问题，并且使"四化"成为我国经济发展的战略目标。

第二阶段，20 世纪 50 年代后期到 60 年代初，"四个现代化"的内容几经变化。

当然，周恩来 1954 年提出的四个现代化的内容和现在我们说的四个现代化的内容有所不同。区别主要在于现在不再把交通运输的现代化专门作为"四化"之一。对此，后来仍然是周恩来亲自作了更改。1957 年 8 月 13 日到 20 日，他在北戴河主持召开国务院常务会议，讨论关于发展国民经济的第二个五年计划和 1958 年年度计划、预算和国务院体制等问题。他在会上讲到工业的时候，讲明了工业是"包括交通运输在内"的，还说明"交通运输是要先行的，但要全面安排"。因此，交通运输的现代化就包含在工业现代化之内，不再单独列出。由于在 1954 年日内瓦会议和 1955 年万隆会议上，周恩来成功地把新中国外交格局大大推进，世界局势日趋缓和，周恩来认为可以"考虑把国防工业放慢一些"，把经济建设这个中心摆得更突出些。因此，在此后的几年，国防现代化也暂时不提了。这样，最初的"四化"只剩下"两化"，又加了一个科学文化现代化，成为"三个现代化"。

周恩来在现代化问题上的这个新提法，再一次受到第一代中央领导集体其他成员的重视并接受。1957 年，毛泽东发表《关于正确处理人民内部矛盾的问题》这篇社会主义时期具有重要理论和实践意义的文章，提出了"将我国建设成为一个具有现代工业、现代农业和现代科学文化的社会主义国家"[①]。1958 年 5 月，刘少奇在党的八大二次会议上，也重申了毛泽东的提法，只是在这个提法的前面加上了"尽快地"这个副词来修饰，以示我们党对建设现代化国家的紧迫感，在"社会主义国家"前加上了"伟大的"这一形容词，起到对人民进行鼓舞的作用。1960 年 9 月 27 日，朱德接见和宴请来京参加人民共和国成立 11 周年庆祝活动的班禅额尔德尼·确吉坚赞时，在致辞中又重申了刘少奇的提法，只是省略了"社会主义"前面"伟大的"这个形容词，而在其后以"强国"来强调，

---

① 《毛泽东著作选读》下册，人民出版社 1986 年版，第 760 页。

并以"奋斗"相号召。①

　　然而，1959 年年末和 1960 年年初，周恩来和毛泽东几乎在同时，又重新提出恢复"四个现代化"的提法。1959 年 12 月 24 日，周恩来在黑龙江省委组织的厅、局长以上干部会议上作报告时说："我们处在这样的国际国内形势下，需要加快建设我们的国家，使我们国家更快地成为具有现代工业、现代农业、现代科学文化和现代国防的社会主义强国。"② 毛泽东在 1959 年 12 月到 1960 年 2 月读苏联《政治经济学（教科书）》社会主义部分时，他边读边议，当议到关于社会主义建设问题时也说："建设社会主义，原来要求是实现工业现代化、农业现代化、科学文化现代化，现在要加上国防现代化。"③ 后来，这个认识再次统一。1961 年 9 月 15 日，中共中央在关于工业问题的指示中，也恢复了"四个现代化"的提法：把我国建设成为一个具有现代工业、现代农业、现代国防和现代科学文化的社会主义国家。

　　第三阶段，20 世纪 60 年代中前期完成了对"四个现代化"完整而科学的表述。

　　问题是，把文化和科学联系在一起提现代化，是否恰当，有无科学性，周恩来一直在认真地思索这个问题。早在新中国成立前夕，他就比较系统地阐述过如何正确对待文化的问题。他主张"反对帝国主义、封建主义和官僚资本主义的文化，发展民族的、科学的、大众的文化"。对欧美文化的态度，他认为应当"是否定其反动的东西，同时吸收好的东西，为我所用"。同样，"对封建主义文化也要先否定它，再批判地接受它好的东西"。④ 所以，他认为更恰当的提法应当是科学技术的现代化。1956 年 1 月，他在关于知识分子问题的会议上作报告时曾说过，"现代科学技术正在一日千里地突飞猛进"；科学技术方面的成就"使人类面临着一个新的科学技术和工业革命的前夕"；"我们必须赶上这个世界先进水平"；等等。后来，他在领导经济建设的实践中越来越认识到科学技术现代化的重要性和它对工业、农业、国防现代化的重大影响，深刻地认识到我们只

---

　　① 《朱德年谱 1886—1976》（新编本·下），中央文献出版社 2006 年版，第 1783 页。

　　② 《周恩来经济文选》，中央文献出版社 1993 年版，第 408 页。

　　③ 《毛泽东读苏联〈政治经济学〉（教科书）谈话记录选载（四）》，《党的文献》1993 年第 4 期，第 13 页。

　　④ 《周恩来教育文选》，教育科学出版社 1984 年版，第 2 页。

有掌握了最先进的科学技术，才能有巩固的国防，才能有强大的先进的经济力量。于是，他又第一个提出了"科学技术现代化"这个更新的概念。1963年1月29日，他在上海市科学技术工作会议上发表讲话。他说："我国过去的科学基础很差。我们要实现农业现代化、工业现代化、国防现代化和科学技术现代化，把我们祖国建设成为一个社会主义强国，关键在于科学技术现代化。"① 在这里，周恩来不仅明确提出了现在意义上"四个现代化"的全部内容，而且首次强调了科学技术现代化的关键地位。这个提法同我们现在说的"四个现代化"唯一的区别是在工业现代化和农业现代化的顺序放置上没有完全规范。周恩来在讲话中还提出，对于"四个现代化""要同时并进，相互促进，不能等工业现代化以后再来进行农业现代化、国防现代化和科学技术现代化"。② 他提出实现科学技术现代化的主要要求是：实事求是，循序渐进，相互促进，迎头赶上。既强调了要有科学态度，还必须有雄心壮志。1964年12月20日，第三届全国人民代表大会第一次会议在北京举行。21日，周恩来代表国务院在第一次会议上作政府工作报告。报告总结和概述了我国农业、工业、财政贸易、文化教育等方面已经取得的巨大成就，宣告我国调整国民经济的任务已经基本上完成，整个国民经济将要进入一个新的发展时期。他郑重地宣布："今后发展国民经济的主要任务，总的来说，就是要在不太长的时期内，把我国建设成为一个具有现代农业、现代工业、现代国防和现代科学技术的社会主义强国，赶上和超过世界先进水平。"③ 这是周恩来郑重、完整、规范地向全国人民发出实现"四个现代化"的伟大号召。

四　"两步走"的设想和捍卫"四化"的坚韧斗争

在全国人大三届一次会议上，周恩来在完整地提出"四个现代化"的同时，又提出了"两步走"的设想。他说，为了实现"四化"这个伟大的历史任务，"从第三个五年计划开始，我国的国民经济发展，可以按两步来考虑：第一步，建立一个独立的比较完整的工业体系和国民经济体

---

① 《周恩来经济文选》，中央文献出版社1993年版，第503页。
② 同上书，第504页。
③ 同上书，第563页。

系；第二步，全面实现农业、工业、国防和科学技术的现代化，使我国经济走在世界的前列"。① 分"两步走"的设想，表明周恩来的思想又进了一步。第一步可以说是对工业化思想的进一步深化，第二步则是完整而科学地指明了中国经济发展的战略目标。

值得指出的是，无论是对"四化"内容的表述还是对"两步走"的设想，既表达了中国人民发展经济的雄心壮志，又不把话说得绝对，而是留有余地。当时任中共中央政治研究室主任的陈伯达曾经提出用23年的时间超过美国和苏联，走在世界最前列。周恩来不同意这种提法。在讨论《关于工业发展问题（初稿）》时，他发表讲话说："伯达同志提出用23年的时间超过美国和苏联，可能快了些。我看不要把走在世界最前列作为重点，还是提'四个现代化'。是否可以提，用23年的时间或者在20世纪内实现'四个现代化'，把我国建设成为世界先进的社会主义强国？"②关于工业发展方针的出发点，周恩来"同意邓小平同志的意见，应当立足现实，瞻望前途"③。在三届人大一次会议上，周恩来正是按这个精神阐述经济发展的战略目标的。他只提走在"前列"，并不讲超美超苏，也不提走在"最前列"。

周恩来在三届人大一次会议上宣布"四个现代化"目标之后，本来计划从1966年起，开始稳步前进。但是，一场由领导者错误发动、被林彪和江青两个反革命集团所利用的所谓"文化大革命"，打断了经济建设的历史进程，把四个现代化的战略目标抛到了九霄云外。然而，为了捍卫这一宏伟目标，周恩来在极其险恶的政治环境中，置个人荣辱、得失、安危于不顾，进行了极富韧性的特殊斗争。

"文化大革命"是一场浩劫，林彪、江青一伙操纵或亲自指挥打、砸、抢、烧、杀，弄得党无宁日、国无宁日，共和国大厦随时面临倾覆。周恩来苦撑危局，力挽狂澜于既倒。他希望国家安定，无时无刻不在惦念着"四化"大业，随时准备好国家建设大计，只要有一线希望，就力争早日走上正轨。为了四届人大政府工作报告，他五年之内四次主持起草，三次遭到林彪、江青一伙的破坏。

---

① 《周恩来经济文选》，中央文献出版社1993年版，第563页。

② 同上书，第518页。

③ 同上书，第516页。

　　第一次，1969 年党的九大以后，准备召开四届人大，从 1970 年春天开始，在周恩来亲自组织下，起草《关于发展国民经济第四个五年计划纲要（草案）》，试图把国民经济从"文化大革命"的混乱中纳入正常发展的轨道。在起草这个文件中，周恩来总结前三个五年计划的经验时，指示草案起草人员，不能孤立地提建立独立的、比较完整的工业体系问题，同时还应当完整地提出建立国民经济体系问题。他要求在"四五"计划纲要的方针任务中写上"初步建成我国独立的、比较完整的工业体系和国民经济体系"。因为我国是一个人口众多的大国，在建立工业体系的同时，必须发展农业，加速农业和科学技术的现代化进程，相应地发展交通运输。工业现代化和建立完整的工业体系，不能孤立地进行，必须从国民经济综合平衡的要求出发全面地有计划按比例地发展。按周恩来的要求起草的《关于发展国民经济第四个五年计划纲要（草案）》，经国务院反复讨论通过了。接着，着手起草政府工作报告，为四届人大的召开作准备。1970 年 8 月，政府工作报告起草的主要执笔人顾明随周恩来赴庐山。原定议程在庐山党的九届二中全会上通过"四五"计划纲要、国防工业计划、四届人大政府工作报告和宪法草案。但遗憾的是，这些议程还未及进行，林彪就跳出来，指使陈伯达摘编"天才论"，指挥黄永胜、吴法宪、叶群、李作鹏、邱会作大闹庐山，坚持要设国家主席。这一事件的发生，完全冲乱了会议议程。原定讨论"四五"纲要的那天晚上，余秋里、顾明等到午夜两点半，来人通知不讨论了。后来他们才知道周恩来连夜找林彪的几个主要党羽谈话做工作，挽救党的严重危机。这次"四五"纲要和四届人大政府工作报告的讨论就因对林彪抢班夺权第一个步骤的揭露而搁置了。

　　第二次，1971 年 9 月 12 日晚，周恩来在人民大会堂主持讨论四届人大政府工作报告稿。此刻，正是"九一三"林彪叛逃前夕。午夜 12 时 30 分，即 13 日零点 30 分，正当顾明开始读政府工作报告经济部分时，周恩来突然接到林彪准备叛逃的电话报告。他立即肩负起领导粉碎林彪反革命集团的沉重担子，在人民大会堂整整三天三夜未合眼，坚定沉着，指挥调度，采取严密而果断的措施，防止各种突然事变发生，维系了党的团结，保证了国家的安全。但又因清算林彪反党集团的反革命罪行而再次搁置了对四届人大政府工作报告稿的讨论。

　　第三次，1973 年年底，周恩来又一次为四届人大准备文件，但以江青为首的"四人帮"在 1974 年年初"一·二五"批林批孔大会上发动突然袭击，射影攻击周恩来，致四届人大政府工作报告稿的讨论又一次被冲击。

第四次，1974 年冬，因周恩来患病住院，邓小平代周恩来主持起草四届人大政府工作报告。邓小平向起草班子传达毛泽东指示，考虑要照顾周恩来总理病体的承受能力，要求草拟一个 3000 字的报告稿。当时，起草领导小组成员包括王洪文、张春桥、江青，由邓小平主持。邓小平在领导起草政府工作报告的过程中，与江青、张春桥、王洪文一伙进行了坚决的斗争，排除了种种干扰，确定了报告稿的总纲和方针。最后定稿约5000 多字，经济部分不到 2000 字。经济部分经过起草人员反复思考，建议把周恩来"四个现代化"建设的一贯思想，作为重点来写，这样好与三届人大政府工作报告相衔接，重申三届人大报告中对"四个现代化"的设想，再次提出："从第三个五年计划开始，我国国民经济的发展，可以按两步来设想：第一步用 15 年时间，即在 1980 年以前，建成一个独立的国民经济体系；第二步，在本世纪内，全面实现农业、工业、国防和科学技术的现代化，使我国国民经济走在世界的前列。"① 1975 年 1 月 13日，在四届人大一次会议上，周恩来以无比顽强的意志，战胜常人难以忍受的病痛，以激昂洪亮而为全国人民熟悉的声音作完了报告，全场振奋，长时间掌声雷动，经久不息。周恩来的报告又一次鼓起了中国人民建设社会主义现代化强国的勇气。

周恩来在郑重重申了"四个现代化"的宏伟目标后进一步提出，我们要在 1975 年完成和超额完成第四个五年计划，这样就可以为在 1980 年以前实现上述的第一步设想打下更牢固的基础。他还说："今后的十年，是实现上述两步设想的关键的十年。在这个时期内，我们不仅要建成一个独立的比较完整的工业体系和国民经济体系，而且要向实现第二步设想的宏伟目标前进。"②

综上不难看出，从 1954 年到 1975 年的 21 年中，周恩来在重要报告中，不惜反反复复阐述"四个现代化"建设的宏伟目标，内容越来越丰富，思想越来越深刻。他用尽了后半生的全部心血和智慧，精心规划的社

---

① 《周恩来经济文选》，中央文献出版社 1993 年版，第 652 页。

② 同上。

会主义经济建设蓝图，经历了多少风风雨雨，尤其是在他生命的最后十年，为了捍卫"四化"这一宏伟目标，同林彪、江青一伙进行了坚决而富有韧性的特殊斗争。

那么，周恩来为什么能数十年如一日为"四个现代化"倾注一腔热血呢？换言之，为什么中国经济发展的战略目标必须是实现"四个现代化"？从根本上说，这是社会主义发展的客观需要，是全国人民的共同愿望。具体来说：

第一，实现"四个现代化"，是我国伟大的人民革命的根本目的所在。周恩来曾明确指出，革命的根本目的是"解放我国的生产力，使我国国民经济能够沿着社会主义的道路得到有计划的迅速发展，以便提高人民的物质生活和文化生活水平，并且巩固我们国家的独立和安全"①。

第二，实现"四个现代化"，符合社会主义经济建设的唯一目的。周恩来认为，社会主义经济建设的唯一目的就在于，"最大限度地满足整个社会经常增长的物质和文化的需要"，② 是为人民谋长远利益的，而"四个现代化"的建设，正是为了达此目的。

第三，实现"四个现代化"是时代赋予中国人民的历史使命。周恩来指出，"现在世界上各方面的事业都在发展，我们要迎头赶上，就要着重研究现代化的问题"，"要一代胜于一代，作出比前人更大的贡献"。③

第四，只有实现"四个现代化"，中国才能立足于世界民族之林。这是因为，一方面，从国内来说，"中国百多年来的历史，特别是近二十几年的历史表明：中国一直是帝国主义侵略盗匪的重要目标，因此胜利了的中国人民不能没有强大的国防力量来保护自己"。④ 另一方面，从国际的要求来说，中国实现了现代化，就可以"促进社会主义各国经济的共同高涨，并且可以增强保卫世界和平的力量"。⑤

长江后浪推前浪。我们党和国家的事业兴旺发达，后继有人。周恩来为中国人民绘制了"四个现代化"的美好蓝图，但事业未竟人先去了。邓小平继承了周恩来的事业，虽对"四化"的提法有所改变，但将这一

---

① 《周恩来选集》下卷，人民出版社 1984 年版，第 132 页。

② 同上书，第 159 页。

③ 《周恩来统一战线文选》，人民出版社 1984 年版，第 447 页。

④ 《周恩来选集》下卷，人民出版社 1984 年版，第 33 页。

⑤ 同上书，第 225 页。

事业大大推进，并"创作"了实现它的战略"三步曲"，经过改革开放 30 多年的快速发展，我们的国民生产总量已跃居世界第二，现在正在以胡锦涛为总书记的党中央坚强领导下，沿着中国特色社会主义道路向邓小平设定的经济发展的第三步战略目标阔步前行。相信周恩来九泉之下应当瞑目含笑了！

（刊于《陕西师范大学学报》（哲学社会科学版）2011 年第 4 期；收入南开大学纪念建党 90 周年学术研讨会论文集，赵铁锁主编《伟大旗帜领航中国》（下），南开大学出版社 2011 年 7 月版）

周恩来与马克思主义中国化

马克思主义是无产阶级实现自身解放的强大思想武器，而马克思主义中国化更是中国革命、建设和改革事业成功的关键。在马克思主义中国化的历程中实现了两次历史性的飞跃，产生了两大理论体系——毛泽东思想和中国特色社会主义理论体系。实现马克思主义中国化的第一次历史性飞越，党的早期领导人和众多老一辈无产阶级革命家如陈独秀、李大钊、毛泽东、周恩来、刘少奇、朱德、张闻天等都作出了各具特色的贡献。鉴于学术界对陈独秀、李大钊、毛泽东、刘少奇、张闻天等与马克思主义中国化关系的研究相对全面和深入，而对周恩来同一方面贡献的探讨还鲜见，本文试论之，以求教于方家。

周恩来对马克思主义中国化的贡献至少表现在如下几个方面。

一 最早在特殊境遇中传播马克思主义

马克思主义中国化的实质是把马克思主义基本原理同中国革命、建设和改革的具体实践相结合。而第一次"相结合"带有探索性、示范性和启示性，正是有了第一次"相结合"的成功经验和示范性、启示性，才有后面第二次、第三次的"相结合"。而第一次"相结合"的前提是首先得懂马克思主义基本原理，认识马克思主义基本原理，广泛传播马克思主义基本原理。马克思主义的广泛传播是在1919年的五四运动中。李大钊是中国系统传播马克思主义的第一人。比李大钊小9岁的周恩来也是在五四运动的洪流中系统传播马克思主义的又一人，而且是在特殊的境遇中。

五四运动之前，周恩来在日本通过阅读著名经济学家、京都帝国大学教授河上肇的《贫乏物语》和幸德秋水的《社会主义神髓》，初步接触马克思主义。特别是1919年1月，河上肇创办了《社会问题研究》月刊，从第一期起，连载河上肇的《马克思主义的理论体系》，里面说："总之，唯物史观和资本论和社会民主主义是涉及理论与实际两方面的马克思主义的三大原理。这三大原理是根本贯穿着一条金线，就是所谓阶级斗争学说。"① 这个刊物一出版，周恩来立刻成为热心读者。据一个和他同寄住东京神田区三崎町的留日学生回忆：周恩来"每次外出散步，他从来不在马路上溜达，而是走得很快，去书店里翻书阅读"。他归国的时候，箱子里还带着河上肇的书。② 据此，我们有充足的理由判断，周恩来在日本虽是初步地但也是相对系统地了解了马克思主义的基本原理。

周恩来从日本回到国内，一场彻底的不妥协的反帝爱国五四运动如火如荼，席卷神州大地。5月中旬他从东北到天津，立即投身到天津的爱国运动中，尽管还是以校友的身份参加。再后来，周恩来倡议成立天津学生社团"觉悟社"，并亲自起草《觉悟的宣言》，提出了"革心""革新"的宗旨和"自觉""自决"的要求，成为天津学生运动的实际领导人之一。9月8日，周恩来注册入南开学校大学部，不久，大学部更名为南开大学，周恩来成为南开大学的第一期学生。南开大学开学后，学生从四面八方回到学校，学生运动再次高涨。到年底曾掀起两个高潮，周恩来始终斗争在爱国运动的潮头浪尖。1920年1月29日，各校学生五六千人，以周恩来为总指挥，奔赴直隶省公署请愿。学生们推举周恩来、郭隆真、于兰诸（方舟）、张若茗四人为代表。他们不顾军警的阻拦，强行闯入省公署，全部遭到逮捕。军警随即冲入手无寸铁的学生队伍，用枪托刺刀横击直刺，重伤学生50余人，造成天津"一·二九"血案。

这是周恩来第一次遭受反动当局逮捕。被捕后，他们同原先被捕的学生代表一起，先被关押在警察厅的营务处，彼此不能见面，更不能交谈。拖了两个多月，既不公开"问讯"，又不释放。周恩来和难友们经过秘密联络，发动绝食斗争。加之新学联代表谌志笃、邓颖超等到警厅据理斗争，到4月7日，警厅才被迫将被捕代表移送地方检察厅。

到检察厅后，拘留条件有所改善。除两名女代表外，男生可以同住一处，自由往来，阅读书报。他们共同议定：每天早晨做体操，每晚举行全

---

① ［日］河上肇：《河上肇自传》上卷，商务印书馆1963年版，第130页。

② 金冲及主编：《周恩来传（1898—1949）》，人民出版社、中央文献出版社1989年版，第36页。

体会议，并推举周恩来、马千里、于兰诸三人主办读书团，带领大家研究社会问题。又议决每周一、周三、周五开演讲会，介绍各种新思潮。

于是，一种特殊境况下的马克思主义学习和传播活动开始了。当世界革命工业史讲完后，周恩来于 5 月 28 日、31 日，6 月 2 日、4 日、7 日，分五次做了介绍马克思主义的讲演。据周恩来当时编写的《检厅日录》记载，这里只摘录有关周恩来讲演马克思主义的内容于下：

5 月 28 日："晚间全体会议，主席尚墨卿。先开讲演会，周恩来讲马克思学说，历史上经济组织的变迁同马克思传记。"①

5 月 31 日："晚上全体会议，演讲仍由周恩来讲马克思学说，唯物史观。"②

6 月 2 日："晚上聚会，演讲会仍由周恩来讲马克思学说，唯物史观的总论同阶级竞争史。"③

6 月 4 日："晚间聚会，时子周主席。先开讲演会，仍由周恩来续讲马克思主义——经济论中的余工余值说。"④ 这里的"余工余值说"即剩余价值学说。

6 月 7 日："晚上会议，夏琴西主席。先开讲演会，周恩来续讲马克思的学说——经济论中的《资本论》，同《资产集中说》。今天的马氏学说已经讲完了"。⑤

从前述文献的准确记载可以看出，在当时的中国，对马克思主义能作如此系统演讲的人是不多的，尽管李大钊在上年发表的《我的马克思主义观》对马克思主义三个组成部分作了系统的宣传，但毕竟是在公开刊物《新青年》杂志上发表的，他又有北大教授和图书馆主任这个头衔和公开身份，介绍新学说新思想是其本分和职责所然。而周恩来继李大钊之后整整一年，不是在公开的讲坛上、期刊上而是身处监狱的特殊境况下，系统宣传马克思主义的三个组成部分就更加难能可贵。这不仅为他"思想颤动于狱中"，初步确立对马克思主义的信仰奠定了思想基础，而且为

---

① 《周恩来早期文集（1912.10—1924.6）》上卷，中央文献出版社、南开大学出版社 1998 年版，第 559 页。

② 同上书，第 560 页。

③ 同上。

④ 同上书，第 561 页。

⑤ 同上。

后来马克思主义同中国工人运动相结合，在次年成立中国共产党奠定了思想基础、准备了干部条件。正如胡锦涛在纪念中国共产党成立 90 周年大会上的讲话所指出的："1921 年，在马克思列宁主义同中国工人运动相结合的进程中，中国共产党应运而生。""这是中华民族发展史上开天辟地的大事变。"① 显然，周恩来在马克思主义的广泛传播、在马克思主义同工人运动的结合中都作出了独特贡献。

从这个意义上说，周恩来也是中国最早和最系统宣传马克思主义的代表之一。

二　较早论述马克思主义与中国革命的关系

宣传马克思主义是坚定马克思主义信念的前提和基础，但并不等于已经是彻底的马克思主义者，充其量算作具有初步共产主义思想的知识分子，即热情宣传马克思主义，赞成和颂扬俄国十月革命。

周恩来成为坚定的马克思主义者是在 1921 年秋。五四运动以后，许多先进的青年人都到无产阶级革命处于高潮的欧洲进一步研究"主义"，探求救国救民的道路。1920 年下半年，他从检厅获释不久也远渡重洋，于年底到了中国勤工俭学学生云集的法国。到欧洲后，他广读博览，涉猎各种思潮，对马克思主义作了进一步的探究。同时，他还辗转法、英、德各国实际考察工人运动，了解和感受欧洲诸国社会底层状况，使其最终实现了思想飞跃，即在思想上成为一个坚定的马克思主义者。有文献资料为证：1922 年 3 月，他给天津觉悟社成员写了《西欧的赤况》这一长篇通讯，生动地记述了他是怎样由一个革命民主主义者转变为马克思主义者的。他深情回顾旅欧一年来研究主义、追求真理的过程，说："我方到欧洲后对于一切主义开始推求比较，我求真的心又极盛，所以直到去年秋后才定妥我的目标。"② 同月，在另一篇通讯中他就郑重声明："我认的主义一定是不变了，并且很坚决地要为它宣传奔走。"为了"共产花开""赤色的旗儿飞扬"，宁愿牺牲一切。③ 这一郑重声明，成了周恩来实现思想

---

① 胡锦涛：《在庆祝中国共产党成立九十周年大会上的讲话》，《人民日报》2011 年 7 月 2 日。

② 《周恩来早期文集》下卷，中央文献出版社、南开大学出版社 1998 年版，第 451—452 页。

③ 同上书，第 453—454 页。

伟大飞跃，转变为坚定的共产主义者的公开宣言书。应当提及的是，这里所言的"去年秋后"，就是1921年秋。同样，在组织上，周恩来正是这年3月"在巴黎经张申府、刘清扬介绍加入共产党",[①] 1985年6月3日，中共中央批准重新确定周恩来的入党时间为1921年。这样，周恩来就成为中国共产党最早的一批共产党员，从而纠正了1976年1月15日中央在周恩来追悼大会上所致悼词说的"1922年，他加入中国共产党"的说法。

周恩来一直坚信马克思主义是拯救中国的救世良方，首先进行的工作便是在理论上集中探讨马克思主义和中国革命的关系。1922年8月16日，他为"旅欧中国少年共产党"的机关刊物《少年》（月刊）撰写的《共产主义与中国》一文就是这方面的代表作。需要略作说明的是，此一时期的早期马克思主义者说的马克思主义和共产主义是同日而语的，是同时使用的，这里的共产主义即马克思主义。

首先，马克思主义不仅是世界无产阶级解放的思想武器，而且是解救中国的救世良方。文章开宗明义指出："共产主义之为何物，在今日全世界上已成为无产阶级全体的救世良方。欲期未来社会造出自由发展的人群，自不能不使现今的人类脱去物质上的梏械；欲期今日世界的经济乱象、阶级对抗情势、文化颓机不再长久下去，自不能不先使现今的人类全无产化了，好绝灭这个最大的乱源。因此，凡有人心的人都应能感觉出共产革命的切要。"尽管如此，周恩来仍觉遗憾，"但在中国，这种观感似乎尚未能深种于人心之中，有些知识界中人尚谈虎色变，有些人竟意存鄙视。至于无产阶级中人因为知识的幼稚和信仰者宣传的不力，竟致切身的问题莫由认识，这更是一个最大的憾事"。[②] 那么，马克思主义亦即共产主义，与中国革命是一种什么关系呢，就是说，它适用于指导中国革命吗？周恩来明确指出："他能够解决世界的乱象，为什么中国不可以找他来作救时的良方？"周恩来通过对改良主义、机会主义等社会思潮分析批判后进一步指出："世界上只有一个共产主义能使这个责任无国界无种界地放在无产阶级的肩上，也只有他能使中国民族得列于人类中间彼此一视同仁。"[③] 这就再明白不过地阐释清楚了马克思主义不仅是世界无产阶级

① 刘焱：《关于周恩来入党时间问题的探讨》，《南开学报》1984年第4期。

② 《周恩来早期文集》下卷，中央文献出版社、南开大学出版社1998年版，第457页。

③ 同上书，第458页。

革命的强大思想武器，同样是中国无产阶级革命的强大思想武器。

其次，中国革命负有变更经济制度的伟大使命。文章从经济上立论，详细分析了实业救国、无政府主义、资本主义都不能解决中国的根本出路问题后指出："由此看来，共产主义在全世界，尤其是在中国，实负有变更经济制度的伟大使命。也只有他，方说得起变更，因为他是应着生产力发达的需要而加以顺势的变更，并非加以抑止，加以修正，加以和缓的。"马克思主义之"所以为中国之利的，在其为彻底的改造良方，依着现在中国的时势，一切缓和修正的办法都无所实施"。"总归一句话，中国现在的经济情势，除去努力预备革命，实行共产革命外，实无法可解"。"我们与其在现状中作法自毙，莫如大彻大悟集合众力一心一意地从事革命。"① 这就阐明了中国革命的主要条件便是经济革命。同时，文章还预见了革命发展的进程和前景是：在革命未成功前，我们只是个破坏，无所谓建设。革命成功后，生产的劳动阶级建立了强有力的政府，消灭了私有制度，集中了资本，公有了农田，重用世界上有作用的科学家来帮助无产者开发实业，振兴学术，更进而求生产力和消费力的均平配合，凡是现今中国资本家所难以先决的条件，到那时都将不成问题。

再次，马克思主义是科学精神而非宗教。同年8月，周恩来在法国印行的《新刊评论·无所谓宗教》上发表《宗教精神与共产主义》一文。文章主要批评了旅法学界中有人将"共产主义与宗教同列"的错误观点，指出共产主义不是空洞的清谈，而是切实地找出了社会进步的力量、社会不平等的根源，进而切实地提出了解决的方法。针对错误观点论者认为"共产主义具有宗教精神"，周恩来尖锐地指出："我真不知其何所见而云，然岂也受了罗素谓马克思主义已成了宗教的暗示么？"他又指出，罗素所指多在共产党人的革命精神，本来革命精神多出之热烈的情感，理愈明，信愈真，感愈切，革命的精神遂能愈久而愈坚。这种培植情感使趋重实际的精神，不但改革社会需要他，便实验室中也不可离他须臾。那么，迷信与信仰何别？周恩来说："别在其所信的理论与方法，能否用在'实际'上来'试验'，换过来说，便是能否合乎科学精神，所以同一参加情感而成为意志的'信'，乃有'迷信'与'信仰'之别（其实只说一

---

① 《周恩来早期文集》下卷，中央文献出版社、南开大学出版社1998年版，第461—462页。

'信'字便足）。再申说一句，凡有所'信'，都不应趋越于理智范围之外，出此便为'迷信'。准此，我们能说纯本科学精神探求出来的共产主义具有宗教精神么?"① 如此入木三分的深刻剖析，阐释了一条重要的真理：马克思主义的特点是科学精神而非宗教。凡真拥护科学精神，爱好自由思想的人，都有责任去纠正错误思想，发展共产主义的新思想。完成中国革命，又何尝不是这样呢?!

总之，除前述两篇主要文章集中阐述马克思主义与中国革命的关系外，20 世纪 20 年代前半期，周恩来还在其他众多文章中论及马克思主义是指导中国革命的唯一正确的思想武器。

三　长期探索和自觉追求马克思主义中国化

马克思主义中国化这一命题的正确提出和郑重号召是 1938 年 10 月党的六届六中全会由毛泽东最终完成的。然而，对中国共产党人来讲，推进和实现马克思主义中国化并不是某个领导人一时的灵感闪现或登高一呼的产物，而是中国共产党领袖群体长期探索、自觉追求的结果。周恩来是这个群众中的优秀代表之一。

长期艰辛探索、自觉追求，主要包括两个方面：一方面，注重把马克思主义应用于中国的实际，另一方面，努力摸清中国的实际即对国情的不懈探索。

马克思主义理论与中国实际相结合的思想萌芽，在周恩来确立对马克思主义的坚定信念后就有了。仍是在《西欧的"赤"况》这篇通讯中，他明确指出："我们当信共产主义的原理和阶级革命与无产阶级专政两大原则，而实行的手段则当因时制宜。"② 显而易见，"实行的手段当因时制宜"讲的就是要从中国的实际出发，从当时的时代背景着眼，就是把马克思主义与中国的实际相结合。

那么中国的"实际"是什么，就是中国的国情。周恩来不仅较早使用了"国情"这个概念，而且这方面的思想也越来越清晰、越来越系统。

---

① 《周恩来早期文集》下卷，中央文献出版社、南开大学出版社 1998 年版，第 463—467 页。

② 同上书，第 451 页。

1922 年，在批驳以胡适为代表的国家主义派"实业救国"主张后他尖锐地指出："以中国的国情和民性，民主主义的'好政府'如何能凑立起来？便令胡适的'好政府'、张嘉森的'德意志社会民主主义'都能如愿实现，但他们后来所凭藉的民众与阶级究竟是什么？所开发的实业究是为了何人？"① 这就一针见血地揭露了国家主义派的实质，而且把国情问题非常鲜明地提出来了。

1924 年 2 月，在《革命救国论》这篇早期文章中，周恩来在论述了中国革命的不可动摇性后指出："革命是无疑而且确定了！但我们需要看清我们的敌人和我们国民革命的势力究竟何在，且谁又是我们真实的友人。"② 这既阐明了革命是拯救中国的唯一出路，又较早强调准确认识敌、我、友，是其国情思想的升华和具体化。

1928 年 11 月，周恩来任中共中央组织部部长，在他为中央起草的《告全体同志书》中，强调"无论是一工厂、一学校、一军营、一农村、一街道，范围虽小，都有它的不同政治环境与工作方法。要能把党的政策正确地运用，首先要了解实际的情形"。③ 他既强调了要正确地认识国情，又强调了要正确地认识厂情、校情、军情、村情、街情，并把这作为每个党支部和每个党员的任务。1929 年 6 月 15 日，在中央政治局讨论反对派问题的会议上，周恩来又指出："凡理论上一知半解而又不懂实情的人，是易于走到反对派的。"④ 这从反面强调了认识国情的重要性。

抗日战争时期，周恩来总结自己在长期的革命实践中认识国情和"相结合"重要性的经验教训时指出，无产阶级要避免犯错误或少犯错误，最重要的是要"把中国的情况搞得很清楚"。⑤ 他还进一步强调要正确地解决问题，"要有确定的马列主义的世界观"；"要估计环境及其变动，并找出此地此时的特点"。"必须经过最实际的调查研究，并使这些实际材料与党的原理原则联系起来。"⑥ 这就是说认识国情，不仅要把握

---

① 《周总理青少年时代诗文书信集》下卷，四川人民出版社 1980 年版，第 324 页。

② 《周恩来统一战线文选》，人民出版社 1984 年版，第 2 页。

③ 《周恩来选集》上卷，人民出版社 1980 年版，第 13 页。

④ 《周恩来年谱》（1898—1949），人民出版社、中央文献出版社 1989 年版，第 161—162 页。

⑤ 《周恩来选集》上卷，人民出版社 1980 年版，第 162 页。

⑥ 同上书，第 128—129 页。

国情的特殊性，而且要认识国情的阶段性和连续性，要把国情的现状和历史的发展统一起来，既从反面说明了认识国情的重要性，又阐释了把马克思主义同中国实际相结合的必要性、紧迫性。

可以说，周恩来的一生也是不断认识国情的一生。从党的创立前后到大革命时期，他对中国的社会性质有了充分认识，由此得出了中国欲求解放"只有革命、别无他途"的正确结论。1922 年年底，他全面分析了中国的社会状况，指出："现今的中国在世界帝国资本主义包围之中已夷为半殖民地，一举一动都受到列强干涉，这是谁也不能否认的事实。"① 这是他对中国半殖民地社会状况的最早和最准确表述。1926 年 12 月，他在《国民革命及国民革命势力的团结》一文中对中国半殖民地半封建的社会性质作了明确表述：目前中国政治状况，不但帝国主义的锁链——不平等条约在中国丝毫没有动摇，军阀尚占有三分之二的领土，便是在国民政府领域中半封建势力——贪官污吏、买办、大地主、土豪劣绅、土匪等还遍地皆是。② 至此，周恩来就把半殖民地半封建这一中国社会的基本特征认识清楚了，也表述得很全面了。那么，半殖民地半封建的具体表现是什么？根据周恩来的诸多阐述，概括起来主要是：第一，政治上国家主权丧失，没有独立可言；第二，经济上极其落后；第三，军事上军阀跋扈；第四，思想文化上"工人知识的幼稚"。然而，所有这些"乱源所在"，便是帝国主义和封建余孽。因此，周恩来指出，欲求中华民族的"解脱之方"，只有革命，别无他途。

土地革命战争时期，周恩来认识到中国革命发展的不平衡性特点，为开辟具有中国特色的革命道路作出了突出贡献。1928 年年初，在指导各地武装起义时，他就适时地指出："中国革命是不平衡的发展"③。同年 6 月，在党的六大上发言时，他对这种不平衡性作了具体分析："以地方言，南部与中部、北部的不同；以阶级言，农民发展与城市沉闷不相配合。"之后，他在其他报告、讲话和发言中，反反复复地强调"中国革命的发展，因为全国政治经济的不统一，还表现不平衡的特征"。"目前中国革命新高潮是在成熟的过程中，还没有形成全国直接革命的形势。"④

---

① 《周总理青少年时代诗文书信集》下卷，四川人民出版社 1980 年版，第 359 页。

② 同上书，第 597 页

③ 《周恩来年谱》（1898—1949），中央文献出版社、人民出版社 1989 年版，第 136 页。

④ 同上书，第 183 页。

因此，转变军阀战争为国内的阶级战争，就成为党争取、动员与组织群众的总路线。1929 年年初，周恩来进一步分析了革命发展不平衡的另一表现是敌人异常强大，这个基本态势决定了"玩弄暴动""必致成为徒然的牺牲"，倒是"割据有长时间的可能，我们应有长期的准备"。而割据这种发展革命的特殊方式，主要是"农民割据"。他特别强调必须以武装斗争为重要形式。他说："在现在中国军事新局面下，武装暴动准备是非常重要的。在准备武装斗争中，军事力量是主要原素。"[1] 这样，周恩来在较早认识革命发展不平衡性的同时，把工农武装割据的思想也较早而明确地提出来了。1930 年，周恩来又多次强调建立巩固根据地和发展红军的重要意义。同时，他对根据地为何物以及建立根据地的条件，都进行了具体的阐发。"根据地绝不是割据、保守，而是稳住脚跟，一步一步有力地发展。"周恩来认为赣西南和闽粤边等处"不仅有广大的苏维埃区域，而且有党的基础，有广大的群众，巩固这许多地方以便向着工业中心城市发展，与统治阶级形成两个政权的对抗"。[2] 从以军事斗争为主要原素的武装斗争到土地革命、根据地建设的先后提出，并使这三者缺一不可，为进一步发展和完善农村包围城市、武装夺取全国政权的理论作出了重要贡献，表明他是较早提出这一思想的卓越领导人之一，是具有中国特色革命道路的主要开拓者之一。

抗日战争时期，周恩来对国情的认识更加具体、系统和全面。当抗战进行了四个月的时候，他具体分析了国情和敌我战略态势：第一，敌人的兵力没有可能统治全华北，不仅是乡村占不了，城市也占不了太多；第二，在地形上，持久战也是可能的，因为敌人兵力的准备，只能适用于铁路、公路线上，最不适用于山地，且不熟悉中国内地道路，而华北绝大多数是山地；第三，在气候上，外国人总是不能较中国人适应，尤其是冬春两季；第四，日寇侵略中国，不论他怎样欺骗利诱，只能收买少数汉奸，大多数人民的财产是遭受蹂躏的，而民众的反抗是持久抗战的重要条件；第五，民众武装已有了初步发展；第六，八路军留在华北抗战，是推动和领导华北抗战的重要因素。总之，"这一切有利的条件，将决定着华北持久抗战的

---

[1] 《周恩来年谱》（1898—1949），中央文献出版社、人民出版社 1989 年版，第 143 页。

[2] 同上书，第 185 页。

极大可能"。① 这样，周恩来就从"天时""地利""人和"诸多方面阐明了持久抗战的必要性和可能性。正是在周恩来这些宝贵的国情与敌情分析的基础上，毛泽东半年之后发表了《抗日游击战争的战略问题》和《论持久战》，从理论的高度系统而深刻地揭示了中国抗日战争发展的全过程，为全国人民指明了胜利的方向，并最终取得了抗日民族解放战争的彻底胜利。

可以看出，新民主主义革命时期，周恩来紧紧抓住了半殖民地半封建这个中国社会最基本的实际，从而为把马克思主义和中国这个具体实际相结合，为党的新民主主义革命理论的形成，为中国特色革命道路的开辟，为马克思主义中国化实现第一次历史性飞跃，最终赢得新民主主义革命的彻底胜利作出了主要贡献。民主革命成功后，怎样搞社会主义？如同革命不能照搬别国模式一样，建设也不能完全仿效苏联和东欧的做法，仍然要把马克思主义同中国的建设实际相结合，仍然要从中国的实际出发，周恩来继续对新中国的国情进行周密而细致的研究、分析，从而为我们党探索和开辟有中国特色的社会主义建设道路铺了石、奠了基，作出了重要贡献。应当肯定，他是探索和追求马克思主义中国化最自觉的人。

四　极尽阐释马克思主义中国化的概念

前面提到了马克思主义中国化的命题是毛泽东在 1938 年首次提出的，与此相关联，对这个概念的准确表达也是毛泽东完成的。他在《论新阶段》的报告中阐明："共产党员是国际主义的马克思主义者，但马克思主义必须通过民族形式才能实现。没有抽象的马克思主义，只有具体的马克思主义。所谓具体的马克思主义，就是通过民族形式的马克思主义，就是把马克思主义应用到中国具体环境的具体斗争中去，而不是抽象地应用它。成为伟大中华民族之一部分而与这个民族血肉联系的共产党员，离开中国特点来谈马克思主义，只是抽象的空洞的马克思主义。因此，马克思主义的中国化，使之在其每一表现中带着中国的特性，即是说，按照中国的特点去应用它，成为全党亟待了解亟须解决的问题。"② "马克思主义的

---

① 《周恩来选集》上卷，人民出版社 1980 年版，第 84—85 页。

② 《毛泽东选集》，东北书店 1948 年版，第 928 页；《中共中央文件选集》第 11 卷，中共中央党校出版社 1991 年版，第 658 页。

中国化"也就是后来的"马克思主义中国化",其含义是一样的。

"马克思主义中国化"这个概念提出之后,得到党的其他领导人的认同,且都在努力阐释其含义和重要性。1939年年初,彭真在晋察冀边区二次党代会的报告中说:"学会具体运用马克思主义解决中国实际问题,使马克思主义中国化、民族化,抛弃不符合中国革命的旧方式、死教条。"① 刘少奇于1939年7月撰写《论共产党员的修养》,其中第二节的标题是"做马克思和列宁的好学生",比较集中论述了马克思主义中国化的内涵,"把马克思列宁主义的普遍真理和本国的具体实践结合起来"。② 1940年年初,张闻天提出使马克思主义中国化创造中国的马克思主义作品③ 1941年7月,刘少奇在《答宋亮同志》的复信中又强调"要使马克思主义中国化,要用马列主义的原理来解释中国社会历史实践,并指导这种实践"。④ 任弼时1942年发表文章认为:马克思主义中国化,就是"要灵活地、切合实际地去运用马列主义。就是说,要以马列主义的原则、马列主义的立场去观察问题、处理问题,不要不顾实际的情况,只唱高调,套公式。不要变成公式主义者、教条主义者、主观主义者"。⑤ 朱德在1942年提出了"中国化的马列主义"的理论概念,他说:"我们党已经积累下了丰富的斗争经验,正确掌握了马克思主义的理论,并且在中国革命的实践中创造了指导中国革命的中国化的马列主义理论。"⑥ 这一时期,一些学者如艾思奇、杨松等也有专题文章,从学理上论述了马克思主义中国化的必要性、可行性,从而大大推进了马克思主义中国化的进程。

周恩来不仅在马克思主义中国化的进程中艰辛探索、自觉追求,而且在概念上也极尽阐释。他出席了在马克思主义中国化历程中具有里程碑意义的六届六中全会开幕式,并在9月30日报告党的统一战线工作。但因时局危急,报告完统一战线工作后,即离延安赴武汉,机智果敢地应对、处置前方战事和后方统一战线工作,没有充足的时间从理论上来系统阐释马克思主义中国化这一创新命题(尽管他自己处处都在自觉追求和坚持

① 《彭真年谱》(上卷),中央文献出版社2002年版,第100页。

② 《刘少奇选集》上卷,人民出版社1981年版,第107页。

③ 《张闻天文集》第3卷,中共党史出版社1994年版,第57页。

④ 《刘少奇选集》上卷,人民出版社1981年版,第222页。

⑤ 《任弼时选集》,人民出版社1987年版,第234—235页。

⑥ 《朱德年谱(1886—1976)》新编本(中卷),中央文献出版社2006年版,第1105页。

着马克思主义中国化），然而，即便这样，他仍利用一切可能的时间和场合，极尽所能阐释马克思主义中国化的概念和含义。

1943 年 7 月中旬，周恩来回延安参加整风学习，8 月 2 日晚，出席中共中央办公厅为他举行的欢迎晚会，并发表演说。他在演说中系统总结了党当时的全部历史，得出结论："我们党二十二年的历史证明：毛泽东同志的意见，是贯穿着整个党的历史时期，发展成为一条马列主义中国化，也就是中国共产主义的路线！"周恩来还指出："马列主义的普遍真理可以适用全人类，可以改造全世界，为什么中国会独独除外？""共产主义不但适用于中国，而且它经过我们党的领袖毛泽东同志的运用和发展，已经和中国民族的解放运动、中国人民的实际利益结合起来，而成为在中国土地上生根的共产主义了。"① 在这里，不仅重申和强调了马克思主义是改造全世界、改造全中国的普遍真理、思想武器，而且使用了"马列主义中国化"这个概念，初步阐释了"马列主义中国化"的含义，即对马列主义的"运用和发展"，"和中国民族的解放运动、中国人民的实际利益结合"。在其他时间、其他场合的讲话、报告和文章中类似这样的阐释也不少。

我以为，周恩来极尽所能阐释马克思主义中国化的内涵，有两点更加难能可贵：

第一，由于国际背景的原因，自 1948 年后我们党一度不再提"马克思主义中国化""毛泽东思想"，但周恩来仍对马克思主义中国化的理论成果——毛泽东思想进行阐发。

大家知道，马克思主义中国化的第一次历史性飞跃是 1945 年党的七大，即七大不但对马克思主义中国化的历程作了系统总结，而且将中国化的马克思主义——毛泽东思想确立为党的指导思想。把毛泽东思想规范定义为"马克思主义的普遍真理与中国革命的具体实践相结合"的思想，或"马克思列宁主义的理论与中国革命之统一的思想"。② 但七大后不久，1948 年 6 月 28 日，《共产党情报局关于南斯拉夫共产党情况的决议》，谴责南共领导人的所谓民族主义、反苏和亲资本主义的倾向。中国共产党未参加共产党情报局，但表示了对情报局决议的赞同。加之当时中国革命即

---

① 《周恩来选集》上卷，人民出版社 1980 年版，第 138—139 页。

② 《刘少奇选集》上卷，人民出版社 1981 年版，第 332 页。

将胜利，面临着依靠苏联的支持和帮助。因此，搞好中苏关系，不要让苏联人产生中国也有民族主义的误解，以后很长时间直至新中国成立后不再使用"马克思主义中国化"和"毛泽东思想"这些概念和提法。比如，1948 年 11 月 21 日，毛泽东还致信刘少奇、朱德、周恩来等，指出："共青团文件中'毛泽东思想'改为'马列主义'一点，请会商决定。"①1949 年 3 月七届二中全会上，毛泽东还特别强调："现在应该在全国全世界善于宣传马克思、恩格斯、列宁、斯大林的辩证唯物主义，关于党和国家的学说，政治经济学等。不要把毛泽东与马克思、恩格斯、列列、斯大林并列起来。"② 于是，从 1948 年后我们不再使用这两个概念。1952 年出版的《毛泽东选集》第二卷把《论新阶段》的报告中"马克思主义的中国化"都删掉了。就在这样的大背景下周恩来对马克思主义中国化的第一个理论成果——毛泽东思想的概念照样使用，含义照样阐发。1949 年 5 月 7 日，他在中华青年第一次全国代表大会上作报告，号召青年人学习毛泽东，鲜明指出：毛泽东"把世界革命的真理——马克思列宁主义的普遍真理运用到中国，同中国的革命实践结合起来，成为毛泽东思想"。③新中国成立后，他继续强调："我们要更好地掌握历史唯物主义，更好地认识国民经济的发展规律，把马克思主义的普遍真理同中国的实际情况结合起来，形成中国的发展道路。"④

第二，在极"左"思潮盛行的年代，周恩来能尽其所能纠正极"左"，正确阐释中国化马克思主义的准确含义。"历史已经判明'文化大革命'是一场由领导者错误发动，被反革命集团所利用，给党、国家和各族人民带来严重灾难的内乱。"⑤"文化大革命"期间，林彪、江青一伙为达到他们篡党夺权的狼子野心，煽动极"左"思潮，割裂篡改马克思列宁主义、毛泽东思想，随心所欲地断章取义。就是在这样的动乱年代，周恩来为维护党的团结而不至于分裂，尽量维系国家机器正常运转而不至

---

① 《毛泽东年谱（1893—1949）》下卷，人民出版社、中央文献出版社 1993 年版，第 397 页。

② 同上书，第 465—466 页。

③ 《周恩来选集》上卷，人民出版社 1980 年，第 335 页。

④ 《周恩来教育文选》，教育科学出版社 1984 年版，第 206 页。

⑤ 《中国共产党中央委员会关于建国以来党的若干历史问题的决议》，人民出版社 1981 年版，第 25 页。

于瘫痪，他苦撑危局，艰韧斗争，仍没有放弃对马克思列宁主义、毛泽东思想含义的准确解读和阐发。1971 年 4 月 12 日，在一次座谈会上，他尖锐地批评极"左"思潮："总不能把历史割断吧！否定一切，不一分为二，这是极左思潮，不是毛泽东思想。我们要用历史唯物主义的观点来看问题。"那么，怎样才能真正高举毛泽东思想伟大红旗，如何全面地准确地理解毛泽东思想的准确含义。周恩来指出："毛泽东思想不是孤立产生的，是马克思列宁主义的普遍真理和中国革命的具体实践相结合的产物，是伟大的实践产生的伟大的知识。"① 事实上，周恩来阐释这些观点是在林彪葬身异国荒漠的"九一三"事件前夕，极"左"思潮盛行的岁月，这样旗帜鲜明而尖锐地批判极"左"思潮，准确阐释中国化马克思主义——毛泽东思想的含义是需要多么大的政治勇气和理论魄力?! 既表明周恩来一生为马克思主义中国化事业所付出的艰辛努力，也表明他对马克思主义中国化含义的准确理解和坚持、捍卫。

凡是从那个年代过来的人都能想到，在当时的背景和条件下，能这样解读、坚持、捍卫马克思主义中国化的理论成果，实在不是一件易事。

五　多方面推动马克思主义中国化
实现第一次历史性飞跃

马克思主义中国化的第一次历史性飞跃是在抗日战争时期实现的；这次历史性飞跃形成的理论成果是毛泽东思想。毛泽东思想"是马克思列宁主义普遍原理和中国革命实践相结合的产物"，"是马克思列宁主义在中国的运用和发展，是被实践证明了的关于中国革命的正确理论原则和经验总结，是中国共产党集体智慧的结晶"。② 周恩来为这个"集体智慧的结晶"作出了突出贡献，在多方面推动了马克思主义中国化实现第一次历史性飞跃。

在这一节，为了节约篇幅，对周恩来多方面推动马克思主义中国化实现历史性飞跃、丰富和发展毛泽东思想，就不逐一展开论述了，只用两则

---

① 《周恩来教育文选》，教育科学出版社 1984 年版，第 234、235 页。

② 《中国共产党中央委员会关于建国以来党的若干历史问题的决议》，人民出版社 1981 年版，第 39、40 页。

权威判断就足以证明。

1998 年 2 月 23 日，中共中央在人民大会堂举行大会，隆重纪念周恩来诞辰 100 周年。当时的中共中央总书记、国家主席、中央军委主席江泽民在纪念大会上发表讲话。讲话回顾了周恩来为中国人民解放事业和社会主义事业建立的卓著功勋，号召全党、全军和全国人民学习周恩来的精神。关于周恩来多方面推动马克思主义中国化的贡献，讲话有一段专论："周恩来同志善于把马克思主义的基本原理同中国革命和建设的具体实践相结合，善于发现和总结人民群众历史创造活动中的新鲜经验，善于从中华民族优秀文化遗产和世界文明中吸取智慧。他在政治、经济、军事、外交、统一战线、文化教育和党的建设等领域都有理论建树，为毛泽东思想的形成和发展作出了重要贡献。他对在中国如何建设社会主义进行了艰辛的探索，提出了许多今天仍有重要启示作用的思想理论观点。"[①]

十年之后，2008 年 2 月 29 日，中共中央又在北京举行纪念周恩来诞辰 110 周年座谈会。中共中央总书记、国家主席、中央军委主席胡锦涛发表讲话，同样追忆周恩来生平的丰功伟绩、展现周恩来的思想理论贡献，概括周恩来精神，号召全党、全军和全国人民站在新的历史起点上，高举中国特色社会主义伟大旗帜，深入贯彻科学发展观，"同心同德，齐心协力，求真务实、锐意进取，把老一辈革命家孜孜以求的美好理想变成现实，为把我国建设成为富强民主文明和谐的社会主义现代化国家而不懈奋斗！"[②] 胡锦涛对周恩来多方面推动马克思主义中国化的贡献同样有一段专论："周恩来同志参与领导了革命和建设时期党的各项重大工作，为党的每一个重大胜利付出了大量心血。在长期实践中，他注重把马克思主义基本原理同我国具体实际结合起来，认真总结革命和建设正反两方面的经验，深入进行理论思考，深刻阐释党的理论和路线方针政策，在政治、经济、军事、外交、统一战线、文化教育和党的建设等领域都作出了理论建树，为毛泽东思想的形成和发展作出了重要贡献，也为后来改革开放时期

---

① 江泽民：《在周恩来同志诞辰 100 周年纪念大会上的讲话》，《人民日报》1998 年 2 月 24 日。

② 胡锦涛：《在周恩来同志诞辰 110 周年座谈会上的讲话》，《人民日报》2008 年 3 月 1 日。

我们党形成中国特色社会主义理论体系提供了重要思想材料。"①

　　只要仔细比照研究就会发现，随着我们党理论创新的不断丰富，对党的历史和党史人物认识的深化，10 年间两任总书记在两次重要会议上的讲话，对周恩来历史功绩的回顾、理论和实践贡献的论述、周恩来精神的概括虽然角度不尽一致，表述也是各有侧重和特色，但在充分阐释周恩来"把马克思主义的基本原理同中国革命和建设的具体实践相结合"；"在政治、经济、军事、外交、统一战线、文化教育和党的建设等领域都有理论建树，为毛泽东思想的形成和发展作出了重要贡献"这两个方面则是完全一致的，甚至是一字不差的。这就表明周恩来的的确确在"政治、经济、军事、外交、统一战线、文化教育和党的建设等七个方面为毛泽东思想的形成和发展作出了重要贡献"。

　　问题还在于，这两个讲话固然是在两个非常重要的会议上党和国家最高领导人的讲话，但这不仅仅是两任总书记个人的意见，而是会前经中央讨论通过的讲话稿，是代表整个中央的意见，换言之，这也是全党对周恩来在多方面推动马克思主义中国化实现历史性飞跃的充分肯定和正式结论。这样，既然有全党的定论，也就无须作者在本文逐一展开论证和阐述了！更何况，这样做，也非万千八字就能完成的。

　　综上不难看出，周恩来最早在特殊境遇中传播马克思主义，较早论述马克思主义和中国革命的关系，长期探索和自觉追求马克思主义中国化，极尽阐释马克思主义中国化的准确含义，多方面推动马克思主义中国化实现历史性飞跃，表明他不仅是伟大的无产阶级革命家、政治家、军事家，党和国家的卓越领导人，也是当之无愧的马克思主义理论家，在马克思主义中国化的历史进程中有着重要地位，作出了卓越贡献。

　　（刊于《马克思主义研究》2012 年第 4 期；2013 年获西安市第八次（2011—2012）社会科学优秀成果二等奖；2014 年获陕西省第十一次哲学社会科学优秀成果三等奖）

---

　　①　胡锦涛：《在周恩来同志诞辰 110 周年座谈会上的讲话》，《人民日报》2008 年 3 月 1 日。

试论周恩来的文化思想

党的十八大报告指出："全面建成小康社会，实现中华民族伟大复兴，必须推动社会主义文化大发展大繁荣，兴起社会主义文化建设新高潮，提高国家文化软实力，发挥文化引领风尚、教育人民、服务社会、推动发展的作用。"为扎实推进社会主义文化强国建设，十八大提出加强社会主义核心价值体系建设、全面提高公民道德素质、丰富人民精神文化生活、增强文化整体实力和竞争力四大任务。① 重温和研究周恩来的文化思想，对贯彻十八大精神，扎实推进社会主义文化强国建设有着非常现实的借鉴意义。

一 尽力阐释文化的概念

对文化的概念，至今尚无统一的定义。在近代，给"文化"一词明确下定义的首推英国人类学家爱德华·泰勒。他于1871年出版了《原始文化》一书，指出："文化或文明，就其广泛的民族学意义来说，是包括全部的知识、信仰、艺术、道德、法律、风俗以及作为社会成员的人所掌握和接受的任何其他才能和习惯的复合体。"② 英国另一人类学家马林诺夫斯基发展了泰勒的定义，于20世纪30年代著《文化论》，认为"文化是指那一群传统的器物、货品、技术、思想、习惯及价值而言的，这概念

---

① 胡锦涛：《坚定不移沿着中国特色社会主义道路前进　为全面建成小康社会而奋斗——在中国共产党第十八次全国代表大会上的报告》，人民出版社2012年版，第30—34页。

② ［英］爱德华·泰勒：《原始文化》，连树声译，谢德胜、尹虎斌、姜德顺校，上海文艺出版社1992年版，第1页。

包容着及调节着一切社会科学"。① 据有关学者统计，关于文化的定义有260多种。但现在比较统一的看法即把文化区分为广义和狭义，前者指人类创造的一切物质财富和精神财富的总和，后者主要指人类的思想道德建设和科学文化。马克思主义经典作家也是从后者意义上理解的，认为文化是经济、政治的反映，又给经济、政治以反作用。比如，列宁就把"旧社会所创造的，已经成为社会主义物质基础的""知识、经验和劳动"②称为文化。毛泽东在《新民主主义论》中也指出："一定的文化是一定社会的政治和经济在观念形态上的反映。……至于新文化，则是在观念形态上反映新政治和新经济的东西，是替新政治新经济服务的。"③ 周恩来正是坚持马克思主义这一基本观点，尽力阐释文化的准确含义。早在1916年，18岁读中学的周恩来在一篇作文中写道："国民生活之高低，与其国文明之进退，实处于相维系之境地也。"④ 初步涉及文化与经济的关系，尽管这时他还没有接受马克思主义，更不是一个马克思主义者。成为坚定的马克思主义者之后，在新民主主义革命时期，周恩来要求文化工作者一定要认识到"政治和文化是脉息相关的"。⑤

新中国成立前夕，他为新政治协商会议起草《新民主主义的共同纲领》，在这个纲领的手稿第二稿，更明确地指出："一切文化、科学、教育及宣传，均应服从于新民主主义的政治要求，为人民大众服务。"⑥ 新中国成立后，周恩来又多次援引和阐释毛泽东"随着经济建设的高潮的到来，不可避免地将要出现一个文化建设的高潮"这一论断，反复强调："我们国家要进行大规模的建设，一方面是进行经济建设，另一方面还要进行文化建设。"⑦

1959年4月，在第二届全国人大一次会议政府工作报告第三部分，周恩来集中阐述文化教育战线的任务，是"随着社会主义的经济高潮的

① ［英］马林诺夫斯基：《文化论》，费孝通等译，中国民间文艺出版社1987年版，第2页。

② 《列宁全集》第34卷，人民出版社1985年版，第243页。

③ 《毛泽东选集》第2卷，人民出版社1991年版，第694—695页。

④ 《周恩来年谱（1898—1949）》，人民出版社、中央文献出版社1989年版，第19页。

⑤ 《周恩来文化文选》，中央文献出版社1998年版，第38页。

⑥ 同上书，第51页。

⑦ 同上书，第53页。

到来，我国开始兴起了一个社会主义的文化高潮"。"在文化教育事业的各部门、各单位中间，确立和加强了无产阶级的领导地位，使文化教育的高涨获得了政治的保证。"① 可见，在周恩来眼里，文化和经济、政治是互为表里，互为促进的，虽然他在多数场合里讲的是"革命文化"，这更彰显了当时所处的新民主主义革命和社会主义革命的时代特征，但核心旨归还是文化的含义，强调的是思想道德和精神层面上的东西，这同马克思主义的文化观是一脉相承的。

二　准确说明文化的性质

1946 年 2 月 5 日，周恩来在重庆文化界座谈会上发表讲话，就文化的性质作了非常精辟和凝练的说明："文化的性质：民族、民主、科学、人民的文化。"② 基于这样一个性质，周恩来进一步强调，这就要求文化界把文化普及于人民，提高他们的科学知识，提倡文学自由，推动全国的民主运动，把我们的政治意见广为传播，并争做为人民服务的先锋。

可以看出，"民族""民主""科学"是讲文化的内容，"人民"则是文化的归宿或落脚点，"做人民先锋"更是文化的根本和性质所在。其实，关于文化的先锋性，周恩来强调得更早些。八年前的 1938 年 5 月 4 日为纪念五四运动 19 周年，周恩来在武汉给《新华日报》题词："在抗战的今天，来纪念 19 年前的'五四'，我愿全中国学生保持并发扬这一历史传统，贯彻抗战到底，勉为文化先锋。"③

1939 年 3 月，周恩来东南行，前往浙江全面发动抗日民主运动，于 24 日在临安县西天目山浙江省立浙西临时中学开学典礼上发表演讲，号召"用进步文化向敌人进攻"。针对江浙沦陷区还有许多老百姓得不到祖国的消息，受不到祖国的教育，却只能看到敌人和汉奸们荒谬的文字，只能听到敌人广播的反动宣传，周恩来急切地要求赶快想法子补救，"应当尽可能用文化进攻的方法把这些民众的头脑抢救过来，肃清和纠正他们所受敌伪的反动宣传"。周恩来特别强调："在敌人以军事、政治、经济、

---

① 《周恩来文化文选》，中央文献出版社 1998 年版，第 71 页。
② 同上书，第 41 页。
③ 同上书，第 10 页。

文化各种方式猛烈进攻的今日，应当加倍地在军事、政治、经济、文化多方面向敌人反攻。""收复我们的杭嘉湖，保卫我们的大浙江，争取我们的最后胜利。"①

关于文化的"民族""民主""科学"性，周恩来在 1940 年夏亦有系统阐述。他说，提倡民族思想，是指解放的、对内对外一律平等的、反对希特勒式的或复古的民族思想；提倡民权思想，反对反民主的独裁思想；提倡进步的思想，至于什么是进步的思想，周恩来特别解释说是可以研究的，但主要是反对把中国发展为资本主义社会，因为那样可使阶级斗争尖锐化起来，而成了反民生主义的思想。在这里，周恩来关于民族、民主（民权）、科学（进步）的阐述，既是对孙中山新三民主义的进一步强调，也是对文化性质的较系统阐释。

三　适时提出文化工作的方针

所谓方针，是引导事业前进的方向和目标。为使党的文化工作始终有一个正确的方向和远大目标，以引导和推动革命和建设事业，到达胜利的彼岸。为此，周恩来总是适时提出文化工作的方针。

在新民主主义革命时期抗日民族解放战争最艰难困苦的 1940 年，为推动抗战渡过难关、夺取最后胜利，周恩来发表抗战与文化工作讲话，提出了文化工作的方针是两个"至上"，两个"第一"，两个"集中"。②

两个"至上"就是"国家至上、民族至上"。其含义是什么呢？即凡是建立三民主义新中国的思想，都应该许可。不能曲解国家的含义，向后转是要打击的，但是也不能满意仅仅停留于民主国家的阶段。民族要团结，但不是否认或抹杀中国民族的败类和阶级存在，而忽视了小民族及其他阶级的利益，要彼此互让、彼此坦白，才能"同舟共济"，为民族的利益而团结在一起，谋整个民族的解放。

"两个第一"即"军事第一、胜利第一"。周恩来强调：一切为了抗战，一切服从抗战，反对依赖性和半途妥协，要不断求胜利以取得最后胜利。毫无疑问，在战争年代，强调军事第一、胜利第一，是唯一正确的

---

① 《周恩来文化文选》，中央文献出版社 1998 年版，第 11—12 页。

② 同上书，第 13 页。

抉择。

"两个集中"即"意志集中、力量集中"。这就是要团结集中各种意旨和各种力量，不怕意旨多、力量多，只要集中在抗战上面，集中于打击敌人，建设新中国。解放战争时期，周恩来又适时提出"肃清帝国主义文化侵略"的方针，强调"把文化普及于人民"。显然在战乱年代，强调文化方针的"两个至上""两个第一""两个集中"是绝对必要的，也是紧迫的。

新中国成立后，中国共产党成为执政党，经济建设逐步成为国家工作的重心。周恩来对文化的促进作用更加重视，而且从国家领导机构层面在政务院专门设立了文化教育委员会，其地位"相当于政务院的一个分院"。① 1957 年，他又明确提出新中国"文化工作的方向"是"面向全国，面向农村"，② 因为农村人口占全国的绝大多数。随着文化工作日益繁荣和初步发展，1958 年年初，他又提出"文化工作要注意提高质量"③，这既是对文化工作提出的新要求，实际上也是对全面建设社会主义时期文化工作方针的再阐释。

当然，新中国成立后，党中央逐步确立了"百花齐放、百家争鸣"这一文化工作的总方针。这一方针是 1951 年 3 月至 1953 年 10 月，分别就戏曲发展和历史研究、科学发展提出的。1956 年 4 月，毛泽东代表党中央正式把"百花齐放、百家争鸣"作为科学文化发展的指导方针在《论十大关系》中加以强调，同年 9 月，党的八大政治报告和决议对"双百"方针又进行了再阐释。④ 此后，周恩来对"双百"方针一再强调，反复阐释。1957 年 4 月他就"双百方针提出的缘由"作了说明："现在提出'百花齐放，百家争鸣'这样的方针，就不同于新中国成立初期是有它的客观因素的。"因为民主革命尚未胜利的时候就提出这样的方针，那就是替国民党粉饰太平。在社会主义革命没有完成的时候，也不能提出这样的方针。在社会主义建设中，我们才有可能提出这样的方针。1959 年他又指出："社会主义建设的跃进，群众性文化革命的高涨，为科学艺术的'百花齐放，百家争鸣'开辟了广阔的天地。"1963 年，他专门论述文艺

---

① 《周恩来文化文选》，中央文献出版社 1998 年版，第 56 页。

② 同上书，第 64 页。

③ 同上书，第 69 页。

④ 占善钦：《"双百方针"是如何出台的?》，《光明日报》2012 年 4 月 21 日。

工作，在经过一番理论论证后说："百花齐放，推陈出新，百家争鸣，厚古薄今，这四句话成为文艺工作的方针。"

以上说明，文化工作的方针同样也是随着时代的发展和任务的变化而发展变化的。

四　合理界定文化工作的内容

理解了文化的含义，知道了文化的性质，明确了文化工作的方针和方向，熟悉文化工作的内容对推动文化发展当然至关重要。其实，在不同的历史时期文化工作的内容也是不尽相同的。

在新民主主义革命时期，周恩来就提出"文化工作是多方面的"，①至少包括五个方面。一是历史的研究。周恩来提出优良的传统都应该提倡，但是要正确地发展，要取其精华、去其糟粕，不要以为凡是研究古典的书就是复古。二是科学的书籍。针对有人以为中国的思想中有科学意味的就是科学的思想，周恩来指出这是不对的。因为只有具备进步的科学思想的书籍，才属于真正的科学的书籍。鉴于抗战时期大家忙于突击工作，科学基础非常薄弱，周恩来提出应该帮助青年学习科学，因为这是启蒙思想而不是复古思想。三是民主思想的书籍。因为从五四运动到20世纪40年代初，还没有建立起民主的传统，所以，必须提倡民主以打击反民主的思想。四是进步的思想。周恩来要求文化部门努力研求，不求多，但要选择得精确。五是通俗化的读物。因为深和浅的中间应该有联系，要照顾到广大民众及中间读者。要利用多种形式，适合地方性和特殊环境。之所以在革命时期界定文化工作的前述内容，是因为"新启蒙运动在今天还有重新提倡的必要，虽然五四运动已过了二十年，今天尚有人提倡复古和反民主的思想，这种情形实令人觉得沉痛。过去的出版工作未免嫌单调，不能和环境相称"。②

新中国成立前夕及其之后，关于文化工作周恩来往往是同教育联系在一起论述的。比如，1949年8月22日，为新政治协商会议起草《新民主主义的共同纲领》手稿第二稿关于文化部分的标题就是"新民主主义的

---

① 《周恩来文化文选》，中央文献出版社1998年版，第15页。

② 同上书，第15—16页。

文化教育"。又如，1952 年 10 月 24 日，他在政务院第 156 次政务会议上讲话，题目又是"必须加强文化教育工作"。还如，1959 年 4 月 18 日，在二届人大一次会议上作政府工作报告，第三部分的标题就是"我们在文化教育战线上的任务"等。在这些讲话、报告中，周恩来进一步充实和扩大了文化工作的内容。他说："文教工作中，除了教育，还包括文化艺术、科学、卫生、新闻、出版等。"① 为了加强对文化工作的协调和领导，周恩来强调文委的领导要加强，教育部要分为高等教育和普通教育两个部；科学院也要加强，要派干部进去；卫生部和文化部也要加强；宗教事务方面只有一个宗教事务处，太弱，要建立强的机构；文委所属的单位还有新华社、广播局、出版机构等。

从革命时期到建设时期，周恩来对文化工作内容的界定基本涵盖了文化工作应当包括的所有领域。仅从中共中央文献研究室 1997 年编选、1998 年由中央文献出版社出版的《周恩来文化文选》看，其中收录周恩来在各个时期关于文化的文稿达 210 篇，约 54 万字。文选在文稿分类上，除"文化综论"外，从其余专题分类也足以反映周恩来文化思想的内容，包括：文学艺术、文物出版、教育事业、科学技术、医药卫生、体育运动和知识分子。鉴于这方面的文献资料极其丰富，思想极其深刻，在篇幅有限的一篇文章中很难充分展现，所以就其内容的分类只能点到为止。

五 鲜明强调文化工作的立场

立场问题是高于一般方法问题的更高层次的范畴，它决定着正确认识和处理一切问题的思路和方法，亦即我们通常说的对同一问题，站在不同的立场，会有不同的看法，得出不同的结论。同样，对文化工作立场问题，周恩来不仅有过专题论述，而且反复强调。

在《抗战时期文化工作的方针》这篇讲话中，周恩来专门讲了"文化工作者的立场"。这就是：一是全民族的。即要顾到多民族，帮助弱小民族，要顾到多个阶级，不仅是无产阶级，同时要顾到资产阶级，要影响他们的思想，争取到抗战建国的阵营中来。二是只要是抗战的党派，我们

---

① 《周恩来文化文选》，中央文献出版社 1998 年版，第 56 页。

都同情、拥护并帮助他们发展。三是各地方都要去经营，都要顾到。四是全国的团结进步，即反对不正确的思想，反对落后的思想；反对压迫民族、破坏团结的思想。新中国成立前夕，在阐释如何对待外国文化机构时，周恩来明确说："使它变成民族的。"①

一句话，文化工作的立场就是民族的立场。

新中国成立后，周恩来对文化的民族立场讲得更鲜明。1954 年 4 月至 7 月，周恩来率中国代表团出席日内瓦会议，为解决国际争端问题他提出了著名的"和平共处五项原则"和"求同存异"方针，得到与会多数国家的认同，使会议圆满成功，从而使新中国打破了美帝国主义的封锁，走向世界。会议结束后，回国途中他应邀访问民主德国柏林。7 月 25 日上午，在胡包特大学接受名誉法学博士学位，并发表答词演讲。周恩来在答词中说："为了发展文化，我们需要和平。人类在不可计数的年代中，以辛勤的劳动创造和发展了文化，掌握了现代科学的知识，为的是创造更美好的生活。但在今天的世界上，却有一些人企图利用科学和技术的成果来进行毁灭人类的战争。他们是和平的敌人，同时也是文化的敌人。保卫和平的斗争就是保卫文化的斗争。""因此，我们把日内瓦会议的成就也认为是保卫文化的成就。日内瓦会议的结果使我们更加相信，如果爱好和平的国家和人民坚持保卫和平的斗争，和平是一定可以保卫得住的。"周恩来在答词中最后号召："让我们在保卫和平、保卫文化的事业中团结起来"，"让我们在保卫各自的民族权力的斗争中团结起来"。②

显而易见，文化的民族性质和文化工作的民族立场是非常鲜明的。这表明周恩来这一思想是一以贯之的。同时，也表明文化工作者的立场同文化的性质是密切相关的。

六　真诚说明文化工作的态度

正确的态度是从事任何事业、做好任何工作的前提和基础，做好文化工作也不例外。那么，从事文化工作应持什么样的态度呢？周恩来同样有过真诚的说明。

---

① 《周恩来文化文选》，中央文献出版社 1998 年版，第 44 页。

② 同上书，第 63 页。

新民主主义革命时期，关于文化工作者的态度，周恩来说："我们的态度应谦虚而诚恳，不要因为自己有重大的使命而自满骄傲起来。只有这样的态度才能推动别人前进，减少落后的现象。也只有这样，才能打破难关，使生活书店的旗帜能在全国受到欢迎，在抗战中成为有力量的军队；才能克服一切错误思想，而走上民族解放的道路。"① 在坦言"谦虚而诚恳"时为什么特别以生活书店为"旗帜"呢？因为生活书店是 1932 年 7月在上海成立的革命出版机构，前身是邹韬奋主编的《生活》周刊。抗日战争爆发后，该店总店先后迁到武汉、重庆，直接受共产党的领导，成为当时中国革命出版事业的中坚力量。抗战胜利后，周恩来再次强调"谦虚""诚恳"这一文化态度的重要性。1945 年 10 月 19 日，在重庆文化界纪念鲁迅逝世 9 周年集会上，他发表讲话说："鲁迅先生生平的态度是：对敌人恨，对自己严，对朋友和。这态度是文化界的朋友应该学习的，我自己就这样学习着的。恨，是打'落水狗'的精神，今天反动的文化并未'落水'，还得打。严，就是谦虚学习。和，并不是不批判，要善意地批判，批判、斗争都是为了团结。这样，才有力量持久下去，把中国新文化在中国的土地上培植、生长起来。持续下去，十年，二十年……"②

社会主义建设时期，周恩来又多次表示："相信经过科学上不同学派、不同见解的自由争论，艺术上不同形式、不同风格的自由竞赛，不要很久，我们的科学文化事业一定能够进入一个昌盛的时代，并且获得伟大的成就。"③

从革命时期的"谦虚而诚恳"到执政时期倡导的"不同见解的自由争论""不同风格的自由竞赛"，既表明在文化态度上的前后贯通，更表明执政后我们党的胸襟应该更加宽广，心态应当更加包容。

七　反复阐明文化建设的任务

文化是一个民族的血脉。文化建设同经济建设、政治建设同等重要。

---

① 《周恩来文化文选》，中央文献出版社 1998 年版，第 16 页。

② 同上书，第 39—40 页。

③ 同上书，第 76 页。

那么，文化建设的任务是什么，固然同文化建设的内容密切相关但毕竟不完全等同。在周恩来的文化思想里，同样是分开论述的，而且在革命和建设的不同历史阶段也是不同的。

新民主主义革命时期，肃清帝国主义的文化侵略是文化工作和文化建设的长期任务。周恩来说："在文化方面，肃清帝国主义侵略的影响就更加长期一点。因为文化侵略和政治、经济、军事侵略是不同的。"① 接着他举例说明，譬如帝国主义在我国建立一些医院，在某种程度上来说，是对中国人民有些利益的，它给我们治好了一些病人。又如他们的学校、教会、文化教育机关，一方面给中国人民谋些福利，另一方面，又在这里边灌输帝国主义的思想，如果我们不加以区别，马上一律取消是做不到的，许多人是不理解的。所以，对于帝国主义的文化侵略要有区别。同时，取消帝国主义的文化政策，要有一种东西来代替，要有步骤地来进行。经过哪些步骤呢？周恩来提出了三条：一是我们要有好的，至少是相当的东西来代替，比如医院要有与他们相同且费用少一点的医院，要有比教会办得好的学校；二是从里边改造，比如教会，中国有一部分人相信宗教，我们不能一下子使全国人民的觉悟都和我们一样高，不迷信，但我们可以让教会不由外国人主持，让中国人自己来办，保障我们的主权和民族独立的立场，学校也是一样。三是要有计划、有步骤、有准备、一步一步地做到，"用这种方法取消帝国主义的政治、经济、文化教育的特权，用这种不同的步骤来达到总的目的，把帝国主义的侵略势力更快地驱逐出去"。②

社会主义建设时期，周恩来一而再再而三地强调文化建设的任务是普及和提高。新中国成立后，作为一国总理，在狠抓经济建设的同时，周恩来也狠抓文化建设。1952 年 7 月，他在政务院第 146 次政务会议上讲话，曾专题讲关于文化建设的几个问题，同年 10 月，在政务院第 156 次政务会议上他再次强调必须加强文化教育工作。经过"一五"计划的完成，特别是随着社会主义革命的完成，到 1956 年文化工作已经取得了相当的成就。刘少奇在党的八大政治报告中用大、中、小学生数，图书出版数、医疗机构的床位数将 1956 年同 1949 年作了比较后说明："我国的文化教

---

① 《周恩来文化文选》，中央文献出版社 1998 年版，第 46 页。

② 同上书，第 47 页。

育事业在过去几年中已经有了巨大进步。"① 于是，到 1957 年，周恩来又适时提出文化工作的任务一方面是普及，另一方面是提高。

他说："文化工作重点是大力推广、普及，但还要逐步提高。"他强调指出"普及是重点，是大量的，少数的要提高"。② 1958 年，周恩来进一步指出："今后文化工作配合经济的发展，还会有大的发展"，"不仅在文化方面，教育、卫生、体育方面也是如此"。③ 国家办的专业文化单位应该是少数，应该注意提高质量。1959 年 4 月 18 日，周恩来在二届人大一次会议政府工作报告中提出"继续调动文教战线上的一切积极因素，向前推进文化革命的事业，普及社会主义的文化，并且不断地在普及的基础上进行巩固和提高的工作，使文教工作的发展能够适应整个社会主义建设的需要，这就是我们的任务"。④

八　辩证分析文化建设与经济建设的关系

与文化概念的界定相关联，新中国成立后，周恩来又辩证分析了文化建设与经济建设的关系。1952 年 7 月，他指出我们国家要进行大规模的建设，一方面是进行经济建设，另一方面还要进行文化建设。10 月，他进一步强调，我国经济建设的高潮就要到了，但是我们不应该把文化建设看作将来的事，不能等待，现在就应着手。他特别强调："经济建设和文化建设，好像一辆车子的两个轮子，相辅而行。"⑤ 这就阐明了文化建设与经济建设是相互促进和相互制约的辩证统一关系：一方面，经济建设为文化建设提供物质基础，如果没有经济建设的发展，文化建设就会由于缺乏物质支撑而落空；另一方面，经济建设也离不开文化建设为其提供智力支持和精神动力。

与此同时，周恩来还论述了科学文化力量和经济力量是增强综合国力最主要的两种力量。面对 20 世纪 50 年代中期国际上兴起新科技革命高潮这一形势，周恩来从增强综合国力的高度，把科学文化看作和经济力量一

---

① 《刘少奇选集》下卷，人民出版社 1985 年版，第 239 页。
② 《周恩来文化文选》，中央文献出版社 1998 年版，第 65 页。
③ 同上书，第 69 页。
④ 同上书，第 71—72 页。
⑤ 同上书，第 56 页。

样甚至是更重要的一种"力量"。他敏锐洞察到："放眼世界，全盘机械化，全盘自动化和远距离操纵，从而使劳动生产率提高到空前未有的水平……"尤其是原子能的利用，"给人类提供了无比强大的新的动力源泉，给科学的各个部门开辟了革新的远大前途"。因此，他提出"只有掌握了最先进的科学……才能有强大的先进的经济力量"①。到了 20 世纪 60 年代中期，当他把我国发展经济的战略由"工业化"扩展到"四个现代化"之后，周恩来进一步强调，"四个现代化"，"关键在于实现科学技术的现代化"。② 这是因为，只有用科学技术的最新成果武装国民经济的各个部门，才能够迅速提高全社会的劳动生产力水平，也才能很快地增强创造物质财富和精神财富的能力。正因为如此，他郑重号召必须"认真地而不是空谈地向现代科学进军"。③ 可以认为，这一思想不仅阐明了科学文化力量在综合国力中的重要地位，也昭示了它是后来"科教兴国"战略思想的先声。

九　深刻阐释文化的批判与继承关系

文化既是历史的积淀，物质在观念上的反映，又具时代特征，那么随着时代的前进也必然需要进行扬弃和发展。在文化的批判和继承关系上，周恩来的见地也是相当深刻的。

新中国成立前夕，周恩来曾对北平南下工作团发表《对旧文化要批判地继承》的讲话。讲话通过追忆五四运动以来 30 年在对待文化态度上的经验教训说："那时认为旧的，历史遗留下来的一切都无用，因此变成了否定一切。须知旧文化也有可用的，可以批判地接受。"他还不无遗憾地感叹："'五四'时期不知道这个道理，所以很幼稚，而今天你们则进步了，一说很容易就懂了。这就是说，我们不要否定旧的一切，而要把旧文化里可用的部分接受下来，即批判地接受。"他特别强调"对旧的东西取根本否定或全盘接受的态度，都会使这一社会无法改造"。④

新中国成立初的 1951 年，周恩来在京、津高等学校教师学习会上发

---

① 《周恩来文化文选》，中央文献出版社 1998 年版，第 830—831 页。

② 同上书，第 588 页。

③ 同上书，第 835 页。

④ 同上书，第 48—49 页。

表讲话，当讲到知识问题时他说："我国历史上有一些很宝贵的传统，甚至封建王朝里边也有一些有进步作用的东西。"但"要用历史唯物主义的眼光来分析"，"要继承历史上有利于人民的传统，否定有害于人民的东西"。①

除了对中国优秀传统文化需要继承，对外国的优秀文化或有益文化同样需要合理吸收、借鉴和学习。1954 年 7 月，周恩来在民主德国接受胡包特大学名誉法学博士学位的答词中热情洋溢地说："中国人民是尊重和爱好世界上一切优秀的进步的文化的。我们对于德意志人民在文化上的成就给予很高的评价。德意志人民在哲学、科学、音乐、文学各方面都出现了许多不朽的天才。尤其重要的，德意志是产生科学的社会主义创始人和国际工人阶级的伟大导师马克思和恩格斯的国家，德意志人民对于人类共同精神财富作出了杰出贡献。"周恩来表示，中国人民愿意向优秀的进步的德意志文化表示敬意；我们珍贵德国文化的丰富遗产，我们更珍贵德国文化的未来发展。② 在这里，不仅充分表达了周恩来对德意志文化的包容、崇敬之情，而且表明他对人类一切优秀文化的真诚态度和借鉴、学习的愿望。

当然，周恩来关于批判地继承中国优秀传统文化和借鉴学习一切外国优秀文化的论述绝不限于这些，而且还体现在他论文学艺术、文物出版、教育事业、科学技术、医药卫生、体育运动等诸多领域和方面。

十 较早使用"先进文化"这一概念

我没有详细考证"先进文化"这一概念是何时由谁最先使用的，但在时下多数人的印象中，是 20 世纪和 21 世纪之交"三个代表"思想的提出，其中之一就是"代表中国先进文化的前进方向"。曾有学者在学术研讨会上作主题报告，说这是"总书记"第一次提出了包括"先进文化"在内的"三个代表"重要思想。2000 年 10 月，在陕西省毛泽东思想研究会举办的"纪念抗美援朝战争 50 周年"学术讨论会上，国防大学林建公教授作《关于"三个代表"重要思想有关问题》的报告就是这样讲的。

---

① 《周恩来文化文选》，中央文献出版社 1998 年版，第 795 页。
② 同上书，第 62—63 页。

但我在研习周恩来有关文化的论述时，发现他较早使用了这一概念，我不敢把话说得绝对，只说"较早"。周恩来使用这个概念仍是1954年7月在柏林胡包特大学的答词中。

他说，中国和德国都具有优良的文化传统，在发展和巩固中德人民的友谊中，两国文化交流占着重要地位。中德文化交流开始进入了一个新的阶段。"我们相信各国人民对于其他民族的先进文化的学习将增进彼此的了解和促成共同的进步，尤其是中国的文化，从现代的水平来说是落后的，我们更需要学习你们的先进文化。"在这一段话里，周恩来两次用"先进文化"这一概念，说明他是深思熟虑的，而不是即兴所言的。

那么，周恩来所说的"先进文化"是什么含义呢？其实他的所指是非常明确的："文化只有在属于人民并且为人民服务的时候才能有健全的基础和广阔的前途，为劳动人民服务乃是文化发展的基本方向。"他还进一步说明："文化的发展像任何其他事业的发展一样，必须在原有的基础上留下好的进步的成分，去掉坏的落后的成分，吸收和学习新的先进的知识和经验。"[1]

可以看出，周恩来不仅使用了"先进文化"这一概念，而且对"为劳动人民服务"的"基本方向"和"进步成分"及"先进的知识和经验"等含义作了清晰、准确的界定，这种概念的使用和界定比"先进文化的前进方向"早提出46年，足见周恩来文化思想的前瞻性。

十一 反复号召学习文化人应有的风骨

什么是文化人？《现代汉语词典》注了两条释义：一是说抗日战争前后指从事文化工作的人；二是指知识分子。其实，这二者是一致的。别说抗日战争前后，即便任何时候，从事文化工作的人哪一位不是知识分子呢？而鲁迅则是从新文化启蒙运动到局部抗日民族解放战争时期中国文化界公认的主将和旗手，在他身上体现了中国文化人应有的风骨，所以无论革命时期还是建设时期，周恩来反反复复地号召文化界人士要学习鲁迅的作风和精神。

1938年10月19日，在中华全国文艺界抗敌协会等团体召集的纪念

---

[1] 《周恩来文化文选》，中央文献出版社1998年版，第62页。

鲁迅逝世 2 周年纪念会上，周恩来以"学习鲁迅的精神和作风"为题发表讲话，说明鲁迅"在国难当头或局势摇荡时，绝未动摇或妥协过，无论在今天还是明天都本其一贯精神，倔强奋斗，至死不屈。同时又启示出未来的光明，把握住光明的前途"。接着，号召文化界在政治上、文学上、人格上全面学习鲁迅的精神和作风。[1]

1940 年 8 月 9 日，周恩来在延安高级干部会上作《抗战中的文化工作和文化运动》的报告，再次号召文化界要学习鲁迅的作风和精神。他说：鲁迅是"文化界的主将"，"是中国 20 年来文化运动的结晶"，"我们要学习他的整个的精神"。周恩来把鲁迅的作风概括为四点：一是对敌人是严的，是一针见血的，绝不姑息的，一贯如此的。二是对自己是严的，绝不随便饶恕自己，绝不骄傲、夸大、苟且，无论在创作上还是生活上。三是对自己战线内的人是宽的、提携的，不随便挑剔。四是对叛徒的嫉恶如仇敌，是主张肃清内奸的。因此，"学习鲁迅，要学习他的整体，不要只学一点一滴就自以为是鲁迅的门徒，这是不对的"。[2]

1941 年 11 月，周恩来撰写《我要说的话》专文，全面回顾鲁迅经历过一半清朝一半民国的人生历程，高度赞扬鲁迅"为大众而牺牲的精神"，重申瞿秋白对鲁迅在思想斗争和新文化运动上四个特点的概括，即最清醒的现实主义、"韧"的战斗、反自由主义、反虚伪的精神。

1945 年 10 月 19 日，在重庆文化界纪念鲁迅逝世 9 周年纪念会上，周恩来又发表讲话，强调"鲁迅先生生平的态度是：对敌人恨，对自己严，对朋友和"。[3] 他援引十几年前鲁迅说过"对旧社会旧势力的斗争，要坚决、持久，同时还要培养实力"这段话，结合自己学习的体会谈了三点启示：和封建的、复古的、法西斯的文化的斗争，必须是坚决的；认识清楚了，如果没有持久的精神战斗下去，新文化建设的胜利也不易获得；我们的战线应当扩大，文化斗争不是小圈子、宗派的，应当依靠广大人民的力量来开辟道路。"对青年总要抱着欢迎、合作的态度而不是关门的"。这三点的意思同五年前的四个特点概括是一致的，因为五年前的四个对敌人严同对叛徒的疾恶如仇敌是一致的，都表现在对敌人严，进而"热烈

---

① 《周恩来文化文选》，中央文献出版社 1998 年版，第 751—753 页。

② 同上书，第 20—21 页。

③ 同上书，第 39 页。

地期待文化界共同起来为新文化的建设而努力"。

　　在我接触的有限的史料中，新中国成立后，周恩来至少有三次论及学习鲁迅的精神。第一次是1950年7月在北京市高等学校毕业生分配工作动员大会上发表《跟着新生力量走》的讲话，赞扬"鲁迅是大文学家，但对任何一件小事都不苟且，例如他对青年的来稿就是每一个字都仔细校阅，认真修改的"。并号召青年知识分子"要学习这种精神，要从一点一滴的小事做起"，"青年人要不断地磨炼自己"。① 第二次是1953年9月，他在中国文学艺术工作者第二次代表大会上作政治报告时又援引毛泽东《新民主主义论》中对鲁迅的评价："鲁迅是中国文化革命的主将，他不但是伟大的文学家，而且是伟大的思想家和伟大的革命家，鲁迅的骨头是最硬的，他没有丝毫的奴颜和媚骨，这是殖民地半殖民地人民最宝贵的性格，鲁迅是在文化战线上代表全民族的大多数，向着敌人冲锋陷阵的最正确、最勇敢、最坚决、最忠实、最热忱的空前的民族英雄"，号召文艺工作者坚持中华民族新文化的方向。第三次是1960年1月，他在全国文化工作会议上讲话中指出："我们要藐视剥削阶级，热爱劳动人民，冷对帝国主义，俯首于劳动人民。我们应该有鲁迅先生的态度。"②

　　可见，周恩来非常推崇鲁迅这种文化人的风骨，他一而再再而三，甚至不惜反反复复论及鲁迅的作风和精神，号召文化界、艺术界和所有青年人都要学习鲁迅的作风和精神。

十二　始终强调党对文化工作的领导

　　关于坚持中国共产党对文化工作的领导也是周恩来一贯强调的。仍是在新民主主义革命时期的1940年，周恩来就提出"开展新文化运动就必须加强对他的领导"。那么由谁来领导呢？周恩来认为要"认识延安的重要性"，因为"延安是今日中国的文化中心，相当于内战时期的上海"。要克服全国文化建设"各自为战的状态，需要延安文化界有计划的领导"，说"延安文化界有计划的领导"实际上就是中国共产党对文化的领

---

① 《周恩来文化文选》，中央文献出版社1998年版，第400页。
② 同上书，第197页。

导，因为这时恰好"毛泽东、洛甫又发表了论文和报告"①。所谓毛、洛的论文和报告，是毛泽东同年1月在陕甘宁边区文化协会第一次代表大会上作题为"新民主主义的政治与新民主主义的文化"的演讲，2月15日发表在《中国文化》创刊号上，同月20日，《解放》周刊第98期、第99期合刊登载时，将题目改为"新民主主义论"；洛甫在会上作题为"抗战以来中华民族的新文化运动与今后任务"的报告。而这两篇演讲和报告，都强调了中国共产党对文化的领导地位。同时，周恩来还讲了中国共产党对"文化战线的具体领导"的七条举措。

新中国成立后，周恩来关于加强党对文化工作的领导的论述就更明确、更系统了。1953年9月23日，在《为总路线而奋斗的文艺工作者的任务》的报告中曾专节论述"领导的责任问题"，指出："要使文艺工作搞好，领导的责任是大的。共产党是文艺运动的领导者，所以在这方面应该加重责任，特别在思想改造过程中，应该更多的关心。"②

然而，党对文化工作的领导不是党包揽一切，因此，不仅要加强党对文化工作的领导，而且要改善党对文化工作的领导。1962年2月17日，周恩来在中南海紫光阁对在京的话剧、歌剧、儿童剧作家发表讲话，在讲话第二部分专题讲"党如何领导戏剧电影工作"。他说："党委如何代表党来领导，这个时期党的领导建立了……包括戏剧、电影方面。但是，这时期又有包办一切的现象，行政工作、艺术工作都由党委来决定。因此，党委应领导一切，统帅一切，但不要包办一切。什么是专家的事，什么是行政的事，党委不要包办。""有些问题党委不要管。"③同年3月2日，他又对在广州召开的全国科学工作、戏剧创作等会议的代表讲话，集中而系统地阐述了党应如何对文化、教育、科学等领域领导的问题。首先，关于党的领导范围，他说："我们说党领导一切，是说党要管大政方针、政策、计划，是说党对各部门都可以领导，不是说一切事情都要党去管。至于具体业务，党不要干涉。"他还举例说明，如果什么都管，连发戏票、导演戏都去管，结果忙得很，反而把大事丢掉了。其次，党的领导是组织领导，不是个人领导。周恩来还以现身说法举例："如果把我下放到剧

① 《周恩来文化文选》，中央文献出版社1998年版，第19页。

② 同上书，第136页。

③ 同上书，第242—243页。

团，虽然我也曾演过戏，现在必定是个蹩脚的演员，只有向人家学习，哪能领导?"再次，上下级要有区别。至于支部，周恩来举例说，"剧团支部""只是起保证监督作用，不是指挥"。复次，党委领导是集体领导，不是书记个人领导。他说："没有经过党委讨论的大事，书记不能随便决定。"最后，外行领导内行要有个范围。他说，我们说外行能够领导内行，是讲政治上思想上组织上的领导，但不是要外行去干涉业务，要尊重专家，尊重群众意见。①

　　这样周恩来就不仅强调了党对文化工作领导的必要性，而且精辟、具体地阐释了党应当如何领导文化工作，可谓问题的提出与问题的解决同时产生。

　　综上不难看出，如同周恩来的统一战线思想、外交思想和经济建设思想一样，他的文化思想也十分丰富，把文化及其建设问题该涉猎的几乎都涉猎到了而且很系统，比如，关于艺术的民族性和人民性的关系问题、浪漫主义和现实主义的关系问题、艺术标准与政治标准的统一问题以及艺术规律问题等，有些论述很深刻、很精辟，所有这些不仅是周恩来思想的重要组成部分，而且成为集体智慧和党的指导思想意义上的毛泽东思想的重要组成部分。显而易见，周恩来的文化思想也成为中国特色社会主义理论关于社会主义文化大发展大繁荣理论的重要思想资源或元素。

　　重温和学习周恩来的文化思想，对当今扎实推进社会主义文化强国建设，现实启示是多方面的。仔细琢磨和体味本文所论述的12条，每一条对十八大关于文化的四大功能的定位和完成四大任务的推进都或多或少、直接或间接有参考意义。鉴于本文篇幅所限，在这里不一一展开论述，当择机另撰专文再作深入探析。

　　(刊于《陕西师范大学学报》(哲学社会科学版) 2013年第4期；人大复印报刊资料《毛泽东思想》2014年第1期全文复印转载；2015年获陕西省高等学校人文社会科学研究优秀成果二等奖)

---

① 《周恩来统一战线文选》人民出版社1984年版，第420—421页。

刘少奇研究

《论党》与马克思主义中国化

马克思主义中国化是中国共产党成立以来几代人为之奋斗的一项伟大事业，这项事业既包括理论方面的创新也包括在创新理论指导下对实践的推动。衡量这一事业巨大成就的标准不外两个，一是马克思主义的成就，二是中国的成就。就前者来说，是指所创新的理论其基本立场、观点、方法是马克思主义的。就后者而言，是指这些理论是立足于中国，带有中国特色，其主要形式和生命力表现为具体的、民族的和新鲜的。可见，马克思主义中国化既是一个理论与实践不断结合的过程，也是一个共性与个性长期融会的过程。这两个过程解决的课题实质上是同一的，即马克思主义与中国实际的关系问题。党在不断推动此过程的实践中形成了毛泽东思想和中国特色社会主义理论体系。

对毛泽东思想的成因、特征作出最全面、最深刻、最完整论述的人，在党内首推刘少奇。刘少奇虽然不是党内第一个提出"毛泽东思想"概念的人，但他是对毛泽东思想的科学性作出高度评价的第一人。首先，他的这些深邃见解见诸1945年在党的七大上所作的《关于修改党章的报告》，1950年1月经作者改名为《论党》。其次，党建理论作为毛泽东思想的有机组成部分，《论党》从宏观的角度把党24年来所取得的成就作了概括，第一次比较全面系统地总结和概括了党在思想、理论、作风、政治、组织等各方面的建设，对马克思主义党建理论在中国的表现形式和具体内容及实践方式作出了富有中国特色的系统论述，使马克思主义党建理论实现了适合中国国情的表述，成为马克思主义中国化事业中党的建设理论方面的一次重大飞跃。最后，《论党》扭转了中国共产党自成立以来实际上单纯以列宁主义为党建指导思想的局面，为确立毛泽东思想在全党的指导地位起到了决定性的作用，因而也是党建理论的一次重大创新。因此，可以这样说，《论党》既是刘少奇对马克思主义中国化的独特贡献，也是马克思主义中国化的重大理论成果。今天，重温刘少奇的这篇报告，对于更好地加强党的自身建设，提高党的执政能力、执政水平和不断推进马克思主义中国化仍将具有重大的理论意义和现实意义。

一 《论党》在党的历史上首次以阐释党章的形式对党的性质和党建理论的内容作了全面系统的阐述，是对马克思主义党建理论中国化的一次重大推进

中国共产党是 20 世纪初在俄国十月革命影响下，马克思主义传到中国后与中国工人运动相结合的产物。这里，十月革命的影响和马克思主义的指导既是中国共产党成立的前提，也确实发挥过非常重要的指导作用。然而，中国共产党成立前传入中国的马克思主义已被鲜明地俄国化了，也就是说，党是在俄国化的马克思主义—列宁主义的党建理论指导下建立起来的，而不是马克思主义党建理论自身，更不是中国化的马克思主义党建理论。列宁主义是马克思主义俄国化的产物，它是马克思主义的，但同时也是符合俄国实际的。因此，列宁主义中必然存在着与中国国情不相符合的内容，对列宁主义的照抄照搬本身不是马克思主义的科学态度。可是，在我党的一段历史时期内把列宁主义的党建理论奉为党建的唯一准则，直到党的六大后，中央在给红军党部及各级地方党部的训令中还提出，"一切离开列宁主义的倾向——哪怕是极微小的和刚萌芽的倾向都要给以残酷无情的斗争"。[1] 这种对党建理论的僵化理解，一方面，使党建工程一直处于对他国党的模拟状态中，另一方面，由于党是在非中国化的理论指导下进行建设，导致看似不断壮大起来的党却在革命实践中屡遭挫折。当然，在这种主流趋势的夹缝中，部分党的早期领导人也曾对中国党的建设理论进行过探索，但直到七大前未在此方面作出系统的归纳和高度的理论升华。

1945 年，刘少奇在七大作的《论党》报告应该说是在此方面的一个伟大突破和转折。《论党》在引言中开宗明义地指出，我们党"是一个完全新式的无产阶级政党，是全心全意为中国人民服务而在最坚固的中国化的马克思列宁主义理论的基础上建立起来的党"。[2] 接着《论党》专列

---

① 《中共中央文件选集》第 7 册，中共中央党校出版社 1991 年版，第 330 页。

② 《刘少奇选集》（上卷），人民出版社 1981 年版，第 315 页。

"关于我们党的性质问题"一节，对党的阶级属性、现阶段的任务、最终目的及决定阶级性质的条件作了深刻回答。并针对党的建设和党的组织上存在的"左"、右倾机会主义路线指出，毛泽东正确的建党路线是，首先着重在思想上、政治上进行建设，同时也在组织上进行建设。具体地说，关于思想建设《论党》规定了党的思想教育、思想领导与政治领导的重要性，及对党内小资产阶级革命分子进行思想改造的必要性。同时，还着重强调要坚持毛泽东正确的建党路线，即"要把思想教育和思想领导放在党的领导的第一位"。①

关于理论建设，《论党》指出，关于整个中国历史与中国革命的全部有系统的科学理论是在中国共产党成立之后在毛泽东领导下才产生的；毛泽东思想是中国人民解放自己的唯一正确的理论与政策，是发展着与完善着的中国化的马克思主义；要使马克思主义系统地中国化必须有理论上的修养和勇气，敢于抛弃马克思主义理论中的某些过时的、不适合中国具体环境的个别理论和个别结论。此外，《论党》还对政治、作风与组织等方面建设作了精辟总结。以上《论党》对党在思想、政治、理论、作风、组织建设上所进行的全面理论概括，在党的章程和党建史上还是第一次。这一概括既坚持了马克思主义科学的方法论，又对马克思主义党建理论作了富有中国特色的新的阐述，其基本精神是马克思主义的，是对马克思主义党建理论中国化的一次重大推动。

二　《论党》对毛泽东的高度评价和对毛泽东思想的科学阐述实现了马克思主义中国化由政治上到组织上的飞跃

众所周知，幼年时期的党几乎一切工作指针、行动纲领都受制于共产国际，几届总书记或党的总负责人也都不同程度地迷信苏联经验，教条主义盛行。从整体上看，党组织和党的指导思想都处于一种极不正常的状态，直到遵义会议这种局面才得以扭转，确立了毛泽东在党内的领导地位，并开始了党独立地解决中国革命问题的新时期，实现了政治上的马克思主义中国化。但同时，不可否认的是，这一时期还未对毛泽东本人的功

---

① 《刘少奇选集》（上卷），人民出版社1981年版，第330页。

绩从理论上作出科学评价,而且对在实践中以毛泽东为主要代表形成的一套正确理论,即毛泽东思想也未作为党的指导思想确立起来。在推动这一任务完成的过程中,刘少奇起了决定性的作用。1943 年,在纪念中国共产党成立 22 周年时,他撰文强调:"中国共产党的历史,是马列主义在中国发展的历史,也是中国的马列主义者和各派机会主义者斗争的历史,这种历史,在客观上是以毛泽东同志为中心构成的。"① 到七大期间,刘少奇作《论党》报告,对毛泽东本人的功绩作了科学评价,并对毛泽东思想从形成、科学概念、体系和特点三个方面作了较为全面的阐述,揭示了毛泽东思想与马克思主义之间内在的逻辑关系,明确指出了毛泽东思想是对马克思主义的继承和发展,是马克思主义中国化的产物,使全党加深了对毛泽东思想的统一认识,使毛泽东思想在全党的指导地位确立起来,实现了马克思主义中国化由政治上到组织上的飞跃。

三 《论党》第一次从阐释党章的高度对中国革命的特点和革命道路理论作了深刻总结,使马克思主义中国化的事业载入了党的章程

马克思主义中国化不仅包括把马克思主义理论由欧洲形式转化为中国形式,而且包括用这些符合中国特点的理论指导革命实践。在党早期革命斗争中,由于对包括中国社会的性质、革命性质、依靠力量等在内的革命特点一直存在较多争论,加之党内各种机会主义盛行,使党在革命道路问题上一段时间内曾盲目搬用俄国革命的方式。到四大时,党虽对以上关乎中国革命的基本问题达成了共识,但直到六大后,都未曾在党章中体现出来。针对此种情况,《论党》提出,关于中国社会半殖民地半封建的性质;中国革命以农民为主力;新式的资产阶级民主主义革命的性质;由新民主主义到社会主义的革命转变及革命的不平衡性、长期性和斗争的复杂性等,"这些特点,必须在党章的总纲上加以肯定的说明。每个党员彻底了解这些特点,乃是必要的"。②

这样,《论党》就在党的历史上第一次将中国革命的全部特点作为党

---

① 《刘少奇选集》(上卷),人民出版社 1981 年版,第 300 页。

② 同上书,第 339 页。

章的一部分作了明确规定。

同时,《论党》还从理论高度对中国特色的革命道路作了阐释,指出:"我们党的历史道路,就是我们党的领袖毛泽东同志根据中国革命特点所早已阐明的历史道路。毛泽东同志的道路,是最正确最完全地代表了我们党的历史,代表了中国民族与中国人民近代革命的历史。……真正的我们党的历史,中国无产阶级与中国人民的正确的革命方向,是在毛泽东同志那里,是以毛泽东同志为代表为中心而继续着,存在着,发展着;而不是在任何其他的地方,也不是以任何其他的人为中心而存在,而发展。"① 农村包围城市、武装夺取政权是毛泽东在革命实践中依据中国革命特点,创造性地运用马列主义民族殖民地革命理论和暴力革命原则、关于坚持无产阶级民主革命中的领导权原理以及帝国主义发展不平衡理论而探索出的适合中国国情的新民主主义革命道路,对这条道路的高度理论升华是毛泽东思想成熟的显著标志之一。《论党》对中国革命特点的强调和革命道路理论的深刻总结,标志着马克思主义中国化的事业已载入了党的章程,表明我们党对革命认识的深化和实践上的自觉。

四 《论党》把群众路线提高到党的根本路线的高度,并把民主集中制归结为党内群众路线,完善了毛泽东的党建理论,是对马克思主义群众路线的中国化

群众路线是毛泽东把人民群众创造历史的马克思主义历史观引入实践,相信群众、依靠群众、放手发动群众而形成的,是毛泽东思想的重要组成部分。刘少奇遵循马列主义理论与实践相统一的原则,对毛泽东的群众路线思想作了完整的概括,把它提高到党的根本路线的高度,即根本的政治路线和组织路线,并把民主集中制作为党内群众路线的一部分,既丰富了毛泽东关于党与人民群众关系的思想,又赋予了马克思主义的群众路线以新的内涵。

首先,《论党》从群众观点及群众路线的领导方法两个角度对群众路线的含义作了深刻揭示。其次,指出群众路线是党的根本路线,即"党

① 《刘少奇选集》(上卷),人民出版社 1981 年版,第 341 页。

的群众路线，是我们党的根本的政治路线，也是我们党的根本的组织路线"。①

这里把党的群众路线提高到党的政治路线的高度，一方面指明了群众路线是一个体现党的工人阶级先锋队性质的根本问题，另一方面也为党的政治路线是否正确树立了一个科学的衡量标准。《论党》还提出民主集中制也是党内的群众路线。"党内民主的集中制，即是党的领导骨干与广大党员群众相结合的制度，即是从党员群众中集中起来，又到党员群众中坚持下去的制度，即是反映党内的群众路线。"此外，《论党》指出，民主与集中是辩证统一的，"党的集中制是建立在民主基础上的，不是离开民主的，不是个人专制主义"。②

群众路线是毛泽东思想活的灵魂的重要方面，是毛泽东党建理论的重要组成部分，《论党》把党的群众路线上升到党的根本路线的高度来认识，其内涵极为深刻，意义也极为深远，它说明党在任何不同历史时期对政治路线的制定都要以最广大人民群众的利益为出发点和归宿，党应始终是人民群众利益的忠实代表。而把民主集中制归结为党内的群众路线，又是对群众路线含义的丰富和深化。《论党》对群众路线所作的这些新的解释，是马克思主义群众路线中国化的集中体现。

五 《论党》开启了中国共产党由革命党建设理论到执政党建设理论的党建思路中国化的序幕

在抗日战争即将取得胜利，党的队伍日益壮大和人民革命力量不断加强的时候，刘少奇作《论党》的报告，回顾了党二十多年来取得的成就，全面总结了过去在民主革命中和党的建设上存在的因各种机会主义影响而造成的失误，对毛泽东党建思想作了完整概括，并把毛泽东思想确立为党的指导思想，使全党思想上、政治上和组织上达到了空前的团结和统一。同时，《论党》在党的建设理论方面所作出的一系列深刻分析和阐述，使党的建设思路发生了重大转变，即开启了我们党由革命党建设理论到执政党建设理论的党建工程的新时期。

---

① 《刘少奇选集》（上卷），人民出版社 1981 年版，第 342 页。
② 同上书，第 359 页。

首先，《论党》指出："我们的党章，从一九二八年第六次全国代表大会修改以后，到现在已有十七年了，党内党外的情况，与十七年前比较，都有了极大的变动，党在今天又有了需要动员全党去执行的完全新的政治任务。""党在最近十七年指导中国革命斗争中所积累起来的经验，是极端丰富与极端重要的，必须总结这些经验，来充实我们的党章和加强我们党的建设。"① 根据新的环境和条件及党自身的发展情况适时地对党章作出新的修正、补充，是党先进性的表现，也是党依据"党情"推进党建思路中国化的一个重大步骤。

其次，《论党》对民主集中制的阐释表明党已经开始以执政党的标准来衡量自己。此外，还提出党要全心全意为人民服务，保持党同人民群众的密切联系，经常清除各种脱离人民群众的倾向等，都说明党建思路已发生根本性的变化。

综上不难看出，《论党》是到那时为止党的建设事业中党建理论的一大创新性成果，是马克思主义中国化的产物。而其内含的党建理论创新精神和所体现的马克思主义品质既开启了革命党建设理论到执政党建设理论的序幕，也为当前党的建设提供了思路，即党要随着时代的变化和党内新情况的出现而不断更新党建理念。在改革开放的新时期，党的十六大围绕党的建设这一永恒主题第一次提出了执政能力建设这个命题。十六届四中全会明确作出了《中共中央关于加强党的执政能力建设的决定》。而刚刚闭幕的十七大又提出"要尊重党员主体地位"的命题，这实际上是发展党内民主的一个新的路径，是对党建理论的突破和创新。今天，党虽然已有了半个多世纪的执政历史，但党的执政地位不是与生俱来的，也不是一劳永逸的，只有不断加强党自身的理论素养，不断推进党建理论的创新，保持与人民群众的联系，才能确保党的执政地位，也才能使党建理论始终纳入马克思主义中国化的轨道。

（刊于《中国延安干部学院学报》2008年第2期；收入中共中央党史研究室第一研究部编《纪念中共七大召开60周年论文集》，上海人民出版社2006年版）

---

① 《刘少奇选集》（上卷），人民出版社1981年版，第317页。

论刘少奇的执政党建设思想

在长期领导中国革命和建设的实践中，刘少奇始终把党的建设放在十分重要的地位，坚持马克思列宁主义关于党的学说，建构了一套完整的建党理论。尤其在党执政以后，他结合党所面临的新任务、新情况、新问题，对党的建设作了更深刻的思考，提出了许多关于加强执政党建设的重要思想，1962 年 11 月曾集中阐述过"关于执政党建设的几个问题"，从而为毛泽东党建学说宝库增添了新的内容。正如邓小平所指出的："刘少奇同志为把我们党建设成为马克思列宁主义的政党，为捍卫党在思想上和组织上的纯洁，为巩固和发展党的队伍，为维护党的团结和统一，为确立党的生活的基本准则，为加强党和群众的联系，付出了毕生的精力。"① 当前，在社会主义市场经济体制条件下，党的建设又遇到许多新情况、新问题，也具有不同于以往任何时期的一些新特点，加强党的建设的任务，特别是加强党的执政能力建设的任务不是轻松了，而是更加艰巨了。为此，2004 年党的十六届四中全会审议通过《中共中央关于加强党的执政能力建设的决定》（以下简称《2004 年决定》）。2009 年党的十七届四中全会又审议通过《中共中央关于加强和改进新形势下党的建设若干重大问题的决定》（以下简称《2009 年决定》）。我们认为，研究刘少奇执政党建设思想，对全面提高党的执政能力会大有裨益。

一 党的思想建设主要是用马克思主义武装全党

从思想上建设无产阶级的政党，这是马列主义关于党的学说的重要原则之一。1847 年，马克思、恩格斯就批评了各种错误思潮，特别强调无

---

① 邓小平：《在刘少奇同志追悼大会上致悼词》，《人民日报》1980 年 5 月 18 日。

产阶级政党要以辩证唯物主义和历史唯物主义的科学世界观为基础。马克思指出："批判的武器当然不能代替武器的批判，物质力量只能用物质力量来摧毁；但是理论一经掌握群众，也会变成物质力量。"① 恩格斯也指出，我们党有个很大的优点，就是有一个新的科学的世界观作为理论的基础。列宁强调用马克思主义理论武装工人阶级的重要性，指出"没有革命的理论，就不会有革命的运动"，"只有以先进理论为指南的党，才能实现先进战士的作用"。② 毛泽东也强调：把马列主义教育、思想领导放在党的领导的首位。可见，从思想上建党的理论，是马列主义经典作家极为关注的问题，同时也被无产阶级政党自身建设的实践证明是正确的。问题是，如何从特殊意义上，即怎样结合中国党的实际，针对执政党的特点来具体地实践这个问题，刘少奇有独到的见解。

首先，在思想建设的必要性上，刘少奇的认识有深化。执政后，他多次号召全党，要努力克服由于历史的原因而造成理论修养薄弱的缺点，不断加强党的思想建设。特别是随着党内先后出现腐化变质的行为，他清醒地认识到：在党执政的条件下，仍然存在着各种非无产阶级思想，并对我们起侵蚀的作用。他告诫全党，如果不掌握马克思列宁主义的理论武器，就不能正确认识和处理所遇到的各种问题，就会迷失方向，背离无产阶级革命立场，有可能成为各种机会主义者、成为资产阶级的俘虏和应声虫。可见，在刘少奇看来，要肃清帝国主义、封建主义思想，批判一切非无产阶级的思想，提高我们党的理论水平，就必须确立马列主义即工人阶级思想的领导权，"巩固与加强这种领导，是在政治上、经济上加强工人阶级领导的前提"。③ 同时，刘少奇也认识到，加强党的思想理论建设更是建设伟大的社会主义的要求。他明确指出：中国人民的革命胜利后，各种工作更繁杂、实际工作任务更加重了，尤其在经济建设工作大规模地开展起来后，如果只埋头到实际工作中去，不加强政治学习，不加强马列主义理论学习，就会脱离政治，脱离基本理论，而"没有理论，工作就是盲目的，没有前途的"。④ 只有掌握了理论才能正确地指导工作，以利于国家建设。正如他革命时期反复强调的："我们党的建设中最主要的问题，首

① 《马克思恩格斯选集》第1卷，人民出版社1995年版，第9页。
② 《列宁选集》第1卷，人民出版社1995年版，第311—312页。
③ 《刘少奇选集》下卷，人民出版社1985年版，第82页。
④ 同上书，第49页。

先就是思想建设问题"① 一样。

其次，在思想建设的内容和方法上应当有创新。在执政条件下，党的思想建设抓什么？刘少奇多次指出：要使我们党今后继续保持正确的、健全的领导，根本的问题在于努力减少党组织和党员在思想认识上的错误，加强干部首先是高级干部的系统的马克思列宁主义的学习，善于运用马克思列宁主义的立场、观点、方法观察和解决实际生活中的问题，提高党员在复杂情况中判断方向、明辨是非的能力，并且学会用马克思列宁主义的理论去研究和整理自己的工作经验。他还把能否努力地学习，使自己懂得更多的马克思列宁主义、毛泽东的思想，使自己的觉悟更加提高，作为共产党员标准的八项条件之一。② 可见，在刘少奇看来，用马列主义的思想原则武装全党、教育人民，是党的一项最基本的政治任务，是党的思想建设最核心的内容。

那么，如何学习和运用党的理论呢？刘少奇认为有两种方法，一种是教条主义的方法，另一种是理论与实践相结合的方法。前者是"言必称希腊"，忽视中国的实际情况。在中国革命过程中曾多次因这种错误而导致革命失败，因而是"跛足式的马克思主义者"。而后者即是马克思主义的普遍真理与中国革命的具体实践相结合，从群众中来到群众中去，把从群众中来的意见，用马克思主义的方法加以分析综合，形成正确的方针政策，然后再回到群众中实行，这样才是马克思主义的方法。刘少奇不仅仅是这样说的，更是这样做的。1964 年，正当林彪鼓噪所谓活学活用毛泽东思想，大搞生搬硬套片言只语的形式主义之际，刘少奇尖锐而严厉地指出，同不能把马克思、列宁的学说当成教条一样，也不能把毛泽东的著作和讲话当成教条。应当运用毛泽东思想的精神实质来分析实际情况，以确定工作方针、计划和步骤，这才是学习理论的科学方法。③

可见，刘少奇把党员干部思想理论水平的高低提到关系中国共产党的领导地位，关系到社会主义事业成败的这一高度来认识。实践证明，刘少奇的这一思想是科学的。新中国的诞生，丝毫不意味着中国共产党的领导作用的终结或者任何形式的、任何程度的削弱，而是要进一步巩固和加

---

① 《刘少奇选集》上卷，人民出版社 1981 年版，第 327 页。

② 《刘少奇论党的建设》，中央文献出版社 1991 年版，第 551 页。

③ 湖南人民出版社编：《怀念刘少奇同志》，湖南人民出版社 1980 年版，第 15 页。

强，这是社会主义事业继续推进的根本保证。同时也要求党的领导不应是静止的、僵化的，必须随着客观事物和形势的发展变化而发展变化，以期更好地发挥领导作用。在执政时期，党的领导主要是政治思想的领导，领导的正确性、科学性有赖于党在理论水平上的提高。党的干部的马克思列宁主义的水平愈高，识别正确的意见和错误的意见、识别好的领导者和坏的领导者的能力也就愈强，这样才能保证党的领导在政治方向、思想路线上的正确或不出大的偏差，即使出现了偏差也能及时得到纠正，从而保证党的正确领导。

遗憾的是，刘少奇的这些正确意见在实际工作中没有得到很好的贯彻，这使我们党在以后的工作中付出了更为惨重的代价。由于党员干部的理论水平不高，人民的文化水平不高，致使"文化大革命"初期，林彪、江青两个反革命集团为达到他们不可告人的目的，制造了对毛泽东的个人崇拜，加剧了党内民主生活的不正常，最终导致了国家的混乱。刘少奇对这一结局似乎有不祥的预感，他曾恳切地说，我们并不需要盲目的信仰和盲目的服从，我们需要同志们真切地了解党的策略任务，并会拿到各种不同的环境中去运用。

二　党的组织建设必须以健全民主集中制为途径

党的组织建设关系到党组织的巩固与战斗力的增强，关系到党的政治路线能否正确贯彻执行。因此，在刘少奇执政党建设的思想中，特别重视党的组织建设，主要强调了以下几个方面：

第一，民主集中制是党的组织建设原则和目标的有机统一。民主集中制是党的根本的组织原则和组织制度，是马克思主义政党的重要特征，是保证党的工人阶级先锋队性质的重要条件，也是组织建设的核心问题。刘少奇在民主革命时期就指出，无产阶级政党是由全体党员按照一定规律组织起来的统一的有机体，是党的领导者和被领导者的结合体，是党的首脑、党的各级组织和广大党员群众依照一定规律结合起来的统一体。这种规律，就是党内的民主集中制。执政后，他对民主集中制的思想又有进一步的发展，主要体现在对贯彻民主集中制的重要性的强调和民主与集中辩证关系的阐发两方面。

中国共产党执政后，刘少奇注意到，党内相当多的同志有淡化民主集中制的倾向，为此，他严肃地批评说，淡化以致违反党的民主集中制，破坏党的纪律，就是破坏党的团结，破坏党的最高利益，危害党的生命。以后逐渐发生的政治上批右倾、经济上搞"大跃进"，无不是破坏民主集中制的结果。对此，刘少奇在1962年作了总结，如实地承认，最近几年，在党的生活和国家生活中，民主集中制受到很大削弱，而工作中发生的错误，有许多是与没有严格地按照民主集中制办事有关。鉴于这一教训，刘少奇再次强调，要在我国建成社会主义国家，需要解决的一个关键问题，就是加强民主集中制。"如果不认真地实行民主集中制，如果不保持严格的无产阶级的组织性和纪律性，那么，就不可能完成我们所提出的任务，不可能解决我们所面临的问题。""党的民主集中制，是一种保证。国家的民主集中制，也是一种保证。最基本的制度也是这个。"① 可见，刘少奇重视民主集中制，并把它放到关系党和国家的前途和命运，关系到社会主义建设事业成败这一历史高度来认识，足见民主集中制这一组织原则的极端重要性。

对于民主与集中的辩证关系，毛泽东在新中国成立前曾指出：我们国家的政治制度，"它是民主的，又是集中的，就是说，在民主基础上的集中，在集中指导下的民主"。② 执政后，党内有不少人，错误地把民主和集中看作绝对对立的，认为有了民主就不能有集中，有了集中就不能有民主。对此，刘少奇作了详尽解释：毛泽东所说的民主集中制，就是我国人民民主和社会主义民主制度的正确原则，它同样适用于社会主义时期。在毛泽东论述的基础上，刘少奇进一步指出，无产阶级的民主集中制，是最彻底的民主集中制，是在人民内部实行的根本制度，是在高度民主基础上的高度集中和在高度集中指导下的高度民主。二者互为前提，互相依赖，互相渗透，缺一不可。党的集中统一，必须建立在民主的基础上，"没有充分的民主，不可能集中，不可能实行集中统一"。③ 只有认真地发扬党内民主，提高广大党员和干部的积极性，党的集中才能真正加强。但这种集中同脱离人民群众的少数人或个人的专制是根本对立的。同时，无产阶级的民主制，也绝不能离开高度集中的指导，这种民主同分散主义或者无

---

① 《刘少奇论党的建设》，中央文献出版社1991年版，第689页。
② 《毛泽东选集》第3卷，人民出版社1991年版，第1057页。
③ 《刘少奇论党的建设》，中央文献出版社1991年版，第707、713页。

政府主义是互不相容的。刘少奇通过阐述民主集中制的辩证关系，得出结论：只有把民主和集中很好地结合起来，才能在人民内部建立无产阶级的民主集中制，才能既反对不要人民民主的少数人或者个人的专制，又反对不要集中统一的分散主义或者无政府主义。

第二，坚持德才兼备的选拔干部标准。干部队伍建设是党的建设中带有根本性的问题。马克思主义历来重视党的干部队伍建设。十月革命胜利后，列宁多次强调，要研究人，要发现有才干的工作人员。斯大林更提出"干部决定一切"的口号①。我们党在长期的革命和建设实践中，也一贯重视党的干部队伍建设。毛泽东曾明确指出："政治路线确定之后，干部就是决定的因素。"② 新中国成立前，刘少奇也认识到，一切工作，一切转变，都依靠我们的干部，干部问题是党内的中心问题。"我们党的干部问题，实际是中国人民事业中决定一切的问题。"③ 新中国成立后，他对党的干部工作和加强干部队伍建设论述颇多。

针对新中国成立后有些党员以功臣自居，把人民群众当作仆人，自己居于老爷地位，刘少奇严正地指出这种做法是完全错误的。我们所有的人都是为人民服务的，是人民的公仆，是人民的勤务员，没有权利当老爷。党的干部是人民的公仆，这是由我们党的性质和宗旨决定的。

坚持任人唯贤、掌握德才兼备的任用干部标准，是刘少奇在选人、用人方面反复强调的另一个重要问题。德才兼备的标准，从来不是抽象的，而是具体可行的。关于"德"，刘少奇着重强调了四点：一要有理想、有觉悟，政治上有坚定的共产主义信念。二要密切联系群众，全心全意为人民服务。在刘少奇眼里，一个好的干部的标准，就在于熟悉人民的生活状况和劳动状况，关心人民的痛痒，同人民同甘共苦。三要有实事求是的作风。四要廉洁奉公，有牺牲精神。④ 对干部"才"的要求，刘少奇特别强调必须具备关于社会发展和革命运动的规律性的知识，应当有一定的科学文化知识，有从事做好工作的实际本领。同时，作为一个领导干部，还必须有客观的、深刻的调查研究能力，有较强的组织协调和管理能力，必须了解党的战略策略；必须善于识别干部、团结干部；必须有胆量和魄力，

---

①　《斯大林选集》下卷，人民出版社1979年版，第371页。

②　《毛泽东选集》第2卷，人民出版社1991年版，第526页。

③　《刘少奇论党的建设》，中央文献出版社1991年版，第471页。

④　李颖：《刘少奇干部队伍建设思想研究》，《中共党史研究》1998年第6期。

敢于负责、解决问题。刘少奇特别强调："总之一句话，能够最好地服务于人民群众的干部，就是最好的干部。"① 刘少奇的以上论述，比较全面地概括了党的干部标准。当然，随着不同历史时期党的中心任务的变化，干部标准的具体含义也应有所发展。改革开放以后，邓小平提出的干部队伍"四化"方针，就是德才兼备的标准在新的历史时期的新发展。

三　党的制度建设应以改善党的领导为目标

关于无产阶级政党的制度建设，马克思、恩格斯、列宁曾有过论述。但是，对于党执政以后，如何加强制度建设，防止个人专断，防止党内腐败，以制度保证党内生活的正常化等，在国际共产主义运动史上，一直是个没有得到很好解决的问题。

新中国成立后，党的地位发生了根本的变化。在执政条件下，在和平建设时期，外部约束相对减弱，党更多地要依靠自身的力量进行自我约束。1956 年社会主义改造完成以后，随着社会政治经济形势的变化，实现党和国家领导职能的转换已成为一项迫在眉睫的工作，但却没有引起应有的普遍重视，我国仍然沿袭革命时期搞大规模阶级斗争的领导原则和方法。显然，这种制度已不适应全面展开的社会主义经济建设的要求。处在党中央领导工作第一线、主持党的日常工作的刘少奇敏锐地注意到了这个实践中遇到的重大问题，并就如何改善党和国家的领导制度有诸多深刻的见解：

第一，主张克服党政不分、以党代政的不正常现象，理顺党政关系。

列宁在十月革命胜利后，就明确地划分了党和苏维埃政权的职权，指出党的任务是对所有国家机关的工作进行总的领导，而不是对细节的干涉。1942 年，中国共产党在陕甘宁边区局部执政的条件下，也提出了要实行"党政分开"的原则，纠正党委包办行政系统工作、党政不分的现象。并指明："党对政权系统的领导，应该是原则的、政策的、大政方针的领导，而不是事事干涉，代替包办。"② 新中国成立不久，刘少奇在谈到省委的组织形式和对政府工作的领导问题时说："工作重心变了，过去搞革命，现在搞建设，因之组织形式、工作方式也随之改变，一揽子的领

---

① 《刘少奇论党的建设》，中央文献出版社 1991 年版，第 480 页。

② 《中共党史教学参考资料》（三），人民出版社 1979 年版，第 29 页。

导方式是不行的，要有分工，要建立各种业务机构。"① 这是党委工作由被动转为主动的关键之一。各方面的工作都由得力的业务部门去做，党委部门就可以管干部、管政治思想工作、管党的组织工作，就可以检查方针政策，实行监督。在党的八大上，刘少奇在提到要改善党的领导时，仍强调党对一切工作的领导主要是在政治、思想、方针、政策上起作用。② 这是加强和改善党的领导的关键。遗憾的是，在实际工作中，党政不分的现象却很严重，特别是到了 1958 年，肯定了从大政方针的决定到具体工作的部署，都要"一元化"，而随后"全党办钢铁""全党办粮食"等口号也就"顺理成章"地提了出来。刘少奇对此却有比较清醒的认识，不无痛心地指出，党委领导了小事，没有领导大事，党委摆脱不了日常事务，尽抓行政工作，就搞乱了，等于没有党委领导。1962 年在七千人大会上，刘少奇针对几年来实际工作中暴露出的问题，再次指出了党政不分的弊端，进而强调党委不能包办政府的事务，如果党委包揽得过多，势必使行政系统不能发挥应有的作用，同时也使党委不能集中精力认真进行调查研究，总结群众经验，进行思想政治工作。那么如何做到党政分开，刘少奇认为关键是要认识到党与政权的职能和工作方法上的差异。党是依靠理论、路线、方针和政策的正确性，通过共产党员的先锋模范作用，通过大量深入细致的政治思想工作和说服教育的工作来实现领导的。也就是说，党是依靠真理、依靠威信、依靠说服教育，而不是依靠权力来领导的。而人民政权主要是依靠人民赋予的权力来进行工作的。因此，任何简单粗暴、强迫命令、包办代替，都是党的工作必须避免的。

刘少奇有关党政分开的思想因人所共知的原因没有普遍实行，只有到了改革开放的新时期，党政分开才真正实行起来，足以表明刘少奇是多么富有战略远见。

第二，提出改革干部制度，破除实际存在的干部职务终身制和等级制。

实际存在的"干部职务终身制"以及干部能上不能下的管理体制，是从新中国成立伊始就一直存在着的。刘少奇一直关注着这一问题，他指出，现在有脱离生产的道路，却没有回到生产中的道路。应该有两条路，

---

① 《刘少奇年谱（1898—1969）》下卷，中央文献出版社 1996 年版，第 336—337 页。

② 《刘少奇论党的建设》，中央文献出版社 1991 年版，第 630 页。

而我们只有一条路，这是不好的。"脱离生产的人越来越多，官僚主义越来越多，脱离群众的危险也越来越多，这是一个大问题。"① 在这里，刘少奇虽然没有明确使用"干部职务终身制"这个词，但实际上说的正是"干部终身制"引起的问题。干部"铁饭碗"的特点，除了"能进不能出"，还包括"能上不能下"，其弊端对国家政治生活和经济发展的影响极为严重。值得注意的是，刘少奇的这段话是在新中国成立初期讲的，当时我国正处在健全政权机构和大规模开展经济建设的时期，各条战线都需要用人，干部过多的问题还不明显。尽管"干部职务终身制"的弊端尚处于萌芽状态，刘少奇却已敏锐地感觉到，如不采取相应的措施，势必产生干部队伍膨胀、官僚主义泛滥、脱离群众等一系列严重后果。此后，他又多次提醒全党，国家机关和企业、事业机关脱离生产和非生产工作人员已经过多，这在经济上是极为不利的，并且助长了官僚主义的发展。对于生产人员脱离生产的道路还没有加以限制，而脱离生产的人员回到生产中的道路还没有开辟，这种情况必须迅速地加以改变，否则将造成严重的错误。他以美国华盛顿当了八年总统退为平民的事例，设想我们国家是否可以参考一下，以废除"领导职务终身制"。他还列举了资本主义国家有些人当过部长、总理，结果又去当教员、当律师等事例，指出，资产阶级还能够这样做，但在我们的党员中，却还有要他退为平民、退为普通人就不满意的。② 他明确指出资本主义这些东西我们是可以参考的。随着社会主义改造的胜利完成，人民内部矛盾日渐显露，我国发生了不同规模的"群众闹事"。对此，刘少奇进行了深刻的反思，尖锐地指出，社会主义条件下发生群众闹事，有其深刻的原因，而原因恰恰是有的同志已经变成老爷，把人民群众当作仆人，这就无意中萌芽了一种社会主义之下的等级制度。管理国家财产的国家干部，本来是社会的公仆，可是不知不觉就变成了社会的主人，而这正是群众不满的根源。因此，鉴于若干社会主义国家的教训，国家的领导人员有可能成为一种特殊的阶层、特殊的统治阶级，如果不注意，让其自流的话，在我们这样的国家，也可能产生一种新的"贵族阶层"③。如何防止产生骑在人民头上、脱离人民的特殊阶层？

---

① 《刘少奇论党的建设》，中央文献出版社1991年版，第651页。

② 同上书，第646—647页。

③ 同上书，第643—644页。

刘少奇认为，除进行教育外，还要规定一些必要的制度。首先要建立
"权力限制制度"。即对国家领导人员的权力要限制，做出什么事情他有
多大的权力、什么事情不准他做的限制。其次要取消特权。刘少奇担忧地
说，在我们党内不仅分房子有各种等级，连宿舍里放几个台子、几个沙
发、几个凳子都有等级。党的干部从工资的差距到物质享受都不知不觉享
受了特权。对此他建议，国家领导人员的生活水平应该接近人民的生活水
平，不要过于悬殊、显出等级性。领导者的特权、特殊待遇、警卫制度、
特殊供应等都应该取消。他还号召，"从我们起，从中央的人员起，到各
级领导干部，配售的东西基本上应该跟人民一样，不要特殊"。① 总之，
在刘少奇看来，等级制度是一种封建制度，这种制度能够助长某些领导干
部的特殊化，并会迅速扩散、蔓延，如不及时处理，就会使党腐败下去，
就会蔓延到全社会，发展到不可收拾的地步。因此，他主张，对于刚刚开
始萌芽的等级制度，应该立即废除。

　　第三，强调建立和完善监督机制。

　　在总结以往历史经验和党执政以来新实践的基础上，1955 年，刘少
奇在给张难先委员的信中，强调了人民监督的重要性，"我们的国家这样
大，机关这样多，绝大多数的干部是好的，但也有少数不好，这是事实。
同时，好的干部如果没有经常的监督也可能变坏。因此，对一切国家机关
工作人员都应实行监督"。② 之后，他多次强调，我们的党是一个不为私
利而全心全意为人民服务的政党。党本身现在还有缺点，将来也一定还有
缺点，这就不仅需要依靠广大劳动人民的监督来消除这些缺点和错误，而
且也应善于从各民主党派和无党派人士的监督和批评中得到帮助。八大之
后，刘少奇建议认真研究人民代表大会的工作怎样做，如何监督政府、监
督党的领导机关。还把"能够接受人民的批评监督"，作为"判断一个好
党员、一个好领导者的重要标志"。③

　　对如何建立完善而有效的监督机制，刘少奇也给予了极大的关注。他
指出，首先，要加强全国人大及其常委会对中央一级政府机关的监督工
作，地方各级人民政府的工作和活动也应向本级人民代表大会作报告，接

① 《刘少奇论党的建设》，中央文献出版社 1991 年版，第 646 页。

② 《刘少奇选集》下卷，人民出版社 1985 年版，第 174 页。

③ 同上书，第 275 页。

受其质询和审议。其次，加强党对国家机关的监督。各级党的监察委员会，有权直接向上级党委和上级监察委员会反映情况和检举违法乱纪行为。再次，要加强各级政府机关由上而下的监督和由下而上的监督。尤其要加强人民群众对领导机关的监督，制定出一种群众监督的制度。最后，要建立共产党与民主党派长期合作共事的关系，加强各党派之间互相监督。可惜的是，刘少奇的这一思想在很长的时间内并未引起全党的足够重视，特别是党内无法对中央委员会及其领导人实施有效的监督。结果导致20 世纪 50 年代后期开始出现的阶级斗争扩大化和后来的"文化大革命"等全局性错误。

四　党的作风建设核心是牢记宗旨和发扬党的优良作风

工人阶级政党的作风建设问题，早在马恩时代就被提了出来。列宁在十月革命胜利后，也多次批评在实际工作中表现出的拖拉、疲沓、官僚主义、笨拙无能的作风。毛泽东曾概括出中国共产党的优良作风"主要的就是理论和实践相结合的作风，和人民群众紧密地联系在一起的作风以及自我批评的作风"。[①]

刘少奇历来重视党的作风建设，执政后，他多次讲到，共产党员要坚持党性原则，树立好的作风，不要以为是执政党就做官当老爷。这些强调形成了他关于执政党作风建设的思想。

第一，一再强调为群众服务是党的宗旨，是每个共产党员的责任。人民群众是我们党的力量源泉和胜利之本，能否始终保持和发展同人民群众的血肉联系，关系到党和国家的盛衰兴亡。刘少奇认为，在党成为执政党以后，群众路线的含义与过去有了一些不同：在生活作风方面，群众路线是指共产党员、党的干部要永远与群众打成一片。做到：（一）要与群众同甘共苦，不搞特权；（二）不要当了干部，掌了权就摆阔气、讲排场。在工作作风方面，刘少奇强调，在执政的条件下，党员要克服命令主义和官僚主义作风。事实上，新中国成立后，我党脱离群众的作风，在有些地方、有些部门表现得相当严重，妨碍着党和国家民主生活的正常开展，妨碍着广大群众积极性的发挥，妨碍着社会主义事业的前进。中国革命和建

---

① 《毛泽东选集》第 3 卷，人民出版社 1991 年版，第 1094 页。

设的实践反复证明，工作作风的好坏直接与工作的成效有关。正如列宁指出的：我们的"一切工作中最大的毛病就是官僚主义，共产党员成了官僚主义者。如果说有什么东西会把我们毁掉的话，那就是这个"。① 面对日益滋生和发展的官僚主义，刘少奇指出，领导机关的官僚主义和人民群众的矛盾，已经成为人民内部矛盾的主要表现。而要把工作做好，要使我们的党和我们的国家成为不可战胜的，就必须经常地保持谦虚谨慎的作风，经常地通过多种多样的形式去联系群众，同群众互相交心。尤其值得肯定的是，刘少奇还创造性地提出：坚持群众路线，还必须正确认识和处理群众路线同群众运动的关系问题。

20世纪50年代后期，由于"左"的错误，经济建设出现了严重的挫折。刘少奇在总结社会主义建设的经验教训时，提出了群众路线与群众运动的关系问题。他认为，贯彻群众路线，可以采取多种方式，而群众运动只是其中的一种方式。他批评有的同志，把群众运动当作群众路线的唯一方式，好像不搞群众运动就不是群众路线。刘少奇进而强调，不论任何工作，都必须坚持群众路线，然而，不同工作因性质、特点的差别，历史条件的不同，采取的方式自然不同。有些工作适宜搞群众运动，有些工作则不适宜搞群众运动。因而不能把群众路线同群众运动简单地等同起来。在刘少奇看来，真正的群众运动，有三个标准，一是符合群众利益，反映群众的要求。二是必须出于群众的自觉自愿的行动。三是群众运动必须从实际出发，实事求是。只有对革命事业充满了干劲，同时又要把革命热情和实事求是的精神结合起来，一切工作才能做好。② 可见，在刘少奇的思想中，作为一种贯彻群众路线方式的群众运动有着特定的内涵。那种违反群众利益、没有群众响应的、脱离实际蛮干的所谓群众运动，不仅不是贯彻群众路线的方式和体现，而且是对群众路线的歪曲和亵渎。

第二，反复要求坚持理论和实际的紧密联系。

理论联系实际的作风，也就是一切从实际出发，实事求是的作风。早在民主革命时期，他就强调："我们必须坚决反对和彻底肃清旧社会在教育和学习中遗留给我们的最大祸害之——理论和实际的脱离。"③ 执政后，

---

① 《列宁全集》第52卷，人民出版社1988年版，第300页。

② 《刘少奇论党的建设》，中央文献出版社1991年版，第698—702页

③ 《刘少奇选集》上卷，人民出版社1981年版，第110页

刘少奇又强调，为了有效地反对主观主义，党的各级领导机关都应当大大加强对于实际情况的调查研究工作。过去几年里党在工作中所犯的右倾保守、急躁冒进和强迫命令的错误，都是由于没有认真地、正确地研究实际情况和集中群众经验所致。的确，这期间不少党的工作人员，表现出骄傲自满的情绪，宁愿坐在机关里，用空谈来代替调查，凭感想定出政策，而不愿意深入下层，倾听下情，检查党的决议的执行情况。因此，党必须教育他们深刻地认识这种主观主义在工作中所造成的损害，必须帮助他们学会用老老实实的态度在群众中进行调查研究。20 世纪 60 年代，刘少奇在纠正"共产风"、浮夸风和瞎指挥的错误时，不无惋惜地说，"如果做好了调查研究，工作作风好，方法对，损失可能减少，时间可以短，不至于陷于现在这样的被动"。① 并再次强调党中央拟定的"党政干部的三大纪律八项注意"，第一条就是如实反映情况。② 为了搞清情况、决定政策，当时刘少奇与中央其他领导同志一起倡导调查研究之风，不仅把身边工作人员派回各自的家乡去了解情况，告诫不要被假象所蒙蔽，务求了解到真实情况，而且他本人也亲自到湖南省等地进行调查，还向中央建议，把树立实事求是的作风作为加强党性的第一个标准。

第三，再三重申批评与自我批评的作风。

列宁曾指出，"一个政党对自己的错误所抱的态度，是衡量这个党是否郑重，是否真正履行它对本阶级和劳动群众所负义务的一个最重要最可靠的尺度；公开承认错误，揭露犯错误的原因，分析产生错误的环境，仔细讨论改正错误的方法——这才是一个郑重的党的标志"。③ 新中国成立后不久，刘少奇就注意到，党内相当多的干部滋长着一种极端危险的骄傲情绪，他们因为工作中的若干成绩，而忘记了共产党员所必须具有的谦逊态度和自我批评精神。强调个人的威信，拒绝他人的批评监督，对批评者实行压制和报复。还有的党员借批评和自我批评的名义削弱和破坏党的纪律，破坏党的团结和党的威信。更有人认为，在社会主义制度下，人民有了共同的利益和统一的意志，因而叫嚣要取消批评与自我批评。针对这种种错误，刘少奇一针见血地指出，正是由于以上错误思想的存在，致使在

---

① 《刘少奇论党的建设》，中央文献出版社 1991 年版，第 685 页。

② 同上书，第 710 页。

③ 《列宁选集》第 4 卷，人民出版社 1995 年版，第 167 页。

我们党内批评和自我批评的原则还不是在所有的环节都畅行无阻。再三强调，为了增强党的团结，必须保证充分发扬党内民主，充分发扬党内的批评与自我批评，只有这样，才能推动国家机关的工作，才能不断地改正缺点和错误。还指出，以后党的任务，就是继续在关于批评与自我批评的轨道上前进，从巩固和加强党的团结出发，开展批评与自我批评，向压制批评的行为作斗争，坚决实行"知无不言、言无不尽""言者无罪、闻者足戒""有则改之、无则加勉"的原则，以克服工作中的错误和缺点，提高我们的马克思列宁主义的觉悟水平，提高党性，增强党的团结。

五　刘少奇执政党建设思想的现实启迪

刘少奇执政党建设思想固然主要形成于 20 世纪 50 年代和 60 年代前半期，但其思想的深刻性对半个多世纪后的今天仍有重要的现实启迪。

首先，对建设马克思主义学习型政党的启迪最直接。刘少奇在阐述党的思想建设的任务时不仅反复强调"加强马列主义理论学习"的重要性，而且尖锐地指出学习要克服教条主义的方法，坚持理论与实际相结合。《2004 年决定》提出"以提高党的执政能力为重点，全面推进党的建设新的伟大工程"，要把"坚持党的思想理论建设放在首位，增强把马克思主义基本原理同中国具体实际相结合的能力，提高全党的理论思维和战略思维水平"。特别是明确提出了"努力建设学习型政党"这一战略任务。[①]而《2009 年决定》第三部分的标题是"建设马克思主义学习型政党，提高全党思想政治水平"，要求全党"必须按照科学理论武装、具有世界眼光、善于把握规律、富有创新精神的要求，把建设马克思主义学习型政党作为重大而紧迫的战略任务抓紧抓好"。[②]学习 2004 年和 2009 年两个关于加强执政党建设的决定，似乎在温习刘少奇关于加强党的思想建设的论述；研究刘少奇党的思想建设论述，又感觉是在阅读半个多世纪后中央两个决定的初稿。这表明刘少奇关于党的思想建设的论述对我们今天建设马克思主义学习型政党的现实启迪最直接。

---

① 《中共中央关于加强党的执政能力建设的决定》，《人民日报》2004 年 9 月 27 日。

② 《中共中央关于加强和改进新形势下党的建设若干重大问题的决定》，《人民日报》2009 年 9 月 28 日。

其次，对"德才兼备"用人标准掌握的启迪最关键。坚持德才兼备是刘少奇在选人用人方面反复强调的问题。尤其对于"德"有四点强调。《2004年决定》仍然强调"建设一支善于治国理政的高素质干部队伍"，必须"坚持德才兼备、注重实绩、群众公认""政治上靠得住，工作上有本事，作风上过得硬"。① 《2009年决定》进一步提出"坚持德才兼备、以德为先用人标准"。② 显然这是对刘少奇前述思想的坚持和发展。对此，笔者以为理论上已不存在问题，关键是在实践的坚持和把握上要切实坚持"以德为先"，在领导干部的问责制上下功夫。因为这些年来有些腐败大案要案，落马高官固然是在更高位置上信仰缺失，思想蜕变，逐步走向腐败深渊的，但毕竟也有不少腐败分子，特别是一些高端腐败分子是在跃居高官之前已有劣迹，行为不端，甚至作恶多端，但他们是怎么上去的，是谁提名的，哪些人考察的，历来没个说法，广大群众对这个现象的不满程度不亚于对腐败本身的痛恨。所以对"德才兼备、以德为先"用人标准的把握是个最为关键的问题，亦说明刘少奇当年的强调是多么发人深省！

再次，对党实施科学执政的启迪带有根本性。《2004年决定》提出了加强党的执政能力的总体目标，包括"科学执政、民主执政、依法执政"，而刘少奇关于理顺党政关系的思想，关于加强民主集中制的思想，关于破除实际存在的干部终身制和等级制的思想，关于建立和完善监督机制的思想显然是科学执政、民主执政、依法执政的思想源头，对党实现科学执政的现实启迪是不言而喻的。

最后，对强化宗旨意识和群众观念的启迪大有裨益。刘少奇一贯强调服务群众是每个党员的责任。他最痛恨的是党员干部脱离群众、高高在上，甚至做官当老爷。因此，执政后，他先提出"应该更加提高党员的条件"，后又提出"为更高的共产党员的条件而斗争"③，并亲自起草了共产党员的八项条件。④ 而《2009年决定》总结我们党60年的执政经验有六条，其中第四条就是"坚持立党为公，执政为民，保持同人民群众的

---

① 《中共中央关于加强党的执政能力建设的决定》，《人民日报》2004年9月27日。

② 《中共中央关于加强和改进新形势下党的建设若干重大问题的决定》，《人民日报》2009年9月28日。

③ 《刘少奇论党的建设》，中央文献出版社1991年版，第555页。

④ 同上书，第549—551页。

血肉联系"。核心是"坚持全心全意为人民服务的根本宗旨"。为弘扬党的优良作风，保持党同群众的血肉联系，《2009 年决定》在第七部分特别强调"大兴密切联系群众之风""大兴求真务实之风""大兴艰苦奋斗之风""大兴批评和自我批评之风"。① 显而易见，这些新形势下党的建设的重大问题，刘少奇当年都有过深刻的论述，可谓前后有着异曲同工之妙。

　　综上不难看出，研究刘少奇执政党建设思想，对当前加强和改进党的建设仍具有现实借鉴意义，这就是一代伟人思想的深刻性和前瞻性之所在吧！

　　（刊于《西北大学学报》（哲学社会科学版）2010 年第 5 期；人大复印报刊资料《毛泽东思想研究》2011 年第 1 期全文复印转载；收入《刘少奇与中国共产党的建设论文集》，中央文献出版社 2010 年版）

---

　　①　《中共中央关于加强和改进新形势下党的建设若干重大问题的决定》，《人民日报》2009年 9 月 28 日。

从经典走向大众

——刘少奇《论共产党员的修养》的传播及启示

《论共产党员的修养》是刘少奇最具代表性的著作之一，也是中国共产党思想史上的一部经典著作。这部著作不仅包含着丰富的马克思主义中国化的思想资源，而且在广泛的传播过程中推进了马克思主义大众化的发展，实现了马克思主义中国化与大众化的有机统一和完美结合。研究其传播及启示，对于推进马克思主义大众化具有重要意义。

一 《论共产党员的修养》诞生后得到广泛传播，是马克思主义大众化的成功典范

在马克思主义思想史上，一部经典著作的生命力，既体现为它所具有的思想上的创新性和深刻性，又体现为它在无产阶级运动中对马克思主义的传播力。《论共产党员的修养》就是这样一部著作。它以培养党性观念为目标，着眼于改造党员个体的内心世界，阐述了一整套富有中国特色的党建理论，这是刘少奇以一个老党员的经历长期思考党的思想建设的产物，是他把马克思主义党建学说与中国共产党的建设实际相结合的结晶。这部著作在极大地推动马克思主义中国化进程的同时，也极大地推动了马克思主义大众化的进程。

《论共产党员的修养》最初成型于 1939 年 7 月 8 日、12 日刘少奇在延安马列学院的专题讲演。由于这一讲演立足于对党员个体内心世界的观察和分析，因此在讲演过程中引发了听众强烈的震撼。一位学员在回忆聆听讲演的感受时说："刘少奇同志讲解《论共产党员的修养》，由于总结了历史的经验教训，紧密联系实际，教育深刻，很受欢迎。我印象最深的，是讲了每个共产党员都必须在改造世界及在进行阶级斗争的实践中，

同时改造自己。即不断进行锻炼、学习、修养、提高，克服自己身上存在的旧社会和剥削阶级中带来的各种毛病与缺点。并具体提出党员要进行马列理论上的修养，立场、观点、方法上的修养，道德、品质及工作作风上的修养等。完全不是指脱离实践、闭门修养。在学习中，我曾写了一首诗："'征途实践出真知，品德兼优百炼时。精琢细磨雕玉石，凌霜傲雪岁寒枝。'"① 另一位学员在回忆当时的感受时也说："少奇同志对党内各种错误思想意识的表现举例说明，对我震动很大。""我因水平所限，当时还不能全部理解，只是对自己敲起警钟。少奇同志所指出的一些非无产阶级思想意识，自己力求克服，尽量少犯。"② 为了进一步满足广大党员群众的学习需要，继《解放》周刊连载了刘少奇的讲演稿后，1939 年 11月，延安新华社出版了这一著作的单行本。《论共产党员的修养》出版发行后，在传播路径上呈现出以下两个方面的特点。

一是其中的核心观点逐步体现到党的建设伟大实践之中。1941 年 7月，《中共中央关于增强党性的决定》指出："今天巩固党的主要工作是要求全党党员，尤其是干部党员更加增强自己党性的锻炼，把个人利益服从于全党的利益，把个别的党的组成部分的利益服从于全党的利益。"③这鲜明地体现了对《论共产党员的修养》中党性观点的吸收。1942 年 2月，毛泽东在中央党校所作的《整顿党的作风》中引用了《论共产党员的修养》关于正确认识和处理个人利益与党的利益关系的观点。④ 1942 年4 月，中央宣传部将《论共产党员的修养》中的"党员个人利益无条件地服从党的利益""党内各种错误思想意识的来源""对待党内各种错误思想意识的态度，对待党内斗争的态度"三部分列为整风文献，供全党学习，并且在学习的基础上"决定举行普遍考试一次"⑤。1949 年，为了推动中国共产党从革命党向执政党的顺利转变，刘少奇修订了《论共产党员的修养》，与毛泽东的著作一起成为全党在新形势和新任务下开展学

---

① 郑星燕：《回忆延安马列学院的峥嵘岁月》，吴介民主编《延安马列学院回忆录》，中国社会科学出版社 1991 年版，第 108—109 页。

② 李铮夫：《探索真理》，吴介民主编《延安马列学院回忆录》，中国社会科学出版社 1991年版，第 170—171 页。

③ 《建党以来重要文献选编》第 18 册，中央文献出版社 2011 年版，第 443 页。

④ 参见《毛泽东选集》第 3 卷，人民出版社 1991 年版，第 821 页。

⑤ 解放社编：《整风文献》（订正本），新华书店 1949 年发行，第 5 页。

习的重要经典，这对于中国共产党在从革命党向执政党转变的重大历史关头加强自身建设发挥了重要作用。

二是各地自发学习《论共产党员的修养》。这一著作 1939 年初版后，很快就销售一空，当时在延安又印了三次。① 与此同时，各抗日根据地也不断翻印。新华日报华北分馆、华中新华书店、中共胶东区党委宣传部、冀中导报社、辽东建国书店、晋绥新华书店、晋察冀军区政治部、山东新华书店、太岳新华书店、大连大众书店、渤海军区政治部等都先后翻印过这一著作，有些地方还不止翻印一次。据笔者粗略统计，各地翻印的版本不下 40 种。值得注意的是，1949 年前《论共产党员的修养》已经开始在海外传播。1945 年，新加坡新民主文化服务社以"1939 年 7 月 8 日在马列学院的讲演"为题进行了翻印；1949 年，香港新民主出版社也予以翻印。此外，一些地方在翻印过程中，连著作的名称也发生了改变，比如1948 年大连大众书店翻印为《论革命家的修养》；还有一些版本没有出版社署名，比如，1948 年翻印的署名宣传部的《党员修养》、1940 年翻印的《论修养》等。从数量上看，《论共产党员的修养》是中共领导人单行本著作中发行量最大的。1962 年，刘少奇第二次对《论共产党员的修养》进行修订。经过这次修订，结构更加合理，语言更加流畅，对重大观点的表述更加科学，也更加符合社会主义建设条件下党员修养的需要②。因此，1962 年后发行量更大。《论共产党员的修养》巨大的发行量，体现了广大党员群众发自内心的学习需求和对修养党性的追求。

《论共产党员的修养》的广泛传播，极大地推动了马克思主义大众化的进程，很多党员群众正是通过阅读这一著作认识和了解什么是马克思主义、什么是共产主义这些艰深的理论问题，并将其中的马克思主义观点转换为改造自身和投身实践的思想指南。在战争年代，许多优秀党员是怀揣着这一著作走向战场的。在和平建设年代，许多优秀党员是通过不懈阅读这一著作来增强自己的党性和为人民服务的宗旨意识的。1964 年，焦裕禄去世时床头放着两本书，一本是《毛泽东选集》的合订本，另一本是《论共产党员的修养》。新中国成立前担任延安白求恩国际和平医院院长的黄树则曾深情地说："一想起少奇同志，就会想起我们曾经熟读过的

---

① 参见王双梅《刘少奇与抗日战争》，中央文献出版社 2005 年版，第 160 页。

② 参见任晓伟《〈论共产党员的修养〉1962 年修订版考述》，《国史参阅》2009 年第 3 期。

《论共产党员的修养》。这是一本深入共产党员之心的书。我们这一代，谁没有受过它的熏陶和教育啊!"①

二　"文化大革命"中《论共产党员的修养》的曲折传播

　　在"文化大革命"中，《论共产党员的修养》受到了错误批判，这是马克思主义大众化过程中的严重曲折。不过，从马克思主义大众化进程的整体视角来看，"文化大革命"中这一著作的命运，一方面反映了马克思主义大众化的曲折性，另一方面又客观地表明马克思主义大众化以一种特殊的方式和路径仍在继续发展。

　　1966 年"文化大革命"开始后，批判的矛头很快就对准了刘少奇，而《论共产党员的修养》则成为批判他的"第一个靶子"。1967 年 4 月 1 日，《人民日报》发表了戚本禹的文章《爱国主义还是卖国主义?》，不指名地批判《论共产党员的修养》，说这一著作"不要革命，不要阶级斗争，不要夺取政权，不要无产阶级专政，反对马克思列宁主义，反对毛泽东思想，宣扬腐朽的资产阶级世界观，宣扬反动的资产阶级唯心主义哲学"。1967 年 5 月 8 日，《红旗》杂志和《人民日报》刊发了《〈修养〉的要害是背叛无产阶级专政》一文，认为这一著作关于共产主义的描述与中外空想主义都是"一路货色"，"宣扬了形而上学，抛弃了伟大的辩证唯物论和历史唯物论"。这篇文章发表后，全国掀起了对《论共产党员的修养》的"讨伐"狂潮。1967 年 4—8 月《人民日报》共发表 60 多篇批判文章。"文化大革命"中对《论共产党员的修养》的批判，是建立在非理性的基础之上的，折射出"文化大革命"中马克思主义大众化总体进程中的严重曲折。

　　历史的发展往往是非常复杂的，任何对真理的偏离都会被历史以另外一种力量来平衡和矫正，尽管这一力量最初往往是隐蔽的、弱小的，甚至不被人所注意，但它一定会发展起来，并最终矫正对真理的偏离。从这个意义上说，对《论共产党员的修养》的批判，便以另外一种方式推动对它的研究和对其基本思想的传播。同样以 1967 年 4—8 月《人民日报》刊发的理论批判文章为例。比如，1967 年 4 月 12 日《人民日报》刊登的《揭穿

---

　　①　《缅怀刘少奇》，中央文献出版社 1988 年版，第 290 页。

〈修养〉三次出笼的大阴谋》，从政治批判和"两条路线"的角度全面系统地梳理了这一著作产生以来的影响以及 1949 年、1962 年两次重要的修改，是《论共产党员的修养》研究史和传播史上第一篇关于版本的研究成果。再比如，1967 年 6 月 13 日《人民日报》刊载了《〈修养〉中描绘的共产主义是什么货色?》一文，主要是批判著作中描述共产主义的一段话："在那种世界里，没有剥削者、压迫者……也没有受压迫、受剥削的人及黑暗、愚昧、落后等。在那种社会里，物质生产和精神生产都有高度的蓬蓬勃勃的发展，能够满足所有社会成员的各方面的需要。那时，人类都成为有高等文化程度与技术水平的、大公无私的、聪明的共产主义者，人类中彼此充满了互相帮助、互相亲爱，没有尔虞我诈、互相危害、互相残杀及战争等不合理的事情。"虽然这篇文章用马克思主义阶级斗争理论、无产阶级专政理论对《论共产党员的修养》关于共产主义的描述进行批判，但是对于一个稍微具有马克思主义基本理论知识的人来说，谁都不会否认这些描述正是一代代马克思主义者为之奋斗的理想社会和崇高目标。因此，这样的批判一定会被反思和重新认识的。正如著名的马克思主义翻译家和理论工作者吴亮平所说的，在林彪、"四人帮"横行的十年中，他们"肆无忌惮地践踏了马克思主义的科学性，使马列主义、毛泽东思想遭到肆意篡改，使我们的党受到了空前的破坏，人民和国家遭受了最严重的灾难。历史的深刻教训告诉我们，《论修养》一书正是和这股反马克思主义的腥风邪气针锋相对的，是提倡马列主义正气的重要文献"①。

1980 年党的十一届五中全会为刘少奇平反后，《论共产党员的修养》重新恢复了在中国马克思主义理论史上的地位并重新修订出版，这是在改革开放新时期以单行本形式出版的刘少奇的第一部著作。1981 年，经过 20 年的曲折，《刘少奇选集》上卷出版，《论共产党员的修养》收入其中。在新的历史条件下，这一著作开始以新的方式进行传播，它所阐述的共产党员修养的基本思想在新时期党的思想理论建设和马克思主义大众化进程中发挥着不可替代的重要作用，"对于今天我们加强党的执政能力建设和先进性建设仍然具有很强的现实意义"。②

---

① 《吴亮平文选》，中国广播电视出版社 1992 年版，第 210 页。

② 胡锦涛:《在纪念刘少奇同志诞辰 110 周年座谈会上的讲话》，《人民日报》2008 年 11 月 12 日。

三 《论共产党员的修养》的传播过程对 当代马克思主义大众化的启示

《论共产党员的修养》产生后，其传播经历了一个曲折的过程。从被认为是一部"提倡正气、反对邪气"① 的马克思主义著作到被认为是一部反马克思主义的修正主义著作，再到重新被认为是"我们党的宝贵的精神财富"②，中间经历了巨大的反复。在这样的反复过程中，人们更加坚定地认识到，这是一本"每个共产党员和革命者所应必读的书，是深刻地阐明了马克思主义关于建党学说的好书，是对党内斗争、共产党员思想修养有独到见解的书"③。

作为马克思主义大众化进程中的一部经典著作，《论共产党员的修养》的特点在于它并没有讲太多的马克思主义大道理，而是紧紧围绕着革命时期党的建设这一主题，以如何做一名合格的共产党员为主线，紧紧抓住了党员群众内心隐藏的思想世界。此外，著作中朴实却极富穿透力的语言文字，既体现着马克思主义的基本理论，又具有中国传统式的道德教育的智慧，是马克思主义党建理论和传统道德精髓的有机统一。这是它能够不断推动马克思主义大众化的两个基点。但是，"文化大革命"期间，《论共产党员的修养》在传播中出现的严重曲折给我们留下非常沉重的思考，即为什么在此前一直作为培养合格共产党员优秀教科书的经典著作却被认为是反马克思主义的"大毒草"？虽然这已经是一个历史问题，但在当代马克思主义大众化的视域中，却仍然有着极其重要的意义。

第一，马克思主义大众化必须以马克思主义中国化的科学理论成果为前提和基础。从《论共产党员的修养》的曲折传播进程来看，要顺利推

---

① 1939 年 7 月 8 日，刘少奇在延安马列学院作《论共产党员的修养》的演讲，讲了"绪论"和"党员思想意识的修养"两大部分。毛泽东在审阅这两部分演讲记录稿后，给《解放》杂志编辑部写信，认为这篇文章写得很好，"提倡正气、反对邪气"，应尽快发表。参见《刘少奇年谱（1998—1969）》上卷，中央文献出版社 1996 年版，第 258—259 页。

② 1980 年 5 月 17 日，刘少奇追悼大会在北京举行。邓小平致悼词，他在悼词中说《论共产党员的修养》"教育了全党的广大党员，是我们党的宝贵的精神财富"。参见《在刘少奇同志追悼大会上邓小平副主席致悼词》，《人民日报》1980 年 5 月 18 日。

③ 莫清华：《重读〈论共产党员的修养〉》，《读书》1980 年第 4 期。

进马克思主义大众化，避免马克思主义在大众化的名义下被庸俗化，首先取决于能否根据中国自身的历史条件来科学地对待马克思主义，并以马克思主义为指导提出引领中国经济社会发展的理论观点，即能否真正做到马克思主义中国化。胡锦涛在庆祝中国共产党成立 90 周年大会上的讲话中指出："我们党在历史上的一些时期曾经犯过错误，甚至遇到严重挫折，根本原因就在于当时的指导思想脱离了中国的实际。"① "文化大革命" 中《论共产党员的修养》所受到的非理性的疯狂批判，关键的一点是这一时期马克思主义中国化进程进入了严重的误区，马克思主义大众化走向庸俗化是马克思主义中国化进入误区后在社会思想领域中不可避免的结果。因此，推动马克思主义大众化的进程，着眼点不在于马克思主义经典作家的一些观点对不对，而在于如何根据中国的历史条件去对待马克思主义。

第二，科学认识推进马克思主义大众化的主体。在《论共产党员的修养》曲折传播的背后，还有一个问题值得思考，即马克思主义大众化的主体。毫无疑问，中国共产党领袖人物是推动马克思主义大众化的重要力量，但这种力量不是单向度的，而是积极的双重主体，即广大党员群众也是推动马克思主义大众化的重要力量。缺失了后一种力量，马克思主义大众化将畸变为党的领导人的思想向广大党员群众单向的传播过程。如果这一思想符合中国实际，是正确的，那么，马克思主义大众化的进程将会大大加快；如果这一思想脱离了中国实际，是不正确的，那么，这一进程将会遇到严重的曲折。从这个意义上说，马克思主义大众化不只是简单地让普通党员群众知道、了解一些马克思主义的基本观点，而且还要培养普通党员群众对马克思主义的独立判断和认识。只有如此，才能推进马克思主义大众化的健康发展，这是《论共产党员的修养》的曲折传播对当代马克思主义大众化的深刻启示。

（刊于《党的文献》2013 年第 3 期）

---

① 胡锦涛：《在庆祝中国共产党成立 90 周年大会上的讲话》，《人民日报》2011 年 7 月 2 日。

刘少奇对中共七大的卓越贡献

中共七大是中国共产党在抗日战争尚未结束的特殊历史条件下召开的，是中国共产党在民主革命时期召开的极为重要的一次全国代表大会，有力地推进了马克思主义中国化和党的建设的历史进程，实现了中国共产党指导思想的民族化，对于争取抗日战争胜利和新民主主义革命全国性胜利具有承前启后的重大历史意义。学术界对于毛泽东与中共七大的研究较为充分，而对刘少奇与中共七大的研究相对鲜见，事实上刘少奇对于中共七大的成功召开作出了历史性的重要贡献。

一　临危受命　返延筹备七大

早在 1930 年 12 月 23 日，《中央紧急通告（中央通告第九十六号）——为坚决执行国际路线反对立三路线与调和主义号召全党》指出："为要使国际路钱在中国党内得到根本的巩固，党现在就应开始准备七次大会，这不仅解决党内问题，且要更进一步去解决一切政治上的根本问题，如党纲问题等。"[①] 较早提出准备召开七大。由于种种原因，直到 1937 年 12 月中共中央政治局会议和 1938 年 11 月扩大的六届六中全会，先后通过《关于召集第七次全国代表大会的决议》，才使召开七大的工作进入实质性准备阶段。1939 年，各地党组织选举了出席中共七大的代表。由于长期紧张的战争环境，直到 1945 年 4 月中共七大才召开。[②] 中共七大前后直至"文化大革命"发生时，刘少奇是排名在毛泽东之后的党的

---

① 《中共中央文件选集（1930）》第 6 册，中共中央党校出版社 1989 年版，第 549 页。

② 《刘少奇年谱（1898—1969）》上卷，中央文献出版社 1996 年版，第 300 页。

重要领导人，其"在党内的地位是历史形成的"。①

　　抗日战争时期，面对日军的疯狂进攻态势和国民党抗战的两面性，刘少奇的工作岗位历经从地方到中央、从中央到地方、再从地方到中央的多次转换，其丰富的实践阅历为中共七大总结经验、开辟未来提供了宝贵的思想素材。

　　1937 年 8 月初，中共中央在北平、天津失陷以后组建了以刘少奇为书记的北方局新的领导机关。1938 年 3 月，在中央政治局常委会议上，毛泽东建议刘少奇暂住延安、留在中央指导华北工作。7 月 1 日，刘少奇在党的理论刊物《解放》周刊上发表了《坚持华北抗战中的武装部队》一文，系统分析了华北抗战各种武装力量现状和问题，提出"华北的一切抗日部队如果能够在抗日民族统一战线方针下进一步的实现统一"，对于在"忠诚团结合作的统一战线方针下与民主的方式下"坚持华北抗战具有重要意义。② 11 月，刘少奇出任中共中央中原局书记。

　　1939 年，刘少奇出任中央职工运动委员会委员，5 月 1 日，《解放》发表刘少奇的《论组织民众的几个基本原则》，认为政治上的民主自由对于动员、组织、武装民众具有重要意义，要在民众的自动性和符合民众要求上采用各种各样的方式去组织民众。③ 7 月 7 日全面抗战两周年之际，刘少奇撰文《巩固团结粉碎敌人的阴谋》，指出日寇灭亡中国的方法多变，政治阴谋与军事占领叠加运用，必须加强国内民族团结、反对投降、坚持抗战到底。④ 当月 20 日，刘少奇发表《"七七"二周年纪念致中国工人们》，呼吁加强教育和宣传、组织和团结，克服国内存在的妥协和投降倾向，坚持抗战与争得民族解放。⑤ 1940 年 11 月，他出任华中新四军八路军政委，领导了华中地区的反"扫荡"和国民党军事摩擦的具体斗争。1941 年 1 月，震惊中外的"皖南事变"发生后，刘少奇提出的"政治上取全面攻势，军事上取守势"的方针被中央采纳，1 月 20 日出任新四军政委，4 月 27 日出任东南局和中原局合并组成的华中局书记。这一时期，

---

　　①　《邓小平文选》第 2 卷，人民出版社 1994 年版，第 293 页。

　　②　刘少奇：《坚持华北抗战中的武装部队》，《解放》1938 年第 43—44 期。

　　③　刘少奇：《论组织民众的几个基本原则》，《解放》1939 年第 70 期。

　　④　刘少奇：《巩固团结粉碎敌人的阴谋》，《解放》1939 年第 75—76 期。

　　⑤　刘少奇：《"七七"二周年纪念致中国工人们》，《解放》1939 年第 77 期。

毛泽东充分肯定了刘少奇的领导是正确的，党性是很好的。① 同年 10 月，中央政治局会议肯定了刘少奇是白区工作中正确路线的代表，在白区代表了唯物辩证法。②

刘少奇回延安参加党的七大是中央的决定。1941 年 9 月 26 日，中央书记处同意刘少奇回延安休养，其担任的华中局书记、新四军政委由饶漱石代理。10 月 3 日，毛泽东致电刘少奇，中央决定刘少奇来延安一次，希望能参加七大，4 日刘少奇复电因工作需要缓期来延安。1942 年 1 月 13 日，中央再发通知，决定刘少奇回延安参加七大。在刘少奇返回延安的过程中，中共中央和毛泽东 6 次发电报关心其沿途的安全。

刘少奇返回延安的过程，是沿途调查研究、协调矛盾、解决问题的过程，也是为七大各种决议的形成作重要调研的过程。1942 年 1 月 21 日，中央电告刘少奇返延途中到山东根据地，处理朱瑞、陈光、罗荣桓之间关于山东形势、军队建设、干部教育等方面的争论，3 月 3 日，中央再电刘少奇，要求其在山东期间指导处理敌人扫荡形势下的政策执行问题，解决主力部队与地方部队、军队干部与地方干部、外地干部与本地干部的关系等方面存在的问题。3 月 19 日，刘少奇启程回延参加七大，21 日，中央再次要求刘少奇经山东时从思想、工作层面彻底肃清山东部分党组织存在的主观主义、宗派主义。刘少奇于 4 月初到达山东分局和 115 师所在地，随即召开山东分局和军政委员会联席会议，分析山东抗战形势，明确提出要调查研究、埋头苦干，打破主观主义、清谈主义、机关主义、官僚主义，到群众中去、到支部中去，改造一切不良作风，确立了山东根据地集中统一领导机构和体制。刘少奇在山东期间，就群众运动、党内斗争、民主精神与官僚主义、何为马克思主义立场等发表演讲，推动了山东根据地存在问题的有效解决。

8 月、9 月间，刘少奇经鲁西南、冀鲁豫边区到达晋东南中共中央北方局和八路军总部，并指导北方局研究斗争形势和策略。12 月上旬，到达晋西北兴县，在晋西北干部会议上做群众运动的报告。12 月 30 日，经过 9 个多月的长途跋涉，穿越敌人 103 道封锁线安全回到延安。1943 年元旦，毛泽东、朱德等出席中央办公厅在延安中央大礼堂召开的干部新年

---

① 《刘少奇年谱（1898—1969）》上卷，中央文献出版社 1996 年版，第 357 页。
② 同上书，第 372 页。

团拜会并欢迎刘少奇自华中归来。此后，刘少奇就把主要精力投到了中共七大的筹备上来。

二　艰辛工作　七大会议主要筹备人

早在 1937 年 12 月，刘少奇就成为中央政治局成立的准备召集中国共产党第七次全国代表大会委员会委员。1939 年 8 月 16 日，刘少奇出席了中央政治局会议，讨论了党的工作路线和中共七大的准备工作问题，承担起草组织问题的决议。由于抗战形势，中共七大的召开一拖再拖，1944 年 2 月 24 日，刘少奇出席书记处会议讨论了七大准备工作和党的历史问题，会议决定刘少奇作组织问题（包括党章）报告。5 月 10 日，书记处会议再次讨论了七大准备工作，刘少奇负责召集组织报告准备委员会，并参加任弼时负责的党内历史问题决议准备委员会，会议决定七大前召开六届七中全会。① 可以说，刘少奇为中共七大的召开付出了艰辛的努力：

第一，刘少奇在地方工作中就注意中共七大代表的教育引导。早在 1940 年 8 月 14 日，时任中共中央华中局书记的刘少奇，对出席中共七大的华中代表作报告，要求真正组织广大群众，把群众组织到群众团体中，和党发生密切联系，建立真正的布尔什维克党。②

第二，刘少奇返回延安后具体负责的党组织工作，为七大召开作了重要组织准备。1943 年 3 月 11 日，中央书记处讨论了中央机构调整，按照分工刘少奇负责处理中央组织部重要日常工作。3 月 20 日，中央政治局会议对书记处进行了调整，毛泽东、刘少奇、任弼时为书记处成员，刘少奇任中央组织委员会书记、中央军委副主席、中央研究局局长，负责管理华中党政军工作。1943 年 7 月 17 日，刘少奇出席了中央书记处会议，会议决定向中央政治局提议，在 8—9 个月内召开中共七大，准备 9 月在七大代表及延安高级干部中研究一批历史文件和指定的马列书籍。9 月 30 日，书记处决定刘少奇是负责组织讨论党史文件的领导人之一。10 月 5 日，刘少奇任中央总学习委员会副主任，指导学习讨论党的历史和路线问题。12 月 14 日，刘少奇出席书记处会议讨论

---

① 《刘少奇年谱（1898—1969）》上卷，中央文献出版社 1996 年版，第 441 页。

② 同上书，第 300 页。

党的高级干部学习党的路线问题，学习时间为半年即到 1944 年 4 月底，学习课本有《共产党宣言》等 6 本。这一切，为六届七中全会的召开作了重要思想准备。

第三，刘少奇全程参加为召开中共七大做准备的中共六届七中全会。六届七中全会是中国共产党历史上开会时间最长的一次中央全会，开会时间从 1944 年 5 月 21 日一直到 1945 年 4 月 20 日，会议为中共七大的召开作了重要的思想上、政治上的准备。刘少奇出席六届七中全会 9 天次，出席六届七中全会主席团会议 14 天次，直接参与了中共中央关于抗日武装斗争、根据地建设问题、联合政府问题的讨论，特别是参与了《中国共产党章程》《关于若干历史问题的决议》的起草、讨论，会议"通过了刘少奇提出的以原中央政治局主席毛泽东为中央委员会主席的提议"，① 这些卓有成效的工作，为七大的成功召开做了思想上、政治上、组织上的准备。

三　全面协调　保证会议圆满举行

中共七大是在抗日战争的隆隆炮火声中开幕的。1945 年 4 月 21 日，刘少奇出席了中共七大预备会议，刘少奇当选为七大主席团成员、主席团常委，七大的第三项重要议程是，听取刘少奇作关于修改党的章程的报告。23 日，中共七大正式开幕，刘少奇发表了开幕演说，指出：要最后打败日本帝国主义，需要全中国人民以及全世界人民尽最大的努力，而为动员全中国与全世界人民去战胜日本侵略者，就必须提出和实施正确的方针和政策。在打败日本侵略者以后，中国的前途应该是努力争取建设一个独立的、自由的、民主的、统一的、富强的新民主主义共和国。演说最后号召全党同志团结起来，在毛泽东所指示的方针之下，动员与团结全中国的人民，向着打败侵略者与建设新中国的目标迈进。②

从《刘少奇年谱》来看，刘少奇直接参与中共七大的各种会议是高

---

① 《中国共产党历史》第 1 卷（1921—1949）下册，中共党史出版社 2011 年版，第 650 页。

② 《刘少奇年谱（1898—1969）》上卷，中央文献出版社 1996 年版，第 465 页。

频度的。从 1945 年 4 月 21 日至 6 月 11 日，刘少奇参加中共七大预备会议、开幕会议、全体会议共计 12 天次，出席"主席团会议和各代表团主任联席会议"7 天次，出席"主席团会议"2 天次，出席"主席团常委会议"3 天次，出席七届一中全会 2 天次，累计出席中共七大各类会议共计 26 天次。

从中共七大会议的议程内容来看，刘少奇全程参加会议的各种文件的讨论和审议工作。听取毛泽东作的《论联合政府》、朱德的《论解放区战场》以及各代表团讨论大会报告的情况汇报，亲自作《关于修改党的章程的报告》，出席主席团各类会议参与军事问题、选举问题、大会发言方针、大会决议的讨论和决策，和中央领导一起推动大会通过了《关于军事问题的决议（草案）》《中国共产党党章》《关于以七大名义召开中国革命死难烈士追悼大会的决定》《关于召开中国解放区人民代表会议及其筹备事项的决议》，根据六届七中全会和中共七大的讨论意见推动会议通过了《关于若干历史问题的决议》。

从中共七大会议的选举结果来看，在此前六届七中全会上刘少奇关于主要领导人选的建议变成现实，毛泽东被选为中共中央委员会主席兼中央政治局主席、中央书记处主席，以及中共中央革命军事委员会主席。同时，刘少奇被选为中央政治局委员、中央书记处五位书记之一，同时被选举为中共中央革命军事委员会副主席兼总政治部主任。由此，刘少奇正式成为以毛泽东为核心的党的第一代领导集体的重要成员。

四　系统阐释　中国化马克思主义

马克思指出："人应该在实践中证明自己思维的真理性。"[1] 刘少奇主持起草并经中共七大通过的《中国共产党章程》规定："中国共产党，以马克思列宁主义的理论与中国革命的实践之统一的思想——毛泽东思想，作为自己一切工作的指针。"[2]

这一历史性规定，既表明在全党范围内"毛泽东思想"作为一个理论概念被全党认可和接受，又表明在马克思主义中国化第一次历史性飞跃

---

[1] 《马克思恩格斯文集》第 1 卷，人民出版社 2009 年版，第 500 页。

[2] 《中共中央文件选集》第 15 册（1945），中共中央党校出版社 1991 年版，第 115 页。

过程中，深刻打上了毛泽东极具个人领导魅力的历史烙印，这种命名范式是集体智慧的结晶。从此，毛泽东思想就被确立为中国共产党的基本指导思想。

这一历史性规定，既是对中国共产党建党以来历史经验和实践探索的总结，又是对抗战形势下回应国民党争夺话语权的有力回击。正如刘少奇在《关于修改党的章程的报告》中所指出的，"我们的党，已经是一个有了自己伟大领袖的党。这个领袖，就是我们党和现代中国革命的组织者与领导者——毛泽东同志"。"他将人类这一最高思想——马克思主义的普遍真理与中国革命的具体实践相结合，而把我国民族的思想水平提到了从来未有的合理的高度，并为灾难深重的中国民族与中国人民指出了达到彻底解放的唯一正确的道路——毛泽东道路。"① 需要指出的是，尽管毛泽东十分谦虚、谨慎，但是，面对当时被国民党奉为"领袖经典"的《中国之命运》形而上学地宣扬"三民主义是国民革命永远不变的最高原则""没有中国国民党就没有革命"，② 发起"一个政党、一个主义、一个领袖"的文化围剿，中国共产党必须亮出自己的文化旗帜、精神旗帜，在集体智慧讨论基础上形成的党内共识下，毛泽东尊重了中央领导集体关于命名范式的考虑。

刘少奇较早论及学习毛泽东重要理论观点，1941 年 3 月 17 日，刘少奇等致电苏中党政军首长时指出："普遍宣传毛泽东同志论持久战、游击战的思想，务使家喻户晓。"③ 在这里，初步表达了推进毛泽东思想大众化的意蕴。中共七大刘少奇所作的《关于修改党的章程的报告》（又称《论党》），在论述中国化马克思主义时作出了四大历史性贡献：

第一，最早全面揭示了毛泽东思想科学概念的基本内涵，阐明了马克思列宁主义与毛泽东思想是继承与发展、总店与分店、先生与学生的关系。刘少奇指出："毛泽东思想，就是马克思列宁主义的理论与中国革命的实践之统一的思想，就是中国的共产主义，中国的马克思主义。""毛泽东思想，从他的宇宙观以至他的工作作风，乃是发展着与完善着的中国化的马克思主义。""完全是马克思主义的，又完全是中国的。"④

---

① 《刘少奇选集》（上卷），人民出版社 1981 年版，第 319 页。

② 蒋中正：《中国之命运》，正中书局 1943 年版，第 83—113 页。

③ 《刘少奇年谱（1898—1969）》上卷，中央文献出版社 1996 年版，第 338 页。

④ 《刘少奇选集》（上卷），人民出版社 1981 年版，第 333、335 页。

　　第二，最先系统阐述了毛泽东思想科学体系的物质载体和主要内容。刘少奇指出：毛泽东思想的理论内容，"表现在毛泽东同志的各种著作以及党的许多文献上。这就是毛泽东同志关于现代世界情况及中国国情的分析，关于新民主主义的理论与政策，关于解放农民的理论与政策，关于革命统一战线的理论与政策，关于革命战争的理论与政策，关于革命根据地的理论与政策，关于建设新民主主义共和国的理论与政策，关于建设党的理论与政策，关于文化的理论与政策等"。①

　　第三，率先指明了毛泽东思想形成和发展的主要特点——曲折性与真理性。刘少奇指出，毛泽东思想的生长、发展与成熟，有一个客观的过程，"不只是在和国内国外各种敌人进行革命的斗争中，同时又是在和党内各种错误的机会主义思想——陈独秀主义、李立三路线，以及后来的左倾路线、投降路线、教条主义、经验主义等进行原则的斗争中，生长和发展起来的"。"在无数次的千百万人民的剧烈斗争中反复考验过来了，证明它是客观的真理。"②

　　第四，鲜明指出了毛泽东思想的历史地位和指导意义。刘少奇指出："毛泽东思想，就是马克思主义在目前时代的殖民地、半殖民地半封建国家民族民主革命中的继续发展，就是马克思主义民族化的优秀典型。""是唯一正确的救中国的理论与政策"，"是中国人民完整的革命建国理论"。③刘少奇认为："现在的重要任务，就是动员全党来学习毛泽东思想，宣传毛泽东思想，用毛泽东思想来武装我们的党员和革命的人民，使毛泽东思想变为实际的不可抗御的力量。为此目的，一切党校和训练班，必须用毛泽东同志的著作作为基本教材；一切干部，必须系统地研究毛泽东同志的著作；一切党报，必须系统地宣传毛泽东思想；为了适应一般党员的水准，党的宣传部门，应将毛泽东同志的重要著作，编为通俗读物。"他认为"学习毛泽东思想，宣传毛泽东思想，遵循毛泽东思想的指示去进行工作，乃是每一个党员的职责"。④

①　《刘少奇选集》（上卷），人民出版社1981年版，第335页。

②　同上书，第334页。

③　同上书，第333、334、335页。

④　同上书，第337页。

五　重点论述党建理论与实践

刘少奇是中国共产党党内研究党的建设工作的专家型领导人，这既得益于丰富的地方工作实践经验，又源自高度的党建理论自觉。刘少奇1936 年 4 月的《肃清空谈的领导作风》、1939 年 7 月的《论共产党员的修养》、① 1941 年 7 月的《论党内斗争》、1943 年 7 月的《清算党内的孟什维主义思想》和在七大上所作的《关于修改党的章程的报告》，这些著作记录了刘少奇在党建理论与实践方面的独特贡献。

在中共七大上，刘少奇的《关于修改党的章程的报告》重点论述了党的建设的理论与实践，七大通过的《中国共产党章程》以及刘少奇《关于修改党的章程的报告》，是指导中国共产党加强党的建设的具有里程碑意义的重要文献。

首先，刘少奇指出："党章的总纲上确定以毛泽东思想作为我党一切工作的指针，在党章的条文上又规定：努力地领会马克思列宁主义、毛泽东思想的基础，是每一个共产党员的义务。这是我们这次修改的党章一个最大的历史特点。"② 这为加强全党的思想建设提供了重要的理论依据。这一思想，是刘少奇《论共产党员的修养》关于"首先要有马列主义理论的修养，以及在实践中运用这种理论的修养"，"了解与掌握马列主义的理论和方法"，"有清楚而坚定的、正确而纯洁的、无产阶级的立场与思想意识"③ 等观点的逻辑发展的必然。

其次，刘少奇主持制定的中共七大通过的《中国共产党章程》，较之此前历次党的全国代表大会制定的党章在文本层面有着显著的不同。中共七大通过的《中国共产党章程》增加了"总纲"，在"总纲"中明确规定了中国共产党的性质、宗旨、指导思想，在分析中国社会状况的基础上指明了中国共产党的奋斗目标、任务及其步骤，阐明了中国共产党人反对党内右和"左"的各种错误倾向，不掩盖自己工作中的错误与缺点，以及中国共产党人必须具有全心全意为中国人民服务的精神；特别是明确指

---

① 刘少奇的《论共产党员的修养》一文，分三次分别发表在 1939 年 8 月 20、8 月 30 日和 9 月 20 日出版的《解放》周刊第 81—82 期和第 83—84 期上，在全党范围获得广泛传播。

② 《刘少奇选集》（上卷），人民出版社 1981 年版，第 332 页。

③ 《解放》第 81 期，1939 年 8 月 20 日，第 17、19 页。

出："在党内不容许有离开党的纲领和党章的行为，不能容许有破坏党纪、向党闹独立性、小组织活动及阳奉阴违的两面行为。中国共产党必须经常注意清除自己队伍中破坏党的纲领和党章、党纪而不能改正的人出党。"① 为此，七大《中国共产党章程》在"党员"一节首次明确分条列出了党员的义务和权利，专门单列了"奖励与处分"一节并详细阐明了"奖励与处分"的具体规定，这为加强党的建设提供了基本的文本法规依据。这些细致的规定，得益于先前刘少奇在《论共产党员的修养》一文中，列举的党内形形色色的各种错误思想意识，诸如入党意识的非单一性、以自我为中心的自私自利之心、斤斤计较名誉地位、同志间缺乏"忠诚的互助精神与团结精神"、计较小事不识大体等。②

再次，刘少奇深刻阐释了党的群众路线。刘少奇认为，七大《党章》突出强调党的群众路线，是党章修改的又一个特点。刘少奇指出，党的群众路线，是我们党的根本的政治路线，也是我们党的根本的组织路线。刘少奇把群众观点解释为，一切为人民群众的观点，全心全意为人民服务的观点；一切向人民群众负责的观点；相信群众自己解放自己的观点；向人民群众学习的观点等四个方面。③ 刘少奇还提出，在群众工作中要反对尾巴主义、命令主义、冒险主义与关门主义以及官僚主义与军阀主义的倾向，认真践行毛泽东关于从群众中来、又到群众中去的指示，切实密切联系群众、全心全意为人民服务。在利益问题上，早在 1939 年 8 月 30 日《解放》正式发表的《论共产党员的修养》中，刘少奇写道："马克思主义的原则，是个人利益服从党的利益；部分的利益服从整体的利益；暂时的利益服从长远的利益；民族的利益服从世界的利益。"④ 七大《党章》使这一思想更加定型化。

最后，刘少奇对党的民主集中制有着重要的理论建树。刘少奇指出，党的民主集中制，就是党章规定的在民主基础上的集中和在集中指导下的民主二者相互结合，反对反民主的专制主义和极端民主化、山头主义等错误倾向，认为民主集中制是党内的群众路线的反映。刘少奇谈到党内的秩序，是由个人服从组织、少数服从多数，下级服从上级、全党各个部分组

---

① 《中共中央文件选集》第 15 册（1945），中共中央党校出版社 1991 年版，第 118 页。

② 《解放》1939 年 9 月 20 日，第 83—84 期，第 8—12 页。

③ 《刘少奇选集》（上卷），人民出版社 1981 年版，第 334—358 页。

④ 《解放》1939 年 8 月 30 日，第 82 期，第 13 页。

织统一服从中央的原则来建立的。刘少奇对七大《党章》关于"四个服从"理论的形成作出了重要贡献，早在 1938 年 9 月 26 日，刘少奇在中央政治局会议上发言谈到党的团结时指出，要在组织上、党规上保证党的团结，个人服从组织，少数服从多数，下级服从上级，较早提出了"三个服从"。① 1939 年 7 月 12 日，刘少奇在《论共产党员的修养》中谈到党员怎样执行党内民主集中制时又指出，少数服从多数、下级服从上级、个人服从组织、个别组织服从中央，明确提出了"四个服从"。这是后来七大《党章》关于民主集中制的重要思想源头。

　　总之，刘少奇为中共七大的召开作出了不可磨灭的重要贡献，为毛泽东思想的形成与发展、为党的建设理论的不断完善贡献了卓越的智慧，为在改革开放时代环境下广大党员干部持之以恒地践行群众路线、做到"三严三实"树立了光辉的榜样，为新形势下推进"全面从严治党"提供了宝贵的思想素材。

　　（此文是为 2015 年 6 月中国中共文献研究会刘少奇思想生平研究分会同中国延安干部学院联合举办的"刘少奇与中共七大学术研讨会"撰写的，刊于《党的文献》2016 年第 2 期）

---

① 《刘少奇年谱（1898—1969）》上卷，中央文献出版社 1996 年版，第 236 页。

朱德研究

1940—1947 年朱德在延安的思想和实践贡献

——兼谈朱德对马克思主义中国化的贡献

朱德于 1940 年 5 月 26 日奉命回到延安时，正值国际国内风云险恶、抗日战争异常艰苦之际。当时，国际法西斯势力十分猖獗。在欧洲，德国法西斯接连占领许多国家。在远东，日本侵略者同德国法西斯遥相呼应，扬言要迅速解决"中国事变"。在如此严重的困难面前，中国抗日阵线中一部分人对抗战胜利产生动摇，蒋介石就对抗日前途感到悲观，妥协思想有所抬头。尽管华北抗日前线需要朱德，但中共中央还是决定让他回到延安协助毛泽东工作。从回延安到 1947 年 3 月 31 日离开，朱德在延安待了近七年时间。前五年，在中共抗日民族统一战线政策的感召下，全国军民经过英勇的抗战，终于战胜了日本帝国主义的野蛮侵略。而 1945 年的抗战胜利非但没有给全国人民带来期盼已久的和平，随之出现的却是内战的全面爆发。七年间，国际风云变幻；国内战争迭起。然而这七年，又是中国革命逐步走向胜利的起点，困难只是黎明前的黑暗，胜利在望已成现实。面对国际国内的复杂形势，朱德总能以大局为重，始终以民族大义为念，在处理各种问题时，把主动权牢牢掌握在自己手中。正是由于朱德对毛泽东工作的鼎力相助，并充分发挥自己的智慧，推动中国革命从胜利走向更大胜利。

一　在军队建设和战略战术上，丰富了毛泽东军事思想

朱德是中国人民解放军的主要缔造者和卓越领导人之一，他关于建军原则和战略战术等许多方面的精辟论述，是毛泽东军事思想的重要组成部分。朱德勇于探索，勤于思考，善于总结和推广各种有效的战法，为人民军队的建设、管理和战略战术的形成和发展作出了突出的贡献。

　　第一，从人民出发，为人民服务是建军的总原则。

　　马克思主义告诉我们，人民群众是历史的主体，是历史的创造者。"人民，只有人民，才是创造世界历史的动力"。① 中国革命成败的历史经验和教训，使朱德深感新民主主义革命的战争只能是由广大人民群众参加的人民战争。他还认识到中国革命要想取得完全的胜利，毫无疑问必须拥有武装力量，必须建立和依靠自己的军队——人民军队。因为人民军队是中国共产党领导的，是人民的子弟兵，它来自人民，紧紧地和中国人民站在一起。1940 年 7 月 14 日，朱德出席抗大第三分校第五期毕业典礼并讲话，强调指出："要爱护老百姓，不要有军阀气息，不要妨害老百姓的利益。"② 1943 年 1 月 14 日，朱德出席中共中央西北局高级干部会议闭幕式，再次强调："各级军队干部，不仅是简单地做一个指挥员，而且要做一个很好的共产党员。要服从党的纪律，服从政府法令，倾听群众的一切呼声，向群众学习，爱护群众，帮助群众。"③ 1945 年中共七大胜利召开，朱德在《论解放区战场》的军事报告里详细阐述了人民军队的建军总原则。朱德讲到，没有一种军队不是国家的，纵观古今中外，概莫能外。在我国，人民的军队理所当然的应是属于新民主主义国家的军队。而人民军队具有什么优势特点呢？朱德说："具备了民族的、人民的、民主的特点。"之所以说它是民族的，"因为它始终站在反对外国侵略者的立场，具有保卫祖国的至高无上的热情"。之所以说它是人民的，"因为它是从人民当中来，始终是为人民的解放和幸福而奋斗"。之所以说它是民主的，"因为它是军民一致和官兵一致的；因为它一扫军阀制度，成为为人民的民主政治而奋斗的工具"。这三大特点，事实上也就是建军的三原则。"而归根结底，一个总的原则，即是从人民出发，为人民服务。"④ 人民军队的战斗力由于有了总原则的指导而大大提升，取得了一个又一个胜利。从人民出发，为人民服务的建军总原则是人民军队区别于其他一切军队的特点和优点之一。

　　第二，政治工作是军队的灵魂。

　　重视和提高部队的政治素质，是人民军队区别于旧军队的显著特点之

---

① 《毛泽东选集》第 3 卷，人民出版社 1991 年版，第 1031 页。

② 《朱德年谱》中卷，人民出版社 2006 年版，第 978 页。

③ 同上书，第 1123 页。

④ 《朱德选集》，人民出版社 1983 年版，第 158 页。

一。朱德作为军事统帅，一贯重视军队的政治工作，并发表了许多独到的见解，他认为，没有正确的政治方针，就不能有正确的军事方针。1940年6月29日，朱德就讲："为战胜困难，坚持敌后抗战，必须：（一）提高部队的政治素质，首先是干部的政治素质。加强政治委员制度，提高政治工作的威信到最高度。"① 之所以在军队有政治工作，是由国家性质和军队性质决定的。政治工作是党的领导工作的延伸和重要组成部分。1942年4月4日，朱德出席军政学院第一队学员毕业典礼并讲话，再次强调了政治工作在军队中的重要性，并号召政治工作人员必须以身作则。1943年，朱德在陕甘宁晋绥联防军高级干部会议的报告中，进一步提出了"练兵必先练心"的观点，他说练兵不仅要练战士的军事技术，而且要练军心，做好政治工作，练心就是做政治工作。对于革命的参加者，就是要靠我们用自己的阶级觉悟、政治觉悟的实际表现去影响他们，使他们自觉成为新民主主义革命的战士。1945年，朱德将政治工作是红军的生命线的观点深化发展为政治工作是军队的灵魂。他强调指出："八路军、新四军既把为人民服务、保卫祖国作为宗旨，则政治工作便成为这种军队的灵魂。"② 又说："我们的军队之所以是人民的军队，所以能达到官兵团结和军民团结，我们进行的战争之所以是人民的战争，所以能进行人民的战略战术，所以能打胜仗，都是和这种政治工作不能分开的。"③ 总结历史，中国的问题仅仅从军事上去找，是不能得出正确结论的。"没有政治觉悟的勇敢，只是血气之勇，有了政治觉悟的自觉的勇敢，乃是大勇。为了提高政治觉悟和军事知识，又要有一定的文化程度作为基础。"④ 朱德深知政治工作离不开教育，多次强调需要"加强干部教育，提高干部能力"。⑤ 1940年12月24日，朱德指出："冬季干部军事教育的基本方针，是为了提高干部的指挥与管理部队的能力。……建立干部军事教育制度，提高干部的军事能力。这是首要的任务，是提高军队战斗力的重要途径。一切轻视军事学习的观点，都是错误的。"⑥ 我们的军队，正是由于政治觉悟最

---

① 《朱德年谱》中卷，人民出版社 2006 年版，第 974 页。

② 《朱德选集》，人民出版社 1983 年版，第 170 页。

③ 同上书，第 171 页。

④ 同上书，第 164 页。

⑤ 《朱德年谱》中卷，人民出版社 2006 年版，第 1011 页。

⑥ 同上书，第 1023 页。

高，所以是打不垮的，所以才创造了世界军事史上少有的伟大奇迹。

第三，党是军队的绝对领导者。

朱德作为人民军队的总司令，无论是在创建人民军队的过程中，还是在领导中国革命的过程中，总是自觉地接受党的领导；针对各种错误倾向，朱德始终从中国革命大局出发，强调必须坚持和维护党对军队的绝对领导。为了总结八路军、新四军中党的领导工作经验，朱德指出："我们八路军和新四军，是在共产党的领导之下产生、成长和壮大起来的。没有我们党，就没有这支军队；有了这支军队，就必须要巩固我们党的领导。"他进一步强调指出："党是军队的绝对领导者，是革命战斗任务完成的保证者。一切党的路线与政策，在部队中都要经过党的组织去执行。"① 人民军队是坚持无产阶级专政和执行党的政策的工具。朱德认为，坚持党对军队的绝对领导，重要内容就是正确处理党与军队的关系。1941年4月，朱德在《共产党人》第十七期上发表《党员军事化》一文，阐述中国无产阶级及其政党掌握武装的重要意义，指出："如果中国的无产阶级，特别是无产阶级的政党，不善于掌握武装，建设军队，不善于正确处理武装斗争的问题，则不但不能团结广大的同盟军在自己的周围，而且自己的生存都根本受到威胁。"文章还指出："我们党的发展、巩固，是和武装斗争密切地结合着，我们愈善于领导和掌握武装斗争，则我们党愈能发展、巩固，革命就愈接近胜利；反之，我们党就要受到严重的损害，革命就要失败。"② 朱德深刻指出，20 年的中国革命战争过程，证明了一个真理：只有中国共产党，才能最英明地掌握中国革命战争的发展规律；只有中国共产党，才能在一切历史时期中永远为最革命的政治目标而进行坚决的革命战争，反对当时中华民族和人民的主要敌人；只有中国共产党，才能制定和坚持最革命的战略方针。七大选举中，军队里的负责同志当选的相当多，针对有些同志担心会不会以军治党？朱德明确回答，只能是党指挥枪，决不允许枪指挥党，因为我们党不是才发展起来的，又经过了整风，又有毛主席的路线，是不可能发生这种问题的。现在这些军事干部都是党培养成的，我们每一个军事干部都一定要服从党。"我们的军

---

① 《朱德年谱》中卷，人民出版社 2006 年版，第 1054 页。

② 同上书，第 1054 页。

事干部离开了党，那他就一样也做不成，一样也做不了，一切问题要靠党。"①

第四，"群众战"是人民战争的基本内容。

人民战争思想是毛泽东军事思想的核心，游击战争又是核心的核心。在长期的革命实践中，朱德深切地体会到以"群众战"为基本内容的人民战争思想，不但是党和军队进行革命的根本指南，而且是军队确定战略战术的基本出发点。在以往阐发抗日游击战重要意义的基础上，1941 年 7 月 1 日朱德进一步阐述了游击战争的地位和特点，他指出："中国共产党在最艰苦困难的环境中，创造了自己的战略战术，这种革命的战略战术特点就是：在敌人显然强大于革命势力的时候，采取游击战争的战略战术；在革命势力日益发展，革命军队日益强大的时候，逐渐转到正规的战略战术。这种革命的战略战术，乃是中华民族取得胜利取得解放所必需的，乃是战争史上巨大的发现和创造。"② 而游击战争的主体之一就是广大的人民群众。抗日战争时期，他深入研究游击战争的特点和规律，进一步认识到广泛发动群众、依靠群众的重要性。朱德在深入剖析了人民战争的实质和内涵后指出，在抗日战争时期的解放区的战争，是伟大的真正全面的人民战争。国民党的片面、单纯军事抗战路线和这种"群众战"有着质的不同，它只会把战争从失败引向失败，别无他途。而"人民战争的基本内容就是群众战"，它可以把革命引向胜利。因为"这种群众战的特点，就是不但有人民大众在政治上、经济上的协力，而且有人民大众在军事作战上的协力，这种战争不是军队单独进行的，而是以人民大众共同作战的灵活配合来进行的"。③ 中国的革命"如果没有这种人民战争，也就没有了一切"。④ 朱德关于人民战争的论述和独到见解，极大地丰富了毛泽东的军事思想。

第五，潜心研究国际作战经验，为抗日反攻做了理论准备。

朱德从不照抄照搬别国的战法，而是始终以马克思主义为指导，具体结合中国的实际，善于抓住事物的本质，借鉴国际作战经验，特别是苏德战争规律，采取灵活的作战方法。1941 年 6 月 22 日，苏德战争爆发。起

① 金冲及：《朱德传》，中央文献出版社 2006 年版，第 646 页。

② 朱德：《中国共产党与革命战争》，《解放日报》1941 年 7 月 1 日，第 2 版。

③ 《朱德选集》，人民出版社 1983 年版，第 152 页。

④ 同上书，第 150 页。

初，一部分人对苏联打败德国缺乏信心，对国际形势和德国法西斯的本质认识不清。朱德听说后明确指出："大家要认清当前国际形势，不能只注意外表。虽然德国表面上很强大，但他本质是很虚弱的，因为德国法西斯没有人民作基础，它进行的战争是非正义的，是侵略战争。而苏联有人民作后盾，是正义的、反侵略战争，只要坚持一二年，一定能打败德国法西斯。"朱德还特别强调："人民，这是比任何工业作基础、武器占优势的先进东西，是起决定作用的制胜依据。"① 可以说，这种分析是深刻的、全面的，极大地坚定了全国人民抗战反攻的信心和勇气。1942 年，苏联发起夏季攻势，德国由于战略上的失败，已由进攻转为防御，形势朝着有利于反法西斯阵线一方发展。朱德及时系统总结了苏联胜利的宝贵经验，深刻指出，苏联红军之所以能获胜并转入反攻，"首先是因为它有高尚的政治品质；灵活的战略战术和积极的进攻精神；红军的教育训练与抗德战争的实际是密切联系着的；有坚强而富有生产能力的后方，这一后方并洋溢着拥军参军的无限热情；有盟国的团结一致与英美的援助。而这些经验恰是我国军民在坚持抗战准备反攻中所最需要研究与学习的"。② 为了借鉴苏联经验为反攻做早日准备，朱德号召："我们全军干部必须善于在思想上、工作上准备实行这种转变，以迎接这抗日大反攻的战斗。"③ 而"八路军、新四军的任务是在敌后坚持抗日根据地，消灭敌人，自力更生，准备反攻力量"。④ 他特别强调："解放区的军队站在中国大陆的大反攻前线上，要担负起极其重大的战略任务，来协同国内一切友军和同盟国军队打败日本侵略者。"⑤ 朱德不仅在战略上有了开展反攻的思想准备，而且在军事和物质等方面作了具体部署。他指出："为了准备反攻，要在现有的基础上，加强正规兵团、地方兵团与民兵自卫军的训练。对于主力兵团向运动战的转化，要在适当的集中作战进攻敌人的过程中，逐渐锻炼和学习。民兵的训练，也要注意。"⑥ 同时要准备大反攻的物质基础，"全

---

① 刘学民：《朱德元帅》，解放军文艺出版社 2007 年版，第 530 页。

② 朱德：《庆祝苏联红军节与红军大胜利——向苏联学习》，《解放日报》1943 年 2 月 23 日。

③ 《朱德选集》，人民出版社 1983 年版，第 181 页。

④ 《朱德年谱》中卷，中央文献出版社 2006 年版，第 1115 页。

⑤ 《朱德选集》，人民出版社 1983 年版，第 178 页。

⑥ 同上书，第 179 页。

军动员起来，进行生产和节约，储蓄粮食和物资；自己努力，筹集大反攻所需要的物资。到将来集中作战之时，可以有备无患"。① 而 "任何人如果轻视解放区战场和解放区九千余万英勇战斗人民对于中国解放事业和对日大反攻的伟大重要性，必将犯很大的错误，那是一定的"。② 1945 年年初，世界反法西斯战争接近胜利，八路军、新四军和华南抗日游击队，积极响应毛泽东 "扩大解放区，缩小沦陷区" 的号召，对日伪军展开了大规模的攻势作战。1945 年 8 月 9 日，朱德出席中共七届一中全会第二次会议，深刻指出："准备反攻现在已成为实际。"③ 解放区抗日武装力量掀起了大规模的春季攻势，"共歼灭日伪军 16 万余人，攻克县城 61 座，收复国土 24 万平方公里，解放人口 1000 万人"，④ 把日伪军压缩到大中城市、交通要道和沿海一带，为转入全面大反攻创造了有利条件。显而易见，上述宝贵的军事思想为抗日反攻乃至整个民族解放战争的胜利做了充分的理论准备。

二　为克时艰，倡军垦屯田，培育了南泥湾精神

1940 年以后，抗战进入了相持阶段，同时也是各抗日根据地物质困难空前严重的时期。这种困难是由日本侵略者的残酷 "扫荡" 和国民党顽固派的严密经济封锁所造成的。面对严重困难，朱德善于思索，为克时艰付出了大量心血，找到了摆脱困境的新路子。

第一，提出开发边区资源，发展经济。

朱德认为，发展边区经济建设最基本的困难有两个："首先就没有大量的流动资金。其次，我们的技术人员和熟练工人还远不足以应付工作发展中的需要，我们缺乏重工业机器，现在自制不能，又难于购买。"⑤ 针对以上困难，1940 年 9 月 2 日，朱德邀集董必武、徐特立、张鼎丞、王首道等到延安西川、南泥湾，实地考察工、农、商各业的情况。随后朱德提出了利用边区资源，通过开展纺毛运动，织毛呢、毛衣等解决军民穿衣

---

① 《朱德选集》，人民出版社 1983 年版，第 181 页。

② 同上。

③ 《朱德年谱》中卷，中央文献出版社 2006 年版，第 1194—1195 页。

④ 胡玥：《朱德与抗日战争》，中央文献出版社 2005 年版，第 238 页。

⑤ 朱德：《论发展边区的经济建设》，《新中华报》1940 年 10 月 13 日。

问题；除了羊毛外，经过调查研究，朱德把注意力集中到在陕甘宁边区蕴藏量很大，又是人们生活必需品的食盐上来。他强调，要发扬独立自主，自力更生的精神，努力发展边区的工农业生产，准备应付最大的困难，使边区的经济从半自给达到完全自给，达到巩固边区，逐步改善边区人民生活，为更好地支援前方抗战作出贡献。在工业方面，他经过调查，提出："要充分开发边区资源，以发展纺织业和发展盐业为主，来带动各行各业。要发展多种经济，提高生产技术，提高生产效益，把边区建设成自力更生，发展生产的模范区，成为八路军、新四军的巩固后方。"① 1940 年9 月 25 日，朱德在出席中共中央政治局会议上发言，就发展边区经济问题提出："开办职业学校及工厂，准备长期生产计划。"② 朱德认为开办学校及工厂正是解决技术人员和熟练工人不足问题的有效手段。由于朱德抓经济工作雷厉风行，措施有力，很快使边区经济工作出现了新的面貌。中共陕甘宁边区中央局采纳了朱德的意见，作出《关于开展边区经济建设的决定》和《关于财政经济政策的指示》。陕甘宁边区政府主席林伯渠在延安生产动员大会上讲话时指出："朱总司令最近曾到我们边区各地各工厂参观过，贡献给我们很多宝贵意见，对于我们明年的生产建设是有很大作用的。"③ 陕甘宁边区政府制订的 1941 年《经济建设计划》，对如何开发边区资源，发展盐业、纺织业、制革业、造纸业、化学业提出了比较具体的要求。从此，开发边区资源成为边区经济建设的强大牵引力。

第二，主张发展边区商贸，建立革命的家务。

开发边区的资源，除了供边区军民自己消费外，很大一部分要销往边区外，同国统区进行贸易，换回边区生产生活所需的商品和资金。朱德认识到发展商业贸易是增加资金来源的重要渠道，因此，必须大力倡导发展边区商贸。1940 年 8 月 18 日出席中共中央政治局会议，在听取中央财政经济部部长李富春关于中央和陕甘宁边区财政经济问题的报告后朱德发言说："总的经费的解决，不只是靠减人，主要靠边区增加生产，发展商业。"④ 发展商业贸易是发展经济的一个极其重要的手段，可以互通有无，但发展商业贸易也面临着许多问题。首先是交通运输问题，朱德认为没有

①　《康克清回忆录》，解放军出版社 1993 年版，第 292 页。

②　《朱德年谱》中卷，中央文献出版社 2006 年版，第 993 页。

③　同上书，第 989 页。

④　同上书，第 985 页。

便利的交通，商业和贸易只能是空中楼阁，纸上谈兵，交通运输是发展商贸的先行官。所以，朱德在 1941 年 8 月 13 日中共中央政治局会议上指出："要把三边的盐运出去要解决运输办法，沿途组织盐栈或骡马店，或分段运输，政府要组织、奖励出口，增加自由贸易。"[①] 其次是政策问题，朱德认为没有好的政策，商业和贸易照样无法开展，即使勉强开展，也难以顺利进行。1941 年 4 月 7 日，朱德出席陕甘宁边区政府第五十六次会议，在会上明确指出："新民主主义的经济，在贸易上，一面保护人民的贸易自由，一面加强对贸易的管理，以免发生囤积居奇、无谓竞争等现象。"[②] 1941 年 11 月 24 日，朱德在出席陕甘宁边区贸易局各分局局长及光华商店分店经理联席会议并讲话时指出："要更有计划地管理进出口贸易。"[③] 同时要严格遵守纪律，不准贪污腐化。1943 年 4 月 8 日，朱德出席陕甘宁边区召开的高级干部会议并作《生产运动与财经问题》的讲话，系统阐述了边区的工业、农业、商业、交通运输、财政、金融等问题，强调指出："我们要建立新民主主义的生产关系，我们是公私兼顾，大公家发展了，小公家也发展了，私人也发展了，那我们新民主主义的经济就上了轨道。"[④] 上述精辟论述，既有国家宏观调控思想又有在适度范围内允许自由贸易的思想，这可以说是朱德经济思想的闪光点，特别是在特殊的战争年代，强调发展私人经济更为难能可贵。再次是商品来源问题，商品来源是发展商贸的前提条件，朱德认为没有商品何谈贸易，没有充足的商品，发展贸易同样举步维艰。他多次强调要抓紧时机，大力发展畜牧业、运输业和手工业，做好商业工作。要充分利用边区丰富的石油、煤、盐、碱和一切铁矿，以及广大的森林，大量的羊毛和药材等资源，"为国家建立一个很大、很好的家务"。[⑤]

第三，首倡"军垦屯田"，摆脱困境。

边区经济困难中最紧迫的是吃饭问题。为了打破日寇和国民党顽固派对陕甘宁边区的经济封锁，克服部队供给困难，朱德主张在不影响部队战斗、训练的情况下，实行军垦屯田。1941 年 11 月 1 日，朱德出席中共西

---

① 《朱德年谱》中卷，中央文献出版社 2006 年版，第 1074 页。

② 同上书，第 1050 页。

③ 同上书，第 1086 页。

④ 同上书，第 1158—1159 页。

⑤ 同上书，第 1065 页。

北局高级干部会议并作报告，指出："队伍来多了没有饭吃，怎么办？在南泥湾看出了办法，这就是屯田。屯田的办法以后还要用。要把南泥湾建设好。"① 当时一部分战士中雇佣兵思想依然存在，而且还受着军队不必参加生产的传统旧观念的束缚，不可避免地出现了对军垦屯田不理解。朱德耐心地指出："我们八路军打破了这个传统。八路军是工农自己的军队，他们过去是工农，到军队后还是工农，他们指挥员和战士一样参加生产，这是惊人的创造。"② 朱德还向战士们详细论述了军垦屯田，简言之，就是："敌人来了，就去打仗；敌人不来，就搞生产，用我们的双手，做到生产自给，丰衣足食。"③ 朱德把开垦南泥湾当作克服经济困难的一项重点工程来抓，对三五九旅旅长王震说："部队参加生产后，不仅可以休养民力，增进军民关系，还可以使指战员得到锻炼。延安南泥湾开垦起来困难较大，希望你们好好搞。要充分做好思想动员和组织准备工作，用大家劳动的双手，建立起革命的家务。"④ 据笔者初步统计，从 1940 年 5 月 26 日到 1947 年 3 月 31 日的短短七年间，朱德曾前后十余次来到南泥湾，或调查研究，或视察工作，事无巨细，均事必躬亲，可见他对军垦屯田的重视程度和克服困难的决心。开发南泥湾自然不是轻而易举的事情，首先需要统一认识。朱德深入到战士中，了解大家的思想，听取干部、战士对建设南泥湾的意见，解答大家的疑问，向他们说明为什么要进行军垦屯田以及"屯田政策"的重大意义，勉励大家一起做群众的模范，一定要把生产运动搞起来。1942 年 10 月 19 日，朱德出席中共中央西北局在延安召开的陕甘宁边区地方县级以上、部队团级以上高级干部会议开幕式并讲话，又强调指出："现在这种环境逼得我们做屯田运动的工作，并且已经发生了效力，我们还要继续做下去。"⑤ 军垦屯田的提出，为陕甘宁边区摆脱经济困境找到了新的出路。

第四，率先垂范，培育南泥湾精神。

所谓南泥湾精神，就是人民军队在困境中奋起、在艰苦中形成的以自力更生、艰苦创业、同心同德、艰苦奋斗为内容的强大精神力量，这种精

---

① 《朱德年谱》中卷，中央文献出版社 2006 年版，第 1084 页。

② 同上书，第 1148 页。

③ 同上书，第 1061 页。

④ 同上书，第 1026 页。

⑤ 同上书，第 1115 页。

神是朱德亲自培育的。1941 年，为摆脱困境、战胜敌人的封锁，党中央和毛泽东号召边区军民积极开展"自己动手，丰衣足食"的大生产运动。为解决"边区养不起军队"的问题，朱德不仅提出了"南泥湾政策"，而且亲自领导了南泥湾的开发建设。1942 年 5 月，朱德指出："我们的面前困难很多，克服困难靠不上别人，只能靠自力更生。"① 在朱德领导下，三五九旅在南泥湾开发建设中发扬了创造性地执行党的政策，披荆斩棘，艰苦奋战，实行战斗、生产、学习三结合，战胜了重重困难，把一个荒无人烟的南泥湾，变成了到处是庄稼、遍地是牛羊的"陕北的好江南"，成为全军大生产运动的一面光辉旗帜，为全体军民树立了榜样。南泥湾精神的弘扬，极大地激发了抗日军民的生产热情，陕甘宁边区出现了五谷丰登、六畜兴旺、百业繁荣的可喜景象，为中国革命胜利奠定了坚实基础。1943 年 9 月，毛泽东、朱德、任弼时视察南泥湾，参观了解部队生产情况，高度赞扬三五九旅指战员自力更生、艰苦创业的革命精神。② 朱德深知，自力更生就要一方面提倡开源，另一方面注意节流，两者缺一不可。为此，朱德多次强调要提倡节约，勤俭建国。1944 年 11 月 25 日，朱德在出席中共中央西北局座谈会发言指出："要提倡厉行节约，生活中要节衣缩食。"③ 1944 年 12 月 22 日，朱德出席陕甘宁边区英雄和模范工作者大会并讲话，进一步指出："要求边区各种生产建设更加提高一步，同时要提倡节约，建立长远的革命家务，积蓄力量，完成抗战建国大业。"④ 1946 年 10 月 3 日，朱德又强调："开展生产运动，既要生产，又要节约，要做长期打算。"⑤ 正是靠着这种同心同德、艰苦奋斗的精神和作风，陕甘宁边区军民不但克服了困难，而且创造了世界上少有的奇迹。在朱德的策划和带动下，陕甘宁边区军民克服了困难，发展了生产，渡过了难关。这对敌后各抗日根据地度过严峻的物质困难时期，也起了重要的引导和示范作用。特别是在大生产运动中，朱德自己处处以身作则，虽然日理万机，但仍挤出时间参加劳动，带头种菜，在干部、群众中影响很大。经过几年的艰苦奋斗，南泥湾变成了陕北的"好江南"。朱德倡导的南泥湾屯

---

①　《朱德年谱》中卷，中央文献出版社 2006 年版，第 1103 页。

②　同上书，第 1143 页。

③　同上书，第 1176 页。

④　同上书，第 1178 页。

⑤　同上书，第 1239 页。

田政策，受到人们的赞扬。1942 年 12 月 12 日，《解放日报》发表社论指出："朱总司令从前方回延后，竭力提倡边区军队进行工业、农业、运输各方面的生产工作，以丰富的劳动力，投入有用的活动，以减轻人民负担，改善部队生活，密切军民关系，帮助边区建设。为了实现这一正确主张，朱总司令不但苦口婆心，作了许多解释，并且亲自踏看南泥湾，亲自组织南泥湾的开辟工作。当时，南泥湾是空无人烟的地方，那里鸟兽纵横，蒿蓬塞路，当朱总司令去踏看的时候，晚上只能找到一个茅棚住宿。但是，经过披荆斩棘，耕耘种植，今天的南泥湾，已成了'陕北江南'。于是，'南泥湾政策'成了屯田政策的嘉名，而这个嘉名永远和朱总司令的名字联在一起。"① 这正是对朱德呕心沥血克时艰，开发南泥湾的真实写照。

三　以民族大义为重，倡导、推动、维护了抗日民族统一战线

中国共产党倡导建立的抗日民族统一战线是取得抗日战争胜利的关键因素之一。朱德不但参与制定了党的统一战线政策，而且充分发挥自身优势，为这一政策实行奔走呼号，也是统一战线名副其实的倡导者、推动者、维护者之一。朱德在统一战线中的贡献，为争取全国人民期待已久的和平、民主和解放的实现起到了极大的推动作用。

第一，强调加强团结，维护国共合作。

面对国民党顽固派的进攻，朱德总能坚持以抗日民族大义为重。他根据中共中央的指示，注意掌握分寸，在军事反击中适可而止，及时主动后退，作出适当让步，以争取国内和平，为进一步谈判打开大门，使顽固派知难而退，并争取中间分子同情，从而继续维持抗日民族统一战线，继续团结抗日。但当时有些干部并不完全了解这场反摩擦斗争的性质和方针，只是沉浸于军事斗争胜利的兴奋中，想给对方以更大打击。朱德冷静思考、理性分析，并及时提醒大家：要防止单纯军事观点、图快一时的盲目行动。1940 年 6 月 7 日，朱德出席延安各界举行的欢迎陈嘉庚等人的晚会并致词："我们过去已经为团结尽了最大的努力，取得了极大的成绩，

---

① 《积极推进"南泥湾政策"》，《解放日报》1942 年 12 月 12 日。

现在更要求全国团结。"① 1940 年 6 月 20 日，朱德出席延安干部会议并作题为《华北抗战的总结》的报告，又强调："要贯彻党中央的统一战线策略，坚持团结，坚持国共合作，坚持实行三民主义，坚持进步，坚持抗战到底。"② 针对在统一战线工作中出现的错误倾向，朱德均提出严肃告诫。1940 年 8 月 8 日，朱德出席讨论统战工作和财政问题的中共中央政治局会议并发言，指出："华北党和部队有些干部骄傲，许多士绅和友军来找我们，但他们不注意做统战工作，今后要注意。"③ 朱德还号召全体中国军民要坚持抗战，加强团结。1940 年 7 月 5 日，为纪念全面抗战爆发三周年，朱德发表讲话指出："全国一切抗日军队，应当更加巩固自己的团结，克服空前的投降危险，克服空前的严重困难，取得最后胜利。"④ 1940 年 8 月 15 日，朱德出席延安各界举行的追悼张自忠等抗战阵亡将领大会，再次强调："抗战要真抗，不要假抗，大家要团结，共同为战胜敌人而奋斗。"⑤ 尽管中国共产党明确提出了"击敌、和友"的方针，但国内政治局势却越来越险恶了。这种变化，直接受到当时国际形势急剧动荡的影响。德、意、日在柏林签订协定，正式结成三国同盟。他们要求国民党政府放弃抗日，加入他们的同盟。英美也愿意以种种条件争取国民党政府。这使蒋介石自感身价陡增，得意忘形地掀起了第二次反共高潮皖南事变。当时国内外一些人认为国共合作快要破裂，内战可能全面爆发。1940 年 10 月 21 日，朱德强调："查敌后抗战，日益处于艰难境地，唯有团结一致，相让为国，乃能图存。"⑥ 1940 年 10 月 11 日，毛泽东、朱德、王稼祥致电彭德怀、朱瑞、陈光、罗荣桓，指出："目前的方针是缓和摩擦，强调团结。"⑦ 在政治上坚决反击，在军事上严守自卫，经过中国共产党的有理、有利、有节的斗争，终于打退了国民党的反共高潮，加强了团结，维护了国共合作。

　　第二，重申又联合又斗争，决不先打第一枪。

---

①　《朱德年谱》中卷，中央文献出版社 2006 年版，第 972 页。

②　同上书，第 973 页。

③　同上书，第 984 页。

④　朱德：《巩固抗日军的团结，争取最后胜利》，《新中华报》1940 年 7 月 5 日。

⑤　《朱德年谱》中卷，中央文献出版社 2006 年版，第 985 页。

⑥　同上书，第 1000 页。

⑦　同上书，第 996 页。

　　抗日战争中期以来，面对顽固派的一再挑衅，朱德坚持以抗日大局为重，一方面采取自卫原则，另一方面总是尽量进行说明、争取工作，并在不丧失原则的前提下，作些必要的让步，竭力维护抗日民族统一战线。随着抗战相持阶段的到来，国民党顽固派的反共活动渐起，不断制造反共摩擦事件。朱德及时分析形势，认为在世界大潮流中，民族的冲突大于阶级的冲突，今后的中心工作还是统一战线，要用一切方法巩固统一战线。他还提出了各地反摩擦斗争的具体办法、策略原则和部署：如他指出，我们的态度是一切为着团结，人不犯我，我不犯人，人若犯我，我必犯人；如顽固分子先向我进攻，则以自卫姿态给予有力打击；反击适可而止，一定的让步是必要的；硬不破裂统一战线，软不伤政治原则立场；孤立打击顽固势力，争取培养同情我之力量等。1940 年，朱德参加一二九师暂编新一旅旅长韦杰的婚礼，在婚礼上，朱德讲到坚持抗日民族统一战线问题时指出："范汉杰、孙殿英等国民党军队就在你们周围，要加强统一战线工作。同他们交往中注意又联合、又斗争，决不先打第一枪。"① 1940 年 12 月 13 日，出席中共中央政治局会议。在讨论国民党制造苏北摩擦问题时，朱德发言说："统一战线工作要有本钱有力量才能发展。我们愈有力量，对方便愈不敢惹我们，此外在党的力量上，在经济力量上都要建立基础，才能开展统一战线，才能建立三三制政权的基础。"② 1943 年国民党当局又乘共产国际解散之际，企图再次发动反共高潮，进攻边区。根据中共中央的指示，朱德在 7 月 4 日致函胡宗南，呼吁："当此抗战艰虞之际，力谋团结，犹恐不及，若遂发动内战，必致兵连祸结，破坏抗战团结之大业，而使日寇坐收渔利，陷国家民族于危亡之境，并极大妨碍英美各盟邦之作战任务。"③ 他一方面致电蒋介石等，呼吁团结，要求制止内战；另一方面，又加紧军事准备，应对可能出现的危机，防止国民党的反共高潮再次得逞。国民党当局迫于国内国际压力，加上共产党已有准备，不敢轻举妄动。这样，国共合作终于得以艰辛地维系到抗战胜利。

　　第三，尽力争取中间势力的支持。

---

① 　金冲及：《朱德传》，中央文献出版社 2006 年版，第 581 页。

② 　《朱德年谱》中卷，中央文献出版社 2006 年版，第 1019 页。

③ 　金冲及：《朱德传》，中央文献出版社 2006 年版，第 604 页。

　　抗日战争面临着严重困难，如何坚持抗日民族统一战线、加强国内团结、战胜困难、克服投降危险，便成为摆在中国人民面前的头等大事。其中，特别需要注意团结的是仍有抗战积极性的广大中间势力。这些中间势力包括：国民党的多数党员，中央军的多数军官，多数的杂牌军，中等资产阶级，中小地主及开明绅士，上层小资产阶级，各抗日小党派。朱德认识到，能否争取到中间力量的支持和同情，在很大程度上能够左右战争的成败。1940 年 5 月 29 日，朱德向中共中央书记处报告国共摩擦问题时，强调要继续争取中间力量，继续坚持和发展抗日民族统一战线，并指出："对中央军，我们经常有人和他们来往。……我们得到了一个大的教训，这就是争取中间力量是非常重要的。对顽固势力也要争取。"① 1940 年 6 月 27 日，朱德又说："目前我们要加强民族统一战线的工作。不要把民族利益和阶级利益对立起来。统一战线工作做得好，地主愿意把粮食供给我们；如果工作做得不好，他们会跑掉。"② 1941 年 1 月 29 日，朱德出席中共中央政治局会议指出："只有'尖锐对立'的政策'才是唯一正确的政策'，才能团结全党全军，才能团结全国人民，才能争取中间派，才能孤立已经反动了的大地主大资产阶级。"③ 1946 年 2 月 3 日，他出席延安各界两万余人举行的庆祝和平、民主大会并发表演说指出："我们的任务就是要和国民党、各党派的民主分子，和国内外一切拥护和平民主的人们，亲密团结，长期合作，来实行停战协定和政治协商会议的决议，保护和平，促进民主，不让任何人加以破坏。"④ 他号召解放区全体军民团结一致，坚持和平、民主的方针，战胜一切困难。1946 年 4 月 2 日，朱德又强调："我们共产党历来是主张各党各派无党无派的人士共同建设解放区的，今后我们一定继续抱着十分的热忱来与一切民主党派民主人士合作。"⑤ 可见朱德虽是军事最高领导人之一，但他同样为抗日民族统一战线的倡导、发展与维系作出了突出贡献，而这是以往的研究未曾重视的。

---

① 《朱德年谱》中卷，中央文献出版社 2006 年版，第 968—969 页。

② 同上书，第 974 页。

③ 同上书，第 1037 页。

④ 同上书，第 1224 页。

⑤ 同上书，第 1227 页。

四 坚持实事求是，推进了马克思主义中国化的历史进程

朱德是伟大的马克思主义者，又受中国传统文化的深刻影响，能够始终坚持把马克思主义基本原理与中国革命的具体实际相结合，也为推进马克思主义中国化的历史进程作出了重要贡献。

第一，较早提出了"中国化的马列主义"的理论概念。

1938年10月毛泽东在中共中央六届六中全会上提出"马克思主义的中国化"这一概念，并把它作为一条对待马克思主义的基本立场、原则确定下来。所谓马克思主义中国化就是将马克思主义的基本原理和中国革命与建设的实际情况相结合，从而找出适合中国国情的社会主义革命和建设道路。这就意味着一方面要运用马克思主义解决中国革命、建设和改革的实际问题，即马克思主义具体化、民族化，这是一个永无止境的过程；另一方面把中国革命、建设和改革丰富的实践经验和历史经验上升为理论，进而发展马克思主义，即实现中国化马克思主义。中国化马克思主义是马克思主义中国化过程中的必然结果，属于整个马克思主义理论体系，二者是因果关系，从某种程度上讲，二者也是实践和理论的关系。理论概念的提出与理论推进同样重要。早在1942年7月1日，朱德就指出，"今天我们党已经积累下了丰富的斗争经验，正确地掌握了马列主义的理论，并且在中国革命的实践中创造了指导中国革命的中国化的马列主义的理论"，① 即指导中国革命的毛泽东思想。上述内容虽然没有提出马克思主义中国化的完整概念，但已经触及了马克思主义中国化的实质，不仅丰富了毛泽东思想，而且在党内可能是最早提出了中国化马克思主义的初步理论概念，即"中国化的马列主义"。这就大大推进了马克思主义中国化。1943年7月4日，朱德又指出："中国共产党是马列主义真理与中国革命的具体实践相结合的党，它吸收了世界各国工人运动的综合归纳起来的宝贵经验，在激烈无比的锻炼中，它把马列主义中国化了，把历史遗产进化为适合于现实社会的需要了。"② 这也就是有的放矢，即实践层面的马克

---

① 朱德：《纪念党的二十一周年》，《解放日报》1942年7月1日。

② 朱德：《七一志感》，《解放日报》1943年7月4日。

思主义中国化。1945 年 5 月 30 日，朱德又进一步指出："毛泽东的军事思想，也就是马克思主义的中国化。用辩证法来分析中国的政治，同时也分析中国的军事。"① 朱德对中国化马克思主义理论概念的提出、阐释以及理论实质的深刻把握，进一步推进了马克思主义中国化的历史进程。

第二，初步阐述了马克思主义中国化的根本原则。

理论概念的提出无疑对马克思主义中国化具有重要的推动作用，但究竟如何才能实现马克思主义中国化呢？朱德认为，必须坚持实事求是。实事求是不仅是中国共产党的思想路线，也是马克思主义中国化的根本原则。朱德在投身革命过程中，不仅敢于实事求是，而且把实事求是作为自己毕生的追求。马克思主义中国化的过程，不是把马克思主义与中国革命实践一般意义上的结合，而是需要以马克思主义为指导，提出具体对策，解决中国实际问题，进而推进中国革命实践不断向前发展的过程，这个过程也正是"实事求是"的过程。朱德认为，这个过程要求实事求是地对待马克思主义，实事求是地认识中国的国情，即革命的实际，更要实事求是地对待两者的"相结合"。1942 年 11 月 18 日，朱德出席延安军事学院第一期学员毕业典礼并讲话："要想做成几件事情，只有老老实实、实事求是，这是八路军的传统方法。一切最好的战略战术，都是实事求是，合乎辩证法的。有什么样的武装，有什么样的敌人和地理条件，就必须打什么样的仗，调皮是不行的。"② 1943 年 8 月 18 日，朱德又强调指出："军事教育和其他的事情一样，必须从实际出发，采取实事求是的态度，不然不仅于事无补，有时反而有害。"③ 朱德接着举例说明，比如说我们的部队目前需要教什么、怎样教法、什么人教等问题，都需要根据部队的真实情况，提出解决的办法，不然情况不真，方法不对，教育仍然是没有办法搞好的。针对有些人抱怨教员太少、不够专业时，朱德给出了明确的答复："只要教育计划不是那样好高骛远而是切合实际的，只要上级能在教育过程中多进行具体的帮助，那么，完全可以相信，我们现有的干部不仅可以教，而且可以教得好。问题是我们的教育计划与要求是否从实际出

① 《朱德年谱》中卷，中央文献出版社 2006 年版，第 1189 页。

② 《军事学院第一期学员毕业——朱总司令勉实事求是结合群众》，《解放日报》1942 年 7 月 1 日。

③ 朱德：《军事教育必须从实际出发》，《解放日报》1943 年 8 月 18 日。

发，是否实事求是。一切的事实证明，只有从实际出发才能正确地解决问题。"① 在用兵问题上，朱德坚持和运用马克思主义，提出"有什么枪打什么仗，对什么敌人打什么仗，在什么时间地点打什么时间地点的仗"，② 即根据武器装备、敌情和时间地点条件来进行战争，这就是实事求是的唯物主义的用兵新法。朱德进而指出，我们过去有些犯"左"倾幼稚病的同志，也恰恰就是不懂这种道理，而不懂得实事求是，生搬硬套，就无法理解马克思主义中国化。固然，朱德是在阐述军事思想、作战原则，但同时也是对马克思主义中国化基本原则的再阐释。

第三，明确论述了马克思主义中国化的关键环节。

"全部社会生活在本质上是实践的。凡是把理论引向神秘主义的神秘东西，都能在人的实践中以及对这个实践的理解中得到合理的解决。"③ 实践的观点是马克思主义的首要的基本观点。朱德一贯主张，推进马克思主义中国化必须把马克思主义基本原理同中国的具体实践相结合，而"相结合"正是马克思主义中国化的关键环节。朱德认为，如果仅有高深莫测、束之高阁的理论，仅有马克思主义的大本子，那么无论如何也实现不了中国化的，那样只会陷入教条主义的泥潭。正如斯大林所提出的，"离开革命实践的理论是空洞的理论，而不以革命理论为指南的实践是盲目的实践"。④ 在新民主主义革命时期，朱德就提出了把马克思主义理论学习与中国革命实践相结合的思想。1940 年 6 月 6 日，朱德出席中共中央宣传部召开的延安在职干部学习周年总结表彰大会并讲话，指出："学习马列主义，第一便要求能正确地认识客观现实、认识世界。第二个要求，便是理论与实践的一致，把理论运用在实践中来改造实际，从改造实际中更加丰富了发展了理论的内容。"朱德还把是否做到理论与实践相结合，看成是否是真正马克思主义的衡量标准，"学习马列主义一定要和实际联系起来，要能在实践中运用，要能改造实际，这才是真正的革命的马克思主义"。⑤ 为了实现理论与实践相结合，朱德指出：一方面，把是否从实际出发，做到理论与实践相结合，作为创造性的马克思主义与主观主

---

① 《朱德选集》，人民出版社 1983 年版，第 99 页。

② 同上书，第 168 页。

③ 《马克思恩格斯选集》第 1 卷，人民出版社 1995 年版，第 56 页。

④ 《斯大林选集》上卷，人民出版社 1979 年版，第 199—200 页。

⑤ 《朱德年谱》中卷，中央文献出版社 2006 年版，第 971 页。

义的根本区别。他认为，主观主义的原因是一些知识分子不懂实际情况，拿着马列主义当招牌；与此相反，创造性的马克思主义就是老老实实、实事求是；另一方面，大力批判教条主义。他对教条主义者进行了"画像"，指出教条主义的基本特征，就是不从实际出发，不从中国情况出发，而是从苏联情况出发；处处卖弄教条，搬用走不通的最高原则，开口闭口社会主义原理原则，结果是害自己、害别人、害革命。他强调，"不切合实际的理论，便不是正确的理论。不顾实际是不能解决问题的"。[1]朱德坚持认为，马克思主义的生命力在于与实践相结合；在中国，马克思主义的价值与意义在于推进中国革命向前发展。因此，马克思主义不是教条，不是"本本"，不能仅仅从书本上学习，而要从实践中学习，真正做到理论与实践的有机统一，只有这样才能抓住马克思主义中国化的关键，真正推进马克思主义中国化。

值得指出的是，上述内容，只是初步梳理了朱德在延安期间（1940—1947 年）的主要思想和实践贡献，不可能是其思想的全部。比如，他还就有关建设学习型政党、坚持党的一元化领导、建设军事院校、发展人民体育以及教育青年等方面发表了大量论述。朱德的思想和实践贡献，既是对毛泽东思想的补充、丰富与发展，又是中国特色社会主义理论体系形成的重要依据与来源，无疑是我们的精神财富和宝贵遗产。在全面建设小康社会、加快实现社会主义现代化的关键时期，我们仍然需要继承朱德留给我们的精神财富，更加紧密地团结在以胡锦涛为总书记的党中央周围，"万众一心，奋发图强，埋头苦干，开拓进取，为把我国建设成为富强民主文明和谐的社会主义现代化国家、实现中华民族的伟大复兴而努力奋斗"。[2]

（该文是受中央文献研究室第二编研部之约，为"朱德与中国革命和建设学术研讨会撰写的命题作文。刊于《朱德与中国革命和建设学术研讨会论文集》，中央文献出版社 2010 年版）

---

[1] 《朱德年谱》中卷，中央文献出版社 2006 年版，第 631 页。

[2] 胡锦涛：《在纪念朱德同志诞辰 120 周年座谈会上的讲话》，《人民日报》2006 年 12 月 2 日。

邓小平研究

论"两手抓""两手硬"

——学习邓小平南方谈话札记

1992 年伊始，邓小平的南方重要谈话，再次把人们的思想引向一个新的境界，再度把改革开放事业推向一个新的阶段。"两手抓""两手都要硬"是南方谈话的重要组成部分。本文着重就这一思想的形成、基本内容以及如何贯彻落实它作些初步讨论。但愿对全面、准确地领会、理解和贯彻邓小平的有中国特色的社会主义这一博大精深的思想理论成果，对推动并保证改革开放事业顺利的进行能提供点有益的借鉴。

一

邓小平紧紧围绕加快改革开放这个中心，在南方谈话的第四部分，集中阐述了"两手抓""两手硬"的问题。他指出："要坚持两手抓，一手抓改革开放，一手抓打击各种犯罪活动。"他特别强调"这两只手都要硬"①。"两手抓""两手都要硬"这一重要思想是伴随我国改革开放事业的深入发展逐步提出并不断深化的。如同改革开放、坚持四项基本原则都是邓小平讲得最早、最多、最坚持一样，坚持"两手抓""两手都要硬"也是邓小平讲得最早、最多而且最坚持。这一思想是他在党的十一届三中全会后逐步提出，可划分三个阶段：

第一阶段，从十一届三中全会到十二大逐步提出"两手抓"的思想，并使之明确化。

正像遵义会议是我们党在民主革命时期的历史性转折一样，1978 年年底举行的党的十一届三中全会，是我们党在社会主义革命和建设时期的

---

① 邓小平：《在武昌、深圳、珠海、上海等地的谈话要点》，《宣传向导》1992 年第 6 期。

历史性转折。全会果断停止"以阶级斗争为纲",把党和国家工作的重心迅速转移到了经济建设上来。与此相应,提出了改革开放的总方针。但是三中全会后却有人曲解三中全会路线,打着解放思想、改革开放的幌子,企图否定或摆脱党的领导,有人还耸人听闻地提出什么"反饥饿""要人权"等口号,甚至要求美国总统"关怀"中国人权。这股右倾思潮严重干扰着党的工作重心的转移。针对这些新情况,邓小平1979年在理论工作务虚会上就适时地提出了必须在思想政治上坚持四项基本原则。同年10月,他在第四次文代会上致《祝辞》时又指出:"我们的国家已经进入社会主义现代化建设时期,我们要在大幅度提高社会生产力的同时,改革和完善社会主义法制。我们要在建设高度物质文明的同时,建设高度的社会主义精神文明。"① 这是"两个文明"建设的最早表述,也表明在改革开放伊始,邓小平就牢牢地把握住了"两手抓"这一原则,只是还没有使用这概念。

80年代初,在反对错误倾向的问题上,邓小平曾多次提醒人们:"反对和否定四项基本原则,有来自'左'的,有来自右的","要注意到这两个方面"②。始终贯穿着对一切现象、问题要做具体分析的思想方法,处处体现着"两手抓"的坚定决心。

当我们实行对外开放对内搞活经济政策以后,随之在经济领域也出现了不法分子搞经济犯罪活动,又是邓小平1982年4月在中央政治局会议上发表讲话,第一次明确提出了"两手抓"的概念。他指出:"我们要有两手,一手抓坚持对外开放和对内搞活经济的政策,一手就是坚决打击经济犯罪活动。"他特别强调"没有打击经济犯罪活动这一手,不但对外开放政策肯定要失败,对内搞活经济的政策也肯定要失败。有了打击经济犯罪这一手,对外开放、对内搞活经济就可沿着正确的方向走"。③ 7月,在军委座谈会上他再次重申我们必须坚持两手抓④。这样,是邓小平在第二代中央领导集体中最早明确地提出了"两手抓"的指导方针。他的这一思想在现代化建设的实践中为全党所接受,并庄严地载入同年9月党的十二大报告中:"我们在发展社会主义事业的新时期,从思想上到行动上一

---

① 《邓小平文选》(1975—1982),人民出版社1983年版,第180页。

② 同上书,第335页。

③ 同上书,第359页。

④ 同上书,第364页。

定要坚持两手：一手坚持对外开放、对内搞活经济的政策，另一手是坚持打击经济领域和政治领域中危害社会主义的严重犯罪活动。只注意后一手而怀疑前一手是错误的，只强调前一手而忽视后一手是危险的。对这样的方针，全党同志必须十分明确，不应当有丝毫含糊。"①

第二阶段，从十二大到"平息政治风波"胜利，进一步指出了"一硬一软不相称"。

十二大以后，随着有中国特色社会主义现代化建设的迅速发展，也伴随着各种错误思潮和形形色色的刑事犯罪对我们事业的干扰和破坏。为保证我们的事业顺利进行，既有同"左"倾教条主义的斗争，也有向陈腐观念的挑战，还有对各种犯罪活动的打击，更有同资产阶级自由化思潮的较量。在所有这些斗争中，邓小平不惜反反复复地阐明、强调必须坚持"两手抓"。由人民出版社和中央文献出版社先后编辑出版的邓小平的重要讲话、谈话《建设有中国特色的社会主义》（人民出版社 1984 年 12 月第一版）、《建设有中国特色的社会主义（增订本）》（人民出版社 1987 年 3 月第一版）、《邓小平同志重要谈话（1987 年 2 月至 7 月）》（中央文献出版社 1987 年 9 月第一版）等重要文集就是这方面思想的集萃。

令人遗憾的是，在党的十三大后的一段时间内，资产阶级自由化思潮非但没有得到有效扼制，反而有所发展。结果酿成了 1989 年春夏之交那场触目惊心的政治风波。煽起那场风波的极少数顽固坚持资产阶级自由化的人，目的是要推翻共产党的领导，颠覆人民共和国。在这新中国史上最为严峻的历史关头，又是以邓小平为代表的老一辈无产阶级革命家，挺身而出，力挽狂澜，坚决支持党中央、国务院采取一系列在当时是必要而果断的措施，捍卫了人民共和国。"平息政治风波"刚刚取得初步胜利，邓小平在接见首都戒严部队时发表的讲话中，击中要害指出，那场风波的性质是资产阶级自由化和四个坚持的对立；他总结那场风波的教训是我们的工作"出现了明显的不足，一手比较硬，一手比较软。一硬一软不相称，配合得不好"。②即改革开放比较硬，打击经济犯罪、思想政治工作比较软。"一硬一软不相称"，实际上就指出了必须"两手都要硬"。

第三阶段，从"平息政治风波"胜利到南方谈话再次重申"两手

---

① 《中国共产党第十二次全国代表大会文件汇编》，人民出版社 1982 年版，第 42 页。
② 中共中央组织部编：《组工通讯（1989）》，第 138 页。

抓",明确提出"两手都要硬"。

"平息政治风波"取得胜利以后,邓小平依据国际大气候和国内小气候的背景,从主、客观两方面对那场风波进行了全面的总结。他继续强调要坚持"两手抓",要坚决纠正一手硬、一手软的状况。他还从我们国家长治久安这一战略的高度着眼,恳求中央在 1989 年下半年举行的十三届五中全会上批准了他辞去当时所担任的中央军委主席职务。他退下来之后,作为一位 66 年党龄的老党员,仍时时刻刻关心着国家的前途命运,仍关注着我们现代化建设的得与失。1989 年他在一次谈话中指出,中国社会主义的前途是光明的,中国坚持社会主义,世界就有五分之一的人口搞社会主义。社会主义祖国要屹立在世界的东方,关键是把经济搞上去。[①] 坚持社会主义不动摇,把经济搞上去,仍然强调的是"两点论"。

1992 年初春,88 岁高龄的邓小平在南方发表重要谈话,在强调继续解放思想、加快改革开放步伐的同时,不仅再次重申、强调要"两手抓",而且第一次鲜明地提出"两手都要硬"。

显而易见,从"两手抓"到"两手都要硬",表明邓小平作为有中国特色的社会主义现代化建设的总设计师,在指导我国现代化建设事业的实践中,领导方针越来越明确,领导方法越来越高超,领导艺术越来越精湛。

二

邓小平坚持"两手抓",要求"两手都要硬"不仅态度十分坚决,思想一以贯之,而且内容十分丰富。虽然他有时在"两手抓"具体内容的表述上有所变化,但最基本和最重要的应包括如下五个方面具有辩证统一关系的特定的概念或范畴。

第一,在思想政治上必须准确把握坚持四项基本原则与反对资产阶级自由化的辩证关系。

邓小平在最初阐述四项基本原则时就开宗明义地指出,我们要在中国实现四个现代化,必须在思想政治上坚持四项基本原则。对此,他还从理

---

① 转引自陈答才《邓小平与有中国特色的社会主义思想》,《现代中国的历史性抉择》,陕西人民出版社 1991 年版,第 158 页。

论到实践、从历史到现实进行了充分而有说服力的阐述。接着，他指出如果动摇了四项基本原则的任何一项，就动摇了整个社会主义事业，整个现代化事业。这样，邓小平把四项基本原则提到我们立国、治国之本的高度来认识，足见这个问题的极端重要性。四项基本原则提出的现实依据是一些地方出现了少数人闹事的现象；有些人成立非法组织如"中国人权小组""解冻社"等公开反对无产阶级专政，要"坚决彻底批判中国共产党"。他们认为资本主义比社会主义好，中国应当实行他们的所谓"社会改革"，也就是搞资本主义那一套。显然，这实际上就是资产阶级自由化。可以看出，四项基本原则是伴随着资产阶级自由化思潮的出现而提出，坚持四项基本原则就必须反对资产阶级自由化，这二者毫无共同之处，是根本对立的。1980年1月，邓小平在《目前的形势与任务》的讲话中，再次重申四项基本原则，尤其强调"这四个坚持的核心是坚持党的领导"。① 通过贯彻邓小平的讲话精神，再加上对非法组织、非法刊物采取了坚持取缔的措施，才使党的工作重心转移得以顺利进行。

在1980年年底的中央工作会议上，邓小平在谈到思想领域的问题时，第一次用了"要批判和反对""主张资产阶级自由化的倾向"② 这一提法。1981年7月，针对思想领域的涣散软弱状态，他对中央宣传部门领导同志发表谈话，首次鲜明地点出了四项基本原则同资产阶级自由化的对立。他说："坚持四项基本原则的核心，是坚持党的领导。没有共产党的领导，肯定会天下大乱，四分五裂。历史证明了这一点。""资产阶级自由化的核心就是反对党的领导，而没有党的领导也就不会有社会主义制度。"③ 邓小平还正确地分析了资产阶级自由化思潮出现的客观社会历史原因，一方面是由于对"文化大革命"的反动，另一方面也是由于外来资产阶级思想的侵蚀。

在此后整整十年的现代化建设时期，邓小平指导第二、三代中央领导集体，同思想战线的资产阶级自由化思潮开展了诸多回合的重要斗争，主要包括1983年下半年的反对和清除精神污染；1985年对资产阶级自由化思潮的抵制；反对和批判1986年年底和1987年年初的资产阶级自由化思

---

① 《邓小平文选》(1975—1982)，人民出版社1983年版，第230页。

② 同上书，第328页。

③ 同上书，第346页。

潮再起；平息 1989 年那场惊心动魄的政治风波。而在所有这些斗争中他不仅反复强调坚持四项基本原则不能动摇，而且多次指出"在整个四个现代化的过程中都存在一个反对资产阶级自由化的问题"。① 在南方谈话中，他又重申："在整个改革开放的过程中，必须始终注意坚持四项基本原则。"并再次强调反对资产阶级自由化要贯彻现代化建设的始终。这既表明邓小平在坚持四项基本原则和反对资产阶级自由化问题上的思想一贯性，也告诉我们在这两个问题上必须态度明确，行动坚决。只有坚持前者，才能有效地抵制和坚持反对后者；也只有有效地抵制和坚决反对后者，才能保证坚持前者，二者是辩证统一的关系。

第二，在建设问题上必须准确把握物质文明建设和精神文明建设的辩证统一关系。

抓物质文明建设就是抓经济建设，这是三中全会以来一切工作中扭住不放的中心。在建设高度物质文明的同时建设高度精神文明是有中国特色社会主义的重要特征。前面已经提到，这一对应概念的最早提出者仍是邓小平，时间为 1979 年 10 月。1980 年年底，他再次重申要"两个文明"建设一起抓，并科学地阐明了精神文明的含义和内容，"所谓精神文明，不但是指教育、科学、文化（这是完全必要的），而且是指共产主义的思想、理想、信念、道德、纪律，革命的立场和原则，人与人的同志式的关系，等等"。② 在此后多种场合的诸多讲话中，他多次阐明"两个文明"建设的关系是互相渗透的，前者是后者的物化，后者是前者的升华。他的这些见解逐步为全党所接受，十二大把"两个文明"建设作为社会主义的重要目标郑重地提了出来。1985 年 9 月，他初步总结三年来"两个文明"建设的经验教训，提醒全党"不加强精神文明建设，物质文明建设也要受到破坏，走弯路"。③ 这就阐明了精神文明对物质文明的保证作用。根据全面改革发展的需要和邓小平的新要求，1986 年 9 月十二届六中全会又制定并通过了《中共中央关于社会主义精神文明建设指导方针的决议》，把"坚定不移地加强精神文明建设"同"以经济建设为中心，坚定不移地进行政治体制改革，坚定不移地进行经济体制改革"一起提到战

---

① 《邓小平同志重要谈话（1987 年 2—7 月）》，人民出版社 1987 年版，第 6 页。

② 《邓小平文选》（1975—1982），人民出版社 1983 年 7 月版，第 326 页。

③ 邓小平：《建设有中国特色的社会主义》（增订本），人民出版社 1987 年版，第 123 页。

略地位，并列为我国现代化建设的总体布局中来贯彻、落实，从而使有中国特色的社会主义思想的内容更加完整，使科学社会主义的理论大大得到发展。邓小平还一再强调抓精神文明建设，"首先要着眼党风和社会风气的根本好转"①，因为"党是整个社会的表率，党的各级领导同志又是全党的表率"。"只有搞好党风，才能转变社会风气，才能坚持四项基本原则。"② 1986 年年初，邓小平对"两个文明"建设又作了发人深思的总结性评价："经济建设这一手我们搞得相当有成绩，形势喜人，这是我们国家的成功。但风气如果坏下去，经济搞成功又有什么意义？会在另一方面变质，反过来影响整个经济变质，发展下去会形成贪污、盗窃、贿赂横行的世界。"③ 邓小平这个分析和忠告至今仍有现实意义。虽然我们在"两个文明"建设中都取得了重要成果，但工作中仍有不尽如人意之处，所以，在南方谈话中他继续提醒全党，"在整个改革开放过程中都要反对腐败。对干部和共产党员来说，廉洁建设要作为大事来抓"。"坚持两手抓，社会主义精神文明建设就可以搞上去。"④

第三，在方针政策上必须正确把握改革开放与打击经济犯罪活动的辩证关系。

要搞现代化建设，闭关自守是不能成功的，必须对内改革、搞活对外开放。早在为十一届三中全会做全面准备的中央工作会议的闭幕会上，邓小平就阐明了改革的必要性与紧迫性："如果现在再不实行改革，我们的现代化建设事业就会被葬送。"⑤ 但是，改革不是目的，目的在于把经济搞活，推动生产力的发展。因此，邓小平又指出："在经济政策上，我认为要允许一部分地区、一部分企业、一部分工人农民，由于辛勤努力成绩大而收入先多一些，生活先好起来。"⑥ 这样做的好处是通过示范的力量，推动经济不断向前发展。这是搞活政策的最初阐发。至于开放政策，邓小平构思得更早些。还在同年 9 月，他曾发表谈话，说明经过几年的努力，我们实现现代化已经有了"比过去好得多的国际条件，使我们能够吸收

①　邓小平：《建设有中国特色的社会主义》（增订本），人民出版社 1987 年版，第 124 页。

②　《邓小平文选》（1975—1982），人民出版社 1983 年 7 月版，第 164 页。

③　邓小平：《建设有中国特色的社会主义》（增订本），人民出版社 1987 年版，第 131 页。

④　邓小平：《在武昌、深圳、珠海、上海等地的谈话要点》，《宣传向导》1992 年第 6 期。

⑤　《邓小平文选》（1975—1982），人民出版社 1983 年 7 月版，第 140 页。

⑥　同上书，第 142 页。

国际先进技术和经营管理经验，吸收他们的资金"。① 这样在三中全会召开之前，邓小平就把改革、开放、搞活的总方针都勾画出来了。三中全会以后，改革、开放的春风吹遍祖国大地，国家的经济形势逐步进入新中国成立以来的最好时期。在此后十多年的发展中，邓小平不仅一而再再而三地阐述改革、开放、搞活的必要性，而且反复阐明改革、开放的长期性："对内经济搞活，对外经济开放，这不是短期的政策，是个长期的政策，最少五十年到七十年不会变。为什么呢？因为我们第一步是实现翻两番，需要二十年，还有第二步，需要三十年到五十年，恐怕是要五十年，接近发达国家水平。两步加起来，正好五十年至七十年。到那时更不会变了。即使变，也只能变得更加开放。"② 这是他在深入研究中国实际的过程中提出的重要观点，是有中国特色社会主义的真谛，是三中全会以来路线的基本内容。

为使改革开放健康地发展，邓小平准备了相应的另一条，就是坚决打击经济犯罪活动。他在一次座谈会上讲话说："我们必须坚持对外开放、对内搞活这一手。但是为了保证这个政策在贯彻执行过程中能够真正有利于四化建设，能够不脱离社会主义方向，就必须同时还有另一手，这就是打击经济犯罪活动。没有这一手，就没有制约。"③ 他还指出，打击经济犯罪活动"是一个长期的经常的斗争"，"至少是伴随到实现四个现代化建设那一天"。④ 邓小平关于建设方针问题上的"两手抓"也很快引起全党的共识，不仅郑重地载入十二大报告，而且中共中央在 1983 年又作出《关于严厉打击刑事犯罪活动的决定》。自十二大以来的十年中，对打击各种犯罪活动的问题，他还多次强调"必须狠狠地、一天不放松地抓"，"要真正抓紧实干，不能手软"⑤。在南方谈话中，他再次强调这个问题，足见这个问题在当前的极端重要性。我们越是加快改革开放的步伐，打击各种犯罪活动的斗争越是要配合得上。这样，也只有这样，才能根本扭转"坏人神气，好人受气，积极分子憋气，基层干部泄气"的不正常状况。

---

① 《邓小平文选》（1975—1982），人民出版社 1983 年 7 月版，第 122 页。

② 邓小平：《建设有中国特色的社会主义》（增订本），人民出版社 1987 年版，第 68 页。

③ 《邓小平文选》（1975—1982），人民出版社 1983 年 7 月版，第 364 页。

④ 同上书，第 358 页。

⑤ 邓小平：《建设有中国特色的社会主义》（增订本），人民出版社 1987 年版，第 128、129 页。

第四，在制度建设上要正确把握扩大民主与加强法制建设的辩证关系。

社会主义物质文明和精神文明建设，都要靠继续发展社会主义民主来保证和支持。建设高度的社会主义民主，是我们的根本目标和根本任务之一。这是十二大对社会主义民主的地位、作用以及它同两个文明建设相互关系的科学界定。而这一重要观点仍发端于邓小平。早在1978年年末他就提出了这个问题，而且是作为解放思想的重要条件提出的。他认为在当时特别需要讲民主，是因为在过去一个相当长的时间内，民主集中制没有真正实行，离开民主讲集中，民主太少，因此，必须扩大民主。同时，他又强调，"为了保障人民民主，必须加强法制。必须使民主制度化、法律化，使这种制度和法律不因领导人的改变而改变，不因领导人的看法和注意力的改变而改变"。① 在理论工作务虚会上，他继续强调，努力发扬民主，是我们全党今后一个长时期坚定不移的目标。但是我们在宣传民主的时候，一定要把社会主义民主同资产阶级民主、个人主义民主严格地区别开来，一定要把对人民的民主和对敌人的专政结合起来，把民主和集中、民主和法制、民主和纪律、民主和党的领导结合起来。上述论述表明邓小平在倡导思想解放之初，就提出了扩大民主。这既促进了思想解放运动的健康发展，又指出了社会主义的根本目标，也提出了民主和法制"两手抓"的重要措施。为什么要强调民主和法制"两手抓"呢？道理很简单，社会主义法制，体现人民意志，保障人民的合法权利和利益，调节人们之间的关系，规范和约束人们的行动，制裁和打击各种危害社会的不法行为。不要社会主义民主的法制，绝不是社会主义法制；不要社会主义法制的民主，绝不是社会主义民主。只有大力加强以宪法为根本的社会主义法制，加强劳动纪律和工作纪律，同实际生活中种种压制和破坏民主的行为做斗争，才能推进并保证经济建设和全面改革的顺利发展，维护国家的长治久安。南方谈话在重申"两手抓"时还指出反对腐败、搞廉政建设要靠法制，"搞法制靠得住些"，道理也在于此。

第五，在反对错误倾向上要十分清醒地坚持既反"左"又反右的科学态度。

回顾一下改革开放所走过的道路，就不难看出在我们事业发展的每一

---

① 《邓小平文选》(1975—1982)，人民出版社1983年版，第136页。

步、每一个环节上，都不是一帆风顺的，而是充满着同形形色色的"左"右两种错误思潮的斗争。三中全会提出解放思想，是针对"两个凡是"的，重点是纠正"左"的错误。后来出现右的倾向，当然也要纠正。1980 年 8 月，邓小平把"改革并完善党和国家各方面的制度"作为"一项艰巨的长期的任务"提出来，并强调改革措施、开放政策要继续实行，既表明他对改革开放总方针的坚定信念，事实上也是对那种怀疑改革、开放的"左"倾陈腐观念的一次有力回击。如前所提，在此后十余年反对错误倾向的斗争实践中，邓小平所发挥的巨大作用我们仍历历在目，是记忆犹新的。

在反对错误倾向问题上，邓小平之所以态度坚决、行动果断、魄力非凡，从根本上说是因为他思想敏锐，情况明了。1981 年 3 月，他在一次谈话中就要求，加强四项基本原则的宣传和教育，"要批判'左'的错误思想，也要批判右的错误思想"。① 在十二届二中全会上，他指出三中全会以来，我们花大气力纠正"文化大革命"及其以前的"左"的错误，是完全正确的。但是，不少同志片面地总结历史教训，认为一讲思想斗争和严肃处理就是"左"，只提反"左"，不提反右，这就走到软弱涣散的另一个极端。1987 年 1 月，他又指出：搞改革、搞四化"有'左'的干扰，也有右的干扰。如果说我们过去对'左'的干扰注意得多，对右的干扰注意不够，那么这次学生闹事提醒了我们，要注意右的干扰"。②

特别值得指出的是，十多年来邓小平讲得更多的还是要以防"左"为主。他第一次提出反对错误倾向要"两手抓"时，就讲到"重点是纠正指导思想上'左'的错误"③。据笔者不完全统计，仅 1987 年 2—7 月，他至少三次强调"我们既有'左'的干扰，也有右的干扰，但最大的危险还是'左'"④。这是因为"左"的根子很深，已经形成了一种习惯势力。事实上，现在反对改革的人不多，但在制定和实行具体政策的时候，容易出现有一点留恋过去的情况，习惯的东西就起作用，就冒出来了。同时也有右的干扰，概括起来就是全盘西化，打着拥护改革开放的旗号，想把中国引导到搞资本主义。南方谈话再次重申：现在，"有右的东西影响

① 《邓小平文选》（1975—1982），人民出版社 1983 年 7 月版，第 334 页。
② 邓小平：《建设有中国特色的社会主义》（增订本），人民出版社 1987 年版，第 155 页。
③ 《邓小平文选》（1975—1982），人民出版社 1983 年 7 月版，第 334 页。
④ 《邓小平同志重要谈话（1987 年 2—7 月）》，人民出版社 1987 年版，第 27、41 页。

我们，也有'左'的东西影响我们，但根深蒂固的还是'左'的东西"。因为"左"带有革命的色彩，好像越"左"越革命。邓小平还告诫我们"左"右都可以葬送社会主义。"中国要警惕右，但主要是防止'左'"①。可以看出，正是邓小平时刻注意和排除来自"左"右两种倾向对我们事业的干扰、破坏，从而保证了经济建设这个中心不被冲淡。同时也反映出他在反倾向性错误上真正做到了是"左"反"左"，是右反右；有"左"反"左"，有右反右；既不以"左"反右，也不以右反"左"；反"左"时注意防右，反右时注意防"左"；在此一问题上表现为"左"而在彼一问题上表现为右，或者相反，他都做具体分析，区别对待。真正体现了"两手抓"，"两手都要硬"。

综上五个方面是邓小平"两手抓""两手硬"思想的最基本内容，每相应的"两手"都是我们领导现代化建设的关键问题，决不可偏颇，更不可抛弃。如果为了叙述的方便我们可以把每相应的"两手"暂时称作"双手"的话，那么，第一"双手"是最核心最关键的"两手"，因为它保证着我们事业的正确方向；第二"双手"是中心内容，只因它是社会主义建设的崇高目标和根本任务；第三"双手"则是促进第二"双手"的重要方针和手段；第四"双手"是对前三"双手"的保障；第五"双手"与第一"双手"相关联并相辅相成，在此专题论列同样是为叙述的方便罢了。表明邓小平在指导有中国特色的社会主义现代化建设上，情况明了，思想深髓，艺术高超，几乎达到炉火纯青的程度。尤其使我们感到最可贵的是，邓小平的有中国特色社会主义思想不但博大精神，而且特别具有一贯性；越是到他的晚年，他的思想仍清晰，愈明快，更成熟，恐怕是以往的伟人所不及的。

三

"两手抓""两手都要硬"之所以是个成熟的思想、重要的方针、正确的方法，就在于从理论上讲它是科学的，从实践上看它具有极端重要性。

首先，它体现了平衡这一唯物辩证法的重要范畴。

---

① 邓小平：《在武昌、深圳、珠海、上海等地的谈话要点》，《宣传向导》1992 年第 6 期。

　　远在自然科学尚未萌发的时代，哲学就已经提出了含有一定辩证因素的平衡。古希腊哲学家毕达哥拉斯把"整个天宇当作一个和谐与数"①。这种和谐论把平衡理解为对立的"协合"或"和解"，说的是一种动态的平衡观。恩格斯在谈到天体运动时明确指出："在天体的运动中是平衡中的运动和运动中的平衡（相对的）。"他在谈到活的机体的运动与平衡时又说，"在活的机体中我们看到一切最小的部分和较大的器官的继续不断运动，这种运动在正常生活期是以整个机体的持续平衡为其结果，然后又经常处在运动之中，这是运动和平衡的活的统一"。② 列宁则明确把平衡看作适应。布哈林认为，平衡和适应的差别只是描述对象的不同，"在所谓无机的自然界中，人们通常谈的不是适应性，而是物质之间的平衡"。③毛泽东也认为，平衡"就是矛盾的暂时的相对统一"。④ 由此可见，作为具体物质形态存在方式的运动是离不开平衡的，任何一个事物都是以其内部矛盾双方力量对比的相对平衡为前提的，都是一个平衡体。某一具体运动形式，即某种具体事物的平衡一旦破坏，这种运动形式，这个具体事物就不复存在。因此，平衡就成了事物存在和发展的根本条件，趋向平衡也就成为与唯物辩证法三大规律既互相联系、又互相区别的基本规律。特别值得指出，哲学上的趋向平衡是具有普遍意义的范畴和规律。自然界的运动是这样，社会运动也如此。趋向平衡对我们领导社会主义现代化建设同样很重要。邓小平强调"两手抓""一硬一软不相称"就体现了他在指导现代化建设实践中对"平衡"这一哲学范畴的运用和发展。这反过来也说明"两手抓"这一重要方针有着科学而深厚的哲学依据。

　　其次，在实践上具有极端重要性。

　　改革开放的实践证明，我们什么时候注意了"两手抓"，而且两手都比较硬，我们的经济发展什么时候就能上新台阶，我们社会的精神风貌什么时候就焕然一新。众所周知，我们真正干起改革开放是1980年。从1981年到1983年改革主要在农村进行，全面推行家庭联产承包责任制。此间，我们先后抓了精神文明建设和打击各种犯罪活动的斗争。正是由于我们坚持了"两手抓"，农作物大幅度增产，农民收入大幅度增加，乡镇

---

① 转引自黑格尔《哲学史讲演录》第1卷，商务印书馆1983年版，第221页。

② ［法］恩格斯：《自然辩证法》，人民出版社1984年版，第145—146页。

③ ［苏］布哈林：《历史唯物主义理论》，人民出版社1983年版，第75页。

④ 《毛泽东选集》第5卷，人民出版社1977年版，第375页。

企业异军突起。广大农民不仅盖了大批新房子，而且自行车、缝纫机、收音机、手表"四大件"和一些高档消费品进入普通农民家庭，尤其是农村出现了大批致富不忘帮贫的典型事例，农村面貌为之一新。从1984年起改革的重点转入城市。我们在改革的同时，1985年、1986年再次强调精神文明建设，1986年年底到1987年年初又开展了反对资产阶级自由化的斗争。也正是由于坚持了"两手抓"，经济发展比较快的是1984—1988年。这五年，共创造工业总产值6万多亿元，平均每年增长21.7%。吃、穿、住、行、用等各方面工业品，包括彩电、冰箱、洗衣机等都大幅度增长。相反，有些地区或单位的有些党员、干部却不能正确认识和贯彻"两手抓"，其表现有：有的对建设社会主义的根本任务就是解放和发展生产力认识不足，对尽快把经济建设搞上去缺乏紧迫感和责任感；有人担心改革开放会"引进资本主义"，主张关起门来搞建设；有的抓经济这一手很硬，抓精神文明建设这一手却很软，从而导致了一些党员、干部信仰动摇，价值观念、是非观念扭曲，代之而来的是"一切向钱看"，经济违法违纪案件大量发生，甚至当年已被我们消灭掉的社会丑恶现象又死灰复燃；有的人仍然自觉不自觉地把改革开放与精神文明建设对立起来，一旦经济工作遇到困难，又往往归咎于党风廉政建设，等等。所有这些认识都同"两手抓"格格不入。事实上，这类地区、部门或单位不但经济未上去，而且问题百出。

既然"两手抓""两手都要硬"在理论上具有深远意义，在实践上具有极端重要性，那么，如何做好这方面的工作呢？我认为以下几个方面不可忽视：

第一，时时刻刻都要对这一问题保持清醒的认识。实践一再证明，"两手抓""两手都要硬"是一个关乎我们改革开放成败与否的大问题，而且它作为重要的工作指导方针与领导方法，主要是针对各级领导干部说的。因此，各级党政领导干部对这一问题必须时时刻刻都保持清醒的认识，任何时候都不可忘记"两手抓"，任何时候都不可偏废"两手抓"。否则，就会出现邓小平提醒我们的那样："在苗头出现时不注意，就会出事。"①

第二，要谨防强调一手而忽视另一手。我们在长期的革命和建设实践

---

① 邓小平：《在武昌、深圳、珠海、上海等地的谈话要点》，《宣传向导》1992年第6期。

中的另一个教训，就是在某一个时期或阶段强调某一方面工作时，往往容易忽视另一方面的工作；在一个阶段强调这一手时而容易忽视另外一手；围绕"一个中心"，在执行"两个基本点"的过程中也常常发生一些矛盾和碰撞。比如，1983 年前后，在抓改革开放时，一度放松打击经济犯罪活动；1986 年后，由于批判资产阶级自由化引起一些反响，也影响了关于精神文明建设决议的贯彻；1989 年"平息政治风波"胜利后，深入批判资产阶级自由化，消除政治动乱的危害与影响，无疑都是正确和必要的，但在这场斗争中也有人错误地把那场风波同改革开放相联系，更有人认为和平演变的主要危险来自经济领域。诸如此类强调一手而忽视另一手的现象在有些地区、部门或单位也不乏例证。所有这些，究其原因主要是把"两手抓"作为建设有中国特色的社会主义现代化国家的客观要求，作为必须遵循的工作指导方针，作为必须学会的领导方法认识不够；是对如果忽视两手的任何一手都将弃毁社会主义建设成果或迟滞社会主义建设速度的严重性认识不足；还由于对如何处理两手之间的矛盾，理顺两手之间的关系缺乏经验。因此，任何时候的只强调一手而忽视另一手的做法都是错误的，都会给党的事业带来损失。

第三，要敢于和善于"动真格的"。"两手抓""两手都要硬"这一重要思想从它的提出到完善已有十多个年头了。这一思想已为绝大多数同志所接受和赞同。问题在于，贯彻、执行得还不尽如人意，仍有"一硬一软不相称"的情况。就普遍性的问题来讲，仍如邓小平 1986 年年初所指出的，经济建设这一手我们搞得相当有成绩，但是精神文明建设"现在总的表现是手软"①。用群众的语言来说就是"雷声大雨点小"。当前人民群众意见最大和最不满意之处莫过于对腐败现象和各种犯罪活动的惩治和打击不力上，甚至有些群众由此而产生了对党的领导的不信任情绪。从这个意义上说，反腐败斗争，打击各种犯罪活动，关系到我们社会主义现代化建设的成败，关系到我们党和国家的盛衰兴亡。因此，抓廉政建设，抓打击各种犯罪活动，既是长期的战斗任务，又是非常紧迫的现实问题，要形影不离般地伴随改革开放步伐的加大。基于此，党的各级纪检机关和政府的各级公检法机关要认真履行自己的职责，抓住查处违纪违法案件这个中心环节，对腐败现象进行集中整顿、常抓不懈。固然，对各种犯罪活

---

① 邓小平：《建设有中国特色的社会主义》（增订本），人民出版社 1987 年版，第 129 页。

动和各种社会丑恶现象，要动员全社会的力量进行综合治理，但首先和重要的还应是这方面的职能机关或部门，要敢于和善于碰硬，要敢于和善于"动真格的"，无论案件牵涉到谁，也无论案件牵涉的人官有多大，一定要按党纪国法严肃处理。这样，也只有这样，才能达到"杀一儆百"的教育作用；这样抓，也只有这样抓，才符合邓小平要求的"真抓实干"；这样抓，也只有这样抓，才能赢得群众对我们党的信赖。一言以蔽之，"真正抓紧就大有希望，不抓就没有希望"①。邓小平还一再强调，高级干部在对待家属、子女违法犯罪的问题上必须有坚决、明确、毫不含糊的态度，坚决支持查办部门。越是高级干部的子弟，越是高级干部，越是名人，他们的违法事件越要抓紧查处，抓住典型。"因为这些人犯罪危害大，抓了、处理了，效果也大，表明我们决心克服一切阻力抓精神文明建设。"②

总之，"两手抓""两手都要硬"作为领导现代化建设的重要方针，反映了建设有中国特色的社会主义的客观要求，是党的基本路线的具体化。坚持党的基本路线不动摇，那么"两手抓""两手都要硬"也理应常抓不懈，坚持抓一百年不动摇。这样解释，也只有这样解释，才算领会了邓小平有中国特色社会主义理论的实质，才算掌握了邓小平思想的方法论；这样抓，也只有这样抓，才能加快改革开放和现代化建设的步伐，夺取中国特色社会主义事业的更大胜利。

（此文是 1992 年上半年学习邓小平南方谈话的感想，曾收入张广信、李祥瑞主编的《毛泽东思想与当代中国——全国毛泽东思想学术讨论会文集》，陕西人民教育出版社 1992 年版）

---

① 邓小平：《建设有中国特色的社会主义》（增订本），人民出版社 1987 年版，第 128 页。
② 同上。

邓小平反腐倡廉思想的历史考察

中共中央《关于加强社会主义精神文明建设若干重要问题的决议》把消除腐败现象，列为今后五年精神文明建设五项工作之首。反腐倡廉思想是邓小平建设有中国特色社会主义理论的重要内容。无论从学习和研究邓小平建设有中国特色社会主义理论的角度，还是从推进社会主义两个文明建设的角度，系统学习和探讨邓小平反腐倡廉的思想，其重大而深远的意义都是不言而喻的。

一

早在中国共产党成为执政党之初，邓小平就提出了反腐倡廉的思想。1950年6月，邓小平作为中共中央西南局第一书记，在重庆市第二次代表会议上作了题为《克服目前西南党内的不良倾向》的报告，他指出："正在发展的蜕化、腐朽思想，也是要在整风中加以克服的。"① 他进而指出，蜕化腐朽思想正在发展，"特别是经济方面的问题很多，无论城市农村，贪污腐化现象都很严重"。产生这些问题的根源，"是这些同志认为革命胜利了，可以睡觉了，可以骄傲了，应该享福了，不必努力了"。② 邓小平尖锐地指出，这是非常危险的。他要求所有共产党员都要把工作放在第一位，不应计较享受。笔者认为，这是邓小平防腐反腐思想的最早提出。

1954年2月，在中共七届四中全会上，邓小平以《骄傲自满是团结的大敌》为题发言，结合批判高、饶的阴谋活动指出，"我认为骄傲情绪

① 《邓小平文选》第1卷，人民出版社1994年第2版，第155页。
② 同上书，第158、159页。

在党内，主要是在相当一部分高级干部中，正在滋长着，如果不注意克服，就会发展到一种可怕的危险的地步"。① 邓小平尖锐地指出，这种骄傲自满的情绪如果不及时提醒，必然使我们丧失敌情观念，必然会破坏我党的团结，那我们就要丧失斗志，经不住敌人的任何袭击，从而使我们伟大的事业遭到失败。他还认为，对于每一个共产党员来说，骄傲是一种腐蚀剂，它可以引导个人主义发展，把一个满腔热忱的勤勤恳恳为人民服务的共产党员的高贵品质丧失掉，而堕落到最卑鄙的个人主义方面去。可见，骄傲是腐败、堕落的先导和根源，反对骄傲情绪，可以从根本上防止腐败现象的发生。

1956 年 9 月，在党的八大上，邓小平代表中央作《关于修改党的章程的报告》（以下简称《报告》）。《报告》深刻地论述了执政党应如何加强自身建设的问题，指出党面临新的考验，必须经常警惕脱离实际和脱离群众的危险，要求全党继续坚持群众路线和民主集中制，健全各级党组织的集体领导，避免个人专断和个人决定重大问题。同时，《报告》提醒全党，执政党的地位很容易使我们同志沾染上官僚主义的习气，也很容易在共产党员身上滋长一种骄傲自满的情绪。他指出，有一些党员，稍稍有点工作成绩，就自以为了不起，就看不起别人，看不起群众，看不起党外人士，似乎当了共产党员就比非党群众高出一头，有的人还喜欢以领导者自居，喜欢站在群众之上发号施令，遇事不愿意同群众商量。邓小平严肃地指出，这实际上是一种狭隘的宗派主义倾向，也是一种最脱离群众的危险倾向。我们党内还有一种人，他们把党和人民的关系颠倒过来，完全不是为人民服务，而是在人民中间滥用权力，做种种违法乱纪的坏事。邓小平十分愤慨地说："这是一种很恶劣的反人民的作风，这是旧时代统治阶级作风在我们队伍中的反映。诚然，这样的干部为数很少，但是，他们的危害却很大。"② 为了有效解决这类问题，邓小平要求，必须加强党和国家的监察工作，及时发现和纠正各种官僚主义现象，"对于违法乱纪和其他严重地损害群众利益的分子，及时地给予应得的处分"。③

从 1956 年起，在开始全面建设社会主义的十年间，邓小平尽管日理

---

①　《邓小平文选》第 1 卷，人民出版社 1994 年第 2 版，第 202 页。

②　同上书，第 222 页。

③　同上书，第 224 页。

万机，工作繁忙，但对防止腐败的警惕性却丝毫没有放松。1957 年 4 月 8 日，他在西安干部会上作报告，集中阐述共产党要接受监督的问题。他认为，尽管宪法上规定了党的领导，但党要领导得好，就要不断地克服主观主义、官僚主义、宗派主义，就要受监督，就要扩大党和国家的民主生活。他指出，"如果我们不受监督，不注意扩大党和国家的民主生活，就一定要脱离群众，犯大错误"。① 他认为监督主要应来自三个方面：一是党的监督。邓小平指出，对于共产党员来说，党的监督是最直接的。他要求党的生活要严一些，团的生活也要严一些，也就是说，党对党员的监督要严一些，团对团员的监督要严一些。二是群众的监督。邓小平号召广大群众要对党员进行监督。三是民主党派和无党派民主人士的监督。邓小平特别指出："有了这几方面的监督，我们就会谨慎一些，我们的消息就会灵通一些，我们的脑子就不会僵死起来，看问题就会少一些片面性。"②

1962 年 11 月 29 日，邓小平在接见参加全国组织工作会议和全国监察工作会议的代表时，又专门讲了执政党的干部问题。他针对当时干部队伍的状况批评道：多少年来，我们的干部能上不能下，副作用很大，已成为我们工作中的障碍，因此，要逐步地予以解决。他要求，"对干部的管理和监督要加强"。③ 对干部的监督，首先是党的生活的监督；其次是民主集中制的贯彻执行，这也是一种监督。此外，还应有党员和群众的监督，党的监察制度的监督，以及组织部门对干部实行鉴定制度的监督，等等。

邓小平提出的党要受监督，党员要受监督的思想，固然是从克服主观主义、官僚主义和宗派主义这一宏观的党风党建问题着眼，目的是加强和改善党的领导，但这诸多监督措施，也对防止腐败现象的产生有着重要作用。

二

1975 年，邓小平重新主持中央工作后，置个人的荣辱、安危于度外，

---

① 《邓小平文选》第 1 卷，人民出版社 1994 年第 2 版，第 270 页。
② 同上书，第 271 页。
③ 同上书，第 330 页。

大刀阔斧地抓整顿。在各个领域的整顿中，他紧紧抓住整顿党风这个关键。在整顿党风中，他严厉批评由于"文化大革命"的破坏而产生的消极腐败现象：有的人追求资产阶级生活方式，"他们有的闹享受，闹待遇，一切向高级发展，住房子越多越好。有的甚至公私不分，没有什么界限了"。① 邓小平列举的奢侈、腐败现象虽然是在军队整顿的任务中讲的，但对当时的整个党风来说，具有普遍性。可以认为，我们党内的腐败现象发端于"文化大革命"期间，根源是正常的党风建设遭到破坏。

1977 年夏，邓小平再次出来工作，在千头万绪之中，他首先抓了思想路线上的拨乱反正这一具有决定意义的环节，同时继续 1975 年的整顿。1978 年 6 月在全军政治工作会议上，他强调："整顿，一定要从严。不论整顿领导班子，整顿作风，整顿政治机关，没有一股子劲头不行。"② 他要求广大干部，特别是领导干部要以身作则，不要"近水楼台先得月"；一定要廉洁奉公，当好管家；要严格遵守财经纪律，同违反财经纪律的现象做斗争。他特别强调："高级干部能不能以身作则，影响是很大的。现在，不正之风很突出，要先从领导干部纠正起。群众的眼睛都在盯着他们，他们改了，下面就好办。"③ 在这里，他把反对不正之风同倡导廉洁奉公同时提出来了。虽然这时腐败问题还不是个突出问题，但不正之风是腐败的前兆，随着量的增多会发生质变，引起腐败。纠正不正之风，正是为了防范腐败的发生。

1978 年 12 月的中共十一届三中全会，开创了改革开放之先河。作为改革开放的倡导者和总设计师，邓小平在这次全会后不久的理论工作务虚会上，在集中阐述四项基本原则是我们立国之本的同时，用很长一段话分析和评估了当时社会风气中的一些不健康现象，提出要从各方面采取有效措施，搞好我们的社会风气，打击那些严重败坏社会风气的恶劣行为。他指出："为了促进社会风气的进步，首先必须搞好党风，特别是要求党的各级领导同志以身作则。"④ 1979 年 11 月，在中央党、政、军机关副部长以上干部会上，邓小平又作了《高级干部要带头发扬党的优良传统》的报告，尖锐地指出："有的人为了自己的方便，可以作出各种违反规章制

---

① 《邓小平文选》第 2 卷，人民出版社 1994 年第 2 版，第 18 页。

② 同上书，第 124 页。

③ 同上书，第 125 页。

④ 同上书，第 177 页。

度的事情。这使我们脱离群众，脱离干部，把风气搞坏了。""有些高级干部不仅自己搞特殊化，而且影响到自己的亲属和子女，把他们都带坏了。"因此，邓小平强调，"为了整顿党风，搞好民风，先要从我们高级干部整起"。①

　　80 年代初，随着我国改革开放的全面展开，邓小平把防止和克服腐败现象同改革党和国家的领导制度紧密联系起来。1980 年 8 月 18 日，他在中央政治局扩大会议上发表《党和国家领导制度的改革》的讲话。讲话的第四部分专门阐述了肃清封建主义和资产阶级思想影响的问题，他指出，由于我国经历百余年的半封建、半殖民地社会，封建主义思想有时也同资本主义思想、殖民地奴化思想互相渗透结合在一起；又由于近年国际交往增多，受到外国资产阶级腐朽思想作风、生活方式影响而产生的崇洋媚外的现象，现在已经出现，今后还会增多。这是必须认真解决的一个重大问题。② 接着他举例说，有些青年，有些干部子女，甚至有些干部本人，为了出国，为了搞钱，违法乱纪，走私受贿，投机倒把，不惜丧失人格、丧失国格、丧失民族自尊心。他指出，这是非常可耻的。邓小平还指出，在国内经济工作中，歪曲现行经济政策，利用经济管理中的漏洞而进行各种违法活动的个人、小集团甚至企业、单位，也有所增加。他强调，对于这种反社会主义的违法活动和犯罪分子，也必须严重警惕，坚决斗争，"总之，必须把肃清封建主义残余影响的工作，同对于资产阶级损人利己、唯利是图思想和其他腐化思想的批判结合起来"。③ 显然，伴随改革开放，腐败问题趁机而入，从 80 年代初在我们的社会中已成为现实。邓小平及时以敏锐的洞察力予以揭露，并以坚决的态度明令严惩。

　　1982 年 4 月，针对经济领域犯罪活动猖狂，邓小平以《坚决打击经济犯罪活动》为题发表讲话。他说："我们自从实行对外开放和对内搞活经济两个方面的政策以来，不过一两年时间，就有相当多的干部被腐蚀了。卷进经济犯罪的人不是小量的，而是大量的。犯罪的严重情况，不是过去'三反''五反'那个时候能比的。那个时候，贪污一千元以上的是'小老虎'，一万元以上的是'大老虎'，现在一抓就往往是很大的'老

---

① 《邓小平文选》第 2 卷，人民出版社 1994 年第 2 版，第 217—219 页。

② 同上书，第 336—337 页。

③ 同上书，第 338 页。

虎'。"① 正是在这次讲话中，他第一次提出"两手抓"的方针，即一手坚持对外开放和对内搞活经济的政策，一手坚决打击经济犯罪活动。二者的辩证关系是：没有打击经济犯罪这一手，不但对外开放政策肯定要失败，对内搞活经济政策也肯定要失败；有了打击经济犯罪这一手，对外开放、对内搞活经济就可以沿着正确的方向前进。这年7月，邓小平在军委座谈会上再次重申我们必须坚持两手抓。邓小平是党中央第二代领导集体中最早和最明确地提出"两手抓"指导方针的。这一思想在现代化建设的实践中为全党所接受，并庄严地载入同年9月党的十二大报告中："我们在发展社会主义事业的新时期，从思想上到行动上一定要坚持两手：一手抓对外开放、对内搞活经济的政策，另一手是坚决打击经济领域和政治领域中危害社会主义的严重犯罪活动。只注意后一手而怀疑前一手是错误的，只强调前一手而忽视后一手是危险的。对这样的方针，全党同志必须十分明确，不应当有丝毫含糊。"这表明我们全党对打击经济犯罪和惩治腐败在认识上的一致和思想上的重视。

三

十二大以后，随着有中国特色社会主义现代化建设全面而迅速的发展，也伴随着各种错误思潮和形形色色的犯罪活动对我们事业的干扰和破坏，为保证我们事业的顺利进行，邓小平十分关注对腐败现象的防范和对已经发生的腐败现象予以有力打击。为此，他反复强调反腐败问题，其中最集中、最鲜明地强调反腐败，有如下几次：

1985年9月23日，他在党的全国代表会议上指出，我们为社会主义奋斗，不但是因为社会主义有条件比资本主义更快地发展生产力，而且因为只有社会主义才能消除资本主义和其他剥削制度所必然产生的种种贪婪、腐败和不公正现象。这几年生产是上去了，但是资本主义和封建主义的流毒还没有减少到可能的最低限度，甚至新中国成立后绝迹已久的一些坏事也在复活。我们再不下大的决心迅速改变这种情况，社会主义的优越性怎么能全面地发挥出来？我们又怎么能充分有效地教育我们的人民和后代？不加强精神文明建设，物质文明建设也要受破坏，走弯路。邓小平旗

---

① 《邓小平文选》第2卷，人民出版社1994年版，第402页。

帜鲜明、态度坚决地要求,对严重犯罪活动的防范和打击,必须继续加强;"对一些严重危害社会风气的腐败现象,要坚决制止和取缔"。①

1986年1月17日,邓小平在中央政治局常委会上发表讲话,强调抓精神文明建设,抓党风、社会风气的好转,要从具体事件抓起。经济犯罪的案件,在国外严重丧失国格人格的事件,都要抓紧处理。针对个别干部子弟或高级干部本人泄露经济情报、出卖消息、出卖文件的可耻行径,邓小平毫不含糊地指出,越是高级干部子弟,越是高级干部,越是名人,他们的违法事件越要抓紧查处,抓住典型。因为这些人犯罪危害大,抓了,处理了,效果也大,表明我们下决心克服一切阻力抓精神文明建设。他强调:这件事"必须狠狠地、一天不放松地抓"。② 最后,邓小平还意味深长地提醒我们,"经济建设这一手我们搞得相当有成绩,形势喜人,这是我们国家的成功。但风气如果坏下去,经济搞成功又有什么意义? 会在另一方面变质,反过来影响整个经济变质,发展下去会形成贪污、盗窃、贿赂横行的世界"。③ 这就从社会存在与社会意识、经济基础与上层建筑之作用与反作用的历史唯物主义高度,阐明了反腐败斗争的极端重要性。

1989年春夏之交,在平息那场政治风波中,在17天之内,邓小平连续三次谈反腐败问题。5月31日,他同李鹏、姚依林谈话,说明经过这次动乱,我们确实有些事情要向人民作出交待,"要扎扎实实做几件事情,体现出我们是真正反对腐败,不是假的"。他还说:"腐败的事情,一抓就能抓到重要的案件,就是我们往往下不了手,这就丧失人心,使人们以为我们在包庇腐败。这个关我们必须过,要兑现。是一就是一,是二就是二,该怎么处理就怎么处理,一定要取信于民"。④ 这段话反映了邓小平对腐败问题的深恶痛绝,表示了他对反腐败的最大决心,表达了他对人民的赤诚情怀。6月9日,他在接见首都戒严部队军以上干部时,又提醒全党全军,通过那场风波,要冷静地思索和考虑一下过去,也要冷静地思索和考虑一下未来。他还告诫人们:"艰苦奋斗是我们的传统,艰苦朴素的教育今后要抓紧,一直要抓60年至70年。我们的国家越发展,越要

---

① 《邓小平文选》第3卷,人民出版社1993年版,第145页。

② 同上书,第152页。

③ 同上书,第154页。

④ 同上书,第297页。

抓艰苦创业，提倡艰苦创业精神，也有助于克服腐败现象。"① 16 日，他同杨尚昆等党和国家领导人谈话，再次强调要抓紧惩治腐败。他指出："惩治腐败，至少抓一二十件大案，透明度要高，处理不能迟。"在这次谈话中，他把惩治腐败能否取得成效提到关乎党的生死存亡的高度。他说："对我们来说，要整好我们的党，实现我们的战略目标，不惩治腐败，特别是党内的，确实有失败的危险。"他希望第三代领导集体首先抓这个问题，还把惩治腐败提到改革的高度。他说："消除机构臃肿，惩治腐败，加强法治，这些都是改革。"② 在这次谈话中，邓小平首次把惩治腐败和改革开放联系起来，作为"两手抓"来表述。他说："我们一手抓改革开放，一手抓惩治腐败，这两件事对照起来，就可以使我们的政策更加明朗，更能获得人心。"③ 可见邓小平对反腐败问题的重视程度。

　　1992 年年初，88 岁高龄的邓小平发表了如同春雷震撼大地般的南方谈话，再次把人们的思想引向一个新的境界，再度把改革开放事业推向一个新的阶段。为了保证改革开放事业的健康发展，他指出："打击各种犯罪活动，扫除各种丑恶现象，手软不得。"他要求"在整个改革开放过程中都要反对腐败，对干部和共产党员来说，廉政建设要作为大事来抓"。④再一次把反腐倡廉并列起来强调，也再一次阐明反腐倡廉作为改革开放顺利进行的保证，是同一事物的两个方面，绝不可强调一个方面而忽视另一个方面。

四

　　学习邓小平关于反腐倡廉的思想，笔者认为有如下几个鲜明特点：

　　第一，邓小平的反腐倡廉思想是一以贯之的。从新中国成立初期的1950 年一直讲到 1992 年的南方谈话，时间跨度达 42 年之久，这表明他对维护党的纯洁性的长久警觉性。

　　第二，邓小平的防腐反腐思想随着我们党执政时间的日益长久而强调的频率也越来越高。从前面的历史回顾可以看出，在共和国历史的前 17

---

① 《邓小平文选》第 3 卷，人民出版社 1993 年版，第 297 页。

② 同上书，第 313 页。

③ 同上书，第 314 页。

④ 同上书，第 378—379 页。

年，他比较集中的有 5 次讲防止腐败问题，但由于"文化大革命"对党风和社会风气的破坏，他二次复出后，从 1975 年到 1982 年党的十二大前，7 年中他就讲了不下 8 次。十二大以后，他讲这个问题的次数就更多了。本文所论列的只是其中最主要的几次，如前所述 1989 年夏在 17 天之内就 3 次郑重而尖锐地讲这个问题，而且两次是向党中央领导成员讲的。这就昭示我们：执政党随着执政时间越来越长，越要注意加强自身建设。我们的国家愈是改革开放，愈要严惩腐败。

第三，为了保证改革开放事业的健康发展，邓小平的反腐倡廉思想越来越深刻，态度越来越坚定。从他的一系列阐述中可以看出，越是在改革开放的关键时刻，他讲反腐倡廉的次数不仅越来越多，而且对其重要性、紧迫性也论述得越来越深刻，甚至语言表述也越来越精练。如果说他早先的防腐思想只是从发扬和培养好的党风和社会风气考虑，那么每逢改革开放的关键时刻，他都把反腐倡廉提到关乎改革开放之成败与否和党的生死存亡这一战略高度来强调。

第四，党的高级干部在反腐倡廉中一定要言传身教，起表率作用。这是邓小平强调得最多的，因为"党是整个社会的表率，党的各级领导同志又是全党的表率"。[①] 否则，就会上梁不正下梁歪，上行下效，助长腐败现象蔓延，危及我们的伟大事业。所以，各级领导干部，尤其是高级领导干部，在反腐倡廉上应有高度的警觉性和自觉性。

邓小平的反腐倡廉思想内容具体、丰富，具有一贯性、全面性、深刻性的特点，因此，我们全面、准确地学习、领会和贯彻建设有中国特色社会主义理论，就不能不认真地学习和领会邓小平的反腐倡廉思想。反腐倡廉既是一个思想理论问题，更是一个可操作性、紧迫性极强的实践问题。

这些年，党中央、邓小平一而再再而三，反反复复地强调反腐倡廉，尽管也取得了一定成果，但由于主客观的诸多原因，这方面工作仍做得不尽如人意甚至很不尽如人意，腐败现象仍有蔓延的趋势。理论界、宣传界、学术界仁者见仁，智者见智，撰文立说，献出各种反腐倡廉的对策和举措，诸如加强教育、依法办事、标本兼治，等等。无疑，这些都是很好的和重要的善方良策，笔者认为，记取以往端正党风和惩治腐败不力、成效甚微的教训，关键是要敢于和善于"动真格的"，因为列宁早就说过，

---

① 《邓小平文选》第 2 卷，人民出版社 1994 年版，第 177 页。

一步实际行动要比十打纲领重要得多。

邓小平的反腐倡廉思想从其初步提出至今已近半个世纪了，"一手抓改革开放，一手抓惩治腐败"这个"两手抓"的方针也提出十多个年头了。这一思想已为绝大多数同志所接受和赞同，而在工作实践中之所以没有取得应有的成效，关键的问题仍如邓小平1986年初所指出的"现在总的表现是手软"。① 当前人民群众意见最大和最不满意之处，莫过于对腐败现象和各种犯罪活动的惩治和打击不力上，"好人受气，坏人神气"的反常现象还比比皆是。有些群众由此产生了对党的领导的不信任情绪，因此，抓惩治腐败到了非"动真格的"不可的时候了。否则，我们失去的将是群众，是民心。群众、民心要比国民生产总值增长几个百分点珍贵、重要千百倍。有鉴于此，我认为，在惩治腐败的斗争中，各级纪检机关和公检法机关要认真履行自己的职责，抓住查处违纪违法案件这一中心环节，对腐败现象急需部署一个歼灭战，给一次毁灭性打击，然后坚持长抓不懈，防（范）（惩）治结合，必能取得好的效果。固然，对各种犯罪活动和社会丑恶现象的打击，要动员全社会的力量进行综合治理，但最重要的还是有关职能部门要敢于和善于"动真格的"，无论案件牵涉到谁，也无论案件牵涉的人官有多大，一定要毫不留情地按党纪国法严肃处理。

这样，也只有这样，才能达到"杀一儆百"的教育作用；这样抓，也只有这样抓，才符合邓小平"真抓实干"的要求，才能赢得群众对我们党的信赖。"真正抓紧大有希望，不抓紧就没有希望。"② 全国人民殷切地期待着惩治腐败取得明显的成效。

（刊于《苏州大学学报》（哲学社会科学版）1997年第3期）

---

① 《邓小平文选》第3卷，人民出版社1993年版，第153页。

② 同上书，第152页。

邓小平共同富裕思想研究述评

共同富裕是社会主义的基本原则和本质特征，是邓小平理论的重要内容和组成部分。改革开放以来，特别是十四大以来的十年间，理论界和学术界对这一问题展开了比较深入的研究，取得了可喜的成果。

一 研究概况

1. 国内研究情况

邓小平对社会主义本质的揭示，贯穿于改革开放的全过程，但最经典、最凝练的概括是1992年年初的南方谈话："社会主义的本质，是解放生产力，发展生产力，消灭剥削，消除两极分化，最终达到共同富裕。"[①]1993年10月《邓小平文选》第三卷出版发行，南方谈话作为终卷篇收入其中。11月2日，中共中央作出关于学习《邓小平文选》第三卷的决定，号召全党和全国各族人民"要把学习《邓小平文选》第三卷摆在党的思想建设和干部理论教育的主要地位"。后经邓小平同意，又将1989年出版的《邓小平文选（1938—1965年）》和1983年出版的《邓小平文选（1975—1982年）》作增补和修订，改称《邓小平文选》第一卷、第二卷，于1994年11月出版，连同第三卷，构成了一套完整的邓小平著作集。以此为契机，学术理论界对包括共同富裕思想在内的邓小平理论的系统研究，健康、持久而深入地发展。

笔者对国内中文报纸和期刊作过比较精确的统计，从1994年到2001年，共有167种报刊以"共同富裕"为题（即"共同富裕"出现在标题上）发表的文章214篇，而研究其他专题论及共同富裕思想的则无法统

---

① 《邓小平文选》第3卷，人民出版社1993年版，第373页。

计。这214篇以"共同富裕"为题的文章，有44篇分别被中国人民大学复印报刊资料《社会主义研究》《毛泽东思想研究》《邓小平理论研究》全文复印转载。

214篇论文是由244位作者完成的，其中发表两篇同类文章的有12人，发表3篇次的1人（其中1篇重复发表）。而58篇文章是由2人或3人署名发表的。在244位作者中，既有省部级领导干部，又有一般理论工作者、高校政治理论课教师和在读博士、硕士研究生。

在167种报刊中，既有国家级权威报刊（如《人民日报》《求是》杂志等）、省级学术期刊（如《北京社会科学》《江苏社会科学》等），又有高等院校的学报社会科学版，还有地方性或专业性的期刊（如《金融科学》《特区理论与实践》等）。

在笔者接触到的数十种有关邓小平理论研究的专著中，篇幅大小不一但都涉及对邓小平共同富裕思想的阐述，而论述深刻、表达凝练的当数龚育之的《中国特色社会主义论二十题》（中共中央党校出版社1995年12月版）和石仲泉的《我观党史》（济南出版社2001年7月版）的有关专题文章；何伟等四人所著《邓小平理论：社会主义运动史上的第三次飞跃》（广西人民出版社1998年12月版）的第八章对共同富裕思想也有比较全面的阐述。1998年以来，随着新一轮高校政治理论课改革的展开，邓小平理论概论课成为普通高等学校的公共必修课，全国各地编写了数以百计的《邓小平理论概论》教材，但就这个问题写得较好的是田克勤主编、高等教育出版社出版的面向21世纪课程教材《邓小平理论概论》以及奚广庆主编、中国人民大学出版社出版的全国普通高校马克思主义理论课（公共课）推荐教材《邓小平理论概论》，而吴树青主编、教育部推荐的全国高等学校马克思主义理论课示范性教材《邓小平理论概论》（本科本）对共同富裕思想的表述也颇见特色。

2. 国外研究情况

国外学者对邓小平共同富裕思想的研究不是很多，但也有相关专著和文章，且多从对毛泽东和邓小平的比较研究中，着重探讨"手段与目的"的关系。这方面的文章包括，美国学者苏珊·奥格登的《八十年代社会主义在中国意味着什么》、阿里夫·德里克的《后社会主义：论"有中国特色的社会主义"》。这两篇文章由中央党史研究室译成中文后，先后刊发在《国外中共党史研究动态》1992年第1期和第2期上；日本学者冈部达味的《试论邓小平的"有中国特色的社会主义"》,刊发在《国外中共党史研究动态》1993 年第 2 期上;俄国学者杰柳辛的《社会主义思想的救星》,刊发在《国外中共党史研究动态》1995 年第 2 期上。

国外学者研究邓小平共同富裕思想的相关著作,主要体现在匈牙利学者巴拉奇·代内什所著《邓小平》,该书由阚思静、叶季译,解放军出版社 1988 年出版了它的中文版;美国学者莫里斯·迈斯纳所著《毛泽东与马克思主义乌托邦主义》,该书由中央党史研究室、中央文献研究室和上海市社会科学院哲学所联合组成的《国外研究毛泽东思想资料选集》编译组翻译,中央文献出版社 1991 年出版了它的中文版。美国学者比尔·布鲁格所著《不断变动的中国马克思主义》由美国夏普公司 1987 年出版。日本学者渡边利夫、小岛朋之合著的《毛泽东与邓小平》,1994 年由 NTT 出版社出版该书的日文版。

二　观点述评

纵观国内外的研究成果,对邓小平共同富裕思想的专题研究,主要集中在如下问题上。

1. 关于共同富裕思想提出的时间

就共同富裕思想提出的时间,绝大多数论者都坚持在 1978 年 12 月 13 日的中央工作会议上,邓小平第一次明确、完整地提出了共同富裕的思想,这就是"在经济政策上,我认为要允许一部分地区、一部分企业、一部分工人农民,由于辛勤努力成绩大而收入先多一些,生活先好起来。一部分人生活先好起来,就必然产生极大的示范力量,影响左邻右舍,带动其他地区、其他单位的人们向他们学习。这样,就会使整个国民经济不断地波浪式地向前发展,使全国各族人民都能比较快地富裕起来"[①]。有的论者对《邓小平文选》作过统计,"在邓选三卷中,有 30 多处,论及共同富裕,比较集中的论述不下 8 处"[②]。

2. 关于共同富裕思想形成阶段的划分

对此,专门论及的学者较少,但云南大学党委宣传部的杨泽宇发表在

---

① 《邓小平文选》第 2 卷,人民出版社 1994 年版,第 152 页。

② 高新民、甄永锋:《必须完整准确地理解共同富裕》,《宁夏大学学报》(社会科学版)1996 年第 2 期,人大复印报刊资料《社会主义研究》1996 年第 6 期。

《思想战线》（该校人文社会科学学报）1999 年第 1 期上的《试论邓小平的"富民观"》一文，专辟一部分，探讨"邓小平'富民观'的产生和形成"。文章认为邓小平富民观的形成大体经历了三个阶段，即"早在以武装斗争为中心的抗日战争时期""是邓小平富民思想的萌芽时期"，理由是邓小平在《太行区的经济建设》一文中，明确提出"必须以人民福利和抗战的需要为出发点"来制定政策。"从新中国成立到党的十一届三中全会这一期间，他多次强调，发展生产，搞社会主义的目的，归根到底是要千方百计改善和提高人民的生活水平。""十一届三中全会以后，邓小平的富民思想日臻丰富成熟起来，形成较为系统的思想体系。"

3. 关于共同富裕思想提出的根据

共同富裕思想提出的根据是什么，不少论者作了探讨，孝感师专党委副书记赵文正认为，"共同富裕是人民群众首要的迫切愿望"。[①] 赵星军、赵惠发表在《兰州大学学报》1994 年第 4 期的《消灭贫穷落后实现共同富裕的伟大战略构想》一文认为，共同富裕战略构想"符合我国国情特点和生产发展规律"。《中南财经大学学报》1997 年第 3 期发表温强洲的《邓小平的共富空间战略布局思想》认为，共同富裕思想的提出，"是出于不平衡发展的国情考虑，是出于中国经济发展的现实考虑"。而杨泽宇对共同富裕思想提出的根据作了较系统的回答，把其概括为三条：第一，是当今世界潮流发展的必然要求；第二，是国际社会主义实践的深刻启示；第三，是解决我国现阶段主要矛盾的内在要求。

4. 关于共同富裕思想的含义

研究共同富裕的思想，首先要正确理解它的科学含义。对此，不少学者提出了自己的看法。概而论之，有这么几种观点：

第一，从生产力和生产关系的结合上理解。吴广良和吴国柱共同署名刊发在《广东社会科学》1994 年第 2 期上的《论邓小平共同富裕思想》一文认为，以往人们把共同富裕仅仅理解为社会主义生产关系，而忽视概念本身包含的对社会生产力的说明。邓小平从生产力与生产关系的结合上，为我们正确把握共同富裕的本质含义提供了一条科学的思路。文章认为：邓小平关于社会主义本质的论述告诉我们，无论从概念上或逻辑上理解共同富裕，都应该从生产力和生产关系的结合上赋予共同富裕以科学的

---

① 赵文正：《浅论共同富裕》，《孝感师专学报》1999 年第 2 期。

内涵。

第二，从物质和精神的双重富裕上理解。杨云龙、李燕燕发表在《经济与社会发展》1995 年第 3 期上的《共同富裕：物质文明和精神文明建设的协调过程》一文认为，"共同富裕是物质生活和精神生活的双富裕"。理由在于，"人除了物质生活外，还必须有精神生活、社会生活。只瞅见物质生活一面，看不到精神生活和社会生活的存在，失去了对精神需求的追求，无异于把人往猴的路上拉"。文章还认为，随着生产力日渐发展，社会物质财富的日益丰富，精神生活在人们生活中所占的比重将会越来越大，理由在于，精神生活是形成健康、文明、科学的物质生活方式的关键，是科学安排闲暇时间、促进人的全面自由发展的关键。

第三，从多层面上全面理解。首都社会经济发展研究所的辛向阳把共同富裕的含义界定了五条：一是共同富裕意味着共同的繁荣富强，而不是共同的落后贫困；二是共同富裕意味着人民共同的富裕，而不仅仅是少数人或阶层的富裕；三是共同富裕并不是说所有的人完全在同一时间内一起达到完全相同的富裕，不是齐步走，齐步到终点式的齐一性富裕，而是一个有先有后、一浪接着一浪的有时差和顺序的程度有别的富裕；四是共同富裕是一个过程；五是共同富裕是我们的最终目标，作为最终目的，共同富裕实际上意味着所有的人都享受着产品极为丰裕的生活，亦即共产主义按需分配原则的实现。[①]

第四，"共同富裕"不仅仅是一个经济概念。有的学者认为，如果仅仅把共同富裕理解为一个经济概念，是对邓小平本意的曲解。正确的理解"是指由经济、政治互动而产生的平等，是指经济关系的平等和其所决定的政治、社会关系平等的总和"。[②]

对共同富裕含义的理解，除以上四种主要观点外，还有一些别的表述，但基本观点没有超出前述范围。应当说，这四种观点是论者们从不同的角度、不同的侧面，根据自己的理解提出了自己的看法，所以在表述上各有所长。

5. 关于共同富裕的实现途径

明确了共同富裕的含义，通过什么途径来实现共同富裕这个终极目标

---

① 辛向阳：《关于共同富裕的几个理论问题》，《东岳论丛》1996 年第 3 期。

② 李安义、李英田：《"共同富裕"不仅仅是一个经济概念》，《理论探讨》1996 年第 6 期。

呢？论者们通过深入研究邓小平的原著，认为邓小平通过科学地分析我国的国情，实事求是地提出了一个崭新而伟大的构想，这就是：允许和鼓励一部分人、一部分地区先富起来，先富帮后富、后富赶先富、共同发展，最终达到共同富裕。对此，形成了两个共识。

第一，部分先富是达到共同富裕的必由之路。1995 年中共深圳市委书记厉有为在《求是》杂志上发表文章，阐述了这一观点。厉文认为，长期以来，人们对社会主义存在一种误解，认为社会主义就是搞平均主义。在这种认识支配下，我们在过去的漫长岁月里，实行的是平均主义的"大锅饭"政策，结果是大家都不能富裕起来，条件不好的地区富裕不起来，条件好的地区也富裕不起来，自然条件差但资源丰富的地区也无力开发富有的资源摆脱贫穷，因而国家也难富起来。社会主义的目的是共同富裕。但要实现这一目的，搞平均主义，同步发展，同等富裕，同时富裕是不可能达到的。厉文通过揭示经济发展的客观规律和总结深圳十几年发展的经验，有力证明了鼓励和支持一部分地区、一部分人先富起来是达到共同富裕的必由之路。在研究共同富裕思想的论著中，相当多的论者都论及到了这一点。

第二，部分先富是实现共同富裕的捷径。1997 年第 11 期《求实》杂志发表李新建的《邓小平共同富裕的理论体系》一文说："允许一部分人先富的政策是推动生产力更快发展和加速实现共同富裕的捷径。通过一部分人一部分地区先富，产生巨大的示范效应和羊群效应，大家都向先富裕的学习，先富帮后富，就能波浪式地实现共同富裕。"有的论者直接引用邓小平 1986 年 8 月视察天津时的谈话："一部分地区发展快一点，带动大部分地区，这是加速发展、达到共同富裕的捷径。"① 这就表明，邓小平自己也是把"先富"作为实现"共富"的捷径来看待的。

6. 关于"先富"和"共富"的关系

龚育之把"先富"与"共富"的关系概括为"五个统一"，即"是社会主义社会的生产力和生产关系的统一，是社会主义的根本任务和根本目标的统一，是社会主义的物质基础和社会关系的统一，是社会主义的根本手段和终极目标的统一，是社会主义的发展过程和最后结果的统一"。②

---

① 《邓小平文选》第 3 卷，人民出版社 1993 年版，第 166 页。
② 龚育之：《中国特色社会主义论二十题》中共中央党校出版社 1995 年版，第 109 页。

有的论者认为"部分先富是走向共同富裕的现实起点。离开了这一起点，共同富裕只能是空中楼阁"；"部分先富与共同富裕是途径与目标、手段与目的的关系"。① 石仲泉也强调："让一部分人先富起来，目的是为了实现共同富裕，而不是人为地制造新的剥削阶级。"②

对这个问题，国外学者也作了探讨。匈牙利学者撰著的《邓小平》一书，专门有一节"致富的两种抉择"，其中写道："如果把共同富裕理解为完全平均和同步富裕，不但做不到，而且势必导致共同贫穷。只有允许和鼓励一部分地区和一部分人依靠勤奋劳动先富起来，才能对大多数人产生强烈的吸引力和鼓舞作用，并带动越来越多的人一浪接一浪地走向富裕。"③ 该书还提到鼓励一部分人先富起来的政策，是符合社会主义发展规律的，是整个社会走向富裕的必由之路。美国学者莫里斯·迈斯纳和苏珊·奥格登也认为，邓小平把社会主义的手段和目的区分开来，出现了差异，而不是直接的同一。④

7. 关于共同富裕思想的地位和意义。

在研究邓小平共同富裕思想的文章中，从不同侧面、不同角度揭示这一思想重要地位和深远意义的至少占一半，主要集中在这么几个观点上：

第一，共同富裕是社会主义本质的核心。北京大学社会发展研究所教授吴国衡发表在 1995 年 6 月 20 日《北京日报》上的文章，就鲜明地提出了这一观点，理由有三：其一，共同富裕是社会主义制度区别于资本主义制度的根本标志；其二，共同富裕是社会主义社会全面发展的基础；其三，共同富裕决定了社会主义必须大力发展生产力，消灭剥削，消除两极分化。辛向阳认为，无论是个人之间，还是地区之间，最终走向共同富裕，这是由社会主义的本质决定的。支撑该论点的理由也是三条：其一，共同富裕是社会主义的目的。这里的"目的"既包括生产目的，又包括根本目的。从生产目的上讲，在社会主义制度下，社会生产的目的不是满足极少数人的贪欲，而是要满足全体人民日益增长的物质文化的需要；从根本目的上讲，社会主义最终要建成共产主义，而共产主义就是要实现全

---

① 辛向阳：《关于共同富裕的几个理论问题》，《东岳论全》1996 年第 3 期。

② 石仲泉：《我观党史》，济南出版社 2001 年版，第 184 页。

③ ［匈］巴拉奇·代内什：《邓小平》，阚思静、叶季译，解放军出版社 1988 年版，第 282 页。

④ 详见马启民《国外邓小平理论研究评析》山东人民出版社 1999 年版，第 278—290 页。

体人民的自由、平等、富裕。其二，共同富裕是社会主义的根本原则，这一点，邓小平曾多次讲过。其三，共同富裕是社会主义优越性的表现。社会主义比资本主义在政治上的优越性突出表现为人民当家做主，而经济上的优越性突出表现为人民在共同占有生产资料基础上的共同富裕。离开了共同富裕就失去了社会主义的根本意义。"可以看出，实现共同富裕不仅仅是社会主义的根本目的、主要原则、最大优越性，而且还是社会主义内在的固有的基本本性，即社会主义的本质。"①

第二，共同富裕是社会主义的最大价值。中共湖南省委宣传部的张民认为，共同富裕既是一个认识范畴，又是一个价值范畴。在这个概念中，"富裕"反映了社会对物质财富的拥有，是社会生产力发展水平的集中体现，"共同"则反映了社会成员对财富的占有方式，是社会主义生产关系性质的集中体现。因此，共同富裕包含了生产力与生产关系的矛盾、运动和发展规律，是社会主义发展的必然结果和状态。同时，共同富裕又体现了价值创造和价值实现的统一，是社会主义的最大价值。之所以这样认为，论者提出了四条根据：首先，共同富裕是检验社会主义是否够格的价值标准；其次，共同富裕是社会主义初级阶段的最大政治价值；再次，共同富裕是实现民主价值和文明价值的基础；最后，共同富裕是实现共产主义价值理想的前提条件。总之"共同富裕是社会主义的最大价值，也是社会主义的本质规定和社会公正观的集中体现"。②

第三，共同富裕是邓小平理论的重要组成部分。这似乎是绝大多数论者的共识。如《求是》杂志社马传景发表在《东岳论丛》（济南）1995年第3期的《共同富裕三题》、中共山西省委书记胡富国发表在1996年5月21日《人民日报》上的《先富帮助和带动后富，实现全社会共同富裕》、周品昆发表在《云南师范大学学报》1996年第4期上的《论社会主义的共同富裕》、黔南师专政史系罗时法发表在《黔南民族师专学报》1997年第2期上的《坚持共同富裕，防止两极分化》、江西财经大学李新建发表在《学习导报》（长沙）1998年11—12期合刊上的《邓小平共同富裕的理论体系》等论文都认为"共同富裕思想是邓小平有中国特色社会主义理论的重要组织部分""重要内容""重要思想"。

---

① 辛向阳：《关于共同富裕的几个理论问题》，《东岳论丛》1996年第3期。

② 张民：《共同富裕——社会主义的最大价值》，《学习导报》1998年第11/12期。

　　第四，共同富裕是贯穿邓小平理论的一根红线，使各个部分联结成一个有机的科学体系。有的论者认为，邓小平有关社会主义建设的理论都与共同富裕大目标联系在一起，是实现共同富裕的理论。因为实现共同富裕包括两方面的内容：一是如何富起来；二是如何共同富。邓小平把二者有机地、辩证地结合起来，科学地解决了我国社会主义建设的一系列问题，形成以经济建设为中心，坚持四项基本原则和坚持改革开放的基本路线。总之，"共同富裕不仅规定着社会主义的本质，而且贯穿于建设有中国特色社会主义理论的方方面面，是联结各个理论部分的轴心和红线，使这些理论成为不可分割的有机科学体系"。①

　　第五，共同富裕思想是对马克思主义的丰富和发展。杨泽宇认为马克思和恩格斯在设想未来社会时，是"以生产力的巨大增长和高度发展为前提"的。列宁发展了这一思想，主张通过发展生产使社会全体成员过富裕的文明生活。邓小平的贡献在于第一次明确地把"共同富裕"作为社会主义的"最终目的"，提到社会主义本质的高度，并进而提出社会主义的根本任务是发展生产力等一系列创造性理论，这就把社会主义的根本目标及其实现目标的途径规定得更为具体、更为现实，表述得更加准确。有的论者还提出，共同富裕思想成为当代中国的马克思主义，理由在"马克思用消费品'按需分配'和'按劳分配'作为标志，把共产主义区分为高低两个发展阶段。低级阶段就是我们所说的社会主义社会"。"邓小平用共同富裕来概括社会主义，使社会主义在以公有制为主体的多种经济形式中，在市场经济中存在和发展，从而把马克思主义理论在实践中向前发展了一大步。"②

　　8. 关于共同富裕思想的特点

　　学术理论界对共同富裕思想特点的研究虽然不及对其含义及理论和实践意义探讨得那么充分，那么深入，但毕竟没有留下空白点，有的论者对它作了简略的归纳，可概括为四个方面：一是科学性，即共同富裕思想的核心内容集中反映了马克思主义关于通过大力发展生产力，使人民逐步富裕起来的思想。二是系统性，即由共同富裕的目标、原则、途径、策略和

---

① 李挺：《论共同富裕在有中国特色社会主义理论体系中的地位和作用》，《税务与经济》1996 年第 2 期。

② 同上。

方法及其进程、步骤和保障等一系列思想，构成一个完整系统的思想体系，成为邓小平理论的子系统。三是多层次性，这在"共富"思想的含义里已有较多论及。四是现实指导性，也就是说，要最终实现全体人民的共同富裕，必须毫不动摇地坚持"一个中心，两个基本点"，坚定不移地贯彻允许一部分地区，一部分人先富起来的大政策，用"三个有利于"作为检验和衡量我们一切工作得失的标准。

9. 关于如何正确看待"先富"起来的人

"先富"是"共富"的前提和途径，这已成为人们的共识。问题在于，邓小平首次提出允许和鼓励一部分人先富起来时有个重要条件，那就是"辛勤努力成绩大"，后来逐步把它规范为"诚实劳动和合法经营"。但是，如何看待现实生活中先富起来的人以及这些人是怎样富起来的，在论者中有截然相反的两种看法：

第一，大多数学者认为，允许一部分地区、一部分人先富起来推动了我国经济的跨越式发展。厉有为认为，深圳特区能够发展起来首先得益于党的改革开放政策，得益于"区位优势和特殊政策"，"15 年来国内生产总值平均每年递增 35.9%，工业总产值平均每年递增 56.3%，对外出口贸易额平均每年递增 60%，预算内财政收入平均每年递增 52.4%，经济实力已跨入全国城市前列"。[①] 有的论者用大量的统计数据证明，"进入 90 年代，广东的经济综合实力已占全国的 12% 以上，继广东之后，上海、福建、江苏、浙江和山东沿海地区在市场经济的强力推动下，插上了腾飞的翅膀，经济发展速度远远高于全国的水平，正迈上一部分先富者的行列"。[②] 还有的论者提出："从全国来看，贯彻先富政策的总的效果是好的，全国经济发展速度十多年平均 9% 左右，人民生活水平普遍提高，贫困地区脱贫致富步伐有所加快，基本达到了更快地共同富裕的目的。"总之，"先富"政策使我国社会生产力和综合国力显著增强，使我国人民的生活水平显著提高，使我国小康目标实现的进程加快，使我国贫困人口的绝对数量逐年减少。[③]

第二，在允许一部人先富起来的实践中存在着不少不合理的问题。有

① 厉有为：《努力实践和探索走共同富裕的道路》，《求是》1995 年第 19 期。

② 吴广良、吴国柱：《论邓小平共同富裕思想》，《广东社会科学》1994 年第 2 期。

③ 叶文振：《先富政策和两极分化》，《中国经济问题》1997 年第 1 期。

的论者 1995 年就指出，"让一部分人先富起来的政策执行十几年来，在我国已经出现了百万富翁、千万富翁、亿万富翁。如'川中奇人'牟其中，北京的李晓华等资产早已超过亿元。据估计，目前我国年收入在 3 万元以上者 430 万人，年收入 10 万元以上者有 100 万人。"那么，这十几年来主要是什么人先富了起来，"主要是以下几类人：个体业主和私营企业主；国有或集体企业承包人；一部分歌星、影星、笑星、电视节目主持人及其他文艺界'大腕'；一部分电视台、报纸的记者、编辑；一部分掌握人、财、物大权的官员。国务院某研究机构 90 年代初对一个地区做过调查，先富起来的人们按所有制分，全民单位的约占 0.4%，集体单位的占 3%—4%，个体和私营经济的约占 96%。从劳动方式看，体力劳动者占 91%，脑力劳动者只占 9%。论者从马克思主义劳动价值论和邓小平先富思想的前提等方面分析了以上数字反映的某种不合理现象后指出："从全国目前的情况来看，大部分不是靠劳动致富的"，"他们的收入水平与他们付出的劳动之间严格说来没有什么相关关系，这正是人们最为不满的"。① 论者还分析了一些先富起来的人是靠以下几种方式致富的：有的人是靠政府的种种优惠政策与特殊照顾，用经济学的术语说是因为处于某种垄断地位而致富的；有一部分人是靠权力"寻租"致富的；有一部分人是钻政策空子或违法富起来的。

对这两种观点怎么看，笔者以为，第一种观点是从总体上、宏观上估价"先富"这一大政策的积极意义和显著成效的，从理论上、逻辑上和实践上都是正确的。第二种观点虽不是主流观点，但却实事求是地指出了我们在贯彻"先富"政策中存在的问题，应当引起党和各级政府的足够重视，否则，有违邓小平提出这一大政策的初衷。

10. 关于如何看待两极分化

在迈向共同富裕的过程中，允许和鼓励一部分人先富起来，一部分人也确实先富了起来，而有些地区、有些人因受主客观条件的限制，收入还比较低，甚至相当低微，这是不是意味着我国已经出现社会财富分配上的"两极分化"？仍有两种对立的观点。

第一种观点，认为城乡居民收入"差距拉大"不是两极分化。持这种观点的论者占论及同一问题的学者的大多数，这种观点有两种论证

---

① 马传景：《共同富裕三题》，《东岳论丛》1995 年第 3 期。

方法。

一种是基尼系数证明法。基尼系数是国际上通用的一种测量和反映收入差距的方法，是一个在 0—1 的数值，以 0 表示绝对平等，即社会财产或收入完全平均分配给每一社会成员；基尼系数为 1 则表示绝对不平等，即全部财产收入集中在一人手中。根据国际上多年测算的数值，基尼系数在 0.3—0.4 为中等不平等程度，不会导致利益倾斜过大。而在我国，据研究和测算，"1988 年农村和城镇基尼系数值基本持平，分别为 0.3 和 0.24，城乡合计人民币基尼系数为 0.385。1992 年城乡基尼系数已上升到 0.4。这就说明，我国城乡收入差距正在拉开，但这种差距同世界其他国家相比并不明显"。① 《中国特色社会主义研究》1997 年第 1 期上发表钱宪文的《论邓小平同志的富民思想及其实践》《社会主义研究》1998 年第 5 期上发表刘彦生等的《我国现阶段"共同富裕"过程的辩证思考》等文章，都用基尼系数证明法坚持了我国目前没有出现"两极分化"的观点。

另一种是对贫困人口所占比例的比较法。厦门大学经济系的叶文振发表在《中国经济问题》1997 年第 1 期上的《先富政策和两极分化》一文就作了这样的比较。1978 年我国约有 2.5 亿贫困人口，占总人口的 26%，约平均每四人当中就有一人是生活在贫困线下；到 1990 年缩小为 9000 万人，占总人口的 7.9%；1992 年又下降为 8000 万人，占总人口的 6.8%，1995 年年底再减少到 6500 万人，只占总人口的 5.4%，平均每 20 人大约有一个贫困人口。在短短的 17 里里，我国让大约 2 亿人口脱离了贫困，年平均脱贫率高达 7.6%。与此相反，在世界首富的美国，贫困人口却在逐年增加。1978 年，生活在贫困线下的美国人有 2450 万人，占总人口的 11.4%，接着又上升为 1988 年的 3250 万人，占总人口的 13.5%，1991 年的 3570 万人，占总人口的 14.2%，13 年里，美国贫困人口的绝对数量增加了 1120 万人，年平均增长速度为 2.9%。"这一降一升的鲜明对比，充分说明了邓小平'先富'政策完全是以最终实现共同富裕为目标的，它不仅没有使我国的社会主义也像西方的资本主义那样生活在两极分化的阴影下面，相反却引导和鼓励着更多的中国人从贫困中解脱出来，加入共同富裕的行列。"钱宪文的文章、罗时法的文章还通过对近 20 年来我国

①　曾庆忠：《社会主义时期的贫富差距与共同富裕》，《实事求是》1994 年第 3 期。

和西方国家年平均不同收入段人口所占比例的比较，以及最高收入者和最低收入者各自所占人口总数的比例之比较，证明我国没有出现两极分化。

第二种观点，认为我国已经出现两极分化。有的论者指出，"不能否认，改革开放十八年来，伴随着经济的迅速发展和人民群众生活水平的提高，确实出现了一些相当严重的问题，其中最引人注目的就是社会分配不公、社会收入和贫富差别拉大加剧"。"面对这一状况，人们议论纷纷"，"有人认为中国已经出现了两极分化，对此忧心忡忡"。[①] 有的论者指出："不可否认，改革开放 20 年来，伴随着经济迅速发展和人民生活水平的提高，出现了社会分配不公、社会成员收入和贫富差距拉大的问题，富者财大气粗、盛气凌人；穷者人穷志短，自惭形秽，形成鲜明对比。对此，人们议论纷纷，有的认为中国已经出现了两极分化。"[②] 应该说，这些批评是有所指的，不是无感而发、无的放矢。表明确实有人认为贫富分化已经在我国社会中出现。

11. 关于如何防止两极分化

"共同富裕"是社会主义的最终目标和本质属性，所以防止两极分化既是邓小平共富思想的题中之义，又是共富思想研究者们探讨最多的话题之一。为此专题研究这个问题的文章有叶文振的《先富政策和两极分化》、曾庆忠的《社会主义时期的贫富差距与共同富裕》、罗时法的《坚持共同富裕，防止两极分化》等，而在集中论述其他问题专设标题论述或涉及这一问题的文章更多。

正因为防止两极分化是论者们的共识，所以没有对立或者不同的观点，所区别的是论者们就如何防止两极分化提出的对策多寡不一，办法各异。就论者们如何防止两极分化的真知灼见，可以归纳为如下几个方面：

第一，必须要有制度保证。即要坚持公有制和按劳分配为主体，确保国家对社会财富的宏观调控。论者们指出，这是保障社会公平，实现共同富裕的根本前提。

第二，必须要有政策调节。如同"先富"大政策能推动"共富"的历史进程一样，要防止出现两极分化、实现共同富裕，也必须有配套的政策来推动。为此，一方面，必须制定公平、合理的税收政策，以此为杠

---

① 钱宪文：《中国人民的致富之路》，《中国特色社会主义研究》1997 年第 1 期。

② 钟健能：《完整准确地理解共同富裕理论》，《特区理论与实践》1999 年第 3 期。

杆，调节高收入；另一方面，应加大对低收入层的社会扶持，建立健全社会保障体系，保障有利于社会主义市场经济体制完善和发展的适度的收入差距。

第三，法制规范不可或缺。为此，一方面必须健全惩治各种犯罪的法律，使反腐败斗争和打击经济犯罪的斗争有法可依；另一方面要严格执法，对非法暴富者予以坚决的打击。

第四，加大对贫困地区开发的力度，缩小地区发展差距。在目前主要是加大中、西部地区发展，这正是邓小平当年构思让一部分地区先富起来时的战略构想，况且他早已勾勒出一个时间表，在20世纪末"达到小康水平的时候，就要突出地提出和解决这个问题"。

第五，"先富"有帮助"后富"的责任和义务。石仲泉的文章讲道："先富起来的，有义务帮助还没有富起来的、还没有脱贫的人们达到共同富裕。"其实，按邓小平的原意，也强调先富帮后富是先富起来的地区和个人的一种义务。当然，先富帮后富的形式，主要是发挥先富者的示范作用，把他们的技术、经营诀窍传授给周围的人们，而不可采取行政办法把各地区之间和所有人之间的收入水平拉平，那样只能导致新的平均主义，迟滞或延缓共富的进程和速度。

12. 关于共同富裕思想的比较研究

在对邓小平共同富裕思想的研究中还涌现出一批比较研究的成果。包括：

第一，邓小平共同富裕思想同中国传统大同思想的比较。云南大理师专的赵金元指出，"大同"是中国思想史上一种追求"天下为公"的社会理想。从儒家经典《礼记·礼运》始，到近人康有为、谭嗣同、孙中山均受过大同思想的影响，但这些思想都带有乌托邦式的空想色彩。赵文认为，邓小平的"共富思想"与中国传统大同思想有一定联系，又有本质区别，不再带有任何空想色彩，从建设角度找到了达于大同之境的正确途径，从而超越了传统大同思想。[1]

第二，邓小平共富思想同斯大林共富思想的比较。广西师范学院政教系的胡增文认为，斯大林、邓小平是社会主义建设史上两个划时代人物，

---

[1] 赵金元：《试论邓小平对中国传统大同思想的超越》，《毛泽东思想研究》1996年第3期。

"共同富裕"是他们社会主义经济建设思想的重要组成部分，也是二者的共性所在。但也有差异，如，前者带有浓厚的平均主义色彩，后者认为共同富裕不是同等富裕，而是保持着差异的富裕；又如，在实现"共富"的途径上，前者主张同步富裕，后者认为得有先有后，等等。对这些差异出现的原因，胡文认为，既有社会历史原因，又有思想方法原因。社会历史原因是斯大林处在社会主义建设的初期，计划经济所造成的矛盾和弊端"尚未充分暴露"，也就不可能科学地去认识和解决这个问题；而邓小平所领导的社会主义建设已经经历并积累了几十年社会主义建设的经验教训，研究和探讨这方面问题的时机已经成熟。思想方法原因是斯大林把共同富裕看得过于简单易行；邓小平始终坚持实事求是的态度，不仅把共同富裕当作一种结果，更重要的是当作一个过程来理解。①

第三，邓小平共富思想与毛泽东共富思想的比较。湖南吉首大学的瞿州莲认为实现"共同富裕是毛泽东和邓小平的共同追求"。但有三点区别：在发展生产力的实践方面，毛泽东更多的是借用群众运动来推动；而邓小平十分重视改革和科学技术的推动作用。在实现共富的途径上，毛泽东走的是一条平均发展、同步发展的道路；邓小平则开创出一条允许和支持一部分人、一部分地区先富起来，带动多数人、多数地区逐步富裕的有序致富途径。在分配原则上，毛泽东过分强调"公平优先"的价值取向；邓小平认为阶段效率优先兼顾公平则是坚持共富原则的现实选择。② 赵金元认为，邓小平共富思想，不仅超越了传统大同思想，也超越了毛泽东的大同思想。

第四，邓小平共富思想与民主社会主义的福利国家观比较。有的论者在分别阐述了邓小平的共富思想和民主社会主义的福利国家观后得出结论，二者是两种不同的社会经济思想，它们所产生的社会基础不同，所选择的途径、达到的目标、形成的社会后果都有根本的区别。③

除对前述 12 个问题进行了比较深入的研究外，有的学者还从伦理层

---

① 胡增文：《斯大林邓小平"共同富裕"思想比较研究》，《广西青年干部学院学报》2000年第6期。

② 瞿州莲：《毛泽东与邓小平"共同富裕"思想比较研究》，《吉首大学学报》1999年第4期。

③ 陈秋玲：《邓小平的共同富裕思想与民主社会主义的福利国家观》，《许昌师专学报》1997年增刊。

次（如廖小平发表在《长沙水电师院社会科学学报》1996 年第 3 期上的
《邓小平的富裕观》）、共富空间战略布局（如《中南财经大学学报》
1997 年第 3 期上发表的温强洲的文章）以及西部开发是实现共同富裕的
战略部署（如《陕西师范大学继续教育学报》2000 年第 1 期发表郭欣根
的文章）等角度进行了颇有特色的研究。

三　看法与建议

1. 六个特点

纵观前述研究概况和观点述评不难看出，学术理论界对这一课题的研
究，呈现出多视角、全方位展开的特点，具体表现有以下六个方面：

第一，成果丰硕。十年间由 244 位作者发表的 214 篇专题论文以及几
十位作者在数十部专著相关章节的集中论述就足以证明。事实上，笔者所
接触和统计到的绝不是这方面成果的全部，加上其他专题研究论及这一课
题的成果就更多，可以断定在邓小平生平和思想研究的成果中，共同富裕
思想研究的成果是最多的方面之一。

第二，系统深入。通过观点述评还能看到，从对共同富裕思想提出的
时间、发展历程、理论和实践根据、思想含义、实现途径、重大意义以及
与这一重要思想相关的诸多现实问题都探讨到了，体现出对该课题研究的
深入、全面和系统性特点。

第三，超越国界和意识形态。也就是说，对该课题的研究，不限于国
内学术理论界，而且在国际上也涌现出不少成果。国际上这些学者基本是
西方国家的研究者，难免带有意识形态上的偏执，然而在对邓小平共富思
想的研究上，几乎没有同我们严重相悖的观点，不能不认为，邓小平理
论，特别是其中的共同富裕思想在国际上产生了多么大的震撼力。

第四，研究方法多样。在对该课题的研究中，论者们运用的方法是多
种多样的，既有实证研究的方法（如通过翔实而精确的统计数据来说明
共同富裕思想产生的巨大社会变化），又有比较研究方法（如改革开放前
后人们富裕程度的变化）；既有逻辑归纳法（如对邓小平共富思想含义的
多层次概括），又有演绎推理法（如对共富思想意义的阐释）。即便在实
证研究方面，既有基尼系数的证明法，又有贫困人口所占比例的证明法；
在比较研究中既有纵向比较（把邓小平共富思想同中国传统大同思想的

比较，同毛泽东的比较），又有横向比较法（把邓小平共富思想同斯大林、民主社会主义福利国家观的比较）。有的论者采用了对上述诸多方法的交叉使用。当然，更多的研究手法还是史论结合、论从史出这种辩证唯物主义和历史唯物主义的基本方法，从而保证了所得结论的科学性。

第五，观点比较一致。总体上看，对前述几个问题的研究，除"关于如何看待先富起来的人"和"关于如何看待两极分化"两个问题，在其他问题上，观点几乎都一致或接近一致。

第六，研究呈日趋深入之势。应当说，比较研究是任何研究趋于深入的标志之一，对邓小平共富思想进行比较研究的四篇文章先后发表于1996年、1997年、1999年和2000年，可以算作对邓小平共富思想研究深入的标志。

2. 四点不足

尽管对该课题的研究比较全面深入和系统，但仍存在着一些不足之处。

第一，研究不细致。有的论者竟然把邓小平共富思想首次提出的时间搞错了，《邓小平非均衡发展与共同富裕思想初探》一文写道："1978年12月31日邓小平在中央工作会议闭幕会上的讲话中第一次提出他的'先富'思想。"① 这个失误有两种可能，要么是作者疏忽，把12月13日写成12月31日；要么是校对疏忽。另外，在这次讲话中，邓小平把"先富"和"共富"同时提出来了，不只是提出了"先富"的思想。

第二，表述欠准确。有的论者为了突出邓小平共富思想的意义，表述有些绝对化，"把共同富裕作为社会主义原则和本质内容在马克思主义发展史上从来没有过的，这是邓小平对社会主义认识的深化和发展"②。显然前一句话是绝对化了，论者在这里犯了个常识性的错误，马克思对共产主义社会的设想本来就是共同富裕。

第三，材料乏新鲜。尤其是在论述"先富"是"共富"的必由之路和强调"我国社会没有出现两极分化"的观点中，论者所使用的材料，无论基尼系数测算法还是数据论证法大多出自同一资料来源。

---

① 张学义、秦瑞霞：《邓小平非均衡发展与共同富裕战略初探》，《山东社会科学》1999年第6期。

② 胡增文：《斯大林邓小平共同富裕思想比较研究》，《广西青年干部学院学报》2000年第6期。

第四，论证缺力度。主要存在于对人们最为关注的两个重大社会现实问题的研究上，大多还是从理论到理论，从数据到数据，至于这些数据的真实性、准确性到底怎样，没有人深入研究，特别是缺乏对社会现实问题的调查和细致分析，既淡化了论证的力度，也使人感到研究者仅仅是为了研究而研究，似乎少了一份社会责任感。

3. 两点建议

第一，既然共同富裕是一项重大的研究课题，总体上看研究已比较深入，但至今还无一部专著问世。那么，在现有研究基础上就此撰写一部专著，无论从繁荣学术研究考虑，还是为推进共富的历史进程提供理论支撑着眼，都是非常必要的。

第二，就今后的研究而言，主要精力应放在如何看待先富起来的人、如何看待两极分化以及如何防止两极分化等重大社会现实问题上来。因为只有研究好和真正处理好这些重大现实问题，才能加速我们最终实现共富的历史进程。而要真正研究好这些问题，力戒从理论到理论，从数据到数据这种纯学究式的研究方法。理论固然重要，但必须紧密联系实际；实证研究无疑是科学方法，但只有用深入实际、认真调查研究基础上掌握的准确而真实的数据，才能得出科学的结论。否则，前提错了，无论推理多么合乎形式逻辑，结论也不会正确。更何况，活生生的社会现实，鲜活材料丰富多彩，为何不下一番力气，切切实实掌握一些一手资料，用多种方式，从多个角度去探讨这些问题。这样做，只有这样做，才能把研究真正搞深搞透，至少是朝着这个目标靠近。

（此文系中央文献研究室科研部约稿，参加2003年2月由中央文献研究室和中共重庆市委在重庆召开的"邓小平研究述评学术研讨会"。刊于龙平平主编《邓小平研究述评》（上），中央文献出版社2003年版）

试论邓小平的宗教思想

　　我国是一个多种宗教长期并存、宗教信徒众多且分布极为广泛的国家，宗教问题是我们始终不能回避的一个重大问题。历史和现实证明，能否正确对待宗教问题，对于维护社会稳定、加强民族团结、保障国防巩固，对于加快社会主义物质文明、政治文明、精神文明建设步伐，顺利实现社会主义现代化，对于推进祖国和平统一进程，对于树立我国良好的国际形象，都有着重大而深远的影响。中共十一届三中全会以来，以邓小平为核心的党的第二代中央领导集体，始终高度重视宗教工作，制定了一系列正确的宗教政策，开创了我国宗教工作的新局面，形成了宝贵的邓小平宗教思想。在邓小平诞辰 100 周年之际，深入学习和研究邓小平的宗教思想，对于我们做好新形势下的宗教工作有着十分重要的指导意义，这既是对前人的纪念，更是对做好这方面工作的一种鞭策。

一

　　邓小平宗教思想是邓小平统一战线理论乃至整个邓小平理论不可缺少的组成部分。十一届三中全会以来，伴随着对邓小平理论学习和研究的日益深入，学术界对邓小平宗教思想的研究也有一定的进展，取得了一些成果。二十多年来特别是近十年来，从总体上说，学术界对邓小平宗教思想的研究呈现出两个鲜明的特点：

　　第一，众多著作有所涉及，但专著相对不多。2002 年 7 月华文出版社出版的黄冬有主编的《统一战线论著论文索引》，对二十多年来研究新时期宗教的著作进行了统计，共有 65 本。2003 年 2 月中央文献出版社出版的李学明著《三中全会以来邓小平统一战线理论研究》，其中第十章对邓小平宗教理论的研究做了评述，脚注中涉及 15 本书。此外，还有许多有代表性的著作涉及邓小平的宗教思想，比如：1991 年经济科学出版社出版的穆常生主编的《统一战线基础教程》，1995 年陕西人民教育出版社出版的苗建寅的《邓小平与新时期统一战线》，1998 年中共中央党校出版社出版的龚学增的《当代中国民族宗教问题研究》，中央统战部编、华文出版社出版的《邓小平新时期统一战线理论学习纲要》，2002 年中央党校课题组编、宗教文化出版社出版的《现阶段我国民族与宗教问题研究》，等等。这一时期，关于新时期宗教问题的专著，颇有代表性的有以下几本：1997 年四川人民出版社出版的龚学增的《宗教问题概论》，2000 年中共中央党校出版社出版的龚学增的《宗教问题干部读本》，2002 年宗教文化出版社出版的王作安的《中国的宗教问题和宗教政策》等。这几本著作虽然没有以邓小平宗教思想命名，但都是研究邓小平宗教思想的力作。总之，综观二十多年来的研究著作可以看出，涉及研究邓小平宗教思想的著作多是与研究统一战线、民族等问题相联系，专著相对较少。

　　第二，研究新时期具体宗教政策的论文较多，专门系统研究邓小平宗教思想的论文较少。黄冬有的《统一战线论著论文索引》统计的近 20 年来从各种角度研究新时期宗教问题的文章约有 1200 篇，其中专门研究邓小平宗教思想的论文并不多。此外，据笔者查阅，也不乏颇有特色的研究论文，以下几篇是其中的代表作：《上海统战理论研究》1994 年第 3 期发表的毛国庆的《邓小平宗教思想研究初探》，《中央民族大学学报》1996 年第 5 期发表的张炯的《学习邓小平宗教工作思想的体会》，《世界宗教研究》1998 年第 4 期发表的龚学增的《邓小平理论与中国社会主义初级阶段的宗教问题》，《社会主义研究》2002 年第 3 期发表的曹玉华的《党的第三代中央领导集体对邓小平宗教观的丰富和发展》，等等。总之，综观二十多年来的研究论文可以看到，对邓小平宗教思想某些基本理论点的研究达到了一定的水平。当然，在研究中还存在着一些不容忽视的问题，比如，有的仅从个别具体政策进行研究，有的仅从邓小平的有关论述或有关活动进行研究，有的仅对某些基本论点进行研究，有的仅是机械罗列某些基本论点等。因此，我们要在研究中克服上述不良倾向，一要坚持用时代的眼光探讨邓小平的宗教思想；二要注意邓小平宗教思想的系统性，力求体现邓小平宗教思想的内在有机联系；三要做到不仅从邓小平本人的有关论述、有关活动进行研究，而且要从党的、国家的以及其他领导人的有关文献有关实践活动等方面进行全面性研究，注意邓小平宗教思想的完整性。本文试图按照这个思路做点尝试。

二

中共十一届三中全会以来，以邓小平为核心的党的第二代中央领导集体，在如何对待宗教的问题上，继承了马列主义、毛泽东思想关于宗教问题的基本理论，分析新形势、研究新情况、解决新问题，提出了一系列很有见解的观点，形成了具有时代性、有机性、完整性的邓小平宗教思想。

（一）要求要正确估计社会主义初级阶段宗教的基本情况

新中国成立以来，我们在认识宗教的问题上经历了曲折，主要是"文化大革命"期间不能正确认识宗教产生、发展、消亡的规律，错误地估计了宗教界的状况，把信教群众与不信教群众之间思想信仰上的差异夸大为敌我矛盾，冲击宗教团体和宗教场所，任意批斗宗教人士，这些都造成了很坏的影响。十一届三中全会以来，邓小平极为关注宗教问题的拨乱反正，1979 年 9 月 1 日他在听取第十四次全国统战工作会议汇报时插话指出："……宗教问题还没有议，这些方面有很多问题。"① 正是在邓小平的推动下，我们党对社会主义初级阶段宗教的基本情况有了正确的认识。第一，必须正视宗教有其产生、发展、消亡的客观规律，宗教在社会主义社会还将长期存在。宗教以超自然的神秘力量反映现实生活，它是客观世界在人们头脑中的一种虚幻的、歪曲的反映，它在历史的发展中形成了较为完备的形态。1982 年 3 月，党中央制定的《关于我国社会主义时期宗教问题的基本观点和基本政策》（以下简称《观点和政策》）指出："在社会主义社会中，随着剥削制度和剥削阶级的消灭，宗教存在的阶级根源已经基本消失。但是，由于人们意识的发展总是落后于社会存在，旧社会遗留下来的旧思想旧习惯不可能在短期内彻底消除；由于社会生产力的极大提高，物质财富的极大丰富，高度的社会主义民主的建立，以及教育、文化、科学、技术的高度发达，还需要长久的奋斗过程；由于某些严重的天灾人祸所带来的种种困苦，还不可能在短期内彻底摆脱；由于还存在着一定范围的阶级斗争和复杂的国际环境，因而宗教在社会主义社会一部分

---

① 《邓小平思想年谱（1975—1997）》，中央文献出版社 1998 年版，第 129 页。

人中的影响，也就不可避免地还会长期存在。……在一切客观条件具备的时候，才会自然消亡。对于社会主义条件下宗教问题的长期性，全党同志务必要有足够的清醒的认识。"① 第二，必须看到宗教界已经取得了很大进步，宗教不同于迷信，宗教问题上的矛盾主要是人民内部矛盾。旧中国，宗教曾长期为反动统治阶级所控制利用、成为奴役广大人民的一种工具，也曾充当过帝国主义侵华的精神武器，起了十分消极的作用。新中国成立以来，我们积极支持宗教界进行民主改革，摆脱了外来控制，宗教界发生了根本变化，即使在"文化大革命"时期宗教界主流还是好的。因此，邓小平 1979 年 6 月 15 日在全国政协五届二次会议上充分肯定了"不同宗教的爱国人士有了很大的进步"。② 在我国，宗教不同于迷信，宗教作为一种唯心主义的世界观，是宗教信徒个人的信仰问题，不会对社会构成直接危害；迷信则不同，装神弄鬼、散布谣言、骗取钱财甚至违法犯罪，具有直接的社会危害性。而宗教作为信仰问题，只是信教群众与不信教群众思想信仰上存在差异，他们在政治经济上的根本利益是一致的，宗教问题上的矛盾主要是思想信仰差异造成的，这种矛盾已成为人民内部矛盾。总之，宗教问题上的拨乱反正，使我们正确认识了我国宗教的基本情况。

（二）指出做好宗教工作是统一战线的重要方面

十一届三中全会以来，我们党形成了以经济建设为中心的基本路线，邓小平指出："统一战线仍然是一个重要法宝，不是可以削弱，而是应该加强，不是可以缩小，而是应该扩大。"③ 我们要尽可能把各方面的力量团结起来，共同建设中国特色社会主义，而宗教方面是一支不可忽视的重要力量，加强同爱国宗教方面的团结有着重大的意义。第一，我国除道教是土生土长的宗教以外，佛教、伊斯兰教、天主教、基督教都是世界性的宗教，加强同五大宗教的团结能产生良好的国际影响。第二，我国宗教团体机构数目众多，并且从城市到农村、从内地到边疆分布极为广泛，加强同宗教方面的团结有利于维护社会正常的生产生活秩序，保持安定团结的

---

① 《三中全会以来重要文献选编》下，人民出版社 1982 年版，第 1220—1221 页。

② 《邓小平文选》第 2 卷，人民出版社 1994 年版，第 186 页。

③ 同上书，第 203 页。

政治局面。第三，我国爱国宗教界人士相当一部分在国内外宗教领域都有一定的影响力，邓小平指出：要把爱国人士、民主人士、宗教人士等都更好地团结起来，① 团结他们通过他们就可以团结凝聚更多的力量。第四，我国各类宗教的信徒人数众多，全国宗教的教职人员约 34 万人，全国信仰宗教的约有 1 亿人，② 团结好这些信教群众对于建设中国特色社会主义意义重大。为此，我们要巩固和扩大同爱国宗教方面的统一战线，一要在思想信仰上坚持相互尊重，我们党要遵循宗教自身的客观规律，尊重宗教信徒的信仰，宗教信徒也要尊重党的马克思主义信仰，坚持在信教群众和不信教群众之间不搞有神论和无神论的争论；二要在政治上加强团结合作，积极支持爱国宗教界人士参加政协，鼓励他们为建设中国特色社会主义服务；三要积极帮助宗教方面培养爱国爱教的年轻的宗教教职人员，使爱国宗教界与党的团结合作后继有人，保证宗教方面健康发展。总之，巩固和扩大同爱国宗教方面的统一战线，是邓小平宗教思想的重要内容。

（三）　强调认清宗教与民族问题相交织的复杂性特点

在我国，宗教往往与民族问题相交织，其主要表现是：有的一个民族信仰多种宗教，有的民族全民族信仰一种宗教，有的好几个少数民族几乎信仰一种宗教，有的边远山区的少数民族信仰的是古老的原始宗教，有的民族的风俗、禁忌与有的宗教的风俗、禁忌不尽相同甚至发生矛盾，等等。《观点和政策》指出："宗教问题……在许多地方同民族问题交织在一起。"③ 邓小平也客观地指出：特别是我们中国，一般都是少数民族在宗教信仰方面问题最多。④ 因此，正确对待宗教密切联系到民族问题，而且民族问题包容着宗教，二者相互交织。第一，要尊重各民族的风俗习惯和宗教信仰，各民族之间要相互尊重彼此的风俗习惯和宗教信仰，各类宗教的信徒要相互尊重各自不同的宗教信仰及民族风俗习惯。早在 1950 年，以邓小平为第一书记的中共中央西南局根据党中央指示和西藏的具体情况，提出的和平解决西藏问题的十条政策中就规定，要尊重西藏人民的宗

---

① 《邓小平思想年谱（1975—1997）》，中央文献出版社 1998 年版，第 45 页。

② 中共中央统战部主编《邓小平新时期统一战线理论学习纲要》，华文出版社 1998 年版，第 62 页。

③ 《三中全会以来重要文献选编》（下），人民出版社 1982 年版，第 1222 页。

④ 《邓小平思想年谱（1975—1997）》，中央文献出版社 1998 年版，第 134 页。

教信仰和风俗习惯。① 同年 7 月 21 日，他在欢迎赴西南地区的中央民族访问团大会上说："尊重藏民的风俗习惯、宗教信仰，不住喇嘛寺等，这样就赢得了藏族同胞的信任。"② 1979 年 9 月 13 日中共中央批转的全国统战工作会议文件《新的历史时期统一战线的方针任务》，在"加强民族工作"一节中重申要"尊重少数民族的语言文字、风俗习惯和宗教信仰"。③ 第二，注意保护宗教文物，尊重民族地区的历史文化传统。我国大部分少数民族的文化传统都与宗教影响有密切联系，1980 年 5 月 29 日胡耀邦在西藏自治区干部大会上指出："对西藏的文化要好好继承和发扬。……现在寺庙里的一些文物经典搞坏了，要认真保护、整理和研究。……尊重藏族人民的历史文化。"④ 1989 年 12 月 23 日新华社报道：十年来西藏重要的寺院、古建筑均得到了不同程度的维修。⑤ 1994 年 8 月历时五年的布达拉宫维修工程全面竣工。⑥ 1996 年 8 月 26 日《人民日报》报道：历时五载，耗资 4300 万元，青海塔尔寺维修工程近日落下帷幕，这是国家继拨款维修布达拉宫之后第二次大规模维修藏族文化古迹。⑦ 这些都说明我们正确认识到了宗教与民族问题相交织的复杂现象；这些工程的完工，增强了这些地区的民族团结，保障了这些地区的政治稳定。

（四）坚持尊重宗教信仰自由与依法加强管理相统一

1982 年通过的《中华人民共和国宪法》第三十六条规定："中华人民共和国公民有宗教信仰自由。任何国家机关、社会团体和个人不得强制公民信仰宗教或者不信仰宗教，不得歧视信仰宗教的公民和不信仰宗教的公民。"⑧ 同年的《观点和政策》对宗教信仰自由做了详细的阐释，"尊重和保护宗教信仰自由，是党对宗教问题的基本政策。这是一项长期政策，

---

① 《邓小平文选》第 1 卷，人民出版社 1994 年版，第 370 页。

② 同上书，第 162 页。

③ 中共中央统战部、中共中央文献研究室主编《新时期统一战线文献选编》，中共中央党校出版社 1985 年版，第 76 页。

④ 同上书，第 117 页。

⑤ 罗广武：《（1949—1999）新中国宗教工作大事概览》，华文出版社 2001 年版，第 418 页。

⑥ 同上书，第 488 页。

⑦ 同上书，第 535 页。

⑧ 《十二大以来重要文献选编》（上），人民出版社 1986 年版，第 227 页。

是一直要贯彻执行到将来宗教自然消亡的时候为止的政策。宗教信仰自由，也就是说：每个公民既有信仰宗教的自由，也有不信仰宗教的自由；有信仰这种宗教的自由，也有信仰那种宗教的自由；在同一宗教里面，有信仰这个教派的自由，也有信仰那个教派的自由；有过去不信教而现在信教的自由，也有过去信教而现在不信教的自由"。①《观点和政策》还指出："党的宗教信仰自由的政策，是对我国公民来说的，并不适用于共产党员。一个共产党员，不同于一般公民，而是马克思主义政党的成员，毫无疑问地应当是无神论者，而不应当是有神论者。"② 同时，我们对宗教还要依法加强管理。1982 年《宪法》第三十六条规定："国家保护正常的宗教活动。任何人不得利用宗教进行破坏社会秩序、损害公民身体健康、妨碍国家教育制度的活动。"③《观点和政策》中也指出："绝不允许宗教干预国家行政、干预司法、干预学校教育和社会公共教育，绝不允许强迫任何人特别是十八岁以下少年儿童入教、出家和到寺庙学经，绝不允许恢复已被废除的宗教封建特权和宗教压迫剥削制度，绝不允许利用宗教反对党的领导和社会主义制度，破坏国家统一和国内各民族之间的团结。"④ 这些都是为了把宗教纳入法律范围内，保证宗教的稳定发展。总之，尊重宗教信仰自由与依法加强管理是统一的，对宗教依法加强管理不是去干预正常的宗教活动和宗教内部事务，而是为了保障宗教健康发展，而宗教信仰自由也只有在法律许可的范围内才能得到充分保障，因此，绝不能把宗教信仰自由与依法加强管理对立起来。

（五）要注意引导宗教与社会主义相适应

引导宗教与社会主义相适应，是宗教在社会主义条件下生存发展的需要，也是社会主义对宗教的要求。1980 年 8 月 26 日，邓小平在同班禅额尔德尼·确吉坚赞谈话时就提出了宗教与社会主义相适应的问题，他指出："对于宗教，不能用行政命令的办法；但宗教方面也不能搞狂热，否则同社会主义，同人民的利益相违背。"⑤ 这就是说，宗教要顺应历史和

---

① 《三中全会以来重要文献选编》（下），人民出版社 1982 年版，第 1225 页。

② 同上书，第 1233 页。

③ 《十二大以来重要文献选编》（上），人民出版社 1986 年版，第 227 页。

④ 《三中全会以来重要文献选编》（下），人民出版社 1982 年版，第 1226 页。

⑤ 《邓小平思想年谱（1975—1997）》，中央文献出版社 1998 年版，第 167 页。

社会发展的潮流，努力克服自身的消极方面，积极发挥某些积极作用。1984 年 3 月 24 日，胡乔木提出要 "引导宗教界办社会公益事业"，① 同月 28 日，《西藏工作座谈会纪要》提出："要积极引导和支持宗教界人士举办一些社会公益事业和服务事业，如慈善救济，保护人畜两旺，保护有益的野生动植物，协助政府推广牧农林业的增产措施，等等。"② 这些都是引导宗教与社会主义相适应的有效措施。1993 年 11 月 7 日，江泽民在全国统战工作会议上讲话时，对引导宗教与社会主义相适应做了精辟的概括："这种适应，并不要求宗教信徒放弃有神论的思想和宗教信仰，而是要求他们在政治上热爱祖国，拥护社会主义制度，拥护共产党的领导；同时，改革不适应社会主义的宗教制度和宗教教条，利用宗教教义、宗教教规和宗教道德中的某些积极因素为社会主义服务。"③

（六）阐明自主自办宗教与开展友好交流并不矛盾

十一届三中全会以来，我们倡导我国宗教走自传、自治、自养的爱国道路和独立自主、自办教会的方针。1981 年 12 月 12 日，邓小平在会见意大利天主教民主党副书记科隆博时指出："梵蒂冈必须尊重中国天主教爱国会的独立自主、自传、自办教会的政策，这是在中国历史条件下必然要提出的政策。"④ 1982《宪法》第三十六条规定："宗教团体和宗教事务不受外国势力支配。"⑤ 这些主要是针对境外敌对势力利用宗教对我们进行渗透、"西化""分化"图谋的。陈云曾指出："要高度重视利用宗教进行渗透的问题。"⑥ 同时，我们也支持宗教界发挥民间友好交流的作用，在对外宗教交流方面，倡导在独立自主、平等友好、互相尊重的基础上进行友好往来；在内地同港澳台的宗教交流方面，按照 "一国两制" 的方针，坚持互不隶属、互不干涉、互相尊重的交流原则；宗教界的友好交往

---

① 中共中央统战部、中共中央文献研究室主编《新时期统一战线文献选编》，中共中央党校出版社 1985 年版，第 361 页。

② 同上书，第 371 页。

③ 《十四大以来重要文献选编》（上），人民出版社 1996 年版，第 518 页。

④ 罗广武：《（1949—1999）新中国宗教工作大事概览》，华文出版社 2001 年版，第 292 页。

⑤ 《十二大以来重要文献选编》（上），人民出版社 1986 年版，第 227 页。

⑥ 《陈云文选》第 3 卷，人民出版社 1995 年版，第 374 页。

已经成为我国开展友好交流的重要组成部分。1980 年 4 月 19 日《人民日报》发表了邓小平的《一件具有历史意义的盛事》一文，文章赞扬了唐代高僧鉴真在中日交往史上发挥的重要作用，肯定了中日佛教界开展友好交流对双边关系的积极意义。[①] 总之，"我们既要支持宗教界坚持独立自主自办教会的方针，发展同各国宗教界的友好往来，为改革开放服务，为维护世界和平作出贡献；又要对境外敌对势力利用宗教进行渗透保持高度警惕，采取有效措施进行防范和抵制"。[②]

综上不难看出，邓小平的宗教思想内容丰富、思想深刻，具有鲜明的时代性、内在的有机性、理论的完整性，我们要深入学习研究，努力做好新形势下的宗教工作。

三

在新形势下，我们要以邓小平宗教思想为指导，继续做好宗教方面的工作，善于研究新情况，解决新问题，不断开创宗教工作的新局面。

（一）正确对待改革开放对宗教的影响

改革开放以来，我国宗教方面主流是好的，同时也要看到，宗教领域也存在一些不容回避的问题。比如，宗教在一些地区发展过快，在群众中的影响日益增大，有的甚至出现一定程度的宗教狂热；某些地方乱建宗教场所，有些经济还很落后的地方建起非常气派的宗教场所，与当地低矮的学校校舍形成鲜明的对照；某些地方个别宗教信徒打着宗教的旗号趁机聚敛钱财，有的甚至发展成违法犯罪；宗教还面临着全球化的影响，境外敌对势力通过各种渠道包括互联网、空中电台、海关等或公开或秘密地对我国宗教进行渗透，等等。面对这些情况，我们要保持清醒的头脑，既不要激化矛盾，又不要放任自流，应当切实贯彻邓小平的宗教思想，对于思想信仰问题，要采取说服、教育、引导的方法，对于违法犯罪、境外渗透活动，要依靠法制加强管理。

---

① 邓小平：《一件具有历史意义的盛事》，《人民日报》1980 年 4 月 19 日。

② 中共中央统战部主编《邓小平新时期统一战线理论学习纲要》，华文出版社 1998 年版，第 72 页。

（二）清醒认识伪宗教和邪教势力的严重危害

在新形势下，为保障宗教方面的合法权益，必须注意防范和打击伪宗教、邪教势力。"邪教是社会的毒瘤，是一种国际现象……邪教组织一般都是冒用宗教、气功和其他名义，歪曲宗教经典，神化首要分子，制造和散布迷信邪说，混淆是非，控制信众，敛取钱财，秘密结社，致人伤亡，危害极大。"① 十一届三中全会以来，我们有两次同伪宗教、邪教势力做斗争的经历。第一次是在1995年同"呼喊派"等邪教组织的斗争，当年11月13日中办国办转发了《公安部关于查禁取缔"呼喊派"等邪教组织的情况及工作意见》。② 第二次是1999年同邪教"法轮功"的斗争。两次斗争说明，伪宗教、邪教出于不可告人的目的，利用群众健身、祛病、修身养性的良好愿望，借用和篡改宗教术语，编造歪理邪说，制造教主崇拜，实行精神控制，图财害命，危害社会。对此，我们要保持高度警惕，依法严厉打击邪教势力，以保护正常的宗教活动。

（三）坚决打击原教旨主义分裂势力

在新形势下，宗教与民族问题相交织有新的发展新的表现，即极端宗教主义与民族分裂势力相融合形成原教旨主义分裂势力。原教旨主义主张信仰回归传统、返璞归真，反对向现实社会靠拢，对内要求信徒严格按照传统教义教条控制自己的思想和行为，对外反对向现实世界妥协让步、反对宽容和解，表现出极强的封闭性、保守性、极端性，极易导致宗教狂热，往往产生宗教政治化的后果，特别是与民族分裂势力相融合，制造恐怖活动，危害国家安全和统一。近年来，在我国新疆制造恐怖活动的"东突"分裂势力就是典型的原教旨主义分裂势力，我们要严厉打击制造恐怖活动的"东突"分裂势力，揭露其破坏社会稳定、民族团结和国家统一的罪恶面目，团结包括爱国宗教方面的各方人士共同维护安定团结的政治局面，加强国际合作，打击极端恐怖主义。

综上所述，以邓小平为核心的党的第二代中央领导集体，对我国新时

---

① 罗广武：《（1949—1999）新中国宗教工作大事概览》，华文出版社2001年版，第595页。

② 同上书，第511页。

期的宗教工作作出了重大贡献，邓小平的宗教思想是我们的宝贵财富，我们要坚持以邓小平的宗教思想为指导，努力做好新形势下的宗教工作，不断研究新情况、解决新问题，继续丰富和发展邓小平宗教思想，这是我们庄严的责任。

（刊于《中国宗教》2004 年第 5 期）

邓小平与十一届三中全会路线

——为邓小平诞辰100周年而作

25 年前召开的党的十一届三中全会，实现了新中国成立以来党的历史上具有深远意义的伟大转折。二十多年的励精图治，改革开放结出累累硕果，实践反复验证了十一届三中全会以来的路线是一条马克思主义的正确路线。这条路线早已成为全国人民最亲切、最熟悉的政治概念。它是总结新中国成立后我党领导经济建设正、反两方面经验教训的结果，是党的第二代中央领导集体智慧的结晶。其中，邓小平以马克思主义的理论勇气、求实精神、丰富经验和远见卓识，对它的形成和发展作出了独特贡献。本文试从这方面做些探讨，意在从中得到新启迪，接受新教益，同时也以此纪念这条路线的开拓者。

对十一届三中全会以来路线的形成和发展邓小平从实践到理论有着多方面的贡献，但笔者认为最重要的贡献在以下几个方面。

一　喊出了思想解放的先声，奠定了这条路线的思想基础

实事求是，从来是党的思想路线和优良传统，是马克思主义、毛泽东思想的精髓。我们党正是依靠它夺取了新民主主义革命的胜利。又是依靠它，在新中国成立初期努力探索适合中国国情的社会主义革命和社会主义建设道路，并取得了举世公认的成就。不幸的是，这一意义深远的探索，随着党内"左"倾错误的日益发展，尤其是因为毛泽东晚年的错误而中断了，加上"文化大革命"中林彪、江青一伙的恣意破坏，使我国的社会主义建设事业遭到了严重挫折，国民经济被推到了崩溃的边缘。这一痛苦的、令人回味的教训表明，作为毛泽东思想精髓的实事求是，无论是

谁，包括毛泽东本人在内，如果一旦背离了它，就不能不犯错误、受惩罚。因此，粉碎"四人帮"后，党面临最大的问题就是要冲破长期形成和存在的"左"倾教条主义的束缚，揭开假马克思主义的面具，回到马列主义、毛泽东思想的正确轨道上来。但是在当时，虽然全国人民为粉碎"四人帮"这伙害人虫而欢欣鼓舞，但由于多年来极"左"观念的影响，习惯于按教条办事，把经典作家的语录当成检验真理、衡量是非的标准，多数人的思想仍然处于僵化或半僵化状态，被凝固在"左"的一套观念上。特别是全面主持中央工作的华国锋，又提出"两个凡是"，即："凡是毛主席作出的决策，我们都坚决维护；凡是毛主席的指示，我们都始终不渝地遵循。"这就更使人们的思想面临着进一步禁锢的可能。在这严峻的历史关头，邓小平以非凡的理论勇气和政治魄力，喊出了思想解放的先声，提出了拨乱反正的任务。

1977 年 4 月 10 日，在他还没有正式复出的时候就致信党中央，建议"我们必须世世代代地用准确的完整的毛泽东思想来指导我们全党全军和全国人民，把党和社会主义的事业，把国际共产主义运动的事业，胜利地推向前进。"因为"只有这样，才不至于割裂、歪曲毛泽东思想，损害毛泽东思想"。① 他提出用准确的完整的毛泽东思想来指导全党全军和全国人民，就阐明了一个如何理解毛泽东思想这样一个根本问题，从而向"两个凡是"提出了挑战。紧接着，5 月 24 日他在同中央两位同志谈话时又明确而尖锐地提出了"'两个凡是'不符合马克思主义"。他说："'两个凡是'不行。按照'两个凡是'，就说不通为我平反的问题，也说不通肯定一九七六年广大群众在天安门广场的活动'合乎情理'的问题。"② 他还强调，把毛泽东在这个问题上讲的移到另外的问题上，在这个地点讲的移到另外的地点上，在这个时间讲的移到另外的时间上，在这个条件下讲的移到另外的条件下，这样做，不行嘛！毛泽东自己多次说过，他有些话讲错了。邓小平又进一步说明，马克思、恩格斯没有说过"凡是"，列宁、斯大林没有说过"凡是"，毛泽东同志自己也没有说过"凡是"。这样，邓小平要求对毛泽东说过的话同样应该从"此事彼事""此地彼地""此时彼时""此情彼情"加以区别，便以富有哲理的论证，从历史到现

---

① 《邓小平文选》第 2 卷，人民出版社 1994 年版，第 39、42 页。

② 同上书，第 38 页。

实，从理论到实践，多方位、多视角，把"两个凡是"揭露和驳斥得淋漓尽致了，从而一冲长期以来思想方法上的教条主义和新的历史条件下的个人迷信，以思想解放的先声，启迪了人们思想僵化之蒙。

7月21日，党的十届三中全会反映广大人民的意愿，全面恢复邓小平的领导职务。就在这次会议上，他又以《完整地准确地理解毛泽东思想》为题，进一步深入地阐发了如何完整地准确地理解毛泽东思想的问题，拨动了广大人民自己动脑筋思考和判断是非曲直的思想之弦。之后，"两个凡是"不再公开提了。然而，在实际工作中"两个凡是"仍然居于主导地位，还严重束缚着人们的思想，成为全面拨乱反正的障碍。8月8日、18日、23日，邓小平分别在科学和教育工作座谈会、十一大和中央军委座谈会上倡导恢复实事求是等优良传统和作风，抵制"两个凡是"的影响。1978年4月、5月间，他又支持有关同志撰写和发表《实践是检验真理的唯一标准》一文，强有力地拉开了真理标准讨论的大幕。

在几个月热烈而尖锐的讨论中，1978年5月30日，他同胡乔木谈话，6月2日在全军政治工作会议上发表总结讲话，7月21日同中宣部部长谈话、22日同中组部部长胡耀邦谈话，8月19日同文化部负责人谈话，23日同最早打电话指责《实践是检验真理的唯一标准》文章"犯了方向性错误"的同志谈话，9月13日至20日视察东北三省和天津，分别向这些地区的广大干部讲话、谈话。11月20日前后，批评《红旗》杂志拒刊谭震林涉及真理标准讨论的文章，都严厉批评了对真理标准讨论的指责，鲜明而强有力地支持真理标准问题的讨论，从而彻底冲破了"两个凡是"的藩篱，破除了现代迷信，推动着思想解放运动深入而广泛地开展。邓小平也实际上成为"真理标准问题讨论的领导者"。①

1978年12月13日，在中央工作会议闭幕会上，邓小平以《解放思想，实事求是，团结一致向前看》为题发表讲话，把解放思想提到"当前的一个重大政治问题"的高度来认识。他指出："解放思想，开动脑筋，实事求是，团结一致向前看，首先是解放思想。"之所以要把解放思想放在首位，是因为"在我们的干部特别是领导干部中间，解放思想这

---

① 徐永军：《论邓小平在真理标准问题讨论中的历史定位》，《党的文献》2003年第4期。

个问题并没有完全解决"。① 而这个原因是一定历史条件下形成的,邓小平从四个方面进行了分析后,又点出其危害是思想不解放,"很多的怪现象就产生了"。诸如,思想一僵化条条框框就多起来了,随风倒的现象就多起来了,不从实际出发的本本主义也就严重起来了。

因此,"不打破思想僵化,不大大解放干部和群众的思想,四个现代化就没有希望"。② 邓小平在充分肯定真理标准大讨论的同时,还尖锐地指出:"一个党,一个国家,一个民族,如果一切从本本出发,思想僵化,迷信盛行,那它就不能前进,它的生机就停止了,就要亡党亡国"。最后他还号召"各级党委和每个党支部,都来鼓励、支持党员和群众勇于思考、勇于探索、勇于创新,都来做促进群众解放思想、开动脑筋的工作"。③ 在倡导思想解放的同时,邓小平在多种会议和场合下,又提出了"整顿"和"拨乱反正"的任务。他不惜反复地强调,"整顿,一定要从严。不论整顿领导班子,整顿作风,整顿政治机关,没有一股子劲头可不行。④ 还强调"拨乱反正,语言要明确,含糊其辞不行,解决不了问题"。⑤ 后来,他说得更加明确,指出:我们讲拨乱反正,"就是拨林彪、'四人帮'破坏之乱,批评毛泽东同志晚年的错误,回到毛泽东思想的正确轨道上来"。⑥ 这样,邓小平就更深刻地点明了思想解放的出发点和归宿。

可以看出,从邓小平喊出思想解放的先声到总结真理标准讨论的深远意义,直至提出拨乱反正的任务,就为党的十一届三中全会的召开,为三中全会路线的制定做了重要的舆论准备,奠定了牢固的思想基础。尤其是《解放思想,实事求是,团结一致向前看》这篇讲话,是在"文化大革命"结束以后,中国面临向何处去的重大历史关头,冲破了"两个凡是"的禁锢,成为开辟新时期新道路、创造新理论的宣言书。

---

① 《邓小平文选》第 2 卷,人民出版社 1994 年版,第 141 页。

② 同上书,第 143 页。

③ 同上书,第 143—144 页。

④ 同上书,第 124 页。

⑤ 同上书,第 71 页。

⑥ 同上书,第 300 页。

二　提出了工作重心转移的决策，构思了
三中全会路线的基本点

什么是十一届三中全会以来的路线？1978 年 12 月 22 日通过的全会《公报》，果断提出要摒弃阶级斗争为纲，把全党的工作重心转移到社会主义现代化建设上来；要多方面改革同生产力发展不相适应的生产关系和上层建筑，要对经济体制进行改革；要发展同世界各国的经济合作和经济交流。《公报》还指出：我们要搞的现代化，是要把我国建设成为社会主义的现代化强国，绝不能削弱无产阶级专政而应当巩固它；要坚持党的领导，使党的统一领导建立在群众路线的基础上；要在马列主义、毛泽东思想的指导下，解放思想，研究新情况，解决新问题，这样才能实现工作重心的转移，才能正确解决实现四个现代化的具体道路、方针、方法和措施。这就是三中全会路线的基本精神。[①]

1987 年春节团拜会上，中共中央对三中全会以来的路线作了完整而科学的概括："三中全会以来的路线，就是从中国的实际出发，建设具有中国特色的社会主义。这条路线的基本点是两条：一条是坚持四项基本原则；一条是坚持改革、开放、搞活的方针。"党的十三大报告又进一步把它提炼为"一个中心，两个基本点"。其实，对"一个中心，两个基本点"的基本思想和主要轮廓构思得最早的仍是邓小平。

先看以经济建设为中心。

粉碎江青反革命集团后，邓小平在拨乱反正、揭批"四人帮""唯生产力论"谬论的同时，就反复强调发展生产力对社会主义的至关重要。1978 年 3 月他在全国科学大会开幕式上讲话，重申在 20 世纪内，全面实现工业、农业、国防和科学技术的现代化，把我们的国家建设成为社会主义的现代化强国，是我国人民肩负的伟大历史使命，并号召全国人民"在党中央的领导下，坚定不移地朝着建设社会主义现代化强国的伟大目标乘风破浪，胜利前进！"[②] 这实际上就向全党和全国人民提出了要把工作重心转移到经济建设上来，标志着我们党对 50 年代后期就形成并越来

---

① 《三中全会以来重要文献选编》，人民出版社 1982 年版，第 1—15 页。

② 《邓小平文选》第 2 卷，人民出版社 1994 年版，第 100 页。

越严重的"以阶级斗争为纲"这一错误方针的最终和彻底否定。以经济建设为中心的思想已初露端倪。1978 年 11 月 29 日,邓小平在会见日本客人时说,"引导全党、全国人民一心一意奔向四个现代化"是我们"现在议的'中心议题'。① 以经济为中心的思想已非常明确了。

再看改革开放。

1978 年 9 月 15 日,邓小平在哈尔滨听取中共黑龙江省委常委汇报工作时说:从总的情况来说,我们国家的体制,包括机构体制等,基本上是从苏联来的,是一种落后的东西,人浮于事,机构重叠,官僚主义发展。他指出,"有好多体制问题要重新考虑"。② 改革的问题已成为他深入思考的问题。10 月 10 日,邓小平致信华国锋、李先念,11 日,在中国工会第九次全国代表大会上致辞,都强调:经济战线不仅需要技术上的重大改革,而且需要进行制度上、组织上的重大改革。他特别强调:"进行这些改革,是全国人民的利益所在,否则我们不能摆脱目前生产技术和生产管理的落后状态。"③ 仍然是在中央工作会议闭幕会上的讲话中,邓小平又正确地阐明解放思想与开辟社会主义现代化建设道路的关系。他指出,只有思想解放了,我们才能正确地以马列主义、毛泽东思想为指导,解决过去遗留的问题,解决新出现的一系列问题,正确地改革同生产力迅速发展不相适应的生产关系和上层建筑,根据我国的实际情况,确定实现四个现代化的具体道路、方针、方法和措施。他特别强调:"如果现在再不实行改革,我们的现代化事业和社会主义事业就会被葬送。"④ 这样,他就把改革提到现代化的成败与否这一战略高度,阐明了改革的必要性和紧迫性,并把它作为实现现代化的总方针提出来了。

1978 年 9 月 16 日,他在长春听取吉林省委常委汇报工作时又发表讲话说:"我们高举毛泽东思想的旗帜,就要在每一时期,处理各种方针政策问题时,都坚持从实际出发。"同时他还说明经过几年的努力,我们实现现代化已经有了"比过去好得多的国际条件,使我们能够吸收国际先进技术和经营管理经验,吸收他们的资金"。⑤ 显然,随着揭批"四人帮"

---

① 《邓小平思想年谱》,中央文献出版社 1998 年版,第 97 页。

② 同上书,第 77 页。

③ 同上书,第 86—87 页。

④ 《邓小平文选》第 2 卷,人民出版社 1994 年版,第 150 页。

⑤ 同上书,第 127 页。

取得初步胜利，邓小平就强调要把经济建设摆到突出的位置，把对外开放的思想也提到了重要的议事日程。11 月 26 日，邓小平会见日本民社党第二次访华团时更明确指出：“现在我们的方针是，尽量吸收国际先进经验，引进资金和技术，加速我们的发展。”①

最后看坚持四项基本原则。

1978 年 12 月 13 日在中央工作会议上的讲话中，他还充分论证了民主是解放思想的重要条件，为了保证人民民主，必须加强法制，强调衡量党是否善于领导，主要看劳动生产率提高了多少；他号召全党要善于学习，最根本的是要学习马列主义、毛泽东思想。至此，就把三中全会路线的基本思想差不多都构思出来了。事实上，邓小平在中央工作会议闭幕会上的这篇讲话，就成了紧接着召开的十一届三中全会的主题报告。虽然邓小平在三中全会前的所有讲话中还没有明确使用“四项基本原则”这个概念，但处处渗透着四项基本原则的精神。

三中全会闭幕不久，1979 年 3 月中央又召开理论工作务虚会，邓小平在这个会议上郑重提出了要坚持四项基本原则，从而把这个基本点的概念明确化。他说：“我们要在中国实现四个现代化，必须在思想上政治上坚持四项基本原则。这是实现四个现代化的根本前提。”他论证了四项基本原则的具体内容后接着阐明：“这四项基本原则并不是新的东西，是我们党长期以来所一贯坚持的。粉碎‘四人帮’以至三中全会以来，党中央实行的一系列方针政策，一直是坚持这四项基本原则的。”② 他还一再重申，“今天必须反复强调坚持四项基本原则，因为某些人（哪怕只是极小数人）企图动摇这些基本原则。这是决不许可的。每个共产党员，更不必说每个党的思想理论工作者，决不允许在这个根本立场上有丝毫的动摇。如果动摇了这四项基本原则中的任何一项，那就动摇了整个社会主义事业，整个现代化建设事业”。③ 至此，邓小平不仅把缺一不可的四项基本原则提到了治国之本的高度，而且使三中全会路线的“一个中心，两个基本点”日趋完备和明确化了。

---

① 《邓小平思想年谱》，中央文献出版社 1998 年版，第 95 页。

② 《邓小平文选》第 2 卷，人民出版社 1994 年版，第 165 页。

③ 同上书，第 173 页。

三 在现代化建设的实践中使这条路线
不断得到丰富和发展

在实践中，邓小平使十一届三中全会路线不断得到丰富和发展的最突出的理论贡献，在于逐步地提出和阐明了建设有中国特色的社会主义这一命题，并使其含义逐步丰富和完善。事实上，这恰巧是十一届三中全会路线的主体、核心和灵魂。

其一，使这条路线逐渐明确。邓小平在理论工作务虚会上的讲话中指出："过去搞民主革命，要适合中国情况，走毛泽东同志开辟的农村包围城市的道路。现在搞建设，也要适合中国情况，走出一条中国式的现代化道路。"① 第一次提出了"中国式的现代化道路"这个概念。之所以要走"中国式的现代化道路"，是他看准了中国实现现代化的两个重要特点，即一个是底子薄，一个是人口多、耕地少。1979 年 7 月 29 日，他在一次讲话中阐明了我党的政治路线"就是搞社会主义现代化建设"。② 1980 年 1 月他在《目前的形势和任务》一文，又阐明我们在发展经济方面，"正在寻求一条合乎中国实际的，能够快一点、省一点的道路"。③ 2 月 29 日在十一届五中全会第三次会议上他再次阐明"我们党在现阶段的政治路线，概括地说，就是一心一意搞四个现代化"，并强调"这件事情，任何时候都不要受干扰，必须坚定不移地、一心一意地干下去"。④ 他之所以把党的政治路线概括得这样精练，是因为"语句简短一点好记"，从而把这个"最大的政治"，这个"中心"深深地印在全国人民心中，落实在全国人民的行动上。1982 年 9 月邓小平在党的十二大开幕词中，深刻地指出：总结我们长期历史经验得出的基本结论是，从中国的实际出发，走自己的路，建设有中国特色的社会主义。这就郑重地提出了"建设有中国特色的社会主义"这一命题，使三中全会路线更加明确。

其二，使这条路线的内容更加完整。中国式的现代化绝不仅仅是物质文明，还包括精神文明。因此，1980 年 12 月下旬，在中央工作会议上又

---

① 《邓小平文选》第 2 卷，人民出版社 1994 年版，第 163 页。
② 同上书，第 191 页。
③ 同上书，第 246 页。
④ 同上书，第 276 页。

是邓小平提出了精神文明建设的任务。他说："我们要建设的社会主义国家不但要有高度的物质文明，而且要有高度的精神文明"①，并科学地阐明了精神文明的含义和基本内容。在以后的诸多讲话中，他多次阐明物质文明和精神文明建设的关系。邓小平的这些见解逐步为全党所接受，党的十二大报告郑重提出"我们在建设高度物质文明的同时，一定要努力建设高度的社会主义精神文明"。根据十二大的战略决策和全面改革发展的要求，1986 年 9 月十二届六中全会又制定和通过了《中共中央关于社会主义精神文明建设指导方针的决议》，把"坚定不移地加强精神文明建设"同"以经济建设为中心，坚定不移地进行政治体制改革，坚定不移地进行经济体制改革"一起提到战略高度来认识，并列为我国现代化建设的总体布局之中来贯彻、落实，从而使十一届三中全会路线的中心内容更加完整。

　　其三，提出了具有中国特色的社会主义的指标体系。首先是政治标准，就是说有中国特色的社会主义是什么含义？从 1983 年到 1992 年，邓小平在诸多的讲话、谈话中，不仅再三阐明"我们搞四个现代化，是社会主义的四个现代化，不是搞别的现代化"，② 而且反复强调：经济建设是我们的大局，"一切都要服从这个大局"。③ 前者回答了坚持社会主义不能改变，后者说明一定要扭住经济建设这个大局不放。其次是生产力标准。1987 年 4 月，邓小平又进一步指出，坚持社会主义，首先要摆脱贫穷落后状态，大力发展生产力，体现社会主义优于资本主义的特点。虽说现在我们也在搞社会主义，但事实上不够格。只有到了 21 世纪中叶，达到了中等发达国家水平，才能说真的搞了社会主义，才能理直气壮地说社会主义优于资本主义。根据邓小平这些论述，十三大报告依据生产力是一切社会发展的最终决定力量这一历史唯物主义的观点，着眼于社会主义优越性和吸引力归根结底取决于生产力的发展这个有广泛群众性的考虑，提出了破除生产力来抽象谈论社会主义的历史唯心主义观念，从根本上划清了科学社会主义同种种空想社会主义的界限，从理论的深度和政治的尖锐性上，把以经济建设为中心的思想大大深化了。再次是反映在生活水平上

---

① 《邓小平文选》第 2 卷，人民出版社 1994 年版，第 367 页。

② 同上书，第 110 页。

③ 同上书，第 152 页。

亦有标准要求，就是说有中国特色的现代化绝不是一个空洞的口号或抽象的概念，而是有具体标准的要求，这就是"到本世纪末，争取国民生产总值每人平均达到一千美金，算个小康水平"。① 在这个基础上，21 世纪再用 50 年时间达到人均 4000 美元，达到中等发达国家的水平。当然这个指标体系的确定又是从"我们的国家大，人口多，底子薄，只有长期奋斗才能赶上发达国家的水平"这个实际状况考虑的。可以看出，如果说有中国特色的社会主义就其政治标准，生产力标准只是一个骨架的话，那么再加上它的指标体系标准，则显得更加丰满，从而使三中全会路线清楚、明了，看得见、摸得着，能够对广大人民群众产生强大的感召力。

四　敏锐洞察，果断决策，力排"左"右两种错误倾向的干扰，保证三中全会路线得以贯彻

邓小平在现代化建设的实践中不仅是有中国特色社会主义的理论奠基人，而且敏锐洞察、果断决策，力排"左"右两种错误思潮和各种犯罪活动的干扰和破坏，娴熟自如地把两个基本点紧密地统一到经济建设这个中心上来，进而保证了它的贯彻落实。

稍微回顾改革、开放前 15 年所走过的道路，就可以看出在十一届三中全会路线形成和发展的每一步、每一个环节上都不是一帆风顺的，而且充满着同形形色色的"左"右两种错误思潮的斗争，其中既有同"左"倾教条主义的斗争，也有向陈腐观念的挑战，还有对各种犯罪活动的打击，以及和资产阶级自由化思潮的较量。1979 年 3 月在理论工作务虚会上的讲话，第一次明确论述四项基本原则，就是针对三中全会后有人把三中全会的改革开放同实际上存在但还没有明确用概念表述出来的四项基本原则对立起来的右倾思潮讲的。在《目前的形势和任务》中，他再次重申四项基本原则，尤其强调"这四个坚持的核心，是坚持党的领导"。② 通过贯彻邓小平的讲话精神，才使党的工作重心转移得以顺利进行。同年8 月，在中央政治局扩大会义上他发表《党和国家领导制度的改革》的讲话，把"改革并完善党和国家各方面的制度"作为"一项艰巨的长期的

---

① 《邓小平文选》第 2 卷，人民出版社 1994 年版，第 259 页。

② 同上书，第 266 页。

任务"提出来，这理所当然包括经济制度、政治制度和各方面体制的全面改革。几乎是在这同时，邓小平还强调"已经从各方面证明行之有效的改革措施要继续实行，不能走回头路。仍然要继续把经济搞活，发挥地方、企业、职工的积极性"。"要继续在独立自主、自力更生的前提下，执行一系列已定的对外开放的经济政策。"① 这既表明邓小平对坚持改革开放总方针的坚定性，事实上也是对那种怀疑改革开放的"左"倾陈腐观念的一次有力回击。

当我们实行对外开放对内搞活经济的政策以后，随之在经济领域出现了不法分子的经济犯罪问题。又是邓小平首先明确而坚定地提出"我们要有两手"，即一手坚持对外开放和对内搞活经济的政策，一手坚持打击经济犯罪活动。当思想战线出现精神污染时，又是他在十二届二中全会上强调思想战线不能搞精神污染，并击中要害点破了它的实质和危害。在打击经济犯罪中，发现确有个别干部子弟泄露经济情报，出卖消息，出卖文件，还是邓小平于1986年支持中央书记处，"必须狠狠地抓，一天不放松地抓"，特别要求"越是高级干部子弟，越是高级干部，越是名人，他们的违法事件越要抓紧查处"。② 当1986年年底和1987年年初的资产阶级自由化思潮再起的时候，同样是邓小平站出来说话，要"旗帜鲜明地反对资产阶级自由化"，要"排除干扰，坚定地执行改革开放政策"。1989年那场触目惊心的政治风波过后，邓小平坚定地指出党的十一届三中全会制定的路线、方针、政策没有错，他还强调"要坚定不移地执行党的十一届三中全会以来制定的一系列路线、方针、政策"。③ 1992年邓小平发表春雷震撼大地般的南方谈话，不仅重申坚持十一届三中全会以来的路线，关键是坚持一个中心，两个基本点，而且严肃地指出："谁要改变三中全会以来的路线、方针、政策，老百姓不答应，谁就会被打倒。"④ 可以看出，正是邓小平时刻注意和排除来自"左"右两种错误倾向以及形形色色的犯罪活动对三中全会路线的干扰、破坏，从而保证了这条路线得以贯彻、落实。同时也反映出邓小平在反倾向性错误上真正做到了是"左"反"左"，是右反右；有"左"反"左"，有右反右；既不以"左"

---

① 《邓小平文选》第2卷，人民出版社1994年版，第362—363页。

② 《邓小平文选》第3卷，人民出版社1993年版，第152页。

③ 同上书，第308页。

④ 同上书，第371页。

反右，也不以右反"左"；反"左"时注意防右，反右时注意防"左"；在这个问题上表现为"左"，而在另一问题上表现为右，或者相反，他都做具体分析，区别对待。

为了从根本上保证以经济建设为中心这条政治路线顺利贯彻，邓小平还适时地提出解决组织路线的问题。因为政治路线确定了，要由人来具体地贯彻执行。是由赞成党的政治路线的人，还是由不赞成的人，或者是由持中间态度的人来执行，结果不一样。因此，还在 1979 年 7 月，邓小平就指出："中国的稳定、四个现代化的实现，要有正确的组织路线来保证，要有真正坚持马克思列宁主义、毛泽东思想和党性强的人来接班才能保证。"① 具体来说，"选干部，标准有好多条，主要是两条，一条是拥护三中全会的政治路线和思想路线，一条是讲党性，不搞派性。"② 随着实践的发展和着眼于未来，邓小平又逐渐把"两条"干部标准提炼概括成"四化"的要求，他指出："要在坚持社会主义道路的前提下，使我们的干部队伍年轻化、知识化、专业化，并且要逐步制定完善的干部制度来加以保证。"他特别强调说："提出年轻化、知识化、专业化这三个条件，当然首先是要革命化。"③ 事实上，只有这样，才能保证党的正确的政治路线及其方针政策具有稳定性和连续性。

五　智慧超群、思想深邃，逐步把三中全会路线　　发展成一个体系完整、逻辑严密的理论形态

凡认真研读过《邓小平文选》第二、第三卷的人都不难发现，随着我国现代化建设实践的发展，改革的深入，开放的扩大，邓小平作为这项前所未有的伟大事业的总设计师，他总是站在总览全局的高度，从世界发展的视角，以他超群的智慧，对十一届三中全会以后十四大以前我们每一个理论上的创新，实践上的突破都发挥了关键性的作用。诸如关于什么是社会主义、怎样建设社会主义、计划和市场的关系、公有制实现形式、实现祖国统一的构想等问题，都是他第一次提出来的，这就全面系统地而不

---

① 《邓小平文选》第 2 卷，人民出版社 1994 年版，第 193 页。
② 同上书，第 192 页。
③ 同上书，第 361 页。

是支离破碎地回答了中国社会主义的发展道路、发展阶段、根本任务、发展动力、外部条件、政治保证、战略步骤、党的领导和依靠力量以及祖国统一等一系列基本问题，从而形成了有中国特色社会主义这一完备而科学的理论形态。因为这个理论的主要创立者是邓小平，所以在党的十三大、十四大的基础上，十五大明确把它称为邓小平理论。这个理论贯通哲学、政治经济学、科学社会主义等领域，涵盖经济、政治、科技、教育、文化、民族、军事、外交、统一战线、党的建设等方面。这一当代中国的马克思主义是十一届三中全会路线最生动的体现和全面展开，是邓小平留给中国人民最宝贵的精神财富。

综上所述，邓小平总是在改革开放的每一关键时刻，为国内形势的稳定，为三中全会以来的路线的形成、发展，以及如何保证它的稳定性和连续性，作出了他独特而永不磨灭的历史性贡献。正因为他喊出了思想解放的先声，才使我们党回到了实事求是这条马克思主义的思想路线上来，从而也才使党把工作重心真正转移到经济建设上，进而形成一心一意搞社会主义现代化建设这条正确的政治路线；而要搞现代化建设，闭关自守是不能成功的，必须对内改革对外开放，就是说改革开放是实现政治路线的必由之路，是它的总方针和总政策；然而，正确的思想路线和政治路线的实现要靠组织路线来保证。前两者反映了有前才有后的因果关系，后者对前两者又是保证的条件关系，总体上是缺一不可的、完整而严密的完整体系。简言之，思想解放运动解决了党的思想路线，工作重心转移解决了党的政治路线，而"四化"干部标准的前提是革命化，革命化的具体要求是必须坚持四项基本原则，从实质上说它属组织路线问题，这又表明"一个中心，两个基本点"是党的正确的思想路线、政治路线和组织路线的具体化。而对这"一个中心，两个基本点"讲得最早、最多、最坚决、最深刻的都是邓小平。反映出他在十一届三中全会以来的路线形成和发展中的先声和决策作用，表现了他卓越的理论贡献，即他不仅奠定了这条路线的思想基础，提出、丰富和发展了这条路线，而且勇敢无畏和卓有成效地捍卫了这条路线。因此，讲十一届三中全会以来的路线形成与发展，人们自然会首先想到邓小平。

邓小平之所以能在十一届三中全会以来的路线和发展中发挥决策作用，这固然由许多社会历史条件和他个人多方面的睿智与天资所决定，但最主要的是因为他有很深的马列主义、毛泽东思想的理论修养；由于他历经了党的历史的全过程而有着特别丰富的实践经验，以及由此而来他在全党享有很高的威望；尤其是因为他有着一种执着的求实精神，以及他对祖国和人民有着一腔赤诚。

我们的事业已经进入全面建设小康社会阶段，在三中全会 25 周年纪念和迎接邓小平诞辰 100 周年之际，重温十一届三中全会以来路线的基本内容，探讨邓小平对这条路线形成、发展和捍卫中的先声和决策作用，对我们在新世纪新阶段紧密团结在以胡锦涛为总书记的党中央周围，继续高举邓小平理论伟大旗帜，全面贯彻"三个代表"重要思想和科学发展观，夺取中国特色社会主义这一壮丽事业的更大胜利，必有多方面的教益。

（刊于《马克思主义研究》2009 年第 1 期；收入《纪念改革开放 30 周年研讨会论文集》，中共党史出版社 2010 年版。特别要说明的是，本文本是为纪念邓小平诞辰 100 周年而作，但由于种种原因直到 2009 年才刊出。）

邓小平论十一届三中全会及其深远影响

1978 年 12 月举行的中共十一届三中全会是当代中国历史的伟大转折；十一届三中全会路线也成为中国人民最亲切的政治概念。邓小平为这次会议的召开和会议路线的形成、发展作出了多方面无与伦比的贡献，笔者曾在《邓小平与十一届三中全会路线》一文专门探讨。同样，对这次会议及其路线的历史地位和伟大功绩，邓小平本人也有系统论述，并反复强调。笔者还对《邓小平文选》第二、三卷和《邓小平思想年谱》比照着作了较为精确的统计，从 1979 年元旦到 1992 年 1 月，他 119 次论及或提到"三中全会""十一届三中全会""十一届三中全会以来""三中全会路线""十一届三中全会路线""十一届三中全会以来的路线"等等。这样，"十一届三中全会"和"十一届三中全会路线"就成了邓小平著作中使用频率最高的"高频词"之一。在纪念邓小平诞辰 100 周年之际，重温邓小平的论述，梳理和归纳他这方面的思想，对我们增强认识这条路线的无比珍贵性、坚持这条路线的自觉性和捍卫这条路线的坚定性会大有裨益。

一 十一届三中全会实现了当代中国历史的伟大转折

历史的转折是各种力量交互作用的结果，反映了历史发展的必然要求。然而，在各种力量的互动中，人的主观努力往往加速转折点的到来。在中国共产党的历史上曾出现过两次伟大的历史转折，这就是人所共知的 1935 年的遵义会议和 1978 年的十一届三中全会。之所以把十一届三中全会与民主革命时期的遵义会议相比拟，除了几乎相似的客观形势所趋和采用党内斗争的手段力挽中国命运于狂澜外，恐怕更为重要的是伴随转折后党和国家所焕发出的新的生机与活力。唯其如此，才能真正体现出"转折"一词所蕴含的事物发展过程中改变原来的方向和情势的含义。

探讨三中全会在当代中国的伟大转折意义显然已不是一个新的话题，但促成这次转折的历史主人公邓小平本人是如何论及这个问题的？笔者认为大有挖掘的必要。1980 年邓小平在中共中央一次干部会议上曾说："三中全会不但解决了'文化大革命'十年的问题，也在很大程度上解决了二十多年的问题。""不是说所有的问题统统解决了，但是发生了一个根本的转变，这是最重要的事实。"① 何谓根本的转变？以笔者之浅见，邓小平所论三中全会在中国社会引起的根本转变，至少应体现在以下四个方面。

第一，开辟了新的历史时期。邓小平曾对澳大利亚客人说："我们真正的转折点是一九七八年底召开的十一届三中全会。"② 也就是说，邓小平认为以三中全会作为一个起点，历史情形发生了好转。首先，生动活泼的政治局面出现。他指出"三中全会以后，出现了毛泽东同志生前多年盼望实现的生动活泼的政治局面"。③ 显然这是与三中全会前林彪、"四人帮"所造成的十年混乱局面截然不同的。对此，他不失时机地呼吁全体党员，尤其是担任领导责任的党员，必须十分珍惜和维护新的政治局面，并强调说："三中全会就要求安定团结，就要求在安定团结的基础上进行社会主义现代化建设。"④ 其次，现代化建设的经济局面出现。邓小平认为要进行社会主义现代化建设必须有安定团结、生动活泼的政治局面作为条件和保障，政治局面的扭转是个必不可少的前提，而"十一届三中全会解决了这个问题，这是一个重要的转折"。⑤ 也就是说，邓小平认为三中全会后进行现代化建设的新的历史阶段已来临。再次，新的统战局面出现。1982 年 11 月，邓小平指出："五年来，特别是中共十一届三中全会以来，统一战线工作和人民政协工作有了很大发展，出现了生气勃勃的局面。"⑥ 这种局面为实现祖国统一创造了前所未有的条件。最后，中美关系正常化，新的国际局面出现。三中全会后的第一个元旦节日，邓小平兴

---

① 《邓小平文选》第 2 卷，人民出版社 1994 年版，第 242 页。

② 《邓小平思想年谱（1975—1997）》，中央文献出版社 1998 年版，第 270 页。

③ 《邓小平文选》第 2 卷，人民出版社 1994 年版，第 165 页。

④ 同上书，第 256 页。

⑤ 《邓小平文选》第 3 卷，人民出版社 1993 年版，第 11 页。

⑥ 《邓小平思想年谱（1975—1997）》，中央文献出版社 1998 年版，第 241 页。

奋地指出中美关系正常化是粉碎"四人帮"后在国际事务中取得的相当大的成就。随后，他进一步说，从粉碎"四人帮"后到三中全会的两年多通过大量的外交工作，我们为四个现代化争取到了一个很好的国际环境。同时，他强调："一九七八年我们党的十一届三中全会是一个界限。"① 党的十一届三中全会以后，我们对国际形势也有了新的判断，即和平与发展成为时代的主题。正是基于这样一个正确判断，才制定出一心一意搞现代化建设的政治路线。

第二，开始进行新的伟大实践。1984年邓小平同意大利共产党书记巴叶塔谈话时指出："自召开十一届三中全会以来的五年内，我们党采取了一系列重要的政治措施，主要做了两件大事：一是制定了关于经济体制改革的决定；二是提出了'一国两制'的构想。"② 也就是邓小平后来所概括的"我们干的事业是全新的事业"。关于改革，邓小平说，早在1974—1975年就试验过，而十一届三中全会后改革才又重新启动。何谓改革？邓小平解释说："十一届三中全会决定进行改革，就是要选择好的政策。"③ 而好的政策，按照邓小平的说法就是在农村实行生产责任制和对整个经济体制进行改革。到1988年邓小平总结说："经过十年来的实践检验，证明我们党的十一届三中全会以来制定的一系列路线、方针、政策是正确的，我们的改革开放是正确的。"④ 并提出改革的步子进一步加快的要求。关于"一国两制"，邓小平1984年7月会见英国外交大臣杰弗里·豪时说："'一个国家，两种制度'的构想不是今天形成的，而是几年以前，主要是在我们党的十一届三中全会以后形成的。"⑤ 事实上邓小平此前已明确地指出："和平统一祖国的方针，是我们党的十一届三中全会以后制定的，有关政策是逐渐完备起来的，我们将坚持不变。"⑥ 毫无疑问"一国两制"便是和平统一祖国方针的有机组成部分。可见，邓小平认为体制改革和实现祖国统一是三中全会后党进行的全新的实践，事实上也是建设具有中国特色的社会主义的伟大实践。

---

① 《邓小平思想年谱（1975—1997）》，中央文献出版社1998年版，第168页。

② 同上书，第303页。

③ 《邓小平文选》第3卷，人民出版社1993年版，第135页。

④ 同上书，第265页。

⑤ 同上书，第67页。

⑥ 同上书，第31页。

第三，积累了新的经验。新的历史条件下进行新的实践，必然会产生新的经验。具体地说，邓小平认为在十一届三中全会路线指引下积累了以下新的经验：一是，用经济方法管理经济。在三中全会的主题报告中，邓小平就提出："我们要学会用经济方法管理经济，自己不懂就要向懂的人学习，向外国的先进管理方法学习。"① 此后，邓小平多次说，十一届三中全会后党的工作重点转移到社会主义现代化建设上来，过去耽误时间太久，不搞快点不行。搞快点门路就要多点，他鼓励工商界人士"要用经济方法管理经济，从商业角度考虑签订合同，有利润、能创汇的就签，否则就不签"。② 二是，用经济政策解决政治问题。所谓政治，邓小平说十一届三中全会后的最大政治就是四个现代化；而要实现"四化"必须解决其他方面的诸如落实政策、就业和知青回城等社会、政治问题。所谓政策，邓小平说也主要是经济方面的政策。两者的关系是"政治工作要落实到经济上面，政治问题要从经济的角度来解决"。也就是"经济不发展，这些问题永远不能解决"。③ 可见，在邓小平看来，用经济政策解决政治问题是三中全会后新的历史条件下的一个有益尝试。此外，还有三中全会后逐步形成的建立责任制的经验、在反对资产阶级自由化中如何高举社会主义的旗帜以及几个领域中"两手抓"的问题等，邓小平联系三中全会的精神都有精辟论述。

第四，创造了新的理论。马克思曾说过：在改造世界的生产活动中，"生产者也改变着，炼出新的品质，通过生产而发展和改造着自身，造成新的力量和新的观念，造成新的交往方式，新的需要和新的语言"。④ 三中全会是一个伟大的转折，在新的历史条件下进行新的实践必然与创造新的理论紧密联系在一起，而这些新的理论又是三中全会精神的升华。比如，邓小平反复强调的，"社会主义也可以搞市场经济"，"贫穷不是社会主义"，"一国两制的构想"，"社会主义处于初级阶段"等，概括起来就是邓小平所说的"十一届三中全会以后，我们探索了中国怎么搞社会主义"。⑤ 因此，这样一个探索的过程也就是理论的创新过程，即邓小平理

---

① 《邓小平文选》第 2 卷，人民出版社 1994 年版，第 150 页。

② 同上书，第 157 页。

③ 同上书，第 195 页。

④ 《马克思恩格斯全集》第 46 卷上册，人民出版社 1971 年版，第 494 页。

⑤ 《邓小平文选》第 3 卷，人民出版社 1993 年版，第 117 页。

论的形成过程。这个理论与三中全会及其路线息息相关，也贯穿于邓小平论十一届三中全会及其路线的脉络中。

二 十一届三中全会实现了真正的拨乱反正

说十一届三中全会是当代中国的伟大转折，恰恰也在于这次会议确立或恢复了党的正确路线，实现了真正的拨乱反正。用邓小平的话说："直到十一届三中全会才把局势扭转过来，制定了适合中国情况的思想路线、政治路线和组织路线，并相应地制定了一系列新的政策。"①

第一，实现了思想路线的拨乱反正。

拨乱反正就是澄清混乱，恢复正常。因此，邓小平说："三中全会确立了，准确地说是重申了党的马克思主义的思想路线。"② 这条路线就是坚持马克思主义与中国实际相结合，也就是毛泽东概括的"实事求是"。思想路线的拨乱反正就是把一段时间抛开的本属于党的正确的路线恢复过来，让它发挥应有的作用。

其实，邓小平对思想路线的拨乱反正发端于三中全会前对"两个凡是"的批评和随后开展的关于真理标准问题的讨论。关于"两个凡是"，邓小平说："三中全会提出解放思想，是针对'两个凡是'的。"③ 1983年在会见澳大利亚共产党主席希尔和夫人谈话时，邓小平也说："在三中全会前的中央工作会议上对'两个凡是'展开了辩论。三中全会以前党内对'两个凡是'就有意见。一九七七年二月我住在西山，看到有关'两个凡是'的提法，就感到不对，认为这不是马克思主义，不是毛泽东思想。"④ 关于真理标准问题，邓小平说："这个讨论是针对'两个凡是'的，意思是不要把马列主义、毛泽东思想当作教条。三中全会的提法，叫研究新情况，解决新问题。"⑤ 两次讲"针对"，都是围绕一个指向——"两个凡是"。可见，邓小平认为是三中全会才使党的思想路线回到马列主义、毛泽东思想的正确轨道上来。围绕思想路线上的拨乱反正，邓小平

① 《邓小平思想年谱（1975—1997）》，中央文献出版社1998年版，第254页。

② 《邓小平文选》第2卷，人民出版社1994年版，第278页。

③ 同上书，第379页。

④ 《邓小平思想年谱（1975—1997）》，中央文献出版社1998年版，第271页。

⑤ 《邓小平文选》第2卷，人民出版社1994年版，第279页。

着重掌握了四个环节，亦即坚持了四条原则：

首先，旗帜不能丢。邓小平指出，从党的十一届三中全会开始制定了正确的思想路线。思想路线是什么？就是坚持马克思主义，坚持马克思主义与中国实际相结合，坚持毛泽东思想。也就是说，在邓小平看来，三中全会是一个枢纽，把我们有一段时间丢掉的马克思主义、毛泽东思想这面旗帜给重新树立起来了。当然，邓小平对三中全会在思想路线上拨乱反正的功绩的判断是与他本人在三中全会召开前夕提出的"怎么样高举毛泽东思想的旗帜，是个大问题"① 分不开的。如果按"两个凡是"搞下去要损害毛泽东思想。"我们高举毛泽东思想的旗帜，就要在每一时期，处理各种方针政策问题时，都坚持从实际出发。"② 这些思想是一贯的。而高举马克思主义、毛泽东思想的旗帜，也就是邓小平后来所说的"老祖宗不能丢啊！"三中全会后，针对部分人在毛泽东晚年错误和毛泽东思想问题上的思想混乱，邓小平又强调："毛泽东思想这个旗帜丢不得。丢掉了这个旗帜，实际上就否定了我们党的光辉历史。"③ 可见，邓小平认为三中全会解决了旗帜的问题，这面旗帜既是思想路线拨乱反正的标志，也是其他新的方针、政策提出的前提。

其次，精髓是解放思想，实事求是。1982 年 11 月 15 日，邓小平在会见美国前驻华大使伍德科克时说："我们三中全会强调要实事求是，毛泽东思想的精髓就是实事求是。"④ 其后又指出："我们党的十一届三中全会的基本精神是解放思想，独立思考。"⑤ "解放思想就是毛泽东提倡的实事求是，一切从实际出发。"⑥ 邓小平同时强调说："我讲的是真正的解放思想，也就是实事求是。"⑦ 可见，邓小平认为解放思想的关键是必须落在实事求是上。也就是任何单位、地区都应该从实际出发，小到生产队，也应根据自己的实际情况来发展自己，而不是空喊解放思想的口号。同时，邓小平指出："三中全会确定的思想路线就是实事求是，从实际出发

---

① 《邓小平文选》第 2 卷，人民出版社 1994 年版，第 126 页。
② 同上书，第 127 页。
③ 同上书，第 298 页。
④ 《邓小平思想年谱（1975—1997）》，中央文献出版社 1998 年版，第 240 页。
⑤ 《邓小平文选》第 3 卷，人民出版社 1993 年版，第 260 页。
⑥ 《邓小平思想年谱（1975—1997）》，中央文献出版社 1998 年版，第 240 页。
⑦ 同上书，第 271 页。

来制定我们的方针和政策。"① 也就是说，解放思想必须真正解决问题，如：针对三中全会后陈云提出的调整方针在实际工作中受到的阻力和责难，他说："这次调整是三中全会以来的各项正确方针、政策的继续和发展，是三中全会实事求是、纠正'左'倾错误的指导思想的进一步贯彻。"② 也就是说，要以三中全会为界，彻底改掉不符合三中全会精神的毛病，下决心去掉不切实际的设想，去掉主观主义的高指标。因此，可以说，邓小平认为三中全会解决了思想路线的精髓，就是解放思想、实事求是。

再次，关键是向前看。"坚持党的思想路线，也同样要求向前看。"③ 向前看是邓小平解放思想、实事求是的一个落脚点。邓小平的向前看包括总结过去和研究新情况、解决新问题两个方面。在三中全会的主题报告中邓小平就指出："处理遗留问题为的是向前看。"也就是说，只有思想解放了，对历史遗留问题才能有正确的态度，才能以宜粗不宜细的方式对过去的事情做个总结，而"总结过去是为了引导大家团结一致向前看"。④ 换言之："如果不能得到团结一致向前看的结果，就说明我们的工作有缺陷。"⑤ 同时，"要向前看，就要及时地研究新情况和解决新问题，否则我们就不可能顺利前进"。⑥ 邓小平所指的新情况既有经济建设方面提倡的"现在大家都要着重向前看，提出积极的建议，不要埋怨、责备"。⑦ 也有选拔人才中提出的："要想得远一点。一定要趁我们在的时候挑选好接班人。"⑧ 邓小平认为三中全会提出了向四个现代化前进的目标和选拔干部的标准，是一个真正的转折点。

最后，既要反"左"，又要反右。1981 年邓小平同中国人民解放军总政治部负责同志谈话时说："解放思想，也是既要反'左'，又要反右。三中全会提出解放思想，是针对'两个凡是'的，重点是纠正'左'的错误。后来又出现右的倾向，那当然也要纠正。"⑨ 怎么纠正呢？其一，

---

① 《邓小平思想年谱（1975—1997）》，中央文献出版社 1998 年版，第 226 页。

② 《邓小平文选》第 2 卷，人民出版社 1994 年版，第 358 页。

③ 同上书，第 279 页。

④ 同上书，第 292 页。

⑤ 同上书，第 277 页。

⑥ 同上书，第 149 页。

⑦ 同上书，第 245 页。

⑧ 同上书，第 192 页。

⑨ 同上书，第 379 页。

邓小平指出："三中全会以来，我们花了很大气力纠正'文化大革命'及其以前的一些政治运动和思想斗争中的'左'的错误，是完全正确的。这类'左'的错误决不允许重犯。但是，不少同志片面地总结历史教训，认为一讲思想斗争和严肃处理就是'左'，只提反'左'不提反右，这就走到软弱涣散的另一个极端。"① 其二，搞四化也有"左"的干扰。"我们党的十一届三中全会以来，着重反对'左'，因为我们过去的错误就在于'左'。但是也有右的干扰。所谓右的干扰，就是要全盘西化，不是坚持社会主义，而是把中国引导到资本主义。我们已经解决了最近发生的资产阶级自由化思潮泛滥的问题，并且作了人事调整。"② 其三，军队中"左"的影响不能忽视。邓小平说："解决部队的思想问题，也要实事求是。"要教育部队干部正确理解三中全会以来的政策，"纠正'左'的倾向和右的倾向，都不要随意上'纲'，不要人人过关，不要搞运动"。③

第二，实现了政治路线的拨乱反正。

思想路线的拨乱反正是政治路线拨乱反正的先声。拨乱反正就是拨林彪、"四人帮"破坏之乱，批评毛泽东晚年的错误，只有把乱的、错的东西拨倒，才能把正确的恢复过来。因此，邓小平说："一九七八年我们党的十一届三中全会对过去作了系统的总结，提出了一系列新的方针政策。中心点是从以阶级斗争为纲转到以发展生产力为中心，从封闭转到开放，从固守成规转到各方面的改革。"④ 在政治路线的拨乱反正上，着重抓了三个环节：

其一，从以阶级斗争为纲到以经济建设为中心。邓小平指出，社会主义改造基本完成后，还是以"阶级斗争为纲"，忽视了发展生产力。"文化大革命"更走到了极端。中国社会从 1958 年到 1978 年 20 年时间，实际上处于停滞和徘徊的状态，国家的经济和人民的生活没有得到多大的发展和提高。"十一届三中全会以来，全党把工作重点转移到社会主义现代化建设上来，在坚持四项基本原则的基础上，集中力量发展生产力。这是最根本的拨乱反正。"⑤ 所谓最根本的拨乱反正，也就是说，社会主义现

---

① 《邓小平文选》第 3 卷，人民出版社 1993 年版，第 37 页。

② 同上书，第 225 页。

③ 《邓小平文选》第 2 卷，人民出版社 1994 年版，第 381 页。

④ 《邓小平文选》第 3 卷，人民出版社 1993 年版，第 269 页。

⑤ 同上书，第 141 页。

代化建设已成为三中全会后最大的政治。邓小平把这个最大的政治简明为"从十一届三中全会到十二大，我们打开了一条一心一意搞建设的新路"。并强调指出：十一届三中全会解决工作重点转移问题，这是一个重要的转折。"从以后的实践看，这条路线是对的，全国面貌大不相同了。"①

其二，从封闭到开放。邓小平指出："中国过去在很长的时间里处于封闭状态，经济发展受到限制，直到1978年年底我们党的十一届三中全会，才把这个问题恰当地解决了。"② 当然邓小平所说的解决封闭问题是立足国情的。邓小平认为四个现代化建设必须从中国的实际出发，中国的实际就是有80%的人口住在农村，中国稳定不稳定首先要看这80%稳定不稳定。"所以，我们首先在农村实行搞活经济和开放政策，调动了全国80%的人口的积极性。我们是在1978年年底制定这个方针的，几年工夫就见效了。"③ 另外，邓小平又强调，开放不是放任自流，"我们党的十一届三中全会决定实行开放政策，同时也要求刹住自由化的风，这是相互关联的问题。不刹住这股风，就不能实行开放政策。要搞四个现代化，要实行开放政策，就不能搞资产阶级自由化"。④ 可见，邓小平认为三中全会不仅解决了由封闭到开放的转变，而且力排自由化的泛滥，实现了在思想路线指引下政治路线的拨乱反正。

其三，从固守成规到全面改革。所谓成规，就是"四人帮"鼓吹的宁要穷的社会主义不要富的资本主义。邓小平提出我们当然不要资本主义，但是我们也不要贫穷的社会主义，我们要发达的、生产力发展的、使国家富强的社会主义。固守成规多年来，人民的生活没有得到理想的改善，国家也没有摆脱贫困落后的状态。"这种情况，迫使我们在1978年12月召开的党的十一届三中全会上决定进行改革。"⑤ 可见，邓小平认为三中全会揭开了摒弃成规、全面改革的序幕。首先，制度要改革。邓小平说，在三中全会把党的工作重点转移到经济建设，大力发展生产力的同时，提出了改革和完善社会主义的经济制度和政治制度的目标和任务。后来邓小平归结为从制度上解决问题。其次，工作方法要改革。在三中全会

① 《邓小平文选》第3卷，人民出版社1993年版，第11页。
② 同上书，第288页。
③ 同上书，第65页。
④ 同上书，第124页。
⑤ 同上书，第134页。

的主题报告中，邓小平提出："政治的空谈往往淹没一切。这并不是哪一些同志的责任，责任在于我们过去没有及时提出改革。但是如果现在再不实行改革，我们的现代化事业和社会主义事业就会被葬送。"① 随后，邓小平又强调在坚持十一届三中全会确立的党的正确路线的基础上必须改进工作方法，体制要改革，"但是工作方法不改也不行，更不能因为体制改革等就无所作为。工作方法总要适应四个现代化的要求，改得好一点、快一点嘛"。② 当然，改革作为邓小平所说的三中全会以来的两件大事之一，以及邓小平在论三中全会及其路线时反复强调的既定方针、政策，其具体内容是非常丰富的。

第三，实现了组织路线的拨乱反正。

组织路线是思想路线和政治路线的保证，关于组织路线的拨乱反正，邓小平说："把它更明确地提出来，还是三中全会以后的事情。"③ 邓小平认为十一届三中全会重申了党的思想路线问题，并解决了党的工作重点转移的政治路线问题，这些已为组织路线问题的解决创造了条件，必须把这个问题提到议事日程上，这也是十一届三中全会精神的体现。邓小平反复强调，十一届三中全会确立了政治路线，而政治路线要由人来具体地贯彻执行。因此，邓小平指出："组织路线，有党规党法问题，有组织纪律问题，但现在最迫切的是班子问题，是找接班人的问题。"④ 在组织路线的拨乱反正上，邓小平仍强调了三点：

其一，班子问题最迫切。关于班子问题，邓小平说"党的十一届三中全会以后，我们就逐步实行干部队伍的年轻化，当然还有革命化、知识化、专业化"。⑤ 也就是说，最迫切的班子问题的解决是以三中全会为起点的，三中全会创造了这个条件。事实正是这样，在三中全会的主题报告中，邓小平就鲜明地提出选拔干部时有两类人不能重用。一类是搞打砸抢的、帮派思想严重的、出卖灵魂陷害同志的、不顾党的利益的；二类是看风使舵、找靠山、不讲党的原则的人。同时提出了用人的政治标准是：为人民服务，为社会造福，为发展生产力，为社会主义事业作出积极贡献。

---

① 《邓小平文选》第 2 卷，人民出版社 1994 年版，第 150 页。

② 同上书，第 282 页。

③ 同上书，第 275 页。

④ 《邓小平思想年谱（1975—1997）》，中央文献出版社 1998 年版，第 125 页。

⑤ 《邓小平文选》第 3 卷，人民出版社 1993 年版，第 150 页。

在三中全会这个精神的指导下，1979 年邓小平明确规定："选干部，标准有好多条，主要是两条，一条是拥护三中全会的政治路线和思想路线，一条是讲党性，不搞派性。"① 可见，邓小平认为十一届三中全会是彻底的全面的拨乱反正，是否拥护和贯彻三中全会确立的思想路线和政治路线是判断和检验新时期干部胜任与否的试金石。

其二，党规党法是组织路线的灵魂。党规党法问题是关乎党风纯正与否的大问题，关系到党的生死存亡。邓小平指出三中全会后，不仅领导班子发生了根本变化，而且党的状况也发生了根本变化。党的状况之所以能发生根本变化，是三中全会突破了一个问题，即"从党的十一届三中全会以后就开始抓法制，没有法制不行"。② 所谓抓法制，一般地说，一是完备法律，二是落到实处。怎么落实呢？邓小平认为党是整个社会的表率，党的各级领导干部又是全党的表率。如果党的领导干部不遵守党纪国法，违反党的原则，闹派性、搞特殊、走后门、铺张浪费、损公肥私，社会风气是难以改造的，党风也是无法端正的。可见，在邓小平看来党规党法既是国法的保障，也是组织路线拨乱反正的灵魂。其实，稍稍关注三中全会的人都会发现邓小平这一高屋建瓴的阐述绝非空中楼阁。早在三中全会的主题报告中他就严肃地指出在党的组织路线中存在把加强党的领导，变成了党去包办一切、干预一切；实行一元化领导，变成了党政不分、以党代政；坚持中央的统一领导，变成了"一切统一口径"等问题。邓小平认为十一届三中全会后党中央已明确提出解决党的组织路线问题。作为组织路线灵魂的党规党法，邓小平说党章是最根本的党规党法，各级领导部门的任务不只是处理案件，更重要的是维护党规党法，切实把党风搞好。不难看出，邓小平认为正是十一届三中全会才使党的状况发生了飞跃，才揭开了党风好转的序幕。

其三，组织纪律是保障。邓小平认为三中全会的意义不能低估，三中全会实现以经济建设为中心的政治路线的拨乱反正，就是要本着实事求是的原则研究新情况，解决新问题，为工作重点的转移创造条件，这个条件就是着手进行大规模的调整。而调整工作的顺利进行又需要强有力的集中领导和严格的组织性纪律性作保障，没有了这个保障就可能出现一些本可

① 《邓小平文选》第 2 卷，人民出版社 1994 年版，第 192 页。
② 《邓小平文选》第 3 卷，人民出版社 1993 年版，第 163 页。

以避免的大大小小的乱子，使现代化建设在刚刚迈出第一步的时候就遇到严重的障碍。可见，实事求是、工作重点转移和组织纪律三者的关系是，前者是后两者的前提，而后者又是前两者的保障。对于这个唱压轴戏的组织纪律，邓小平欣慰地指出，十一届三中全会已提出了这个问题，从十一届三中全会开始就反对无政府主义，反对极端个人主义，开始抓法制。十一届三中全会的精神是对于违反党纪的，不管是什么人，都要执行纪律，做到功过分明，赏罚分明，伸张正义，打击邪气。我们仔细琢磨，不难发现，邓小平把十一届三中全会后一系列正确路线的确立当作一个建设的问题来看待，并强调组织路线是思想路线和政治路线的保证。

第四，在清理历史是非上的拨乱反正。

历史和现实具有不可分割性，十一届三中全会把搞乱了二十多年的思想路线、政治路线和组织路线拨正后，重新开启前人的事业也就成为顺理成章的事。即邓小平所说的："现在我们还是把毛泽东同志已经提出、但是没有做的事情做起来，把他反对错了的改正过来，把他没有做好的事情做好。今后相当长的时期，还是做这件事。当然，我们也有发展，而且还要继续发展。"① 然而，要把这个担子接过来，还必须对历史是非问题进行清理。邓小平认为，三中全会后不仅逐步清理了怀疑马克思主义指导地位及批评毛泽东晚年错误等方面的思想混乱和偏激，更为重要的是，在"有错必纠"的原则下分清了一些人的功过，恢复了一些重大历史事件应有的面貌和价值。其一，对过去的事情做了基本总结，如常说的十次路线斗争，邓小平指出："彭德怀同志那一次不能算了。刘少奇同志这一次也不能算了。这就减去了两次。林彪、江青是反革命集团。陈独秀，还有瞿秋白同志、李立三同志这三个人，不是搞阴谋诡计的。罗章龙另立中央，分裂党。张国焘是搞阴谋诡计的。高岗是搞阴谋诡计的。林彪、江青更不用说了。"② 其二，十一届三中全会及其以后，对一些人的功过是非做了公正评价，"平反了包括彭德怀、张闻天、陶铸、薄一波、彭真、习仲勋、王任重、黄克诚、杨尚昆、陆定一、周扬等同志在内的一大批同志的冤假错案"。③ 其三，对新中国成立30年来历史上的大事进行了实事求是

---

① 《邓小平文选》第2卷，人民出版社1994年版，第300页。
② 同上书，第293页。
③ 同上书，第243页。

的分析，如 1957 年的"反右派"斗争要肯定，错误在于扩大化；所谓"二月逆流"不是逆流，是正流，是同林彪、"四人帮"的反复斗争；平反了天安门事件，等等。

三　坚持十一届三中全会以来的路线不动摇

综上几个方面，笔者认为邓小平在论及十一届三中全会在当代中国所起的历史作用时绝非浅尝辄止，而是翔实、具体、周到。这源于他本人在十一届三中全会的路线形成和发展中所起的无可替代的先声和决策作用，但更为重要的是因为他历经党的历史的全过程而形成了一种执着的求实精神，具有客观论证历史事件的睿智和能力，这也就决定了他能勇敢而卓有成效地捍卫这条路线。以笔者之见，邓小平论坚持十一届三中全会以来的路线不动摇可以从以下几个方面体现出来：

第一，实践证明这条路线是正确的。邓小平把实践是检验真理的唯一标准，作为衡量十一届三中全会以来提出的一系列路线、方针、政策的准绳，他说："我们党的十一届三中全会使我国的政治形势开始了真正的转变。这次会议恢复了现行的思想路线、政治路线和组织路线，恢复了毛泽东思想的本来面目，并确定了一心一意搞四个现代化的目标。"① 邓小平同时强调，十一届三中全会以来我们所制定的方针就是坚持四项基本原则和搞社会主义四个现代化建设。在明确了这些方针、政策后，邓小平由衷地说：十多年里"中国有了可喜的成就，经济发展和人民的生活水平都上了一个台阶"。② "证明十一届三中全会以来制定的一系列方针、路线、政策是正确的，我们的改革开放是正确的。"③ 如果放弃改革开放，就等于放弃我们的根本发展战略。

第二，放弃这条路线老百姓不答应。邓小平反复说，十一届三中全会以来路线、方针、政策的核心是"一个中心、两个基本点"，就是要以经济建设为中心，不发展经济，人民生活得不到改善；而不坚持社会主义、不改革开放，国家没有出路。没有了一个中心两个基本点，只能是死路一

---

① 《邓小平思想年谱（1975—1997）》，中央文献出版社 1998 年版，第 199 页。
② 《邓小平文选》第 3 卷，人民出版社 1993 年版，第 288 页。
③ 同上书，第 265 页。

条。因此，邓小平鲜明地指出："基本路线要管一百年，动摇不得。只有坚持这条路线，人民才会相信你，拥护你。谁要改变十一届三中全会以来的路线、方针、政策，老百姓不答应，谁就会被打倒。"① 当然，邓小平决不是对路线中的缺陷和在具体情况下解决具体问题时由于操作失误而带来的负面影响视而不见，他说：十一届三中全会以来，我们办了不少好事，人民生活水平有显著提高，但群众意见还是不少，所以说不容易。"群众意见虽然不少，但真要放弃这些政策，人民会普遍反对。"② 邓小平不回避不躲闪，能正视问题，表明他就是要解决问题。怎么解决呢？邓小平认为必须改掉工作中存在的不符合十一届三中全会精神的毛病，力排妨碍和抵触现代化建设的东西以及一切导致中国混乱的因素，确保经济建设健康协调地发展。

第三，坚持十一届三中全会以来的路线也要有继承性。早在 1979 年邓小平就把是否坚持十一届三中全会的政治路线和思想路线作为干部能否胜任工作的主要标准之一。随着十一届三中全会后十多年的实践，到 1989 年 5 月，邓小平提出要组成一个实行改革的有希望的领导集体，即："进入新的政治局、书记处特别是常委会的人，要从改革开放这个角度来选。新的领导机构要坚持做几件改革开放的事情，证明你们起码是坚持改革开放，是真正执行十一届三中全会以来的改革开放政策的。这样人民就可以放心了。"③ 邓小平把选拔干部的视角明确界定在实行改革开放上，既说明不实行改革开放人民不放心，同时也鲜明地提出了坚持十一届三中全会以来的路线要有继承性。随后，他对这点做了详细的阐述："我们一直坚持党的十一届三中全会以来的路线和各项方针政策，不但这一届领导人要坚持，下一届、再下一届都要坚持，一直坚持下去。"④

当然，理论本身并不一定总和历史进程相一致，邓小平抱着对祖国和人民的一腔赤诚，在坚定地捍卫十一届三中全会以来的路线时，还是遇到了来自"左"或右的干扰或阻力。出于对真理的坚贞和对三中全会路线在实践中的可行性价值的把握，邓小平以超常的敏锐性和果断的决策力，娴熟自如地抵制来自各方面的责难，使三中全会路线得以有效贯彻。在这

---

① 《邓小平文选》第 3 卷，人民出版社 1993 年版，第 371 页。

② 《邓小平思想年谱（1975—1997）》，中央文献出版社 1998 年版，第 380 页。

③ 《邓小平文选》第 3 卷，人民出版社 1993 年版，第 299 页。

④ 同上书，第 347 页。

样一个征服挑战的过程中，邓小平提出了捍卫三中全会路线的"两个关键"，而这也应该是我们得到的有益启示：

其一，关键是扭住"一个中心、两个基本点"不放。邓小平以有效平息 1989 年政治风波为例，深刻地分析说："如果没有改革开放的成果，'六·四'这个关我们闯不过，闯不过就乱，乱就打内战。"① 同时指出："六·四"后国家之所以能稳定，就是因为搞了改革开放，促进了经济发展，人民生活得到了改善。因此，邓小平坚定地说，只要真正把十一届三中全会的路线贯彻下去，我们的事业就一定有希望。

其二，关键是共产党内部要搞好。邓小平曾指出，中国要出问题，还是出在共产党内部。因此，他指出："关键是我们共产党内部要搞好，不出事，就可以放心睡大觉。"② 而党最关键的问题又是班子问题，邓小平提出要选德才兼备的人进班子，"我们说党的基本路线要管一百年，要长治久安，就要靠这一条"。③

综上不难看出，立足国情看世情是邓小平论十一届三中全会及其路线的主要方法论。用世界历史眼光考察和解决重大历史问题是马克思主义的一个思想方法，复出后的邓小平面对中国长期形成和存在的排外心理，果断地提出改革开放的新思路而代替多年的封闭状态，实际上就是把中国的发展纳入世界经济发展的潮流中。同时，邓小平对一切可行性的计划与建议都要先进行大胆的实验，这又是立足国情而不是好高骛远，反映了他一贯实事求是的务实作风。

透视邓小平留给我们的这笔宝贵财富，我们非常欣慰地看到十六大后以胡锦涛为总书记的党中央用求真务实来衡量各方面工作，应该说这既是建设小康社会的必备条件，更是对十一届三中全会路线的最好坚持。

（刊于《思想理论教育导刊》2004 年第 10 期）

---

① 《邓小平文选》第 3 卷，人民出版社 1993 年版，第 371 页。

② 同上书，第 381 页。

③ 同上书，第 380 页。

邓小平的陕西情探析

几乎与20世纪同龄的邓小平是20世纪同孙中山、毛泽东齐名的历史伟人，是中国共产党第一代领导集体的重要成员、第二代领导集体的核心和改革开放的总设计师。陕西是中国革命发端较早的省份之一，在革命、建设和改革各时期都处于举足轻重的地位。邓小平情系三秦，与陕西有着不解之缘。

一 西安：投身国内革命斗争第一站

1920年9—10月，16岁的邓小平远涉重洋赴法勤工俭学，1922年秋天在巴黎加入旅欧少年中国共产党（后改为中国社会主义青年团旅欧支部），1924年下半年转为中国共产党党员，从此走上了职业革命的道路。1926年年初，他受党的指派，离法赴苏，先进东方大学，后入中山大学，钻研马克思主义基本理论。中山大学以中国革命先行者孙中山的名字命名，专为中国革命培养干部。这年5月，控制着中国西北地区的国民军领导人冯玉祥有意革命，专程赴苏，要求中山大学派一批中国同志到他的部队工作。冯玉祥回国后，举行五原誓师，成立国民军联军总司令部，接受共产党人李大钊的建议，率部南下，攻取西安，策应杨虎城、李虎臣领导的陕军，突破了直系军阀刘镇华对西安长达8个月的围攻，建立了陕西国共合作的统一战线组织，西安成为中外闻名的"红城"。

为了加强中国共产党在西北的力量，邓小平奉党的指示于1926年年底离莫斯科，乘火车到乌金斯克，换乘汽车到蒙古的库伦（乌兰巴托），历尽千辛万苦，经包头，颠簸一个多月才到宁夏的银川。在银川稍事休整，跨马飞骑，日夜兼程，于1927年2月到达西安。这是邓小平第一次踏上陕西的土地，这里成为邓小平投身国内革命斗争的第一站。

随着陕西国民革命运动的飞速发展，急需大量的军政干部，中共组织决定以国民军联军驻陕总部名义，创办一所类似黄埔军校的军事学校，实际由共产党人领导，这就是设在西安北院门，被人们称为"西北黄埔"的西安中山军事学校。校长由国民军联军驻陕总司令部政治保卫部部长、驻陕独立第一师师长史可轩（中共党员）兼任，刚到西安不久的邓小平任政治部主任兼"校党的书记"①，经过短期筹备，学校于1927年春开学，除了军事训练外，主要是政治教育，健全和发展党团组织等项工作。

邓小平除负责政治工作外还兼讲政治课，主要讲授《中国革命史》《三民主义》《布尔什维克十二条》等。据中山军校三大队九中队九分队学员雷展如回忆，年仅二十多岁的邓小平知识渊博，讲课深入浅出，生动活泼，风趣幽默，不停地打着手势，操着浓重的四川口音向学员讲革命道理。他"要求每个革命军人应遵守革命纪律，养成吃大苦、耐大劳，英勇善战的精神"②。三大队的另一学员郑殿华也回忆道："邓希贤（邓小平那时的名字，笔者注）主任曾给全校作过二三次政治报告，中心意思是反帝反封建，打倒军阀，铲除土豪劣绅，动员群众进行斗争，建立革命政权等道理。"他"讲得生动精辟，通俗易懂，对我们的鼓舞教育很大"③。另据中山军事学校分队长胡震回忆："邓主任二十多岁"，"他每天都很忙，上课、作报告，研究与处理学校的重大事宜，常常工作到深夜。在我当队长前，他讲政治课时提出一个问题点名要我回答：'胡震，节制资本是个什么意思？'我以自己对这个问题的初步理解，并举出两个例子做了回答。他听了还满意，一边点头，一边让我坐下，没多久我就当了分队长"④。

中山军事学校在史可轩、邓小平等实际领导下，军政素质不断提高，到1927年7月，学校已有中共党员90人左右，为西北培养了一批革命人才。

---

① 毛毛：《我的父亲邓小平》上卷，中央文献出版社1993年版，第157页。

② 雷展如：《对中山军事学校的回忆》，载中共陕西省委党史研究室主编《国民革命在陕西》下卷，陕西人民出版社1994年版，第787页。

③ 郑殿华：《中山军事学校的情况》，载中共陕西省委党史研究室主编《国民革命在陕西》下卷，陕西人民出版社1994年版，第786页。

④ 胡震：《忆西安中山军事学校》，载中共陕西省委党史研究室主编《国民革命在陕西》下卷，陕西人民出版社1994年版，第784页。

在西安期间，邓小平还参加一些党团会议和革命群众的集会，比如 5 月 20 日，他应陕西青年社第一届代表大会之邀作了《苏俄之近况》的报告。他的报告有声有色，极富鼓动性，不时被热烈的掌声所打断①；6 月 12 日，陕西省立一中召开"非基督教同盟"成立大会。邓小平到会演讲，宣传革命道理与科学知识，从而推动了西安国民革命的高涨。

1927 年 6 月底，邓小平随改编为国民革命军第二集团军的国民军联军东征中原，策应北伐。但汪精卫在 7 月 15 日追随蒋介石而背叛革命。冯玉祥亦尾随其后，"礼送"共产党人出境。邓小平机智果断，秘密赶赴武汉，留中共中央工作，担任秘书，列席了著名的"八七"会议。中共中央迁到上海后，23 岁的邓小平担任中央秘书长。

二　陕北：10 年间生活战斗 28 个月

除了 1927 年上半年在陕西从事军事教育工作和革命发动工作外，从 1935—1945 年的 10 年间，为了民族独立、人民解放，邓小平曾五进五出陕西北部地区。

1935 年 10 月，中共中央和中央红军历尽千辛万苦，行程二万五千里，到达土地革命硕果仅存的西北根据地——陕北。中共中央在这里驻扎 13 年，指挥了抗日民族解放战争和打倒国民党蒋介石的人民解放战争，延安成为中国革命的中心。邓小平随中央红军长征到达吴起镇，住在彭门沟一带，参与指挥了吴起镇切尾巴战斗。是月下旬，邓小平又随部队到甘泉下寺湾，中共中央在这里恢复了红一方面军番号，并决定红一军团同红十五军团（由红二十六军、二十七军以及长征先期到达的红二十五军组成）会师，部署直罗镇战役。邓小平被任命为红一军团政治部副主任。

11 月初，邓小平随部队到富县北道镇一带，在东村周围打土豪、攻寨子，扫清了地方反动武装；筹措粮秣，准备担架，做战前准备。战役展开后，邓小平在大茆筛梁参加战斗。整个战役由彭德怀指挥，歼灭东北军一十九师全部和一十六师 1 个团，毙俘 5300 余人。直罗镇战役粉碎了国民党对西北根据地的第三次"围剿"，为党中央将中国革命的大本营放在西北举行了奠基礼。

---

① 《陕青社第一届代表大会之第二日》，《陕西国民日报》1927 年 5 月 22 日。

1936年2月，红军出师东征，邓小平从延安临镇经延长、延川渡过黄河随一方面军行动。东征胜利后，他又随部队从山西永和、大宁经清水关西渡黄河，驻扎在延川禹居一带。5月18日，毛泽东、周恩来、彭德怀在太相寺发布《西征战役计划》。次日，左权、聂荣臻、朱瑞和邓小平率红一军团从延川出发，向陕、甘、宁三省边界地区挺进，会同红十五军团相继解放了宁条梁、定边、盐池、豫旺、环县、曲子、华池、固原地区，使西北革命根据地进一步扩大，纵横七百余里。

1937年7月，全民族的抗日战争打响。8月，中国工农红军改编为国民革命军第八路军，邓小平被任命为八路军总政治部副主任。9月6日，朱德总司令率八路军总部从泾阳县云阳镇出发，邓小平和左权副参谋长随部队经蒲城、澄城到韩城，在芝川镇渡黄河入山西，投身伟大的民族解放战争。1938年1月中、下旬，中央军委调邓小平任一二九师政委，并担负地方党的工作。从此，他同刘伯承密切合作，前后共事13年，如同井冈山斗争时期的"朱毛不可分"一样，"刘邓不可分"在整个抗日民族解放战争和随后的人民解放战争中传为佳话，并为民族解放、人民胜利建立了丰功伟业。

开赴华北抗日前线后，邓小平曾三次短期回延安，参加中共中央的重要会议。

第一次是1938年8月15日，中共中央电告邓小平来延安参加中共六届六中全会。9月，邓小平到延安。29日，在桥儿沟出席扩大的六届六中全会。张闻天致开幕词，毛泽东作《论新阶段》的政治报告。邓小平在会上作了《关于地方工作的报告》，对敌后根据地的建党、建政、武装斗争等进行了精辟的阐述。12月下旬，邓小平重返抗日前线。

第二次是1939年7月上旬回延安参加中央政治局会议。7月7日，延安各界举行抗战两周年纪念大会，公祭阵亡战士。邓小平在大会上发表演讲，指出："八路军两年战斗不下数千次，千万个民族战士，为祖国流尽了最后一滴血。八路军在华北牵制住了敌人9个师团，连伙夫都深明抗战大义。所以，八路军是坚决抗战的。""八路军一定要把日寇驱逐至鸦绿江边，建设独立、自由、幸福的新中国。"邓小平的讲演赢得阵阵掌声，鼓舞和增强了与会者对抗战必胜的坚定信念。

第三次是1945年6月回延参加中共七届一中全会。抗战胜利的前夜，1945年4月23日至6月11日，党的第七次全国代表大会在延安召开，确定了"放手发动群众，壮大人民力量，在我党的领导下，打败日本侵略者，解放全国人民，建立一个新民主主义的中国"① 的政治路线。在会议选举中，邓小平当选为中央委员。6 月 19 日，邓小平出席了七届一中全会。会议选举毛泽东为中央委员会主席，研究了如何进一步贯彻"七大"确立的政治路线。抗战胜利后，中共中央决定邓小平任新成立的晋冀鲁豫中央局书记兼军区政委。8 月 25 日，邓小平和刘伯承肩负着党的重托离开延安，奔赴晋冀鲁豫解放区。

从 1935 年 10 月到 1945 年 8 月，邓小平五进五出陕西北部，处处留有他的足迹。在这里，他生活战斗的累计时间达 28 个月，同陕西人民结下了深情厚谊。

三　陕西：新中国成立后六次踏上的土地

1952 年年底，国民经济刚刚恢复，制定过渡时期的总路线和编制"一五"建设计划在即，可能是为这些工作做调研，出任政务院副总理不到半年的邓小平，在新中国成立后第一次来到陕西省会西安（也是他生平中的第二次到西安），了解西安的国民经济恢复情况，思考"一五"建设计划在陕的布局。从 1953 年开始的第一个五年建设计划，苏联援建的 156 个重点项目，24 项安排在陕西，很大程度上得益于邓小平这次来陕的考察和支持。

新中国成立之初，在党中央的正确领导下，全国人民意气风发，不仅社会主义革命提前告成，"一五"建设计划也提前完成。1957 年三、四月间，邓小平以中共中央总书记、国务院副总理的身份来陕视察，检查"一五"计划执行情况。邓小平视察了属于 156 个重点项目工程的昆仑机械厂、红旗机械厂、庆安机械厂等大型军工企业，还坐飞机鸟瞰了西安市区。3 月 23 日，他召集陕西省、西安市领导干部开会，就西安城市建设进行座谈。座谈后，邓小平到兰州视察十余天，4 月 7 日返回西安。有了西安和兰州两个内陆省会城市建设情况的比较，8 日上午在西安人民大厦再次召开的干部会议上，邓小平作了《关于勤俭建国》的报告。他在报告中说："不能否认，过去几年我们在各方面的成绩，包括建设方面的成

---

①　《毛泽东选集》第 3 卷，人民出版社 1991 年版，第 110 页。

绩，都是伟大的。我们国家发展得确实很快，气象一新。西安，我是1952年年底来过的，那时和现在就不能比，现在好多现代化的工业企业建立起来了。"① 报告的主要内容后来分别以《今后的主要任务是搞建设》《共产党要接受监督》为题收入《邓小平文选》第一卷。

时隔9年，仍是阳春三月，任总书记已9年半的邓小平，在李富春、薄一波陪同下，带领中央二十多个部委的负责同志，再次来陕，视察三线建设，现场解决问题。三线建设，是党中央根据军委总参谋部作战部1964年4月25日关于我国经济建设如何防备敌人突然袭击的报告内容，在对当时国内外形势缜密分析的基础上，作出的一项具有战略意义的重大决策。据不完全统计，从1964年下半年到1965年，国家在西南、西北三线部署的新建、扩建、续建项目达三百多个，在西北地区规划了航天工业、航空工业、常规兵器、电子和光学仪器等重要军事工业项目。陕西地处中国腹地，战略位置重要，国家把陕西作为发展国防科技工业的重要地区之一，陕西列入的三线建设项目多达117项。

邓小平一到西安，不顾劳累，连日奔波，先后视察了在陕的三机部六院第八、第十二、第三十研究所和庆安机械厂等研究院所和大型企业，主持召开了有国家三线建设负责人李富春、薄一波、国务院有关部委负责人、西北三线建设负责人及西北局、陕西省委领导参加的会议，研究陕西的国防工业和三线建设问题。此后，陕西的航空、航天工业进入快速发展时期，火箭发动机制造、卫星测控中心等尖端技术单位迁建陕西。3月12日，对邓小平视察西安飞机制造公司的情景西飞公司有资料记载：邓小平一身藏青色中山装，容光焕发，步履矫健，在中央政治局委员、国务院副总理李富春，政治局候补委员、国务院副总理薄一波，西北局第一书记刘澜涛，国家基本建设委员会主任谷牧，国家计划委员会副主任余秋里，冶金工业部部长吕东，西北局书记处书记王林，陕西省委书记肖纯等陪同下来到厂区，先在简陋的接待室由李溪溥总工程师介绍工厂建设情况。接下来由孙志端厂长汇报工作。孙志端从工厂设计规模，讲到基本建设即将竣工；从零备件生产，讲到"轰六"飞机全面研制；从贯彻"工业七十条"，讲到执行"干部、工人、技术人员三结合"方针；从领导班子的决心，讲到广大职工的积极性。邓小平神情专注地听着，时而点头赞许，时

① 《邓小平文选》第1卷，人民出版社1994年版，第261页。

而插话提问。当听到工厂设计规模最后调整为年产 40 架"轰六"机时，邓小平说，有没有可能通过加强管理，发挥群众的积极性和创造性，使年产量达到 60 架，或者更多一些。当听到工厂即将建成，计划两年后"轰六"上天时，邓小平说，一定要吸取基本建设返工加固、劳民伤财的教训，把产品质量搞好，在确保质量的基础上，求数量，求速度。在机加厂房的起落架车间，他听了"轰五"飞机起落架生产情况的介绍。在试飞机场，他观看了战斗机的飞行表演。

这次来陕，邓小平一行还到延安，参观了延安纪念馆、凤凰山、杨家岭、枣园和王家坪等革命旧址。这是新中国成立后，邓小平第三次往陕，也是"文化大革命"前最后一次来陕视察。

在改革开放的新时期，邓小平也先后也三次来陕。一次是短期视察参观，两次是过路作短暂休息。

在改革开放的起步阶段，1980 年 7 月上旬，邓小平乘专机来陕视察，接见陕西党政领导，对陕西的改革开放及经济、文化、科技、旅游事业的发展发表意见。7 月 9 日，在省长于明涛陪同下，他到临潼参观秦兵马俑博物馆。那天天气炎热，加上接待室简陋，连电扇都没有，已 76 岁高龄的邓小平不停地擦汗，工作人员找来两把扇子替他扇凉，却被他拒绝了。他一边听兵马俑出土和建馆情况的介绍，一边询问文物保护措施。10 日，总算下起了小雨，给持续高温的西安带来了凉意。邓小平兴致勃勃地来到碑林博物馆。那时，陕西省历史博物馆就设于此。一大批国家级文物在这里展出。邓小平参观了周秦汉文物展、石刻馆等。在两天的参观中，邓小平始终把自己当作一个普通观众，不搞前呼后拥，和陪同人员一起坐面包车。

两次路过短暂停留，一次是 1982 年 9 月 19 日，邓小平陪同朝鲜金日成到外地访问途中，专列停在宝鸡——广元区段出宝鸡后的观音车站。金日成和邓小平走下专列，饱览秦地大好河山。当客人得知观音车站是炸掉四个山头、填平四条深沟建成时，惊奇地说："了不起，真是一件了不起的工程。"邓小平也感慨万千："是啊，有了宝成铁路，蜀道变通途了。"①另一次是 1987 年 2 月 16 日，邓小平和王震乘专列由四川返京路过宝鸡

---

① 中共陕西省委党史研究室：《三秦不了情——邓小平陕西活动纪事》，《陕西日报》2004年 8 月 19 日。

时，兴趣盎然地看了新落成的宝鸡火车站。这是一次没有工作任务的休假外出，没有当地领导陪同，没有记者簇拥。邓小平和王震仔细欣赏了候车大厅的《青铜器之乡》和《秦岭丰碑》两幅巨型壁画。

综上历史考察，从邓小平投身国内革命斗争的第一站算起，到改革开放的新时期，邓小平共计 12 次进出陕西境内，新民主主义革命时期和社会主义革命与建设时期各 6 次，累计在陕时间大约 33 个月。

四 在陕西阐发的珍贵思想

十五大报告说："在当代中国，只有把马克思主义同当代中国实践和时代特征结合起来的邓小平理论，而没有别的理论能够解决社会主义的前途和命运问题。"[①] 邓小平是这个理论的主要创立者。邓小平理论形成、发展、成熟于改革开放的新时期。但这个理论的主要观点萌生较早，源头甚远，20 世纪的 50 年代中后期在西安曾有比较集中的阐述。

第一，提出了我们今后的主要任务是搞建设。

1957 年 4 月 8 日邓小平在西安干部会上作报告时指出："我们前一个阶段做的事情是干革命。从去年农业、手工业和资本主义工商业的社会主义改造基本完成时起，革命的任务也就基本上完成了。今后的任务是什么呢？革命的任务还有一部分，但是不多了。今后的主要任务是搞建设。"接着他进一步指出，我们党的八大提出任务，就是要调动一切积极因素，调动一切力量，为把我国建设成为一个伟大的社会主义工业国而奋斗。他还强调指出："这就是我们今后很长时期的任务。"[②] 应该说，这是邓小平在 21 年后，重新强调党和国家工作重心转移，构思"以经济建设为中心"这个十一届三中全会路线中心点的思想源头。

第二，阐释了学习是完成建设任务的关键。

邓小平认为，搞建设这件事情比我们过去熟悉的搞革命那件事情来说要困难一些，至少不比革命容易。因此，在搞建设这个问题上，我们全党还是小学生，我们的本领还差得很。搞革命不能说我们没有本事，我们把革命干成功了，搞建设我们还说不上有多大的本事。那么，如何使我们在

---

① 《中国共产党第十五次全国代表大会文件汇编》，人民出版社 1997 年版，第 10 页。
② 《邓小平文选》第 1 卷，人民出版社 1994 年版，第 261 页。

比较短一点的时间内学会建设呢？首要的条件或根本途径，应该是而且只能是通过学习来实现。邓小平说："如果不好好学习，不总结经验，我们也会在建设问题上栽跟头。"学习的对象是谁，跟着谁学呢？邓小平认为，我们要继续学习苏联和其他兄弟国家的经验，因为我们在"一五"期间搞得比较快，原因之一就是有苏联的经验，有苏联的帮助。邓小平特别强调："我们也要学习世界上一切先进的经验，世界各国，包括美国在内，有先进的东西我们也要学。"① 应当说，"主张学习世界上一切先进的经验"，是邓小平 21 年后开放思想的发端。关于怎样学，用邓小平的话说，"我们还要会学"。所谓"会学"就是既要学苏联好的东西，也要借鉴苏联错误的教训。他解释说，学习苏联好的东西对我们用处很大，借鉴苏联错误的东西，对我们也有很大的益处。同时，邓小平还强调我们既要善于学习国际的经验，也要善于学习自己的经验。因为我们搞建设已有 7 年多时间，有的地方（如东北）搞得更早些，也有了一些建设的经验，"这是我们自己走出来的路，真正总结起来，对我们来说，益处更大"②。对我们自己的东西，同样既要接受成功的经验，也要接受犯错误的教训。关于如何学习一切外国好的经验和自己的经验这些论述发表近 60 年了，但对我们今天贯彻扩大开放方针来说，仍不乏现实意义。

第三，明确了艰苦奋斗是建设的根本方针。

邓小平在西安视察中发现，有的企业特别是中央搞的大企业，浪费现象很严重。他批评有些企业规模很大，占地很多，每个工厂都有一个很大的厂前区，一个办公大楼；有一些中央企业起了带头作用，气魄大，牌子大，公子少爷的味道足，把一些地方工业带坏了。他举例说，原来是省上的一个煤矿，成本低，交给中央的煤炭管理局后，成本就高了。在地方上还算一算账，归了中央管，账也不算了，认为反正亏本不碍事，国家赔得起。邓小平严肃地指出："苏联不是这样的，美国、法国等资本主义国家也不是这样的，甚至国民党也是不敢这样搞的。国民党贪官污吏多得很，但是办企业比我们好。中国的民族资本家很多都是艰苦奋斗出来的，他们办企业比我们高明。"邓小平向陕西省领导同志建议，最好去上海看一看，那里有些企业确实是艰苦奋斗出来的，搞得既经济又实用。他提倡

---

① 《邓小平文选》第 1 卷，人民出版社 1994 年版，第 263—264 页。

② 同上书，第 264 页。

"因陋就简，经济节约，艰苦奋斗"①，并说："我看真正讲节约的应当是社会主义"。把"经济节约，艰苦奋斗"作为判断"社会主义"的标准，上升到如此高度，足以表明邓小平是把艰苦奋斗作为社会主义建设的根本方针来看待的。25 年后的 1982 年 5 月 6 日，邓小平在向利比里亚国家元首多伊介绍我国经济建设的历史经验时说："必须在自力更生的基础上争取外援，主要依靠自己的艰苦奋斗。""这样，就可以振奋起整个国家奋发图强的精神，把人民团结起来，就比较容易克服面临的各种困难。"②反映出邓小平艰苦奋斗，勤俭建国思想的一贯性和坚定性特点。

第四，规定了搞建设应当坚持的指导思想。

这就是必须坚持两个"面对"：一是要面对国家的现实，而不要脱离国家的现实。面对国家现实，就是在建设当中要考虑经济、实用、美观。他指出，有些同志讲美，美当然是好的，大家都是愿意美的，但是应当在经济实用的条件下，在可能的情况下照顾美观，实在不大美也就算了，等到将来富裕了再来讲美，今天主要讲经济讲实用。二是要面对群众的需要。邓小平批评有些同志考虑问题常常忽略了群众的需要。对于花很少的钱就可以解决群众需要的问题，甚至有些不花钱也能解决的问题，却注意得不够，宁肯把更多的钱用在不适当的地方。因此，建设工作应该面对群众，发现问题，解决问题。"总之，我们搞建设，不要脱离实际，不要脱离群众的实际生活水平。"③

第五，强调搞好建设的关键在于党的领导。

邓小平在西安讲话中语重心长地说："过去的革命问题解决得好不好，关键在于党的领导，现在的建设问题解决得好不好，关键也在于党的领导。"④"关键在于党的领导"主要是两个方面：一方面，关键在于党是不是善于学习，学习得好就可以避免犯大错误，就可以少花一点钱办很多的事；另一方面，关键在于党能否依靠群众，不断地克服自己队伍中的主观主义、官僚主义和宗派主义，特别是教条主义。这是因为，革命当中的主观主义、官僚主义和宗派主义，会使我们脱离实际和脱离群众；在建设中如果犯主观主义、官僚主义和宗派主义，也会使我们脱离实际和脱离群

---

① 毛毛：《我的父亲邓小平》，中央文献出版社 1993 年版，第 265—266 页。

② 《邓小平文选》第 2 卷，人民出版社 1994 年版，第 406 页。

③ 《邓小平文选》第 1 卷，人民出版社 1994 年版，第 268—269 页。

④ 同上书，第 264 页。

众，会使我们达不到勤俭建国的目的，会使我们不能调动一切积极因素来搞好建设。那么，如何克服党在领导建设中的主观主义、官僚主义和宗派主义呢？邓小平重申了他在八大上提出的"共产党要接受监督"这个命题。"党要受监督，党员要受监督。""如果我们不受监督，不注意扩大党和国家的民主生活，就一定要脱离群众，犯大错误。"怎样监督呢？邓小平指出，监督应来自三个方面：一是党的监督。对共产党员来说，党的监督是最直接的；二是群众的监督。要扩大群众对党的监督，对党员的监督；三是民主党派和无党派民主人士的监督。邓小平强调："有了这几方面的监督，我们就会谨慎一些，我们的消息就会灵通一些，我们的脑子就不会僵死起来，看问题就会少一些片面性。"除了这三个方面的监督，邓小平强调要扩大各方面的民主：厂矿企业的管理，要扩大民主；农村合作社，要实行民主办社；在学校，教职员工会、学生会要发挥作用；就是军队的民主生活，也并不妨碍统一指挥。邓小平特别精辟地论证了"大民主"与"小民主"的辩证关系："我们是不赞成搞大民主的。大民主是可以避免的，这就要有小民主。如果没有小民主，那就一定要来大民主。"因为群众有气就要出，我们的办法就是扩大各方面的民主，使群众有出气的地方，有说话的地方，有申诉的地方。所以，"有小民主就不会来大民主。群众把气出了，问题尽可能解决了，怎么还会有大民主呢？"① "总之，共产党的领导够不够格，决定于我们党的思想和作风。"② 只要党和党员不脱离群众，只要党和党员接受监督，只要党和党员虚心学习，只要党和党员不断地进行工作，我们党就一定能同过去领导革命取得胜利一样，顺利地领导国家建设。

1957 年春在西安干部会上的讲话，除集中阐述前述五个方面的问题外，还讲到要用经济的办法管理经济，要搞好城市规划等问题。

搞比较研究既不能用历史框定今天，也不能拿今天的眼光去苛求历史。然而，邓小平 1957 年春的西安讲话，白纸黑字，明明白白告诉我们，它与二十多年后逐步形成的邓小平理论是何等的接近或一致，至少在前述主要观点上是这样。那么，我们有理由得出结论：1957 年春的西安讲话，是邓小平理论的酝酿或发端。

---

① 《邓小平文选》第 1 卷，人民出版社 1994 年版，第 270—273 页。

② 同上书，第 274 页。

五 对秦人深情依依肺腑言及其原因

尽管邓小平一生来三秦大地 12 次，在这片土地上累计生活战斗 33 个月，但严格来讲，陕西终究不是他生活战斗最长的地方。然而，他对这方土地充满了热爱，对这方土地上质朴而勤劳的人民充满了深情厚谊，时刻牵挂着三秦父老的安危冷暖，深切怀念着牺牲在这片土地上的战友。

1957 年来陕，通过视察西安市区，他发现城市规划存在问题，"电影院戏院并不少，但是在工业区一个也没有，要看戏的人找不到戏院，有戏院的地方没有多少人去看戏"。① 后来陕西省和西安市接受邓小平的批评，先后在东郊、西郊工业区和南郊文化区修建不少电影院或工人俱乐部，极大地丰富和方便了工人的文化生活。同时，邓小平非常赞赏"西安的城隍庙，有很多简易的商店"，方便群众，于是他建议"在人多的地方多建一些简易的商店、理发馆等，交通就不那么紧张了"。② 1966 年，在西飞公司考察中，参观厂区时，在钣金厂房的漩压机旁，他亲切地同工人握手问好；在试飞院，他和女青年技术员拉家常，问：哪个学校毕业，生活、工作情况怎样？在延安，他接见解放军战士、工人、教师和老红军代表，同南关体育场的群众见面合影。1980 年在西安的两天参观，他一再叮咛不要影响接待单位的正常工作，不要干扰群众参观；在碑林博物馆，他还让随行人员专门到大门口询问、证实碑林是否对广大游客正常开放。1988 年在渭华起义 60 周年纪念之际，他深切怀念为革命牺牲的原中山军事学校师生，欣然题写了"渭华起义烈士永垂不朽"十个大字，以示纪念。

邓小平为什么对陕西的经济和社会发展如此重视，对陕西人民怀有这般深情厚谊，笔者以为主要是三个方面的原因：

第一，情感基础非常牢固。他不仅在这方热土上累计生活了近三年，而且这里也是他投身国内革命斗争的第一站，一切最初的印象总是最深刻且美好。再者，他和卓琳的婚姻结合是 1939 年秋在延安的窑洞举行的。虽然这是他婚史中的第三次，但只有这次婚姻结合最成功，时间最长，也最幸福美满，一直白头偕老。中国人虽不重视金婚银婚之类的纪念，但邓

---

① 《邓小平文选》第 1 卷，人民出版社 1994 年版，第 267 页。

② 同上。

小平幸福美满的家庭生活，对他后来能经受住任何政治风浪的磨炼和考验，都是至关重要的。而这样一个至关重要的起点又是从延安开始的。还有，邓小平人生最大的磨难恐怕是"三起三落"的第二"落"，即十年"文化大革命"的第一次被打倒。"文化大革命"的全面发动固然是1966年5月，但早在年初已有信号显示，对邓小平很不利，但他在3月视察西安时，同样受到了西安人民的热烈欢迎。他视察西飞公司那天下午，听到消息的职工群众自发云集马路两旁，领略总书记的风采，为邓小平一行送行。这是邓小平"文化大革命"落难前的最后一次外出。应当说，对陕西人民的这份真情，他不仅领受了，而且印象极深。中国人是最讲人情味的。应当说，邓小平同陕西人民的这份情、这份意至真至切，是非常牢固的；他当然感激这些不看风使舵，善良而质朴的秦人。

第二，出于对历史文明的敬仰。举世公认，中国历史悠久，文化灿烂。其实，无论是悠久的历史还是灿烂的文化，从有文字记载这个层面上看，主要是陕西的历史悠久、文化灿烂。邓小平对陕西的历史文明充满了敬仰之情。他在秦兵马俑博物馆观看出土文物时，工作人员让他观赏一把完整、光亮的出土青铜长剑。这把剑埋在地下两千多年，出土时却没有点滴斑锈。经中国有色金属研究院和地质科学研究院用电子探针、激光分析、化学定量测定等手段，检验出青铜剑主要含铜、锡、铅等金属成分，还有镍、镁、铝、锌、铁、钒、硅、锰、钛、铬等多种稀有金属，又用铬酸盐和重铬酸盐处理了器表，形成一层致密的铬盐氧化层，增强了剑的防腐抗锈能力。这种工艺德国1937年、美国1950年才先后申请专利，而我国远在2000年前的秦代就有了类似的工艺，创造了世界冶金史上的奇迹。邓小平看得仔细，听得认真。工作人员请他亲手拿剑时，他显得难为情，"这可不行，你们都戴着手套，我手上有汗，不能拿，会损坏文物的"。工作人员拿来手套给他戴上，他才将剑接过来仔细端详，并发出感慨："好，好，真是太好了，我们在秦代就有这么高的技术，真是了不起!"在碑林博物馆观看东汉《曹全碑》、唐欧阳询《皇甫诞碑》、颜真卿书《多宝塔碑》、柳公权书《玄秘塔碑》等石碑时，他时而惊叹，时而点头，对这些历史文明的见证，表现出极大的兴趣和由衷的敬佩。那么，热爱这方土地，牵挂、关爱生活在这方土地上的人民，也就是顺理成章的事了。

第三，统揽全局的领导角色和历史责任感。1952年7月邓小平由中共西南局第一书记任上，上调中央任政务院副总理。1956年9月党的八届一中全会，他被选为中央政治局常委、中央书记处总书记，成为党的第一代领导集体的重要成员。改革开放的新时期，历史把他推到了党的第二代领导集体的核心地位，成为改革开放的总设计师。这样，除了"文化大革命"期间两次被错误打倒的八九年时间外，在新中国成立以来的绝大多数时间里，邓小平一直处在党和国家的核心领导地位，扮演着总览全局的领导角色。这样一种地位和角色，必然要求他考虑问题必须从全国这个大局出发，所作决策必须正确果断，而陕西地处东部地区和西部地区的接合部，是东部通往西部的桥头堡，战略地位十分重要，那么，发展好陕西不仅是搞好全国工作的必然要求，而且有着特殊的战略意义。这样，重视和支持陕西的工作，关心陕西人民也就成为历史责任感极强的邓小平题中的应有之义，因为他的信念是"我是中国人民的儿子，我深情地爱着我的祖国和人民"。① 这里的"祖国"，当然包括陕西在内；这里的"人民"无疑包括三秦儿女。

(刊于《陕西师范大学学报》(哲学社会科学版) 2009 年第 3 期)

---

① 中共中央文献研究室、中央电视台：大型电视文献纪录片《邓小平》，中央文献出版社 1997 年版，第 268 页。

邓小平与中国特色社会主义

党的十八大报告指出："中国特色社会主义道路，中国特色社会主义理论体系，中国特色社会主义制度，是党和人民九十多年奋斗、创造、积累的根本成就，必须倍加珍惜、始终坚持、不断发展。"[①] 显然，"中国特色社会主义"是一个集理想追求、社会实践、发展道路、制度设计等诸多意蕴于一体的基本范畴。本文旨在探讨邓小平对中国特色社会主义的巨大贡献。

一 提出了"建设有中国特色的社会主义"的科学命题

1956 年我国胜利完成了生产资料私有制的改造，确立起了社会主义基本制度，由此开始了大规模艰辛而曲折的社会主义现代化建设。然而这样的崭新实践，很快就出现失误乃至严重错误。在这种情况下，以一种科学的称谓来命名新中国的现代化建设理论与实践就很难了。

从中国国情出发，搞社会主义现代化建设是邓小平提出"建设有中国特色的社会主义"科学命题的逻辑起点。党的十一届三中全会重新启动了社会主义现代化建设事业，在拨乱反正过程中，邓小平总结历史和现实经验教训，致力于寻找一条符合中国国情的现代化之路。在这一过程中，他提出了"中国式的现代化道路"。之后，邓小平在多次谈话中阐述了中国的现代化问题，"中国特色的社会主义"的概念也逐渐清晰。在党的十二大开幕词中，邓小平首次明确提出"建设有中国特色的社会主义"

---

① 胡锦涛：《坚定不移沿着中国特色社会主义道路前进，为全面建成小康社会而奋斗》，《人民日报》2012 年 11 月 18 日。

这一科学命题，来命名中国社会主义的现代化建设。

何谓"建设有中国特色的社会主义"？邓小平指出："把马克思主义的普遍真理同我国的具体实际结合起来，走自己的道路，建设有中国特色的社会主义，这就是我们总结长期历史经验得出的基本结论。"[①] 以后他又在多种场合、多次谈话和讲话中表达了上述认识。1985 年 8 月 21 日，邓小平在会见坦桑尼亚联合共和国总统尼雷尔时，更明确地指出："把马克思主义同中国的实践相结合，走中国自己的道路，我们叫建设有中国特色的社会主义。"[②] 可以看出，邓小平"建设有中国特色的社会主义"的命题包含三层含义：一是坚持马克思主义，坚持社会主义，这是这一命题的一般的本质的规定性。它规定了我国现代化模式的性质，即是说，它是人类历史上一种新兴模式，既不同于资本主义发达国家的现代化模式，也不同于一般后现代化国家的现代化模式。二是立足中国国情，从中国实际出发，这是这一命题的特殊规定性。它突出了民族性的特征，强调这是社会主义在特定区域的实践，而并非放之四海而皆准的普遍模式。由上述两点还引发出第三层含义，就是相结合。马克思主义要与中国实际相结合，特别是"建设"二字，更是突出了"有中国特色的社会主义"命题的实践特征。

"建设有中国特色的社会主义"科学命题的提出，使中国共产党现代化建设的理想预设、理论架构、实践活动第一次有了科学称谓和概念表达，成为今天"中国特色社会主义"概念界定的起点。在实践上，为新时期中国现代化建设事业指明了根本任务和努力方向。以后这一命题的表述虽不断变化，但以"中国特色社会主义"作为核心含义和主要话语始终如一。

需要指出的是，"建设有中国特色的社会主义"科学命题提出之时，距离中国社会主义现代化建设重新启动只有 4 年，我们的探索还刚刚开始，还处在起步阶段。从历史的视角来看，中国共产党人的社会主义建设理论准备不足，缺乏经验。因此，对于刚刚走出现代化建设顿挫与困境的以邓小平为核心的党的第二代领导集体而言，在新的现代化征途中，既要解放思想，大胆创新，又要求真务实，谦虚谨慎，可谓艰难困苦，如履薄

① 《邓小平文选》第 3 卷，人民出版社 1993 年版，第 3 页。

② 同上书，第 135 页。

冰。因而，在这样一个中国共产党现代化建设的理想预设、理论架构与实践活动的科学称谓和概念表述里，"有"字是不可或缺的。它表明了我们当时还处在探索阶段的社会现实。

随着中国特色现代化发展模式日益走向成熟，得到国内外的普遍认同，在这一模式实践起步和雏形阶段提出的"建设有中国特色的社会主义"科学命题的称谓与表述，必然要有所更新和发展。党的十六大报告首次使用"中国特色社会主义"这一概念，恰恰正是反映了这种历史的必然。同时，相对于以前的称谓而言，去掉"有"字后的"中国特色社会主义"称谓，也彰显出中国共产党人和中国人民在寻到适合中国国情的一种现代化发展模式之后的无比自豪和对今后发展的无上自信。由此，这一范畴的文字表述的定型就顺理成章了。

二　开辟了中国特色社会主义的发展道路

中国特色社会主义道路是在改革开放 34 年历程中形成和走向成熟的，是邓小平领导全党和全国人民开辟的。党的十八大报告对中国特色社会主义道路作出了明确阐述。这条道路就是邓小平话语表达里的十一届三中全会以来的路线。而事实上，对这条基本路线的核心思想和主要轮廓构思得最早的仍是邓小平。邓小平对中国特色社会主义发展道路内涵中总体布局的不断丰富、发展和完善有着重要的基础性理论贡献。

（一）关于以经济建设为中心

粉碎江青反革命集团后，邓小平在拨乱反正、揭批"四人帮""唯生产力论"谬论的同时，就反复强调发展生产力对社会主义至关重要。针对"四人帮"造成的思想混乱，邓小平在全国科学大会上重申，建设社会主义的现代化强国是我国人民肩负的伟大历史使命，并提出了"科学技术是生产力"的著名论断。这实际上就向全党和全国人民提出了要把工作重心转移到经济建设上来，标志着我们党对 50 年代后期就形成并越来越严重的"以阶级斗争为纲"这一错误方针的最终和彻底否定。以经济建设为中心的思想已初露端倪。①

---

① 陈答才：《邓小平与十一届三中全会路线》，《马克思主义研究》2009 年第 1 期。

（二）关于对内改革和对外开放

十一届三中全会前，邓小平考察东北，发表了一系列重要谈话，吹起了对内改革的春风。针对当时存在的体制问题，邓小平指出，总体看我们国家的体制，包括机构体制等，基本上是从苏联来的，是一种落后的东西，人浮于事，机构重叠，官僚主义发展，"有好多体制问题要重新考虑"。① 通过对当时体制的尖锐批评，邓小平实际上提出了突破"苏联模式"和"左"的思想束缚的改革任务。

邓小平关于对外开放问题的论述同样深刻。在东北考察期间，在听取地方领导汇报工作时邓小平以其特有的国际视野敏锐地指出，我们实现现代化已经"有了今天这样的，比过去好得多的国际条件，使我们能够吸收国际先进技术和经营管理经验，吸收他们的资金"。② 显然，随着揭批"四人帮"取得初步胜利，邓小平就强调要把经济建设摆到突出的位置，把对外开放的思想也提到了重要的议事日程。

（三）关于解放和发展社会生产力

新中国成立后，由于"左"的错误的影响，人民的温饱问题长期得不到解决。总结历史教训，邓小平在"文化大革命"结束后，反复强调发展生产力的重要性，"我们革命的目的就是解放生产力，发展生产力"。1980 年 4—5 月，邓小平较为集中地谈到社会主义要发展生产力及其发展生产力的重要性和紧迫性。4 月 1 日，他在同中央负责同志谈话时强调："生产力方面的革命，从历史的发展来讲是最根本的革命。"③ 4 月 12 日会见赞比亚总统卡翁达时，在介绍了过去 30 年发展的成就后，邓小平清醒地指出，过去 30 年落后的根本原因是耽误了时间，生产力发展太慢了。之后在会见外宾时，他又相继指出："不管你搞什么，一定要有利于发展生产力。"④ "空讲社会主义不行，人民不相信。"⑤

---

① 《邓小平思想年谱》，中央文献出版社 1998 年版，第 77 页。

② 《邓小平文选》第 2 卷，人民出版社 1994 年版，第 127 页。

③ 同上书，第 311 页。

④ 同上书，第 312—313 页。

⑤ 同上书，第 314 页。

（四） 在社会主义现代化建设实践中丰富和发展党的基本路线

在现代化建设的实践中，邓小平使十一届三中全会路线不断得到丰富和发展，其最突出的理论贡献就是逐步提出了有中国特色社会主义的检验标准。首先是政治标准，也就是说"有中国特色的社会主义"含义是什么？邓小平在诸多的讲话、谈话中一再强调："我们搞四个现代化，是社会主义的四个现代化，不是搞别的现代化"，① 这是最根本的检验标准。其次是生产力标准，邓小平指出坚持社会主义，首先要摆脱贫穷落后状态，大大发展生产力，体现社会主义的优越性。根据邓小平讲话精神，十三大报告依据历史唯物主义的观点，提出了破除生产力来抽象谈论社会主义的历史唯心主义观念，从根本上划清了科学社会主义同种种空想社会主义的界限，从理论的深度和政治的尖锐性上，大大深化了以经济建设为中心的思想。最后，是生活水平标准，就是说有中国特色的现代化绝不是一个空洞的口号或抽象概念，而是有具体的量化标准要求，这就是"到本世纪末"达到"小康水平"。② 在这个基础上，21世纪中叶达到中等发达国家的水平。当然这个指标体系的确定是从我国具体国情出发考虑的。③

总之，以邓小平为核心的第二代中央领导集体，第一次全面系统地而不是支离破碎地回答了中国社会主义的发展道路、发展阶段、根本任务、发展动力、外部条件、政治保证、战略步骤、党的领导和依靠力量等一系列基本问题，开辟了中国特色社会主义道路，开创了社会主义现代化建设的新局面。

三　奠定了中国特色社会主义理论体系的牢固基础

中国特色社会主义理论体系，是包括邓小平理论、"三个代表"重要思想以及科学发展观等重大战略思想在内的科学理论体系。作为邓小平理论的主要创立者，邓小平不仅为邓小平理论的创立和发展，而且为中国特色社会主义理论体系的创立和发展作出了突出贡献。这种贡献最直接、最

---

① 《邓小平文选》第3卷，人民出版社1993年版，第110页。
② 《邓小平文选》第2卷，人民出版社1994年版，第259页。
③ 陈答才：《邓小平与十一届三中全会路线》，《马克思主义研究》2009年第1期。

集中、最核心的就是，邓小平提出了中国特色社会主义的理论体系的基本思想和搭建了这个理论体系的基本框架。

（一）中国特色社会主义理论体系的哲学基础：重新恢复实事求是的思想路线

"实事求是"是中国共产党的思想路线，它是毛泽东首先确立的，并指导中国共产党取得了中国革命的胜利。新中国成立后的很长一段时间特别是"文化大革命"期间，党的"实事求是"思想路线遭到严重破坏。粉碎江青反革命集团后，由于多年来极"左"观念的影响，习惯于按教条办事，把经典作家的语录当成检验真理、衡量是非的标准。特别是当时全面主持中央工作的负责同志，又提出"两个凡是"，这就更使人们的思想被严重禁锢着。正是邓小平以非凡的胆略和彻底唯物主义者的大无畏气概，力挽狂澜，通过批评"两个凡是"、支持和领导"真理标准大讨论"，才逐渐恢复了"实事求是"的思想路线。特别是在《解放思想，实事求是，团结一致向前看》的讲话中，邓小平突出强调了解放思想在拨乱反正和现代化建设中的重要性，不仅成为开辟新时期、开创新道路、创造新理论的宣言书，而且在实践上为新时期我们党坚持和发展党的思想路线，为在这条思想路线指导下发展中国特色社会主义事业，形成中国特色社会主义理论体系，奠定了坚实基础。而纵观中国特色社会主义理论体系，它始终贯穿着马克思主义的基本立场、观点和方法，其哲学基础就是马克思主义辩证唯物主义和历史唯物主义的世界观和方法论，即实事求是。

（二）中国特色社会主义理论体系的实践基础：开辟改革开放的社会主义现代化建设道路

伟大的理论产生于伟大的实践，中国特色社会主义理论体系也不例外。中国特色社会主义理论体系产生的实践，是以邓小平为核心的党的第二代领导集体开辟的中国特色社会主义道路。面对十年"文化大革命"造成的危难局面，以邓小平为代表的中国共产党人坚持解放思想、实事求是，作出了把党和国家工作中心转移到经济建设上来、实行改革开放的历史性决策，确立了社会主义初级阶段基本路线，吹响了走自己的路、建设中国特色社会主义的时代号角，创立邓小平理论，指引全党全国各族人民在改革开放的伟大征程上阔步前进，开创了改革开放伟大事业，书写了社会主义现代化建设的新篇章。新实践不断提出新问题，促使我们党不断进行新思考，作出新回答。而中国特色社会主义理论体系正是在吸收和借鉴改革开放以来社会主义现代化建设新实践中的经验教训而形成、发展和不断完善的。改革开放以来社会主义现代化建设的新实践，是推动中国特色社会主义理论体系形成的巨大推动力。没有改革开放的社会主义现代化建设新实践，就没有中国特色社会主义理论体系。

（三）中国特色社会主义理论体系的首要问题：初步系统回答了"什么是社会主义，怎样建设社会主义"

马克思指出，每个时代总有属于它自己的问题，而所谓问题"就是公开的、无畏的、左右一切个人的时代声音。问题就是时代的口号，是它表现自己精神状态的最实际的呼声"。① 改革开放以来，围绕什么是马克思主义、怎样对待马克思主义，什么是社会主义、怎样建设社会主义，建设什么样的党、怎样建设党，实现什么样的发展、怎样发展等重大问题，我们党进行不懈探索，最终产生了中国特色社会主义理论体系。

但是我们应该看到，在中国特色社会主义理论体系回答的上述问题中，"什么是社会主义，怎样建设社会主义"是科学社会主义的首要问题，也是中国特色社会主义理论体系的首要问题。对这个问题的不同回答，从理论上可以说是关于各种社会主义的错误观点与科学社会主义的分水岭；从实践上可以说它直接影响到建设社会主义的路线、方针、政策的制定，因而直接影响人们的社会实践，决定着社会主义事业的兴衰成败。

纵观社会主义发展史，不同时代、不同国度都没有很好地回答这个问题。苏联七十多年的社会主义实践并没有弄清楚和回答好这一根本问题，同样，中国改革开放以前所经历的曲折和失误以及改革开放以来在前进中遇到的一些疑虑和困扰也是如此。可以说，在相当长的历史时期内，虽然人们在主观上努力实践社会主义原则，建设社会主义，但在理论上没有完全搞清楚什么是社会主义，还没找到一条正确的切实可行的建设道路，因而在实践中也就不可能取得建设社会主义应有的成功。对此，邓小平在总结我国社会主义历史经验时，就讲到"我们建立的社会主义制度是个好

---

① 《马克思恩格斯全集》第 40 卷，人民出版社 1982 年版，第 289—290 页。

制度，必须坚持。问题是什么是社会主义，如何建设社会主义。就是要搞清楚这个问题"。①

党的十一届三中全会以来，我国从"以阶级斗争为纲"转向以经济建设为中心，从传统的计划经济转向社会主义市场经济，从封闭半封闭型社会转向开放型社会，这一伟大转变与实践的过程，就是以邓小平为代表的中国共产党人逐渐搞清楚"什么是社会主义，怎样建设社会主义"的过程，并最终寻找到一条适合中国实际的社会主义发展道路。邓小平的全部理论活动和理论内容都是围绕着这一首要的基本的问题展开的。这样，"什么是社会主义，怎样建设社会主义"就构成了邓小平理论的主题。在科学社会主义发展史上，邓小平把马克思主义基本原理同中国改革开放的现代化建设实践相结合，汲取广大人民群众在中国特色社会主义现代化建设实践中积累的经验，第一次初步系统地回答了这一问题。

（四）中国特色社会主义理论体系的探索起点与理论渊源：毛泽东思想与中国特色社会主义关系的定位识别

进入社会主义社会后，中国共产党人对如何进行社会主义建设进行了卓有成效的探索，取得了丰硕的理论成果。这些理论成果是毛泽东思想的重要组成部分，成为中国特色社会主义的理论渊源。然而，我们看到，毛泽东关于什么是社会主义的认识，关于进行社会主义建设的认识还是不成熟的。受经典作家的影响，毛泽东对社会主义的认识局限于公有制、按劳分配、无产阶级专政，把属于社会主义基本特征层面的东西当作社会主义自身，也就是说，还没有将社会主义的基本特征与社会主义本质区分开来。与原苏联、东欧社会主义国家一样，毛泽东还把计划、市场等资源配置手段，与社会制度、意识形态联系甚至等同起来。对于后者，随着新中国成立后对阶级斗争认识越来越偏离实际，最终"以阶级斗争为纲"成为我国一段历史时期内社会发展的主题和工作重心。在经济建设中，政治挂帅，以抓阶级斗争、搞群众运动的方式推动经济建设；突出政治账，反对所谓的物质刺激，反对讲究利润。也就是说，如何搞经济建设，我们未能按经济规律办事，甚至违背经济规律，其结果，受到了经济规律的惩罚。在各种以运动推动建设当中，在各种

---

① 《邓小平文选》第3卷，人民出版社1993年版，第116页。

所谓的会战中，尽管人们都曾充满激情，斗志昂扬，挥洒汗水，辛勤付出，以此来书写历史。然而，最终结局却是理想和现实的反差，愿望与结果的错位。这就表明，不尊重经济规律，社会主义建设就必然出现曲折和失误。而能否尊重经济规律，特别是尊重市场规律，与人们对社会主义的认识密切关联。当"计划就是社会主义，市场就是资本主义"的观念根深蒂固的时候，既表明人们对什么是社会主义缺乏科学认识，也必然蕴含着违背经济规律就要付出惨痛代价。

正如邓小平所说："什么叫社会主义，什么叫马克思主义？我们过去对这个问题的认识不是完全清醒的。"① 由此可以看出，毛泽东已经开始了中国特色社会主义道路的探索，但还没有从根本上突破苏联模式，而且毛泽东很快就放弃或否定了在探索初期提出的许多正确观点。他取得的一些理论成果，只能是中国特色社会主义理论体系的思想渊源，并非组成部分。对于中国特色社会主义理论体系而言，其逻辑起点只能是邓小平理论。

综上所述，邓小平理论是中国特色社会主义理论体系的基础性、架构性组成部分。这一重要科学理论对中国特色社会主义道路的开拓和理论体系的形成，作出了创造性贡献，在中国特色社会主义理论体系中处于原创性、基础性、本源性地位。因此，可以说，作为这一理论的最主要创立者，邓小平则奠基了中国特色社会主义理论体系的牢固基础，搭建了这个理论体系的主要框架。

四　夯实了中国特色社会主义制度的根基

"中国特色社会主义制度"的概念，是胡锦涛在纪念建党 90 周年大会上第一次将其从"中国特色社会主义旗帜"内涵中单列出来，彰显了把制度建设摆在突出位置的重要性和紧迫性。党的十八大报告指出："中国特色社会主义制度，就是人民代表大会制度的根本政治制度，中国共产党领导的多党合作和政治协商制度、民族区域自治制度以及基层群众自治制度等基本政治制度，中国特色社会主义法律体系，公有制为主体、多种所有制经济共同发展的基本经济制度，以及建立在这些制度基础上的经济

---

① 《邓小平文选》第 3 卷，人民出版社 1993 年版，第 63 页。

体制、政治体制、文化体制、社会体制等各项具体制度。"① 邓小平在新的历史条件下以新的思想、新的论断、新的探索，夯实了中国特色社会主义制度的根基，为进一步完善社会主义制度作出了开拓性的贡献。

（一）率先使用了"四项基本原则"的崭新概念，为中国特色社会主义制度的发展和完善奠定了根本前提

坚持四项基本原则，既是中国特色社会主义道路的重要内容，也是坚持和完善中国特色社会主义制度的根本前提。事实上，邓小平在 1978 年 12 月中央工作会议闭幕会上的讲话，构成了十一届三中全会的主题报告。虽然邓小平在三中全会前的所有讲话中还没有明确使用"四项基本原则"这个概念，但处处渗透着四项基本原则的精神。

1979 年 3 月中央又召开理论工作务虚会，邓小平在这个会议上郑重提出了要坚持四项基本原则，并把基本点的概念明确化。他论证了四项基本原则的具体内容后重申，"今天必须反复强调坚持这四项基本原则，因为某些人（哪怕只是极少数人）企图动摇这些基本原则。这是决不许可的。每个共产党员，更不必说每个党的思想理论工作者，决不允许在这个根本立场上有丝毫动摇。如果动摇了这四项基本原则中的任何一项，那就动摇了整个社会主义事业，整个现代化建设事业"。② 至此，邓小平不仅把缺一不可的四项基本原则提到了治国之本的高度，而且使三中全会路线的"一个中心和两个基本点"日趋完备和明确化了。邓小平提出的四项基本原则，强调了中国特色社会主义制度的核心内容，为推进社会主义体制改革、不断完善社会主义制度提供了根本指导原则。

（二）大力倡导推进社会主义各方面体制改革，为中国特色社会主义制度发展和完善奠定了坚实基础

首先，在经济体制改革方面，邓小平最早提出了由高度集中的计划经济体制向充满生机和活力的社会主义市场经济体制的转变。他指出："现在我国的经济管理体制权力过于集中，应该有计划地大胆下放，否则不利

---

① 胡锦涛：《坚定不移沿着中国特色社会主义道路前进，为全面建成小康社会而奋斗》，《人民日报》2012 年 11 月 18 日。

② 《邓小平文选》第 2 卷，人民出版社 1994 年版，第 173 页。

于充分发挥国家、地方、企业和劳动者个人四个方面的积极性，也不利于实行现代化的经济管理和提高劳动生产率。"① 这为以公有制为主体、多种所有制经济共同发展的基本经济制度的形成提供了理论指导。他还指出："社会主义为什么不可以搞市场经济，这个不能说是资本主义。我们是计划经济为主，也结合市场经济，但这是社会主义的市场经济。……市场经济不能说只是资本主义的。社会主义也可以搞市场经济。"② 这是邓小平 1979 年提出的社会主义市场经济的改革方向。当然，从 1980 年到 1992 年年初，他把市场的性质、作用、地位就讲得越来越明确了，直至党的十四大明确提出建立社会主义市场经济体制。

其次，在政治体制改革方面，他提出了"没有民主就没有社会主义"的著名论断，最早完整提出了"有法可依，有法必依，执法必严，违法必究"的法制理念。"文化大革命"使民主集中制受到破坏，长期的计划经济体制使得党内确实存在权力过分集中的现象，1978 年 12 月 13 日，邓小平就郑重提出："为了保障人民民主，必须加强法制。必须使民主制度化、法律化，使这种制度和法律不因领导人的改变而改变，不因领导人的看法和注意力的改变而改变。做到有法可依，有法必依，执法必严，违法必究。"③ 这一重要思想是形成中国特色社会主义法律体系的理论先声。此外，邓小平积极倡导废除干部职务终身制，1980 年 8 月 18 日，他发表《党和国家领导制度改革》的重要讲话指出："关键是要健全干部的选举、招考、任免、考核、弹劾、轮换制度，任何领导干部的任职都不能是无限期的。"④ 邓小平身体力行、以身作则，带头确立了退休制度，为中国政治发展奠定了重要制度基础。

最后，在中国共产党领导的多党合作和政治协商制度方面，邓小平明确指出了新时期统一战线的性质和人民政协的根本任务。1979 年 6 月 15 日，时任第五届全国政协主席的邓小平指出："我国的统一战线已经成为工人阶级领导的、工农联盟为基础的社会主义劳动者和拥护社会主义的爱国者的广泛联盟。新时期统一战线和人民政协的任务，就是要调动一切积极因素，努力化消极因素为积极因素，团结一切可以团结的力量，同心同

---

① 《邓小平文选》第 2 卷，人民出版社 1994 年版，第 145 页。

② 同上书，第 236 页。

③ 同上书，第 146—147 页。

④ 同上书，第 331—332 页。

德，群策群力，维护和发展安定团结的政治局面，为把我国建设成为现代化的社会主义强国而奋斗。"① 1982 年十二大报告在"长期共存，互相监督"的基础上又加了八个字"肝胆相照，荣辱与共"，使多党合作的方针更加完善。这些重要思想为新时期不断完善党领导的多党合作和政治协商制度提供了重要指导。

五　捍卫了中国特色社会主义的伟大事业

作为坚定的马克思主义者，邓小平一生都在为推进马克思主义事业而奋斗，都在同各种非马克思主义的错误思潮进行斗争。特别是改革开放的新时期，邓小平更是在同各种错误思潮进行斗争中，捍卫了中国特色社会主义事业。

（一）中国特色社会主义事业在捍卫中艰难起步：批判对待毛泽东思想的"左"右两种错误思潮

十年"文化大革命"造成人们对毛泽东及其思想认识的僵化，把毛泽东个人的思想等同于毛泽东思想，把毛泽东个人神化，这使毛泽东晚年的失误无法也不能得到纠正。特别是按照"两个凡是"的方针，中国就必然要继续坚持"以阶级斗争为纲"，故步自封，闭关锁国，游离于世界经济全球化大潮之外。要启动以经济建设为中心，以改革开放为动力的中国特色社会主义事业，首先就是要突破"两个凡是"的禁锢。事实上，1977 年 2 月"两个凡是"的方针提出后，邓小平就敏锐地发觉了它教条式对待毛泽东思想，把领袖神化的"左"的错误。他一针见血地揭示了"两个凡是"的实质"就是想原封不动地把毛泽东同志晚年的错误思想坚持下去"。② 面对"两个凡是"的错误方针，他率先站出来并不断地从理论上予以坚决批驳，"马克思、恩格斯没有说过'凡是'，列宁、斯大林没有说过'凡是'，毛泽东同志自己也没有说过'凡是'"。③ 他旗帜鲜明地反对"两个凡是"的方针，支持真理标准大讨论，有力地驳斥了错误

---

① 《邓小平文选》第 2 卷，人民出版社 1994 年版，第 187 页。
② 同上书，第 298 页。
③ 同上书，第 39 页。

对待毛泽东思想的"左"的思潮。

毛泽东思想是中国共产党的指导思想，是社会主义中国立国的政治基础。否定毛泽东思想，就必然要否定中国共产党的领导，必然要否定中国的社会主义事业。为此，邓小平对当时出现的对毛泽东思想怀疑、否定的"右"的错误思潮同样进行了批驳。上海有个所谓"民主讨论会"，其中有人诽谤毛泽东，鼓吹"万恶之源是无产阶级专政"，要"坚决彻底批判中国共产党"。① 这股思潮在一部分群众中造成了极大的思想混乱。对此，邓小平发表《坚持四项基本原则》的讲话，强调要坚决反对否定毛泽东思想的错误思潮。他指出，极少数人"或者公然反对马列主义的基本原理，或者口头上拥护马列主义，但是反对马列主义普遍真理与中国革命实践相结合而产生的毛泽东思想。我们必须反对所有这些错误的思潮"。② 邓小平通过正确评价毛泽东的功过是非，来引导人们正确对待毛泽东思想，维护毛泽东思想的指导地位，反击对毛泽东思想的"右"的错误思潮。他首先着重强调毛泽东不朽的历史功勋。毛泽东是我党、我军和新中国的最主要的缔造者，"没有毛主席就没有新中国"。③ 其次，邓小平引导人们用历史唯物主义的态度来评价毛泽东。作为一个彻底的马克思主义者，他强调要结合历史背景和历史条件去评价历史人物。他指出，我们当然要承认个人的责任，但更重要的是要分析复杂的历史背景。"如果谁在对待这样严肃的问题上离开了马克思主义，那么，他就会受到党和群众的责难。"④

（二）中国特色社会主义事业在捍卫中深入发展：南方谈话

20 世纪 80 年代末 90 年代初，国际政治风云突变，苏联解体，东欧剧变，国际共产主义运动跌入低谷，遭受重创。西方资本主义国家为此弹冠相庆，并扬言社会主义事业走向终结。一时间，迷雾重重，浊浪滔天。在严峻复杂国际形势下，中国要不要继续坚持以经济建设为中心，要不要推进以市场为取向的改革，要不要继续扩大开放？诸如此类的重大问题在国内引起了激烈的争论。其焦点在于，要不要继续坚持中国特色社会主

---

① 《邓小平文选》第 2 卷，人民出版社 1994 年版，第 174 页。

② 同上书，第 171 页。

③ 同上书，第 148—149 页。

④ 同上书，第 172 页。

义。中国特色社会主义究竟是在发展社会主义还是在搞资本主义？这些争论给中国特色社会主义带来巨大冲击，一度使中国特色社会主义发展蒙上了一层迷雾而徘徊不前，任其发展下去，中国特色社会主义就可能被中断。中国特色社会主义何去何从，面临着历史性的抉择。为了解惑答疑，把改革开放和现代化建设推向新的阶段，1992 年年初邓小平在南方谈话中指出："改革开放迈不开步子，不敢闯，说来说去就是怕资本主义的东西多了，走了资本主义道路。要害是姓'资'还是姓'社'的问题。"①在多年思考的基础上，邓小平言简意赅地概括了社会主义的本质："解放生产力，发展生产力，消灭剥削，消除两极分化，最终达到共同富裕。"②

在我党的历史上，"左"倾错误持续时间最长，危害最大。20 世纪80 年代末 90 年代初，在反击国内外各种反马克思主义、反社会主义的恶毒攻击时，"左"的错误一度又有所抬头，并已对正在进行的改革开放事业产生消极影响。"左"倾错误之所以祸害不止，在很大程度上是由于历史上形成的"宁左勿右""'左'是方法问题，右是立场问题"的思维方式。因此，邓小平在南方谈话时，还谆谆告诫全党："要警惕右，但主要是防止左。"他以极大的理论勇气和求实精神，突破"左"的思想观念的束缚，对社会主义本质、对市场与社会主义的关系作出新解读，极大地解放了全党和全国人民的思想。这样，南方谈话犹如一声春雷，成为改革开放以来的第二篇宣言书，为我国社会主义市场经济体制的建立指明了方向，捍卫和推动中国特色社会主义事业的发展进入一个新阶段。

在深入学习党的十八大精神，继续推进中国特色社会主义事业的伟大实践中，研究邓小平与中国特色社会主义的关系，必将增强我们对于中国特色社会主义的道路自信、理论自信和制度自信。

（刊于《西北大学学报》（哲学社会科学版）2014 年第 6 期；此文参加教育部纪念邓小平同志诞辰 110 周年学术座谈会；收入袁险峰、姜淑萍主编《邓小平与当代中国——纪念邓小平同志提出"建设有中国特色的社会主义"30 周年理论研讨会论文集》，中央文献出版社 2013 年 8 月出版）

---

① 《邓小平文选》第 3 卷，人民出版社 1993 年版，第 372 页。

② 同上书，第 373 页。

陈云研究

陈云在延安时期的思想与实践研究述评

延安时期是陈云一生的重要阶段。在这一时期里，他从理论和实践上对党的建设和陕甘宁边区的经济建设作出了卓著的贡献。

1995年4月陈云逝世后，《人民日报》发表《陈云同志伟大光辉的一生》，对陈云在延安时期的光辉业绩是这样表述的："1937年11月至1944年3月，陈云同志在延安任中共中央组织部部长。在这段时间里，他用很大精力从事党的建设，包括组织建设、培养使用干部、党员教育、群众工作以及秘密工作等。他先后发表了《论干部政策》《为什么要开除刘力功的党籍》《怎样做一个共产党员》《巩固党和加强群众工作》《学习是共产党员的责任》《关于干部工作的若干问题》《学会领导方法》《关于党的文艺工作者的两个倾向问题》《要讲真理，不要讲面子》等重要著作，对党的建设从理论到实践都有重大建树。1938年5月，他兼任中央青年工作委员会书记。在延安整风期间，他是以毛泽东同志为主任的中央总学习委员会成员之一。他从学习马克思主义哲学和总结中国革命经验教训中，提出领导者指导工作应该采取'不唯上、不唯书、只唯实'的科学态度。1944年3月，他任中共中央西北局委员、西北财经办事处副主任兼政治部主任，主持陕甘宁边区的财政经济工作，在十分困难的条件下，卓有成效地执行了毛泽东同志提出的'发展经济，保障供给'的总方针。1945年6月中共七届一中全会继续当选为中央政治局委员，8月任中央书记处候补书记。"①

---

① 《人民日报》1995年4月17日。

一　研究概况

从 20 世纪 80 年代以来，理论界和学术界对陈云在延安时期的思想和实践进行了比较广泛而深入的研究和探讨，取得了一定的成果。

笔者通过网络和查阅大量书报刊物，搜集到有关研究陈云在延安时期思想与实践的文章约 120 篇，发表在 30 多种报刊和两部论文集［《陈云和他的事业——陈云生平与思想研讨会论文集》上、下，中央文献出版社 1996 年版，王梦奎、陈群主编的《学习〈陈云文选〉（1926—1949年）论文集》，浙江人民出版社 1984 年版］中。其中有 13 篇被人大复印资料全文转载。这些文章，从发表的时间看，主要集中在陈云研究的两个高潮时期，即 20 世纪 80 年代中期（1984—1986）和 1995 年陈云逝世后，尤其是 1995 年中共中央文献研究室陈云组和中国管理科学研究院共同举办的陈云生平与思想研讨会，就收集了与本专题有关的文章 30 多篇。

从内容看，有四分之一是专门论述陈云延安时期的党建思想、干部思想和财经思想的；有三分之一是在纵论陈云某一思想和实践时，包含了延安时期或以延安时期为主；有四分之一是对陈云延安时期的文章或有关文献进行专文研究或考证，其中《要讲真理，不要讲面子》3 篇，《怎样做一个共产党员》3 篇，《学习是共产党员的责任》20 多篇，《严格遵守党的纪律》1 篇；有少量是关于陈云延安时期的一些生活轶事的；还有一些是陈云逝世后对陈云的缅怀文章，都谈到延安时期的陈云，如刘家栋等的《党的优良作风的光辉典范——深切怀念陈云同志》（《人民日报》1995年 6 月 23 日）、王鹤寿的《沉痛悼念陈云同志》（《人民日报》1995 年 7月 21 日）、牟信之的《永恒的记忆——怀念陈云同志》（人民日报 1995年 10 月 13 日）等，还有 4 篇是关于陈云研究的述评和研讨会的评述文章。

从发表的刊物看，在 33 种报刊中，既有国家级权威报刊（如《人民日报》）、省级党报和学术期刊（如《湖南日报》《江西社会科学》等），也有高等院校的学报社会科学版（如《南京理工大学学报》），还有地方性或专业性的期刊（如《精神文明建设》《学习与实践》等）。

另有著作 6 本，其中《陈云在延安》（中央文献出版社 1995 年版）一书为陈云任中央组织部部长时的秘书刘家栋所著，该书对陈云延安时期的工作与生活、思想与实践进行了较为全面的叙述与探讨，尽管书中可能由于记忆的原因，有些明显的错误，但瑕不掩瑜，毕竟以作者目睹亲见，生动而具体地记述了陈云在延安为党的建设所耗费的心血。由朱佳木等编著，中央文献出版社 1999 年作为"中华名人丛书"之一出版的《陈云》一书，对陈云在延安时期的思想与实践也有详述。其他 4 本，是专题研究的论著，包括刘开寿主编的《陈云党建理论研究》（四川人民出版社 1992 年版），该书将陈云在延安时期的党建思想与陈云其他时期的党建思想融汇在一起，分专题进行了论述；孙业礼、熊亮华的《陈云的非常之路》（人民出版社 2001 年版）、赵士刚主编的《陈云与中共党史重大事件》（中央文献出版社 2001 年版）和王杰的《陈云经济论著研究》（河南人民出版社 1985 年版），都分别对陈云在中央组织部部长和西北财经办事处副主任任内的实践与理论，设专章专节进行了回顾和阐述。

随着对陈云研究的深入和纪念、宣传的需要，由中共中央组织部研究室、中共中央文献研究室第三编研部、中共陕西省委组织部和陕西省广播电影电视局联合摄制的五集文献电视专题片《陈云在延安》于 2001 年建党 80 周年期间播放。该片生动、形象而真实地反映了陈云在中组部的七年间，对党的建设从理论到实践方面的重大建树。

国外学者对陈云延安时期的研究，笔者找到的只有美国人大卫·M.贝奇曼著的《陈云》一书中有所涉及，然而篇幅甚小，而且由于资料引用的问题，存在明显的错误。还有，由于受西方政治理论的影响，该书对陈云这一时期活动的看法和评价并不客观，有失妥当。

二　观点述评

纵观国内外二十余年的研究成果，对陈云在延安时期的思想与实践的研究，主要集中在如下问题上。

（一）关于党的建设的思想与实践

研究者普遍认为陈云任中央组织部部长的七年，"对党的建设从理论到实践都有重大建树"①。这七年，我们党的党员从 3 万人发展到 121 万

---

① 刘家栋：《陈云在延安》，中央文献出版社 1995 年版，第 27 页。

人。陈云在这一时期许多关于党的建设的著作，"对党员队伍建设、干部队伍建设、党的基层组织建设、党的作风建设等作了系统的研究，提出了许多重要的思想原则和方针政策"，① "是运用马克思主义的基本原理对党的建设经验的科学总结，是毛泽东建党学说科学成果的丰富和发展"，"不仅具有不可磨灭的历史意义，而且对当前整党和今后党的建设都有重大的指导作用，对于研究建党学说也有理论的和历史的价值"。②

1. 陈云延安时期党建学说的理论特征。虽然无人对这一课题进行专门探讨，但在讨论陈云整个党建学说的理论特征时大都侧重或涵盖了这一时期，故在此有必要作以引用。王世谊撰写的《关于陈云党建思想研究的几个问题》一文认为，陈云的党建思想具有高度的全局性、鲜明的求实性、理论的创造性和严肃的批判性。③ 而黄文朝的《陈云党建思想的理论特征》则从不同的角度进行概括，认为陈云的党建思想具有鲜明的时代性、很强的可操作性；善于从共性中区分出个性，从个性中概括出共性，既有针对性又富于开创性；态度恳切而不失原则，语言朴质而说理透彻，具有民主性和说服力。④

2. 关于大后方党组织建设的思想。对陈云的这一思想学者们关注的较少（笔者只发现3篇），且内容大同小异。李永芳、王艳成共同撰写的《抗战时期陈云对大后方党组织建设的理论贡献》中把陈云这一思想概括为五个方面：第一，明确提出了大后方的"长期埋伏，积蓄力量，以待时机"的基本任务；第二，对大后方党的建设提出了"党内小党外大"的指导方针；第三，提出了大后方党必须建立"杂乱无章"的组织形式；第四，强调了各级党委必须成为"国民党通"，学会利用国民党内部矛盾争取革命力量的工作方法；第五，制定了大后方"党内工作是秘密的，党外活动是公开的"斗争策略。⑤ 除此之外，雷云峰的《陈云在抗战时期

---

① 张全景：《继承和发扬党的优良传统，切实做好新时期的组织工作》，载《人民日报》1995年6月20日。

② 刘武生：《陈云同志对党的建设的理论贡献》，载《教学与研究》1984年第2期。

③ 《陈云和他的事业——陈云生平与思想研讨会论文集》（下），中央文献出版社1996年版，第635页。

④ 同上书，第645页。

⑤ 李永芳、王艳成：《抗战时期陈云对大后方党组织建设的理论贡献》，《河南师范大学学报》（哲学社会科学版）2000年第3期。

对大后方党组织建设的杰出贡献》中还把"举办党的训练班，培养组织建设中的骨干力量"作为一点。① 值得注意的是，刘家栋在《陈云在延安中》提出，十六字方针是"党中央在周恩来同志和陈云同志的建议下制定的"。②

3. 在建军建政中建党的思想。学者们对这一思想的研究较少，笔者只看到在刘家栋的《陈云在延安》中有所阐述。刘家栋认为，陈云的这一思想主要体现在 1940 年撰写的《论游击区的一个重要斗争形式——游击小组》和《华北青年工作中几个问题》中，其主要思想包括：第一，阐述了游击小组的作用，即能动员群众配合正规军和游击队抗战，可以锻炼党员，培养干部，巩固党政群众组织。刘家栋指出，这一点得到了毛泽东等中央领导的赞同，在当时保证了游击小组的建党发展，为根据地的发展与巩固和党的发展壮大提供了基础力量；提出在敌后根据地建立青年半武装组织或武装组织，通过这些组织使青年在抗战中发挥作用，参与在建军建政中建党的实践。刘家栋认为这一思想来源于对当时形势的正确估计，也是根据当时党员分布状况决定的，是陈云关于如何在革命根据地建党的主要内容。③

4. 关于共产党员标准的思想。几乎所有讨论陈云党建思想内容的文章，都注意到了陈云 1939 年在《怎样做一个共产党员》中阐述的这一思想。还有学者对此文进行了专文研究。论者一致认为，明确共产党员的标准是建设思想上、政治上、组织上巩固的无产阶级政党首先需要解决的一个重要问题，适应了当时的历史条件和需要。有论者认为陈云把"终身为共产主义奋斗"作为共产党员首先必须具备的一个条件，是"从根本上解决思想上完全入党的问题"④。雷云在《坚持共产党员的标准》中还认为，"陈云同志把坚持党员标准的问题，看作在党的建设中具有头等重要意义的问题，是非常正确的"。因为：首先，这是由党的性质决定的；其次，这是由党的历史使命决定的；最后，这是由党内生活发展的辩证规

---

① 雷云峰：《陈云在抗战时期对大后方党组织建设的杰出贡献》，《人文杂志》1995 年第 4 期。

② 刘家栋：《陈云在延安》，中央文献出版社 1995 年 5 月版，第 49 页。

③ 同上书，第 33—39 页。

④ 刘武生：《陈云同志对党的建设的理论贡献——〈陈云文选〉学习札记》，《教学与研究》1984 年第 2 期。

律决定的。雷云还把陈云提出的党员标准重新概括为三个方面：一，关于奋斗目标；二，关于党员与党和群众的关系；三，关于学习。并认为陈云这一思想"现在更有着特殊重要的意义"。① 关于党员的学习问题，很多学者也给予了关注，仅对《学习是共产党员的责任》的专文研究就有二十多篇。值得一提的还有赵洁敏的《对陈云〈怎样做一个共产党员〉一文的版本考订》，该文认为《陈云文选》在题解中所指版本是 1943 年 6 月解放社的订正再版本，而非 1939 年 5 月发表在中共中央机关刊物《解放》杂志第 72 期的原版。②

5. 关于纪律建设的思想。许多研究者指出，陈云始终重视加强党的纪律建设，指出加强党纪是加强党的建设的重要组成部分，是无产阶级革命的重要组成部分，是无产阶级革命事业胜利的一个基本条件。论者们比较一致地认为，陈云是从必要性、根本性、统一性、自觉性、平等性以及实践角度来阐述纪律的特征和党的纪律建设的，即铁的纪律是在中国这个半殖民地半封建社会，这个小资产阶级占极大优势的国家，建立又联合又斗争的统一战线，进行武装革命的必然要求；严守党纪是无产阶级党性的根本要求；纪律是执行党的路线的保证；严守党纪贵在自觉；党的纪律面前人人平等；执行中央和上级决议是守纪的基本标准。

6. 关于党风建设的问题。对于这个问题，主要有两个方面的研究：一是研究陈云关于党风问题重要性和必要性的论述。论者们普遍认为，陈云主要从作风建设和党与革命的生死存亡关系来谈的。具体包括：实事求是是党和革命发展壮大的思想保证；群众的支持和拥护是革命胜利的根本保证；批评与自我批评是端正党风的锐利武器。二是研究陈云提出的关于搞好党风的具体措施。学者们认为主要有：开展批评和自我批评要从自己做起，要有正确的态度；要从制度和组织角度解决党联系群众的问题，要向群众学习，到群众中解决群众的实际问题；要大力提倡调查研究；要加强党员的马克思主义理论学习和教育；领导干部要做表率。还有论者认为陈云的群众路线思想具有三个基本特征：第一，坚持相信群众依靠群众和教育引导群众相统一；第二，坚持发动群众和关心改善群众生活相统一；

---

① 雷云：《坚持共产党员的标准》，《浙江学刊》1984 年第 3 期。

② 赵洁敏：《对陈云〈怎样做一个共产党员〉一文的版本考订》，《党的文献》1997 年第 3 期。

第三，坚持联系群众和改善领导作风相统一。①

7. 关于支部建设的思想。对于这个问题，学者们的关注较少。但有论者认为，重视党的支部建设是陈云建党思想的一个显著特点。这一思想不仅在实践上为建设、巩固和发展党的基层组织提供了指导，而且在理论上丰富和发展了马克思主义和毛泽东思想中的党建理论。赵清城撰写的《试论陈云关于支部建设的论述及其现实意义》一文，对陈云这一思想作了较为系统的阐述。文章从两方面对这一思想进行了概括：首先，科学界定支部属性，强调支部的核心堡垒作用，指出支部是党的最基本的组织，是党团结群众的核心组织，是党的力量增长的主要源泉；其次，明确支部的基本任务是做好群众工作，指明了支部工作的方向，即建设好支部领导班子是关键，同时要实现党员教育和管理工作的经常化、制度化。曹平在《试论陈云在抗日战争时期对党的建设的重要贡献》中还注意到了陈云提出的按生产单位组织支部的思想。②

（二）关于干部队伍建设的思想与实践

研究者们普遍认为，陈云在延安时期为党的干部队伍建设作出了巨大努力和贡献，他撰写的大量有关的论文把毛泽东建党学说中关于干部队伍建设的理论进一步系统化、具体化了，形成了比较完整的理论体系。论者们还比较一致地把陈云的这一思想概括为以下几个方面：

1. 干部队伍建设在党的建设中的地位和作用。论者指出，陈云从干部队伍与党的事业和革命胜利的关系出发，指出没有坚强的干部队伍，党的事业就不能发展，就不能取得革命胜利。

2. 干部工作的原则。论者们一致认为，陈云干部工作的原则即陈云提出的"了解人，气量大，用得好，爱护人"。所谓了解人，就是要知人深，要既看优点又看缺点，不能片面。所谓气量大，就是要善用各种人才，敢用比自己本领大的人。所谓用得好，就是要发挥干部的积极性，因此要求领导者态度要好，少戴大帽子，正确地展开批评。所谓爱护人，主要是政治上爱护，要经常检查和帮助、教育和提高干部。

---

① 《陈云和他的事业——陈云生平与思想研讨会论文集》（下），中央文献出版社1996年版，第715页。

② 曹平：《试论陈云在抗日战争时期对党的建设的重要贡献》，《理论探讨》1994年第6期。

3. 选拔干部的标准。学者们普遍认为，陈运选拔干部的标准是德才兼备，以德为主。"德"就是要忠于党和无产阶级事业，与群众有密切的联系，遵守纪律。"才"就是要能独立决定工作方向和责任，要有较高的文化知识和一定的专业知识与技能。

4. 使用干部的原则。学者们普遍认为陈云的这一原则包括：任人唯贤，用人得当，使得其所；要克服论资排辈的错误思想；处理好新老干部的关系，新老干部要取长补短、互相学习，共同提高，新老干部不团结，主要责任在老干部；对干部要放手使用和检查帮助相结合，任免或奖惩要慎重并通过组织程序。

5. 重视吸纳和重用知识分子干部。论者们认为，陈云作为老一辈无产阶级革命家，是党在知识分子问题上的正确代表之一，在延安时期为建立党的知识分子政策作出了重大贡献。这一思想主要有：坚持马克思主义关于广大知识分子是雇佣劳动者的基本观点，批判了对知识分子的种种偏见；阐述了知识分子在革命中的重要性；提出了抢夺知识分子的口号；提出了在学生届、教育界以及其他职业届知识分子中加强和建立新的党组织的工作；重视对知识分子进行思想政治教育。

6. 处理党与非党干部关系的思想。论者们主要从如何看待党与非党干部的关系、如何对待非党干部以及处理这种关系的原则和办法几个角度阐述陈云的这一思想。具体有：抗日根据地党与非党干部是共产党领导下的"合作共事""和衷共济"关系；从统一战线、党的建设的广度，从关系革命成败的高度看待尊重和团结非党干部的重要性，反对关门主义和宗派主义；对待非党干部要政治上信任，任人唯贤，要求适当，思想上关心，物质上帮助，共同遵守民主集中制；提出了双方发生矛盾，主要责任在党组织和党员干部的思想。

7. 教育和培养干部的思想。论者认为，虽然陈云的这一思想主要反映的是革命战争时期的干部教育问题，但并不失其现实意义。论者们主要从干部教育和培养的重要性、内容和方法等三个角度阐述陈云这一思想：第一，干部的重要性决定了干部教育和培养的重要性；第二，干部教育的内容要有层次性和针对性；第三，干部教育要理论联系实际；第四，干部教育的方式要灵活多样。

8. 干部对自身的要求。论者认为，陈云主要从提高干部水平出发，提出了干部要在以自学为主的长期学习中提高自己，要在实际中锻炼自己，要严格要求自己等要求。

韩振峰的《陈云关于干部队伍建设的基本思路》还对陈云关于干部队伍建设的基本思路进行了分析，并概括为：德才兼备，选贤任能；全面考察，客观公正；发挥特长，量才使用；加强教育，提高水平；关心爱护，处理慎重；严格要求，勿忘使命；增强团结，重视批评；消除宗派，相待以诚；新老交替，培养中青；以身作则，端正党风。① 还有论者从干部伦理的角度研究陈云的干部思想，但内容缺乏新意。

（三）陈云在西北财经办事处的思想与实践

尽管陈云在西北财经办事处的时间只有一年多，但理论界和学术界仍给予了相当的关注。学者们对这一课题的研究，主要集中在：

1. 从探索陈云经济思想体系起源的角度阐述陈云经济思想的内容。论者们一致认为，在陕甘宁边区主持财经工作，是陈云主持财经管理工作的开端。"在这里，我们可以找到陈云经济思想大厦最深层的地基，找到理解陈云后来许多重要经济思想最有效的钥匙。"② 陈云这一时期的财经思想，"也是对毛泽东财经思想形成和发展的一个贡献，标志着陈云经济思想体系已初步形成"。③ 这种"初步形成"主要表现在：第一，阐明了财政和经济的关系，即生产第一，分配第二，以发展生产解决财政困难。第二，阐明了收入和支出的关系，即收入第一，支出第二，财政支出既要解决问题又不浪费。第三，提出了财政管理体制中的"力量集中，不要分散"的方针。第四，提出了财政工作要"长期打算，留有后备"的原则。第五，揭示了财政与金融、贸易之间既互相联系又互相制约的关系，指出金融、贸易要为财政服务。第六，提出了按经济规律办事的原则。

2. 陈云对陕甘宁边区经济建设的贡献。论者们普遍认为，陈云这一时期的工作是卓著的，很好地解决了边区财经工作当时在贸易、金融、财政等方面遇到的困难，保证了边区经济的良性循环，同时为边区的财政经济建设提供了有益的经验。论者认为陈云解决边区财政经济困难的总体思

---

① 《陈云和他的事业——陈云生平与思想研讨会论文集》（下），中央文献出版社 1996 年版，第 789 页。

② 赵士刚：《陈云经济思想体系的起源》，载《党的文献》1997 年第 3 期。

③ 高西莲：《从陕甘宁经济建设看陈云经济思想体系的起源》，载《陈云和他的事业》（上），中央文献出版社 1996 年版，第 251—262 页。

路是：首先要靠发展生产；其次要实现进出口平衡；再次要减少货币发行量，搞好节约。在这一总体思路下，陈云指挥了多次对外金融贸易斗争，提出了边区内外贸易的经营方式、基本原则和应当处理好的各种关系，剖析了边币和法币之间的关系，揭示了两种货币比价与物价变动之间的规律运动，还提出了边币发行的根据和判断物价稳定的标准。

3. 陈云对财经干部的教育与培养。朱劭天在《陈云同志与西北财经办事处》一文中认为，陈云的这一举措与朱总司令的建议有关，其内容主要包括：第一，加强了财经干部的政治思想工作，使财经干部的政治素质明显提高。第二，要求财经干部认真学习业务，精通业务，向一切内行的人学习。[①]

（四）陈云在延安时期的思想方法和工作方法

很少有人对此进行专题研究，但几乎所有研究陈云的哲学思想、思想方法和工作方法的文章和著作都没能绕过陈云的延安时期。学者们对陈云这一时期思想方法和工作方法的探讨基本上是围绕陈云提出的"不唯上、不唯书、只唯实"展开的。学者们主要阐述了这一原则提出的背景和基础，这一原则的基本内涵以及陈云在实际工作和生活中对这一原则的践行。

1. "不唯上、不唯书、只唯实"原则提出的背景和基础。大多数研究者认为，这一原则是陈云在延安整风时期提出来的（在这里应该一提的是，刘家栋认为这一原则是陈云在 1962 年七千人大会的一次小组会上发言时讲的，他还提出，在中央领导同志中，陈云是第一个提出"实事求是"的[②]）。这一原则的提出和陈云对哲学的重视与思考发端于毛泽东与陈云的几次谈话和陈云对毛泽东著作的学习。除此之外，刘书楷在《陈云"不唯上、不唯书、只唯实"原则的提出及其在社会主义时期的实践》一文中对此进行了更为深入和详细的探讨。刘文认为，这一原则的提出是对中国革命道路问题的哲学思考的结果：中国革命的曲折道路是其提出的实践基础，对毛泽东实事求是原则的深刻理解和掌握是其提出的理

---

① 《陈云和他的事业——陈云生平与思想研讨会论文集》（上），中央文献出版社 1996 年版，第 100—101 页。

② 刘家栋：《陈云在延安》，中央文献出版社 1995 年版，第 172—174 页。

论基础，对纠正"抢救运动"错误做法的思考是其提出的契机。①

2. "不唯上、不唯书、只唯实"原则的内涵和实质。学者们对这一原则内涵和实质的认识比较统一："不唯上"，并非不服从上级的指示和决策，而是从人民的根本利益出发，因地制宜地贯彻执行上级的指示和决策，不照抄照发；"不唯书"，不是不读书，而是理论联系实际，用理论指导实践，反对本本主义；"只唯实"，就是一切从实际出发，实事求是，反对主观主义。另外，许德祥《论陈云"唯实"和"交换、比较、反复"的思维坐标》从思维坐标的范畴对这一思想进行了深入系统的研究。② 徐文泽的《论"不唯上、不唯书、只唯实"》还从如何坚持这一原则的角度进行了论述。徐文认为要坚持这一原则，就要不断加强党性修养，要有讲真理不讲面子的品格，要深入进行调查研究，要会用可行的方法分析解决实际问题。③

3. 陈云的实践品格和方法。陈云生前的战友、身边的工作人员、学术界和理论界一致认为陈云在工作、生活和学习中最大的特点就是实事求是，做工作要用百分之九十的时间弄清事实，经常和善于做调查研究是他一贯的主张和方法。朱劭天在《陈云同志与西北财经办事处》中回忆说，为了便于进行调查研究，陈云还曾让他绘制了一张《陕甘宁边区交通干线图》。至于这方面的事例，则俯拾皆是。

三　看法与建议

（一）研究中的五个特点

综观对该课题的研究状况和观点，笔者认为学术界和理论界对陈云在延安时期的思想与实践的研究呈现出不断深入、逐渐拓展的趋势和特点。具体表现在如下五个方面：

1. 研究面拓宽。从笔者搜集到的资料看，尤其是 1995 年以来，理论界对陈云在延安时期的研究面已大为拓宽，研究的问题从党的建设思想、

---

① 《陈云和他的事业——陈云生平与思想研讨会论文集》（下），中央文献出版社 1996 年版，第 884—888 页。

② 同上书，第 909—920 页。

③ 同上书，第 898—909 页。

干部思想、财经思想、一直到思想方法、工作方法。仅党建思想就包括了支部建设、大后方组织建设、纪律建设、作风建设、关于党员的标准、党员的学习和教育、党建思想的理论特征等内容，体现了对该课题研究的开拓性和深入性。

2. 研究力度加强。这主要表现在，有些学者注意从宏观上把握陈云的某一方面的思想，如韩振峰的《陈云关于干部建设的基本思路》；有些学者不再限于对陈云的某一思想作一般性的介绍，或者只是一般的论述陈云的某一理论贡献的水平上，而是注意挖掘陈云某一思想的深刻历史背景、深远影响和现实意义，概括抽象其理论特征，探讨其在陈云整个思想体系中的地位和作用，从而把对该课题的研究提高到了一个新水平。

3. 研究的角度多样化。对此课题的研究，学者们所站的角度和方位呈现出多样化和多层次化，如对陈云"不唯上、不唯书、只唯实"原则的研究，有的论文从该原则的内涵实质与实践层面去探讨，有的论文则在其提出的历史背景和现实意义方面进行挖掘，还有的论文从思维坐标的角度寻求新意。这种多角度、多方位的研究推动了对陈云延安时期思想与实践认识与研究的全面化和科学化。

4. 很强的时代感。学者们对该课题的研究大都能紧密地联系现实，服务于现实。譬如，在20世纪80年代中期，学者对陈云延安时期党建思想和干部思想的研究，大都是从当时整党的实际和需要出发的，而20世纪90年代，在十四届四中全会提出要用三年时间开展一次学习运动后，许多学者又对陈云的《学习是共产党员的责任》一文进行了专门论述。这种从现实出发的研究是陈云延安时期的思想和实践超越了时代的局限，不断进射出新的光辉。

5. 观点比较一致。总体上看，学术界对上述几个问题的研究，观点都几乎相同或基本一致。

（二）存在的问题

尽管对该课题的研究已呈现出上述好的趋势和特点，但仍然存在着一些不足和问题：

1. 就笔者搜集到的资料看，对该课题的研究还存在着明显薄弱的地方和死角。譬如对陈云延安时期关于支部建设的思想和在西北财经办事处的思想与实践等的研究还比较薄弱，而对陈云对中央组织工作体制建设的贡献的研究、陈云在延安整风时期的思想与实践等的研究还几乎处于空白。

2. 就现有的研究成果看，由于很多作者是应时而作、应需而作，缺乏认真严肃的思考和挖掘，因此，在研究主题和研究内容上表现出很大的重复性，而且很多论文的质量不高，新意不够，有些方面则相对薄弱。

3. 在一些问题上还存在分歧。譬如，"不唯上、不唯书、只唯实"原则的提出时间，前文已经提到。另外，关于"交换、比较、反复"的方法提出的时间，桂玉麟在《求实务实的光辉典范——陈云思想方法和工作方法的特点》一文中认为，陈云早在延安时期就讲过。[①] 而绝大部分学者似乎认为应是 60 年代。其实，这两种结论都不对。正确的结论是：1947 年 2 月 7 日，他在中共中央南满分局第一次扩大会议结束时的总结发言中提出来的。他说："要少犯错误，就要避免片面性。做到这一点的方法是交换、比较、反复。"并对"交换、比较、反复"的含义作了具体的阐发。[②] 之所以出现绝大部分学者认为是"60 年代"，可能是一个错误结论出来之后，其他人也不认真研究或考证，而导致"人云亦云"和"以讹传讹"了。

（三）两点建议

1. 延安时期是陈云一生的重要时期，所以对陈云这一时期的研究乃至陈云研究，不应使之成为应召、应时、应景之作，而应该长期充分深入地展开，把薄弱的地方壮大起来，把死角打扫干净。

2. 从总体上看，对该课题的研究成果为数不少，但同对其他领导人的研究相较，则仍显薄弱，尤其是学术专著方面为数太少。因此，在不断开拓和深入研究的基础上，撰写一部专著，实有必要。

（刊于《中共党史研究》2005 年第 2 期；此文亦属中央文献研究室第三编研部约稿，参加 2004 年"陈云研究评述研讨会"，并收入《陈云研究述评》一书，中央文献出版社 2004 年版）

---

① 桂玉麟：《求实务实的光辉典范——陈云思想方法和工作方法的特点》，《江西社会科学》1995 年第 5 期。

② 《陈云年谱》上卷，中央文献出版社 2000 年版，第 483 页。

陈云与西北财经办事处

　　西北财经办事处（以下简称"西北财办"）是在模范抗日民主根据地——陕甘宁边区最困难的 20 世纪 40 年代初，为了反击国民党蒋介石接二连三的军事进攻和经济封锁，统一管理陕甘宁边区和晋绥边区的财政经济工作，于 1942 年 6 月成立的。它隶属于中共中央西北局，陕甘宁晋绥联防军司令贺龙兼主任，曹菊如任秘书长。同年 10 月，西北财办正式办公，地址设在延安光华农场静舍。1944 年年初，为了切实加强西北财办的工作，根据毛泽东提议，3 月 5 日中央政治局会议决定，陈云任西北局委员、西北财办副主任兼政治部主任，① 实际主持办事处日常工作。陈云原来担任的中央组织部部长职务由彭真代理。10 日，中央书记处发出关于陈云任职的通知。1945 年 9 月抗战胜利，15 日晨，中央决定陈云与彭真等组成东北中央局，"立即赶赴东北开展工作"。② 当日，陈云一行即飞赴东北。这样，陈云在西北财办副主任这个岗位上工作一年六个月又四天。

　　一年半时间，无论在陈云九秩生平中，还是在中国革命和建设史的长河里都很短暂，但正是他这一年半卓有成效的工作，不但为抗日民主根据地克服困难，夺取民族解放战争的彻底胜利作出了无与伦比的实践贡献，而且他在这期间所阐发的许多思想观点，成为毛泽东思想经济理论的组成部分，在后来新中国经济建设中也发挥了重要指导作用，即便对我们今天发展社会主义市场经济，全面建设小康社会，仍不乏借鉴意义。

一

　　陈云虽是 1944 年 3 月 10 日正式出任西北局委员、西北财办副主任兼

---

　　① 《陈云年谱（1905—1995）》上卷，中央文献出版社 2000 年版，第 381 页。

　　② 同上书，第 425 页。

政治部主任职务，但事实上此年元旦过后，他就开始参与西北局的工作，主要是参与财经工作的讨论，比如，1月4日、30日，他两次出席西北局常委座谈会，讨论1944年陕甘宁边区工作，确定经济工作方针；2月5日，出席陕甘宁晋绥联防军司令部后勤部供给座谈会，讨论独立一旅生产计划；2月21日，出席西北局常委会议，听取贺龙关于1943年陕甘宁边区财经问题的总结报告。

笔者依据《陈云年谱》和其他史料作过比较精确的统计，从1944年1月到1945年9月10日，陈云总共出席西北局常委会26次，出席陕甘宁边区政府各种专业会议（如财政会议、银行会议等）、陕甘宁晋绥联防军司令部后勤部供给座谈会、八路军留守兵团司令部座谈会12次，出席西北财办会议6次（包括西北财办第二次会议、第三次会议、第四次会议、第五次会议、第六次会议），主持西北财办会议26次（包括5次专题会议）等，① 他还经常召集财办秘书长曹菊如、陕甘宁边区财政厅厅长南汉宸、贸易部部长叶季壮、银行行长黄亚光开临时会议，解决面临的各种实际问题②。此间，陈云签发的关于财政、金融、军队后勤保障的文件、通知，以及关于这些问题的往来信函和个别谈话实难精确统计。问题还在于，所统计的这些会议有些是多日连续进行的，如1944年11月，他主持的西北财办金融会议是从22—24日，连续开了三天。这些统计数据虽然枯燥，但从一个侧面真实而生动地反映出陈云在西北财办副主任任上所耗费的心血。

陈云在西北财办的实践贡献是多方面的，但最突出的贡献在于：

第一，强调"组织人民生产"，推动边区经济实现自给。

1944年年初，西北局和陕甘宁边区确定的1944年陕甘宁边区经济工作的基本方针是"发展生产，增加财富，达到完全自给"。③ 根据这一方针，陈云在各种会议，不同场合反复强调，我们的"主要任务是组织人民生产，促进抗战胜利，如果我们能解决群众的吃饭穿衣问题，我们就能成为群众的领导者"。④ 1944年11月，他主持西北财办会议，在讲话中提

---

① 根据《陈云年谱（1905—1995）》上卷统计，中央文献出版社2000年6月版。

② 乔培新：《心中时刻装着人民群众——陈云同志经济思想的学习心得》，见《陈云和他的事业——陈云生平与思想研讨会论文集》（上），中央文献出版社1996年4月版，第87页。

③ 《陈云年谱（1905—1995）》上卷，中央文献出版社2000年6月版，第381页。

④ 同上书，第387页。

出 1945 年"财经工作的总方针是：生产第一，外贸第二，财政开支第三"。① 为了鼓励边区广大军民的生产热情，陈云亲自参加劳动英雄、模范工作者代表大会筹备委员会，通过劳模会议推动大生产运动的广泛开展和深入发展。由于 1942 年起贯彻毛泽东提出的"发展经济，保障供给"这一经济工作总方针，在 1943 年边区人民基本实现"丰衣足食"的基础上，1944 年经济进一步发展，"全边区增产细粮 20 余万石，机关、部队、学校生产细粮 10 万石，除消费外，尚可节余 28 万石，加上往年的结余，共积存 70 万石以上。这一年边区植棉 30 万亩，收棉花 300 万斤，可织'三八布'150 万匹，自给率达三分之二。1945 年，边区扩大耕地 20 万亩，因遇特大旱灾，粮食虽减产，但工业有很大发展，毛巾、肥皂、火柴、纸张、陶瓷、纸烟等已达到自给或大部分自给。"② "据 1945 年边区 27 个县统计：生产收入平均占财政支出 50% 以上的有 10 个县；占 33% 以上的有 7 个县；占 20% 以上的有 4 个县；不足 20% 的有 6 个县。他们的生产收入中包括农业、工业、商业、作坊、运输等多种经营。这一年，各县基本上实现了经费自给。"③ 丰衣足食的水平再次提高。应当肯定，这些成绩的取得，这一目标的实现，同陈云在西北财办认真贯彻党中央、西北局和陕甘宁边区政府的财政经济工作总方针是分不开的。

第二，深入调查研究，有效解决了食盐走私出口问题。

盐业收入是陕甘宁边区财政收入的重要来源之一。1943 年起，边区经济状况好转了，但流通领域的食盐走私出口问题却严重起来。是年，由盐池运出食盐 5000 万斤，除内销公私用盐 700 万斤外，盐业公司只收进 3500 万斤，还有 800 万斤下落不明，相当于盐业公司收购数的 23%。为了解决这一问题，陈云带着西北财办的工作人员，亲自到延安南郊新市场和公司货栈，找群众和干部谈话，了解实际情况，结果发现这些食盐都走私出口了。陈云又通过进一步的调查分析，找出了食盐走私出口的原因：一是口岸盐业公司收购价格低，盐农成本高，运盐赔钱；二是沿途不少公营骡马店有意提高住宿费用或收取法币；三是有些盐业公司采用压级压价甚至大秤进小秤出的手法与盐农进行不公平交

---

① 《陈云年谱（1905—1995）》上卷，中央文献出版社 2000 年 6 月版，第 398 页。

② 黄静波：《抗日战争时期陕甘宁边区的财政建设》，见《陕甘宁边区抗日民主根据地（回忆录卷）》，中共党史资料出版社 1990 年版，第 255—256 页。

③ 同上书，第 256 页。

易，激起运盐群众的不满和对立；四是有些地方党政干部在处理前述问题上方法简单，造成盐业机构不合作；五是国民党统治区的西北其他省份因靠我边区食盐进口，其盐业机构采取封锁大路，放开小路，抑制官盐，高价收购私盐等手段，也刺激了我边区的食盐走私。找准了问题的症结，陈云指示有关部门积极改善盐业机构与运盐农民的关系，克服对立情绪，取得相互配合；整顿草料店，降低运盐费用；提高口岸收购价，保证运盐农民有钱可赚。这一系列措施的实施，使盐农自觉自愿地把食盐卖给盐业公司统一外销，从而有效地堵住了食盐走私出口，保证了边区政府财政收入的稳步增长。

第三，倾注全力，扭转了1943年的金融波动和物价飞涨。

1943年陕甘宁边区经济工作的另一个问题是金融波动、物价飞涨。以1943年1月为基数，上半年食物类价格上涨3.6倍，衣着类上涨4.3倍，燃料上涨2.4倍，土产上涨3倍，杂项上涨2.9倍，平均上涨3.59倍。下半年涨幅更大，以上各类别分别比6月份再度上涨4.8、4.9、8.6、3.9、7.7倍，平均上涨5.4倍。如果以1月份物价为基数，以上各类别分别上涨17、21、20、11、22倍，全年平均物价上涨了19.5倍。在物价上涨的同时，边区各地的边币比价不断下跌。以延安市为例，从8月到12月，每元法币换边币的黑市价格，从4元涨到10元；在三边分区，从10月到12月，边币与法币的比价由8：1跌到15：1，甚至拿边币买不到东西；在陇东分区，12月边法币比价跌到18：1；关中分区的边法币比价最低，也是10：1。[①] 导致物价上涨与边币下跌的原因是多方面的，主要原因是边币的过量发行和财政过多垫款，如1943年7—9月的财政垫款占3个月发行额的84％。[②] 面对如此严重的物价飞涨和金融波动，陈云倾注全力扭转这一严重的经济危局。

还是用史料说话。陕西人民出版社1998年12月出版《黄亚光文稿和日记摘编》（黄亚光1943—1947年任陕甘宁边区银行行长）一书。笔者对黄亚光1944年4月6日至是年底的日记作了统计，仅这9个月不到的时间，就有19篇日记中记录着陈云同他谈金融、贸易等问题。比如4月

---

①　西北局调查研究室：《边区的金融贸易问题》1944年6月。见《抗日战争时期陕甘宁边区财政经济史料摘编》第4编《商业贸易》，陕西人民出版社1981年6月版，第452—454页。

②　王思华：《金融与物价》1943年2月。见《抗日战争时期陕甘宁边区财政经济史料摘编》第5编《金融》，陕西人民出版社1981年6月版，第139页。

6 日（星期四）记载："……午后联司（陕甘宁晋绥边区联防军司令部，笔者注）来电话催开会，讨论金融工作。陈云部长（因陈云到西北财办工作不足一月，作者习惯称陈云原来担任的职务，笔者注）发表供以考虑的意见。"又如，6 月 17 日（星期六）记载："傍晚陈云同志打来电话告我三边十一日开兑边币后一天即兑入法币三十多万四十万，准备即电告拉到八元，以后情形拉到七元五，要在延安市注意防止大量法币进来，少兑边币出去。"再如，11 月 23 日（星期四）记载："九时到齐，座谈饱和点。陈云同志主张第一看交换所，第二看市场物价，第三看情况。"而 1945 年 1 月到 8 月这八个月的日记中类似内容的记载仍达 10 多处，如 4 月 7 日（星期六）记载："九时得电话，陈云同志等在我办公室召开会议，即赶回银行参加办事处会议。讨论金融问题，决定收集法币的步骤与收集物资——布、花、金子的办法。"要知道，黄亚光的日记"摘编"，是编者从 4 年又 7 个月时间 50 万字的日记里遴选其中的 12 万字编辑而成，多数月份只收入 10 天左右的日记。笔者又把日记"摘编"同《陈云年谱》作了比照，《日记》所记述的情节绝大多数在年谱中还没有记载。由此可以肯定，《年谱》未记载和日记未收入的相关内容一定还不少，因为《年谱》是陈云的整个生平年谱，而不是金融年谱；《日记摘编》毕竟是"摘编"且以黄亚光的活动为主，并不以陈云的金融活动为标准。仅此就足以说明陈云为抑制边区物价飞涨和金融波动所耗费的心血。

心血不会白白付出。经过陈云的艰辛努力，"1944 年上半年陕甘宁边区的对外贸易出超 50 多万，金融物价相对稳定下来。10 种主要物品延安市上涨 29%，绥德、关中、富县、定边跌了 30%—16%。而国民党统治区的洛川、蒲城则上涨了 50% 以上，榆林涨了 1 倍多"。[①] 同时，陈云还亲自领导开展消灭法币黑市的斗争，严格金融法令，有意识压低边、法币比价，加之控制食盐走私出口，促使食盐涨价，很快增加了边区法币储备，平衡了法币供求关系，从根本上扭转了 1943 年物价飞涨和金融波动的局面。

第四，重视政治工作，亲抓业务干部的培养和教育。

陈云在倾全力抓陕甘宁晋绥财经工作的同时，没有忘记他还兼任着办事处政治部主任职务。他不像时下有些人兼职只是徒有虚名或"挂名"，

---

① 魏协武主编《黄亚光文稿和日记摘编》，陕西人民出版社 1998 年版，第 10 页。

而是实实在在地履行着所兼职务的责任，发挥其应有的作用。尽管战争条件下的财经工作尤其困难，千头万绪，事无巨细，都得他调研、协调、指挥、拍板，但他同样不忘抓政治工作，在办事处全体人员中"加强了政治思想教育，使财经干部的政治素质明显提高"。①

在抓全面的政治思想工作的基础上，陈云特别重视对业务干部，特别是对财经干部的培养与教育。他主要抓了两个环节。首先，政治觉悟的提高是第一位的。他多次教育财经干部"要同钞票作斗争"。他说：财经干部主要跟财钱物打交道，"接触财钱物的机会越多，越要廉洁奉公，同每一元钱作斗争，个人不动用公家一元钱！"在党的七大上，他提出共产党人要努力做到："诚恳，坦白，谨慎，谦虚，不骄，不躁，不屈，不诿，不吹，不装，不偷，实事求是，全心全意为人民服务。"②他认为，这是每一位革命干部的努力方向。

其次，精通业务是起码的要求。认真学习业务，精通业务是陈云对干部的一贯要求，他任中央组织部部长7年，在这方面做了大量工作。主持西北财办工作，兼任办事处政治部主任期间，他丝毫没有放松这一点。1944年5月26日，他出席西北局、陕甘宁边区政府、八路军留守兵团司令部联合召开的技术人员座谈会，陈云等领导人号召要迅速集中专门技术人才，分发到各部门的工厂去，在现有基础上提高技术。③1944年下半年，陈云同中央军委军事工业局总支部书记兼政治科科长余建亭谈话，提出："在我们党内对政治工作有经验的人很多，但对经济工作有经验的人很少。要学习做经济工作，注意积累经济工作的经验。"④

有了陈云强有力的政治工作和对财经干部的培养和教育，西北财办的干部，不仅在当时对发展边区经济发挥了"决定因素"，而且在以后的全国解放战争中，在新中国成立后，都成为新中国经济战线的领导或骨干力量。他在西北财办时的身边工作人员朱劭天曾任广东省外事办公室副主任，时任陕甘宁边区银行行长的黄亚光及他身边的另一位工作人员乔培新在新中国成立后，先后任中国人民银行副行长。恕不一一列举。

<hr>

①　朱劭天：《陈云同志与西北财经办事处》，载《陈云和他的事业——陈云生平与思想研讨会论文论集》（上），中央文献出版社1996年版，第101页。

②　同上书，第101页。

③　《陈云年谱（1905—1995）》上卷，中央文献出版社2000年版，第386—387页。

④　同上书，第404页。

第五，指导编印《经济消息》，为中央正确决策经济方针建言献策。

1945 年年初，陈云指导西北财办编印供中央领导和财经干部参阅的《经济消息》。1 月 23 日该刊第一期出版，至 9 月 29 日共出版 30 期。该刊的内容主要是从国民党统治区的各种报刊上摘抄的财政资料和商业行情。创刊前陈云到解放社印刷厂与他们商定，每期稿件到后即排印，以保证及时出版①。从而使中央领导和财经干部情况明了，制定的方针和政策总是正确或基本正确。陈云还曾带着朱劭天到中央图书馆，查阅国民党统治区发行的各种报纸杂志和书籍中有关西北盐业及花纱布的产、供、销资料，指导编印成《西北盐业资料汇编》和《西北花纱布资料汇编》，由解放社印刷厂各印 300 册，分发给有关干部学习参考，使广大财经干部开阔了眼界，增长了知识。

这就是西北财办工作期间的陈云：默默无闻、扎扎实实地为党和革命事业尽职尽责地工作，除前述五大贡献，他还根据实际情况和工作需要，制定各种制度和办事章程，如金融管理制度、货币发行制度、财经结算制度、财产保管制度、费用开支制度以及价格政策等，有力地促进了边区各项业务的开展②，为中国革命夺取胜利作出了巨大贡献。

二

伟大的实践产生伟大的理论。同样，什么样的实践，必将产生什么样的理论。陈云主持西北财办工作时间虽不长，但形成了许多弥足珍贵的思想观点，至少为他后来经济思想体系的形成奠定了初步基础。

第一，提出用发展生产的办法解决财政困难，夺取革命胜利。

马克思主义的一个基本观点是，历史活动的第一要义，就是物质生产活动。用马克思和恩格斯的话说，"人们为了能够创造历史，必须能够生活。但是为了生活，首先就需要吃喝住穿以及其他一些东西。因此，第一个历史活动就是生产满足这些需要的资料，即生产物质生活本身"③。毛泽东在土地革命战争时期曾强调"革命战争的激烈发展，要求我们动员

---

① 《陈云年谱（1905—1995）》上卷，中央文献出版社 2000 年版，第 407 页。

② 喻杰：《陕甘宁边区的贸易工作》，《陕甘宁边区抗日民主根据地（回忆录卷）》，中共党史资料出版社 1990 年版，第 260 页。

③ 《马克思恩格斯选集》第 1 卷，人民出版社 1995 年第 2 版，第 79 页。

群众，……进行各项必要和可能的经济建设事业"。① 在抗日战争最艰苦的岁月，他又说，"军队要吃饭，老百姓也要吃饭""为了战争胜利，要发展经济工作，要发展生产"。② 作为马克思主义者的陈云深晓此理。在延安时期，当抗日根据地的财政经济遇到极大困难，他不仅号召部队、机关和农民群众组织起来发展生产，克服中国革命的严重困难，而且他亲自参加中央机关的大生产运动。1942 年 11 月 4 日，他在西北局高干会上作整政整军的报告。报告提出，整政的"两个基本任务"首要任务便是"生产"。次日，陈云在西北局高干会上作整顿党政军民关系的报告，强调党的工作不限于党务工作，而是全面领导，当然包括领导生产在内；"军队工作也应努力把生产搞好，树立生产等于打仗的思想"。③ 到西北财办工作后，他认真贯彻"发展生产，增加财富"等边区经济工作的既定方针，再三强调"现在革命已经进入到这样一个阶段，主要任务是组织人民生产，促进抗战胜利"④。他提出 1945 年的"财经工作的总方针是：生产第一，外贸第二，财政开支第三"。⑤ 1944 年 12 月 3 日，陈云出席陕甘宁边区第二届参议会第二次会议，并作《关于边区财经问题》的发言。《发言》在总结 1941 年以来"实行自力更生的方针"，取得四项显著成绩的第一项就是"实行了以发展生产解决财政困的办法"。⑥ 1945 年初，陈云特别强调："自力更生，发展生产，将来得天下就靠这一条。"⑦ 在这里，他不仅把发展生产作为克服财政困难的临时办法来看待，而且上升到"得天下"，夺取中国革命胜利的基本经验来强调。应当说，这些思想同新中国成立初期他提出克服财经困难应把"眼光放在发展经济上"，⑧ 中共十一届三中全会前后，他同邓小平一起强调把党和国家的"工作重点转到社会主义建设上来"⑨，这对于形成党在社会主义初级阶段的基本路线是有重要意义的。

---

① 《毛泽东选集》第 1 卷，人民出版社 1991 年第 2 版，第 119 页。

② 顾龙生：《毛泽东经济年谱》，中共中央党校出版社 1993 年版，第 174 页。

③ 《陈云年谱（1905—1995）》上卷，中央文献出版社 2000 年版，第 367 页。

④ 同上书，第 387 页。

⑤ 同上书，第 398 页。

⑥ 《陈云文选》第一卷，人民出版社 1995 年版，第 282 页。

⑦ 《陈云年谱（1905—1995）》，中央文献出版社 2000 年版，第 408 页。

⑧ 《陈云文选》第二卷，人民出版社 1995 年版，第 18 页。

⑨ 《陈云文选》第三卷，人民出版社 1995 年版，第 232 页。

第二，强调用经济手段按经济规律解决经济问题。

陈云一贯强调领导经济工作要运用经济手段，遵循经济规律。然而，他的这一思想仍然发端于西北财办时期。

仍以杜绝食盐走私为例，1944年4月18日，他出席西北局运盐座谈会。认为，盐的生产、运输、销售、外贸要统一，只有统一起来，才能对付敌人。在这里，四者的"统一"讲的是经济手段，"只有""才能"这个条件句，实际揭示的是杜绝食盐走私的规律。他还要求盐业公司要多投些资本、开办商店，要与合作社签订贸易合同，采取集股和分红的合作方式，同样强调的是经济手段。

再以提高棉花生产为例。陈云要求有关部门规定免税及合理的收购价格以刺激农民种棉的积极性。据他身边的工作人员朱劭天回忆，"1944年，关中平原新棉花上市时，我进口口岸先提高收购价一倍多，较我东三县棉价还高。高价招远客，封锁我边区的国民党军队连排长亲自带整连整排士兵背棉花进来，有的一夜背三趟，使我们在两个月争取到进口优质新棉花百余万斤。而国民党政府的采购陕棉60万担计划，由于开始收购价低，以后见收购不到，虽连续提价4倍多，且好坏棉花均收，计划仍未完成"。[①]

又以金融斗争为例。1944年8月20日，陈云主持西北财办金融会议，就陕甘宁边区金融问题的历史争论作结论性发言。指出："边区有独立的币制，同时与法币发生贸易上的关系，这种金融情况决定了法币在边区的意义很大，只有多争取法币才能保护边币，这不能称之为'法币观点'。我们与法币的斗争手段要以经济为主，政治为辅。"[②] 在这里，既指出了金融斗争的"手段""要以经济为主"，又揭示了"只有多争取法币才能保护边币"的金融斗争规律。

最后以对外贸易为例。1944年10月13日，陈云在西北局常委会上作《半年来对外贸易总结》的报告。报告指出："等价交换的经验是，要以物物交换为标准。要经常估计和了解商情，商情愈明愈能增加主动性。要学会做生意，懂得照顾商人最终是为了自己，小吃亏换

---

① 《陈云和他的事业——陈云生平与思想研讨会论文集》（上），中央文献出版社1996年版，第99页。

② 《陈云年谱（1905—1995）》上卷，中央文献出版社2000年版，第392页。

来大便宜。"① "等价交换""了解商情"，互利互赢和讲求"诚信"，既是陈云对贸易工作提出的准则，其实也是从事这方面工作应当遵循的规律。

总之，正如陈云所说："按经济规律办事，这是一种现象。"② 他是这样说的，也是这样做的，而且从西北财办就开始这样做了。

第三，理顺了财经工作的一系列关系，排列了顺序，分清了轻重缓急。

财经工作千头万绪，涉及经济工作的方方面面，在工作实践中往往"公说公有理，婆说婆有理"，各自强调自己的重要性和特殊性；一旦出现失误或问题又互相推诿，推卸责任。在这理不顺、忙还乱的复杂关系中，陈云以他特有的睿智理顺了财经工作的一系列重要关系，从而使陕甘宁边区的经济走上良性健康发展的轨道。

首先，正确阐释了财政与经济的关系。财政与经济的关系，实质上是生产与分配的关系。正确认识和处理二者的关系，是财政工作的关键所在。马克思认为："一定的生产决定一定的消费、分配、交换和这些不同要素相互间的一定关系。"③ 毛泽东 1942 年发展了这一原理，指出"发展经济，保障供给，是我们的经济工作和财政工作的总方针"。④ 陈云主持西北财办工作期间，进一步提出了"生产第一，分配第二"的财经工作总方针。1945 年 2 月 1 日，他在陕甘宁边区财政厅工作检讨会上发表《怎样做好财政工作》的讲话，再次强调，"财政工作是什么方针？是生产第一，分配第二"。⑤ 之所以要确定这样的方针，是因为在新民主主义条件下，不能把经济原则搞成救济原则，不能群众要棉花我们就给布，群众观点"太多了"，反而害了群众。正因为陈云在实际工作中始终贯彻了这一方针，截至 1944 年，陕甘宁边区的自给生产收入占财政收入的 61.4%，而"取之于民"的份额逐年减少，完全消灭了财政赤字，1945 年抗战胜利，陕甘宁边区已为西北人民留下"大体够

①　《陈云年谱（1905—1995）》上卷，中央文献出版社 2000 年版，第 396 页。

②　转引自刘占昌《学习陈云关于经济工作必须尊重经济规律的思想》，见《陈云和他的事业——陈云生平与思想研讨会论文集》（上），中央文献出版社 1996 年版，第 216 页。

③　《马克思恩格斯选集》第 2 卷，人民出版社 1995 年第 2 版，第 17 页。

④　《毛泽东选集》第 3 卷，人民出版社 1991 年版，第 891 页。

⑤　《陈云文选》第 1 卷，人民出版社 1995 年版，第 289 页。

一年用的家当"。①

　　其次，明确强调了收入与支出的关系，即"收入第一，支出第二"。②
这同样是财经工作的一个重要方针，而且陈云是把它同"生产第一，分
配第二"并列提出来的。1944 年年初确定陕甘宁边区经济工作方针时，
陈云主张扩大税收，厉行节约，开源节流，提高效率。1945 年年初他进
一步指出："财政可以不靠银行发行票子，也不靠任何补助，问题在于力
争多收少付。" 多收就是广开财源，讲究生财、聚财之道。开源主要是两
个途径，一是增加生产收入，二是靠工商税。少付，即注意节流，讲究用
财之道，合理使用，保证重点。陈云提出财政支出"既要解决问题而又
不浪费"。"解决问题"就是保障供给，这是财政工作的基本任务。但保
障供给并不是无条件的，必须以"不浪费"为条件。"不浪费就是用钱要
节省，要适当。钱要用在刀刃上，不要用在刀背上。"③ 基于此，中共中
央在 1944 年和 1945 年反复强调"厉行节约，备战备荒""积蓄物资，准
备反攻"的方针。陈云进一步指出："为了积蓄力量，准备反攻，必须增
加生产，厉行节约，减少不必要的开支，并提倡爱护公物的美德。"④ 施
行这一方针，从中央领导人做起，边区上下共同努力，1945 年全边区共
节约 20 亿元，足够公家一年的服装费。⑤

　　再次，重点捋清了财政与金融、货易的关系。应当说，处理三者之间
的关系，是财政经济工作诸矛盾中的主要矛盾，是财政经济工作这根链条
上的关键环节。边区财政、金融、贸易工作一度关系混乱，往往出现扯皮
现象，如物资局成了供给部，各机关单位要东西就找贸易部叶季壮批，拿
走东西不给钱，记笔账就算了。这样，物资出去了，却不能回笼货币，财
政只得增发边币，造成通货膨胀、币值下降、物价上涨。由于货币贬值，
物资局账面上金额数目大，按实物计算却大大亏了本。⑥ 鉴于这种情况，

---

　　① 《陈云和他的事业——陈云生平与思想研讨会论文集》（上），中央文献出版社 1996 年
版，第 102 页。

　　② 《陈云文选》第 1 卷，人民出版社 1995 年版，第 289 页。

　　③ 同上书，第 288 页。

　　④ 同上书，第 284—285 页。

　　⑤ 高西莲：《从陕甘宁边区经济建设看陈云经济思想体系的起源》，《陈云和他的事业——
陈云生平与思想研讨会论文集》（上），中央文献出版社 1996 年版，第 257 页。

　　⑥ 喻杰：《陕甘宁边区的贸易工作》，《陕甘宁边区抗日民主根据地》（回忆录卷），中共党
史资料出版社 1990 年版，第 259—260 页。

1945年2月1日陈云在《怎样做好财政工作》的讲话中指出："财政与金融、贸易的关系，基本上是金融、贸易为了财政，这是大政方针。但有时财政要服从金融、贸易。"[①] 从而揭示了三者之间既互相联系又互相制约的关系。同时形成了由西北财办统一协调财政、金融、贸易三者的关系，实行银行支持贸易，贸易支持财政的合理格局，货币发行也得到了有效的控制，财政信贷也相应得到了平衡，对稳定比价和物价都发挥了很好的作用。

最后，精辟剖析了边币和法币的关系。1937年国共第二次合作后的抗日战争初期，八路军军饷主要由国民党政府拨给，中共中央机关和陕甘宁边区政府的开支靠少部分的军费节留和国内外进步人士的援助，当时的陕甘宁边区银行不发行货币只发挥着实际上的财政机关职能。因此，八路军军饷和边区市场流通的都是国民党政府发行的统一货币（即法币）。1941年皖南事变后，国民党政府停发八路军、新四军军饷，并对陕甘宁边区实行经济封锁，法币有出无入，边区军民面临没饭吃，没衣穿的严峻形势。为了抗议国民党政府的背信弃义和渡过难关，坚持抗战，1941年1月，陕甘宁边区政府作出了禁止法币，发行边币的决定。3月边币投放市场，5月却出现了金融波动，法币非但禁不住，相反一些地方还拒用边币。这样，边区境内就出现"法币"和"边币"同时流通的情况。

为了从根本上扭转金融领域的混乱局面，陈云主持西北财办后以他特有的智慧，剖析了"边币"和"法币"的关系，机敏果敢地抑制住了持续两三年的金融风波。1944年5月10日，西北财办第四次会议讨论提高边币牌价办法。陈云在发言中提出："要使边币与法币的比价达到一比一，又要使市面金融不停顿，就要想一个偷梁换柱的办法。发行新票子在政治上会有不良影响，允许边币和法币同时流通也有弊端。因此，可以考虑由盐业公司发一种流通券，其定价与法币一比一，而与边币一比九，使之在边区内流通，逐渐收回边币，达到预想程度时，再以边币收回盐业流通券。这样既可使边币与法币比价提高到一比一，驱逐法币，又不至于扰乱市场金融。"[②] 25日，贺龙、陈云签署西北财办关于发行边区贸易公司商业流通券的决定。决定规定：商业流通券名义上是贸易公司发行，实际

---

① 《陈云文选》第1卷，人民出版社1995年版，第288页。

② 《陈云年谱（1905—1995）》上卷，中央文献出版社2000年版，第384—385页。

上由边区银行发行；今后边区贸易往来、债权债务清理，一律以流通券为本位币。这一"偷梁换柱"的手法，真可谓智慧超群，精辟至极。

8月20日，陈云在西北财办金融会议上阐述法币在边区的意义很大，只有多争取法币才能保护边币。可以看出，从5月的"驱逐法币"到8月的"法币在边区的意义很大"，既表明陈云这方面思想随着金融工作实践的发展而发展，又理顺了边、法币的关系：我们承认法币的优势，并且加以利用，手中要掌握一定数量的法币，保证为边区进口必需品，但又不能过多，以免边区人民承担法币通货膨胀带来的损失。陈云这些精辟分析，统一了在边、法币关系上的认识，推动了边区经济的发展和金融的稳定。

第四，强调财经干部要有高度的历史责任感和主人翁精神。

在西北财办的一年半时间，陈云不仅为财经干部的培养倾注了心血，同样形成了重要的思想观点，核心内容是要求财经干部要有高度的历史责任感和主人翁精神。1944年11月25日，在西北局座谈会上陈云发言说："在大公与小公的关系问题上，要坚持小公绝对服从大公的原则。"他批评不少单位都伸手向边区政府要物资，而且拿得多，拿得快。陈云严肃批评这种现象不好。他要求"财经办事处要有不做'好人'做'恶人'的精神，就是不能让大家随便拿。"① 1945年2月1日，陈云在阐释事务性工作和事务主义的区别时指出：对于事务主义应该有正确的认识，事务性工作不等于事务主义，事务主义不好是指它的盲目性。材料库同志发东西必须点数，这不是事务主义。少给解决不了问题，多给了浪费，因此必须克服盲目性。他强调："如果来一个'政治领导'，人家要什么给什么，不算账，那是不行的。"对上级要多提建议，"上级有不对，就要顶，这不是闹独立性，而是主动性"。陈云特别强调：搞财经的"每一个同志，局长、科长、科员，都要有'掌柜'态度，当家的态度，应该把责任心提高到这个程度"。"不该给的东西，一定不含糊，许可了的东西则大体不能变更，空头支票不要开。""总之，在算账时，项项都必须看一看，虽然形式上是找岔子，其实这才是负责的态度。这是对革命负责。"②

可以看出，陈云在西北财办期间所阐发的这些主要思想观点，虽然还

---

① 《陈云年谱（1905—1995）》上卷，中央文献出版社2000年版，第399页。

② 《陈云文选》第一卷，人民出版社1995年版，第286—290页。

没有构成陈云经济思想的完整体系，但内容已经相当丰富了，最基本的框架已初步搭建起来，至少成为陈云经济思想形成和发展的一个重要阶段。

三

陈云主持西北财办工作的实践是伟大的，思想是卓越的，仔细寻味，又体现出非常鲜明的特色，对搞好当前工作也不乏现实借鉴。

1. 鲜明的特色

任何社会实践及其在这个实践中所形成的思想，都是一定历史时代的产物，同时也必然带有那个时代及其实践者的显著特点。实践者在实践中提出的思想观点也是一样。

第一，财经工作实践上的求真务实性。

在老一辈无产阶级革命家中，陈云是以注重实事求是、躬身调查研究而著称的；他同周恩来、邓小平等一样被誉为务实的领袖。这一特点在西北财办已经充分彰显出来。1943 年年初，他就指出："我们共产党是一个照实际办事的党，是一个说老实话的党。"他号召所有共产党人"也应该照实际办事，能够说老实话，听老实话"。① 在西北财办期间，他在七大上作大会发言，在总结党的历史和他个人的历史时说："我当中央委员已经十多年了，有两条教训。第一条是要有实事求是、分清是非的精神。"并强调"要保证以后不再犯错误，就要用实事求是的方法，以革命者的责任心去分清是非，弄清问题"。② 陈云还多次在多种场合反复强调实事求是的精神和实事求是的方法。

那么，如何做到实事求是，就是要进行切实的调查研究。1944 年 10月 13 日陈云在一个报告中，要求外贸部门"要经常估计和了解商情"，因为"商情愈明愈能增加主动性"。③ 同年 11 月，他主持西北财办金融会议时发表讲话说："在研究金融问题时要注意掌握以下方法，即收集论点，收集证据，历史考察，典型调查，三番四复，确认现实。"④ 这就从不同领域阐述了调查研究的重要性。他还提出要用 90% 的时间作调查研

① 《陈云文选》第 1 卷，人民出版社 1995 年版，第 280 页。
② 《陈云年谱（1905—1995）》上卷，中央文献出版社 2000 年版，第 415—416 页。
③ 同上书，第 396 页。
④ 同上书，第 399 页。

究，用 10% 的时间作决策。陈云要求所属工作人员要做到实事求是，调查研究，他更是率先垂范这样做的。乔培新回忆说："陈云同志平时很注意调查研究，摸规律。"① 袁宝华回忆起陈云在西北财办工作的情况时也说："做经济工作时，他也常找基层同志调查，并多方听取不同的意见。陈云同志常说，中央机关的任务第一条就是了解情况，第二条是掌握政策，第三条才是本部门的业务工作。"② 像本文第一部分提到的他经常到延安南郊新市场和公司货栈摸行情、搞调查的事例不胜枚举，体现出他财经工作实践上求真务实的特点。后来，他把这一基本的工作态度和方法进一步升华，使其更加理论化，这就是 15 个字："不唯上、不唯书、只唯实"和"交换、比较、反复"。前九个字是对一切从实际出发、实事求是的再强调，后六个字是对调查研究途径的再归纳。所有这些，又体现出陈云在语言表述上高度凝练的风格和特色。

第二，财经思想阐发上的思维辩证性。

辩证思维的前提是科学掌握和正确运用唯物辩证法。矛盾是唯物辩证法的核心概念，是事物发展的动力。矛盾是普遍存在的，但在复杂事物的矛盾体系中，往往有这样一种矛盾，它的存在和发展，规定和影响着其他矛盾的存在和发展。这种处于支配地位、对事物的发展起着决定作用的矛盾就是主要矛盾，而其他处于从属地位、对事物发展不起决定作用的矛盾则是非主要矛盾。无论是主要矛盾还是非主要矛盾，双方的力量又是不平衡的。其中必有一方处于支配地位，起着主导作用，而另一方则处于被支配地位，不起主导作用。前者是矛盾的主要方面，后者为矛盾的非主要方面。事物的性质是由主要矛盾和矛盾的主要方面决定的。无论是主要矛盾与非主要矛盾，还是矛盾的主要方面与非主要方面，其关系都是辩证的，矛盾双方处于相互作用之中，在一定条件下，双方的地位会发生转化。把前述马克思主义哲学基本观点的辩证关系运用到思想方法和工作方法上，就形成了两点论和重点论相结合的方法。当然，唯物辩证法的两点论不是均衡论的两点论，而是有重点的两点论，它要求抓住根本矛盾、主要矛盾、矛盾的主要方面，并把它们作为解决其他矛盾的出发点。

---

① 乔培新：《心中时刻装着人民群众——陈云同志经济思想的学习心得》，见《陈云和他的事业——陈云生平与思想研讨会论文集》（上），中央文献出版社 1996 年版，第 89 页。

② 袁宝华：《牢记陈云同志的殷切教诲》，见《陈云和他的事业——陈云生平与思想研讨会论文集》（上），中央文献出版社 1996 年版，第 34 页。

陈云不仅作为杰出的经济工作领导人著称于世，而且在学术界有人把他"作为哲学家"来研究。① 这里无须系统阐述陈云的哲学思想，但他自己坚持学哲学，倡导各级领导干部学哲学是人所共知的。而在西北财办期间，他所阐发的财经思想，简直把辩证思维的方法运用到家了。除本文第二部分第三个问题，即，"理顺了财经工作的一系列关系"所列举的"关于财政与经济的关系，他提出生产第一，分配第二"，"关于收入与支出的关系，他提出收入第一，支出第二"外，他还提出：在盐销政策上，以国计民生第一，不吃亏第二，不少赚第三；在出入口税上，以民生第一，贸易第二，税款第三；在保证需要方面，军队第一，学校第二，机关第三；银行准备金是法币第一，物资第二，金银第三；放款的原则是，一要可靠，二要公私两利，三要小公大公两利；在开支项目上，伙食，草料最重要，衣服次之，其次是治病、办公、文化娱乐；要求干部特别是知识分子干部要业务第一、政治第二，实际第一、书本第二，挑担第一、研究第二，先做工作、后讲规律，等等。这样，陈云就在财经工作的诸多方面，诸多领域体现了有重点的两点论，是辩证思维的最好体现和突出表现。当然，辩证思维的方法还包括分析与综合、归纳与演绎、抽象与具体，逻辑与历史的统一等。这些在陈云前述实践与思想中都能找到注脚，比如，前面提到的"交换、比较、反复"，从实践角度讲，它是以"实事求是"为前提和目的的，但同时也属辩证思维方法的认识论范畴。

以上是陈云主持西北财办工作的实践贡献及所形成的思想观点最鲜明和最主要的特点。

2. 现实借鉴意义

研究历史的目的不是为了重复历史，历史也不可能重演；研究历史人物的历史贡献和思想观点，亦不是为了沿着历史人物的足迹老路重走，且没有这个必要。相反，"资政育人"，为现实提供借鉴，才是历史和历史人物研究的真谛所在。笔者以为，我们重温和研究陈云在西北财办的实践和理论贡献，至少会给我们提供如下借鉴。

第一，陈云在西北财办工作实践上的求真务实性特点，同十六大以来

---

① 见王立胜《作为哲学家的陈云》，《陈云和他的事业——陈云生平与思想研讨会论文集》（下），中央文献出版社1996年版，第835—846页。

中央反复强调并践行的求真务实精神有着惊人的历史相似。这样，学习和研究他此间的工作作风和特点，对搞好当前的工作，必将产生巨大的推动力量。

第二，60 年前陈云提出的"用发展生产的办法解决财政困难"，对提高我们继续坚持"以经济建设为中心"的自觉性，对认识"发展是硬道理"无比正确的深刻性都大有裨益。

第三，60 年前陈云梳理出来的关于财政经济的一系列正确关系，在今天仍不乏现实启示。比如，在生产和消费的关系上，新中国成立以来多次发生偏差和失误。1958—1978 年的 20 年间，主要问题是强调高投资、高积累，结果抑制了消费需求，挫伤了生产者的积极性，也导致了相关产品过剩与不足并存，人民生活水平的提高与生产发展严重失衡。改革开放以后，我们纠正了前述 20 年在这一问题上的错误，1984—1988 年经济发展比较快，由于此前的农村改革带来许多新变化，强有力地推动了工业发展，"这五年共创造工业总产值六万多亿元，平均每年增长百分之二十一点七"，"我国财富有了巨额增加，整个国民经济上了一个新的台阶"。① 但随即又出现经济"过热"，票子发得多了一点，物价波动大了一点，重复建设比较严重，造成了一些浪费。1989年开始治理整顿，才使我国经济再次走上稳定、协调发展的良性轨道。1998 年以后，又出现总需求不足，其中投资不景气，消费需求增长缓慢，通货紧缩，经济增长率明显下滑。分析这些失误反复出现的原因，固然有生产（投资）结构失调的问题，也有作为最终需求——消费需求不足的问题，说到底，还是没有处理好生产和消费的关系问题。因此，2004 年 12 月初的中央经济工作会议继续强调坚持十六大以来中央提出的科学发展观，要求 2005 年的经济工作要"抑制经济运行中的不健康不稳定因素，避免出现大的起落""要实行稳健的财政政策和货币政策，继续控制固定资产投资规模过快增长"②，从而保护好、引导好、发挥好各方面加快发展的积极性，切实把工作重点转到调整结构、转变增长方式、提高增长质量和效益上来，实现国民经济持续快速协调健康发展和社会全面发展。

---

① 《邓小平文选》第 3 卷，人民出版社 1993 年版，第 376 页。

② 《人民日报》2004 年 12 月 6 日。

第四，对保证我国金融安全也提供了历史借鉴。

近年来，随着我国改革的深入和对外开放的扩大，特别是加入 WTO 以来，放松资本项目管理必然出现资本大规模跨国界流动，严重危及金融安全。加之人民币自由兑换及出入境自由，给中央银行货币管理带来困难。其实，对 21 世纪出现的这些新问题，我们仍可从 60 年前陈云关于"边币"与"法币"的关系处理中，从他制定的陕甘宁边区银行货币管理规则中找到历史借鉴。比如"有关部门对金融形势要一天一汇报"[1]"要建立先审核后支付的制度"[2]，等等。而现实中不少重大资金流失案，尤其是大量国有资产被少数贪官污吏转移到国外的恶果，往往是在上述环节上出了问题。

第五，思想方法上的反对本本主义有长远的指导意义。

"不唯上、不唯书、只唯实"既是陈云对党的实事求是思想路线颇有特色的诠释，也是他反对本本主义的经典名言。其实，他的这一思想在西北财办期间，联系财经工作实际亦有精彩发挥。1944 年 12 月初在西北局高干会上作关于财经问题的报告时陈云说："研究和解决金融问题应从延安出发，向自己的经验学习。过去很多研究员、专家从重庆、伦敦出发，从《资本论》出发，从政治经济学原理出发，所以提出的办法往往与实际不合。"[3] 这种强调马克思主义与中国实际相结合、与财经工作实践相结合的形象而精彩的阐释，同样对我们在新的历史条件下反对任何形式的本本主义、教条主义很有警示和教育意义，因为马克思主义中国化不能一劳永逸，而是一个永恒的课题。

陈云在西北财办期间的实践和理论给我们的现实启示，同样不限于以上五个方面，还有不少思想观点，诸如"银行属于企业性质"、企业要坚持成本核算、"钱要用得当"，等等，至今都不乏现实针对性。

伟人百岁诞辰，仅以此文表达心祭。

（此文属中央文献研究室第三编研部命题约稿并入选由中共中央宣传部、中央文献研究室、中央党史研究室、中央党校、中国社会科学院、教

---

① 《陈云年谱（1905—1995）》上卷，中央文献出版社 2000 年版，第 383 页。

② 同上书，第 402 页。

③ 同上书，第 401 页。

育部、解放军总政治部联合举办的"纪念陈云诞辰 100 周年"学术研讨会，刊于《陕西师范大学学报》（哲学社会科学版）2005 年第 5 期，收入《陈云百周年纪念——全国陈云生平和思想研讨会论文集（下）》，中央文献出版社 2006 年 4 月版，2007 年获陕西省第八次哲学社会科学优秀成果三等奖）

略论陈云关于党风建设的思想

中国共产党历来重视党风问题。陈云作为党的第一代领导集体的重要成员和第二代领导集体的核心成员，对于党的作风建设作出了不可磨灭的贡献。在延安时期他就经常提醒全党，作为拥有政权和军队的党的作风建设具有极端重要性。新中国成立后，特别是改革开放的新时期，党的作风问题又成为陈云关注的焦点，他结合党的建设和社会主义建设的新问题，新形势，数十次在不同场合强调党的作风建设。今天，党的建设面临着国际和国内的各种挑战，存在着许多问题，形势严峻。笔者以为，重温陈云关于党风建设的思想，对于从根本上扭转党的作风，巩固和加强广大人民群众对中国共产党和社会主义的信仰都有非常重要的积极意义。

（1）党风问题关系党和国家的生死存亡，决定着社会主义精神文明建设的成败，要实现党风的根本好转，任重而道远。

新中国成立以后，尤其是改革开放以来，随着经济建设的不断发展，国内事务的日益复杂化，党的作风建设遇到了严重的挑战，党内官僚主义、形式主义、贪污腐败、以权谋私、严重的经济犯罪等情况，日渐严重，且屡禁不止，极大地损害了党的形象和人民的利益，严重影响了社会主义事业的健康发展。陈云作为老一辈无产阶级革命家，对这个问题有着非常高的警惕性和很强的敏锐性，他在 1980 年 11 月中纪委座谈会上指出，"执政党的党风问题是有关党的生死存亡的问题。因此，党风问题必须抓紧搞，永远搞"。① 第一次明确阐述了党风问题和党的命运的关系。他指出，"没有好的党风，改革是搞不好的"。② 党风的好坏、决定着整个社会风气的好坏，也决定着社会主义精神文明建设的成败。"社会主义精

---

① 《陈云文选》第 3 卷，人民出版社 1995 年版，第 273 页。
② 同上书，第 275 页。

神文明的建设，关键是执政党要有好的党风。""抓社会主义精神文明建设，关键是搞好执政党的党风，提高共产党员的党性觉悟，坚定地保持共产主义的纯洁性。要同一切违反共产主义理想的错误言行，进行坚决斗争。"①

对于党的作风问题的产生，我们应该有一个清醒的估计和认识，它有着深刻复杂的社会历史、文化、经济和思想根源。陈云认为，作风问题的产生，主要原因有三：第一，党的历史地位发生了变化，"党在全国执政以后，从中央到基层政权，从企业事业单位到生产队的领导权，都掌握在党员手里了，党员可以利用手中掌握的各种权力为自己谋取私利"②；第二，"同我们放松思想政治工作、削弱思想政治工作部门的作用和权威有关"③；第三，对外开放后，资本主义腐朽思想和作风的渗入，"这对我们社会主义事业是直接的危害"。④ 忘记了社会主义和共产主义的理想，丢掉了全心全意为人民服务的宗旨，有些甚至忘记了人之为人的起码道德，不顾国家和人民的利益，利用手中的权力，贪污腐败，巧取豪夺，为所欲为。

（2）提高党员的素质特别是高中级领导干部的素质是扭转党风的关键。

党风的好坏决定于党员的质量而不是数量。革命时期，我们党的数量最多的时候也不过三四百万，但绝大多数信仰坚定，不怕困难，不怕牺牲全心全意为人民服务，赢得了广大知识分子和劳动人民的信赖与支持，最终夺取了革命的胜利。我们现在有将近 7000 万党员，世界第一，而且每年还净增 100 多万。人数多了，好处是看起来力量大，但也有坏处，败坏党风的人可能也就多了。现在党风坏，主要原因就是党员的思想政治素质普遍较差。陈云早在 20 世纪 40 年代就提出"党员的质量重于数量"⑤，在党风问题日趋严重的 90 年代，他进一步提出，"端正党风的关键是提高党员素质，尤其是提高高中级党员领导干部素质"。⑥ 一个素质低劣的

① 《陈云文选》第 3 卷，人民出版社 1995 年版，第 348 页。

② 同上书，第 331 页。

③ 同上书，第 352 页。

④ 同上书，第 355 页。

⑤ 同上书，第 206 页。

⑥ 同上书，第 363 页。

党员干部，在党内影响的可能是一个党员，也可能是一群党员，可能是一个班子，也可能是好几个班子，但在人民群众中造成的坏影响却绝不只是一个或几个人的问题，而是人民群众对党员甚至整个党的看法。所以陈云指出，共产党员"是群众所信仰的先进队伍中的一分子，群众就有特别的要求。群众常常根据我们党员的行动来测量我们的党，所以党员无论在何时何地的一举一动，都必须给非党群众一种好的影响，使他们更加信仰我党，更加敬重我党"。①

中国共产党是中国人民和中华民族的先锋队，要保持先进性，就要在质量上下功夫。那么，如何提高党员的素质呢？陈云认为：第一，要把好党员发展的质量关。目前党员的素质差，主要原因之一就是没有把好党员发展的标准，没有按照党章的要求来。陈云提出，"为了保证党在政治上组织上的纯洁，支部征收新党员的工作，必须把前提放在每个党员的日常群众工作的基础上"，在群众工作中，在为群众解决实际问题中发现积极分子，"接近他们，教育他们，向他们解释共产主义，吸收他们入党"。"随便地吸收一个不合党员条件的人到党内来，这对于党和对于每个党员自己，都是极大的危险。"② 第二，要教育训练好党员。陈云指出，作为党的基本组织的支部，在教育党员上负有不可替代的责任，它是"教育党员训练党员最基本的学校"。③ 教育党员首先要着重马克思主义的人生观教育，还要教育党员遵守党纪、党规、党法，学习党的政策，提高党员的文化水平。一个党员犯错误，违法乱纪，不只是个人的问题，支部和党委也有责任，就是教育训练之责。对于那些素质差教育又不能发挥作用的党员，陈云主张坚决地洗刷掉，以保证党员的质量。第三，在全党开展批评和自我批评。一个人在生活和工作中难免要犯错误，党员也不例外，但是党员干部肩负着革命和建设的重大责任，所以有毛病，有缺点，有错误，就一定要改正。"列宁说过，一个政党是否郑重，要看这个政党对自己错误的态度怎么样。我们共产党是一个郑重的党。考察一个坚强的共产党员的标志之一，就是看他对自己的缺点、错误采取什么态度。"④ 因此在党内营造批评与自我批评的氛围，开展经常性的建设性的批评和自我批

---

① 《陈云文选》第 1 卷，人民出版社 1995 年版，第 141 页。

② 同上书，第 150 页。

③ 同上书，第 151 页。

④ 同上书，第 269 页。

评就非常必要。对犯错误的党员来说，要敢于直面自己的错误，要经常与自己做斗争，"经常以正确的意识去克服自己的不正确的意识。这个思想上的斗争和斗争中的胜利，就是自己思想意识上的进步。自己不跟自己的错误意识作斗争，偷偷地容忍自己错误意识存在着，则错误意识就会发展，结果越错越远"①。在批评和自我批评中，自我批评总是很困难，不是不关痛痒，就是遮遮掩掩，因此批评是主要的。可是，"目前在我们的党风中，以至在整个社会风气中，有一个很大的问题，就是是非不分。有些同志在是非面前不敢坚持原则，和稀泥，做老好人，……怕矛盾，怕斗争，怕得罪人"。陈云认为，"这个问题，如果只从维护党纪提出来"还不够，"应该把它提到全党思想建设和组织建设的高度"。"只有我们党内首先形成是非分明的风气，党的团结才有基础，党才有战斗力，整个社会风气才会跟着好转，才会使正气上升，邪气下降。"② 如何正确地开展批评，也要吸取以前的经验教训。陈云指出，批评者态度要好，要"和颜悦色"，不要"声势汹汹"，批评的目的不是为了出气，主要是在于真正帮助人家纠正错误。要"少戴大帽子"，不要把任何问题都提到原则的高度，"要善意地指出犯错误的原因和纠正错误的办法"，这样"才能使被批评者心服意满，问题才能够真正解决"。③

（3）端正党员领导干部的作风，特别是高级领导干部的作风是扭转党风的主要任务。

我们过去搞党风建设，"只注意下层，不注意上层"可以说没有抓住要害。新中国成立以来，我们党内出现的贪污腐败分子有千千万，但人民群众一列举，还是刘青山、张子善，还是陈希同、胡长青、成克杰，为什么？因为他们地位高，官大权大。权力越大，对人民群众的利益损害也越大，在人民群众的心理上引起的震撼就越大，政治影响和社会影响也就更坏更恶劣。陈云在反对党内的自由主义时曾指出，"一般来说，下面有一种什么倾向都是小倾向，大的事情是闹不出来的。……反对错误倾向，最重要的是在高级干部身上。只要上面的错误纠正了，下面的文章就好做了"。④ 在谈到整顿党风时，他又多次强调："各级领导干部，特别是高级

---

① 《陈云文选》第1卷，人民出版社1995年版，第201页。

② 《陈云文选》第3卷，人民出版社1995年版，第274页。

③ 同上书，第115—117页。

④ 《陈云文选》第1卷，人民出版社1995年版，第272页。

领导干部要重视。要真正身体力行，作出榜样。""老党员、老干部要重视，包括退居二线或者离休、退休的在内。"① 陈云的话道出了党的建设尤其是党的作风建设的一般规律。我们常讲"上梁不正下梁歪"，就是说，上面对下面有很强的榜样作用和制约作用，只要党的高级领导干部作风端正了，下面的作风就很难坏起来，只有党的高级领导干部作风好了，才有资格严格要求中级、基层党员干部和普通党员。相反，如果上面的作风坏了，下面的人想做好人都很困难。近几年来，党和国家加强了反腐的力度，惩办了一大批贪污腐化分子，其中一个市委或市政府、一个市公安局、一个海关成"建制"、成班子腐败的情况越来越多，就是这个道理。因此，执政党的党风问题，实质上就是党员干部的作风问题，党风建设，主要内容是端正党员干部的作风，而核心则是端正高级干部的作风。

（4）坚决反对官僚主义，深入群众，关心群众和调查研究是扭转领导干部作风的根本途径。

作风问题，归根结底都是脱离群众，脱离实际。关于官僚主义，在延安时期陈云任中央组织部部长时就注意到了，他告诫全党："当权的大党，领导干部很可能成为官僚。要坚决防止和克服官僚主义。"② 并且开出了一服良药：领导干部要深入群众，调查研究，解决群众的切身问题。我们党的宗旨是全心全意为人民服务，不能讲空话，要时刻关注人民生活的改善和经济物质利益，解决群众的切身问题。"但是，当权的党容易只是向群众要东西，而忘记也要给群众很多的东西。如果真是那样，群众就会把我们看成强迫摊派的命令机关。所以，我们不应该只知道向群众要东西，更应该时刻注意为群众谋福利。"人民群众的一些问题，"在我们有些同志看来是很小的事情"，可是在他们自己看来是很大的事情。"我们不仅要帮助群众解决大的问题，也要帮助群众解决小的问题。""这些问题解决得好，群众会更信仰我们党，我们党在群众中的威信就越来越高。"③

可是我们现在有一批党员干部，包括许多高级领导干部，他们不愿意了解群众的困难和疾苦，不愿意到群众中去做调查研究，听群众的声音，即使去了，也是前呼后拥，走马观花。他们总是在群众的利益受到损害的

---

① 《陈云文选》第 3 卷，人民出版社 1995 年版，第 352 页。

② 《陈云文选》第 1 卷，人民出版社 1995 年版，第 221 页。

③ 同上书，第 172—173 页。

时候，放马后炮，或者假惺惺地官僚式地表示同情，总是把手中的权力当作谋取私利的个人工具，任意滥用，总是把个人的成功归结为自己的天赋和奋斗，似乎与党和人民没有任何关系。他们缺乏对社会主义和党的事业的崇高信仰和责任感，脑子里面整天想的都是个人、家庭、子孙后代、亲朋好友的利益，都是权力、金钱、荣誉、女人，根本就没有老百姓的利益。还有一些干部，工作倒是很卖力，整天也忙忙碌碌，不是学习文件，就是学习理论，不是迎接检查就是欢送领导，不是开会讨论，就是研究决定，总是没有时间到群众中去。那么，如何解决群众的问题？陈云认为，从制度上讲，各级党委、支部应该研究"群众的切身问题，群众的情绪如何，有些什么困难，有些什么要求，如何解决"，要把这些问题作为各级党委的经常议事日程。从方法上讲，"解决群众切身问题的办法，必须在群众中去讨论，到群众中去找寻。因为只有群众才真正了解他们自己的问题，只有在群众中才能讨论出在当时当地解决问题最适当的办法"。①换句话说，就是要求各级领导干部，要到群众中去做实事求是的面对面的调查研究，要和群众交朋友，不要脱离群众。因为所有正确的不损害群众利益的政策，都是根据对实际情况的科学分析而来的。陈云本人就是我们党内一个关注群众利益和调查研究的典型。1956 年为了了解合作化和统购统销政策对群众利益造成的损害，陈云三次深入农村，时间长达二十多天，这种深入实际、调查研究的作风，即使在今天，也值得党的各级领导干部好好学习。

（5）坚持和捍卫民主集中制是遏制领导干部作风败坏的基本屏障。

我们党一成立，就确立了民主集中制的组织原则，但没有始终如一地坚持好，"文化大革命"的发生就是一例。1982 年，陈云在谈到民主集中制与"文化大革命"的关系时说："关于民主制度、民主生活很不够是'文化大革命'得以发生的重要原因之一，这个问题实际上应该说，党内民主集中制没有了，集体领导没有了，这是'文化大革命'发生的一个根本原因。"② 陈云一生都很重视民主集中制。在延安任中组部部长时，他就强调，"共产党员与非共产党员合作共事，应共同遵守民主集中制的

---

① 《陈云文选》第 1 卷，人民出版社 1995 年版，第 169 页。

② 《陈云文选》第 3 卷，人民出版社 1995 年版，第 274 页。

原则，少数服从多数"。① 1947 年在东北主持南满分局时，他依然强调在党内要严格执行民主集中制。指出："民主不仅一般需要，在目前情况下有特殊需要。不经大家交换意见，是不可能集中的，形式上集中了也难免出错误。"② "核心领导只有经过严格执行民主集中制，并在实践中经过考验才能建立起来。"③ 20 世纪 80 年代，陈云又多次强调坚持民主集中制的重要性，阐述了民主和集中的辩证关系，指出党内既要有民主又要讲集中。他说："民主集中制，是既要有民主，又要有集中。党的任何一级组织，允许不同意见存在，我看这不是坏事。有不同意见，大家可以谨慎一些，把事情办得更合理一些。允许有不同意见的辩论，这样可以少犯错误。"④ "在各级领导班子中，要充分发扬民主，倾听各种意见，特别要注意倾听不同意见。要照党章办事，不要一个人说了算。重大问题的决定，必须经过集体的充分讨论，以便减少失误，少走弯路，把事情办得更好。"⑤

尽管中央和许多领导人都很重视党内民主生活制度，可是现在很多党的高中级领导干部仍然犯错误、犯罪，重要原因之一是没有坚持好民主集中制。这种情况让陈云十分感慨："历史经验证明，实行民主集中制，做起来很不容易。"⑥ 为什么做起来很难呢？笔者以为，主要原因有三：第一，中国几千年来的分散的自然经济，造就了中国人散漫的、无政府主义的心理习惯和生存状态，像一盘散沙。当近代西方国家的侵略使中国人面临亡国灭种的危机时，他们需要的是强有力的政权、政党和组织，需要的是纪律的约束，因此，尽管中国共产党一开始就将民主集中制作为根本的组织原则和组织制度，事实上却做不到，给人印象最深的还是铁的纪律。第二，中国人对于人的评判首先的标准，就是道德标准。道德完美的光环几乎可以照耀到其他一切方面。因此，当党章中对于党员标准作了一种近乎完美的规定时，人们就形成了一种不真实的假定：凡是党员，就一定具有高尚的道德、渊博的知识、全面的素质和很强的各种能力。而他在党内的职务越高，权力越大，他的各方面素质就越高，因此一定能制定正确的

---

① 《陈云文选》第 1 卷，人民出版社 1995 年版，第 248 页。

② 同上书，第 347 页。

③ 同上书，第 348 页。

④ 《陈云文选》第 3 卷，人民出版社 1995 年版，第 270 页。

⑤ 同上书，第 353 页。

⑥ 同上。

政策。这种假定在新中国成立前的几十年中由于得到了一定程度的证实，更加强化，变成了一种观念。这种观念加深了作为下级和普通党员的服从意识。第三，我们党在革命时期一直处于战争年代，天天要打仗，要打仗就不能太民主，事事讨论会贻误战机。因此，在实践中我们重于集中和纪律，轻于民主和自由平等。这是革命和战争的环境所必需的，但久而久之党内就养成了一种命令和服从的习惯。这种服从，事实上是服从于领导，不是服从于纪律、制度或法律。民主集中制的缺失，一则使个人的有限的智慧和能力代替了集体的智慧和能力，错误就必然增加。二则使组织的权力蜕变为个人的权力，使一种集中和组织集体智慧与力量的公权变成了一种个人专断的私权，使一种相对权力变成了绝对权力，领导干部的腐化堕落就不可避免了。因为"绝对的权力导致绝对的腐败"。

（6）完善和健全党内党外监督是扭转领导干部作风的基本制度保障。

就好比道德自律总是要比他律困难得多一样，权力的自我规范、省思和矫正往往也是靠不住的。任何权力都需要监督，不能监督的权力必然会导致滥用和腐败。这是近代西方政治思想家的一个基本理念，也是当代西方政治建构的一个基本特点，这一点值得我们学习。如果说民主集中制是权力运行的一种内在的规范与制约的机制的话，那么还需要一种外在的监督和矫正的制度与舆论力量，以确保权力的规范和有效使用。因为当权力由于缺乏制约和监督而"私有化"后，在市场经济这种充满竞争、诱惑和交易的社会中，在以金钱和物质享受来衡量人的价值的拜金主义和享乐主义思潮中，它就很容易蜕变成一种维护和拓展个人利益，满足个人欲望的工具，于是钱权交易、权权交易、权色交易就不可避免地滋生和蔓延开来了。几十年的风风雨雨和经验教训，使陈云对此非常重视。他认为权力的外在监督和矫正可以通过三条途径来实现：第一，中央纪委和地方各级纪委要在整顿党风、惩治违法乱纪、提高党员政治素质方面发挥重要作用。1979年陈云在中纪委第一次全体会议上就指出：维护党规党法、整顿党风是纪委的基本任务。1985年在中纪委第六次全会上，他重申："中央纪委和地方各级纪委的工作是：无论是谁违反党纪、政纪，都要坚决按党纪、政纪处理；违反法律的，要建议依法处理。各级纪委必须按此原则办事，否则就是失职。"① 第二，老党员、老干部、老革命要关心和监督

---

① 《陈云文选》第3卷，人民出版社1995年版，第356页。

党风建设。一般来讲，老党员、老干部他们经历过考验，有坚定的信仰和理想追求，有高尚的人格，也有威望，有资历，对于中高级领导干部的作风问题敢说敢当。因此，陈云说："在以身作则、关心党风党纪、发挥监督作用上，没有退居二线和离休、退休的问题。只要是党员，活着就永远处在第一线。"① 第三，非党干部监督。陈云指出，党员和非党干部"都有革命、工作、说话之权，党员干部无权垄断革命"。非党干部批评党，"并不等于思想上反对党。应把非党干部善意的批评视为鞭策、鼓励我们的有益武器。欢迎非党干部知无不言，言无不尽"。② 毋庸讳言，陈云的这些思想，由于缺乏更具体更完善的制度保障，在实践中收效甚微，我们不能也没有权力苛求，但他指出的这一方向无疑是正确的，其余的则需要我们后人继续努力。

党风方面存在的问题，本质上是共产主义信仰和理想追求的沦丧与缺失，它有着非常深刻复杂的社会历史、文化、经济、国际背景。因此，党风的根本扭转绝不是一蹴而就、一劳永逸的事情，而是一个长期和反复的斗争过程。在这个过程中，不仅需要理论和制度，还需要根本解决党风问题的魄力和勇气，甚至在一定的历史阶段后者更为重要。作为一个共产党员，我们殷切地渴望党内风清弊绝的那一天的到来，而这一目标的实现，一定能从陈云这方面的思想和实践中获得教益，受到启迪。

（刊于《陕西师范大学继续教育学报》2006 年第 2 期）

---

① 《陈云文选》第 3 卷，人民出版社 1995 年版，第 352 页。

② 《陈云文选》第 1 卷，人民出版社 1995 年版，第 247—248 页。

李达研究

近三十年来国内李达研究述评

　　李达（1890—1966），中国传播马克思主义的先驱，中国共产党的发起人和早期领导人之一，杰出的马克思主义理论家、宣传家、教育家。他将自己的一生积极投身到马克思主义的宣传、党的创建、理论研究和教育等方面的实际活动中，除了在马克思主义哲学、政治经济学和科学社会主义等马克思主义基本原理方面的研究取得丰硕成就外，在法学、伦理学、史学、教育学、新闻出版、妇女解放以及其他理论领域，也进行了许多开拓性的探索，对现当代中国思想界产生了深远的影响。研究李达，不仅有助于全面认识和反映包括李达在内的中国优秀知识分子对马克思主义理论的研究与宣传所进行的艰辛耕耘，厘清马克思主义在中国思想界获取主体地位所经历的艰难过程，而且对于今天认真思考马克思主义中国化的曲折历程及其经验，对于坚持和发展中国化马克思主义，推动马克思主义大众化，也有积极的借鉴意义。由于李达在"文化大革命"中遭受迫害含冤去世，真正的李达研究是在 1980 年其冤案平反昭雪以后才开始的。2010 年是李达诞辰 120 周年，现将近 30 年来国内李达研究的主要成果述评如下，但愿能对李达的进一步深入研究有些许帮助。

一　主要成就

　　1980 年李达的冤案平反后，李达的亲友、学生率先开始撰写文章，缅怀李达的生平事迹及其风范，拉开了李达研究的序幕。20 世纪 80 年代初开始出现了一些研究李达的学术性论文，特别是党史学界从不同的角度对李达进行了深入、广泛的研究①。到 20 世纪 90 年代，特别是 1990 年李

---

① 唐春元：《李达研究综述》，载《零陵师专学报》1989 年第 4 期。

达诞辰 100 周年系列纪念活动的举行，掀起了李达研究的高潮，90 年代中期以后李达研究逐步趋于稳定，进入了由此及彼、纵横交错、稳步推进、深入发展的阶段。近 30 年来李达研究的主要成就体现在以下方面。

（一）李达著译的搜集整理取得了重要成果

李达一生著作等身，前后共撰写了数百万字的文章、专著和译著，其中著述 31 种，专著 21 部，这些著作在中国马克思主义发展史上占据重要地位①。收集整理李达著译是李达研究的重要基础性工作，但由于李达早期文章分散于当时的报纸杂志、书籍和讲义中，笔名较多，加之战乱时期的颠沛流离遗失了不少重要文献，"文化大革命"初期又遭查抄，致使李达著译的搜集整理有相当的困难。随着粉碎"四人帮"后拨乱反正的深入，在李达平反前的 1978 年，人民出版社率先编辑出版了李达著《唯物辩证法大纲》。1980 年以来对李达著译的搜集整理取得了很大进展。1980—1988 年，人民出版社先后编辑出版了《李达文集》共四卷，其中第一卷主要收集了李达在 1919—1949 年间发表于报刊的部分文章和《现代社会学》《法理学大纲》《社会学之基础知识》等著作的节选；第二卷是李达《社会学大纲》全书；第三卷收集了李达《经济学大纲》和《货币学概论》；第四卷编入了李达 1949 年以后的主要文稿。1984 年法律出版社出版了李达著《法理学大纲》，2007 年武汉大学出版社出版了李达著《现代社会学》《社会学大纲》《经济学大纲》《辩证唯物主义大纲》。宋镜明搜集李达著译达 57 种②，丁晓强、李立志也对李达著译进行了系统归纳③，排列出了 240 种著译，还发现和发表了毛泽东给李达的一些书信④，李达在武汉大学的部分有价值的讲话稿、信札⑤，李达给吕振羽的四封信⑥，等等。学界对李达研究的参考文献也进行了整理，代表性的主

---

① 丁晓强、李立志：《李达学术思想评传》，北京图书馆出版社 1999 年版，第 48 页。

② 宋镜明：《李达主要著译书目》，载《图书情报知识》1985 年第 4 期。

③ 丁晓强、李立志：《李达学术思想评传》，北京图书馆出版社 1999 年版，第 231—259 页。

④ 张毅：《毛泽东给李达的三封信和〈实践论〉解说稿是怎样送到中南海的》，载《新乡师专学报》1998 年第 2 期。

⑤ 《李达同志讲话、信札选登》，载《武汉大学学报》1981 年第 1 期。

⑥ 何建锋：《新发现的李达遗诗》，载《湖南党史月刊》1988 年第 9 期。

要有宋镜明《李达著作、生平研究参考文献》①，集中了 1985 年以前的李达研究相关文献；丁晓强、李立志对 1995 年以前出版的李达研究参考文献进行了归纳整理②。这些著译文献的发现、整理和发表、出版，基本满足了李达研究的需要，为李达生平和思想研究提供了必要的文献条件。

（二）李达生平研究有了重要进展

搞清人物的生平史实是深入研究历史人物及其思想的基础。李达生平研究中，学术界以李达 1949 年重新入党时撰写的《李达自传》和 1956 年重新写作的《李达自传》作为李达新中国成立前生平史实研究的基本原始资料。在此基础上经过学术界考证、考订历史事实，公开发表和出版了关于李达局部生平的回忆性、研究性文章和反映李达整体生平的传记性著作以及年表等。

已公开发表的 30 多篇李达生平回忆和研究文章，从时间看，重点从李达在建党前后开始，几乎囊括了此后李达一生的各个主要阶段；从主题看，主要集中在建党时期的李达活动、李达脱党时间、李达脱党之后的活动、李达与同期历史人物的交往活动、李达在武汉大学的最后岁月等，这些文章对李达的生平史实进行了详细考订，内容广泛，前后跨越数十年，在一些史实考证上取得了基本一致的意见，为更好地理解李达、研究李达思想起到了积极的推动作用。比如关于李达脱党的时间，史学界有 1924 年 9 月、1924 年年初、1923 年秋退党等多种说法，经过研究最终基本一致认可 1923 年秋是李达脱党的正确时间③。出版和发表的李达生平传记著作和年表方面，比较重要的有，1980 年《党史研究资料》第 8 期发表了《李达自传（节选）》，1983 年陕西人民出版社出版宋镜明、熊崇善著《李达》（《中共党史人物传》第 11 卷），《李达文集》第一卷也收入了"李达传略"④，1986 年湖北人民出版社出版了宋

---

① 宋镜明：《李达著作、生平研究参考文献》，载《图书情报知识》1986 年第 1 期。

② 丁晓强、李立志：《李达学术思想评传》，北京图书馆出版社 1999 年版，第 260—271 页。

③ 苗体君：《中共"一大"代表李达脱党原因的新发现》，载《湖南师范大学社会科学学报》2007 年第 4 期。

④ 李达文集编辑组编：《李达文集》第 1 卷，人民出版社 1980 年版，第 3—20 页。

镜明著《李达传记》，1997 年河北人民出版社出版宋镜明著《李达》，2004 年人民出版社出版了王炯华著《李达评传》，等等。在李达年表的编写方面，宋镜明、刘捷发表的《李达年表》①，比较全面地记述了李达一生的主要活动，提供了李达生平活动的基本情况，这是关于李达的比较完整的第一份年谱。王炯华在其专著《李达评传》的附录中也编写了李达年表。这些生平传记和年表对李达的整体生平活动进行了相对全面、具体的叙述和梳理分析，包括李达一生的各个时期和方方面面，基本厘清了李达一生的主要活动，是对李达生平史实一定时期研究成果的系统总结和继承。

李达所处的时代，是中国人民摸索改变命运和探索新道路的时代，李达在 20 世纪的前半期，在马克思主义在中国的早期传播、中国共产党的成立，以及在中国革命、马克思主义在中国的进一步传播与发展等多个重大事件过程中他都积极参与，活动领域十分广泛，作出了自己独特的贡献并占有重要的地位。整体来看，李达生平研究的学术分歧点相对较少，主要集中在李达 1923 年秋脱党的原因的分析上，在这个问题上党史界大多根据《李达自传》中李达与夫人王会悟的说法，认为主要是李达与陈独秀、张国焘间工作矛盾无法忍耐导致了李达的脱党，20 世纪 90 年代后有一些文章提出了不同看法，比如杨正国认为是由于李达与陈独秀在政见上相左，对张国焘的作风不满，革命低潮形势下的情绪低落，出自于个人的志趣等四方面的原因造成了李达脱党的行为②；宋镜明认为李达脱党的主要原因是对理论研究与革命实践关系的片面了解③；王炯华认为李达脱党主要是在国共合作问题上与陈独秀意见不合而又受不了陈独秀家长式的霸道作风④；苗体君认为"李达与陈独秀、张国焘间并没有矛盾，从李达的成长过程来看，性格、追求才是使李达退出共产党的真实原因"⑤；王毅从马克思主义中国化的视域对第一次国共合作和李达的脱党原因进行了分析研究，提出"对教条化马克思主义者党内合作意见的抵制是李达脱党

① 宋镜明、刘捷：《李达年表》，载《江汉论坛》1981 年第 3 期。

② 杨正国：《李达脱党的原因浅析》，载《中共党史研究》1994 年第 5 期。

③ 宋镜明：《李达》，河北人民出版社 1997 年版，第 105 页。

④ 向继东、王炯华：《李达与毛泽东和陈独秀》，载《书屋》2004 年第 7 期。

⑤ 苗体君：《中共"一大"代表李达脱党原因的新发现》，载《湖南师范大学社会科学学报》2007 年第 4 期。

的主要原因"①。如果换一个视角，在中共党史、马克思主义理论、近现代中国思想史等学科视域下，就李达生平史实的研究与同时期其他重要历史人物的生平研究进行对比，某些方面可能会对过去在这些领域形成的固有结论和认识无疑也是一种超越和挑战。比如，关于李达建党前后对各种反马克思主义思潮的论战中的活动及其效果的对比分析中，有不少学者认为李达是当时马克思主义阵营中的论战主将的认识；关于李达在中共成立前后的活动的研究，许多论者肯定了李达在创建中国共产党过程中所起到的主要创建人和早期领导人之一地位的认识；学术界对李达在创办多种刊物、出版众多著译以及从事教育活动的回忆和研究，对他为马克思主义在当时中国的传播、发展过程中"播火者"作用的高度评价；还有一些学者对李达与同期相关重要人物交往活动及其关系的研究，从对李达思想行为产生重要影响的人物关系的发展变化中，从不同侧面窥探李达思想发展的轨迹，这对全面理解李达颇多助益，也为相关领域问题的研究提供了新的启示。这些历史史实的考证研究，不仅为弄清李达生平史实做了实际性的探索，而且对于还原中共早期的理论、实践活动，对于深入开展马克思主义中国化的进程等方面的研究也有重要的价值。

（三）李达研究的专著不断出版

李达研究专著的不断涌现，有力提升了李达研究的水平与层次。其中重要的有：1986 年湖北人民出版社出版了宋镜明著《李达传记》，这是以传记形式出版的第一本研究李达生平史实与业绩的学术专著，突出了李达对中国马克思主义启蒙和传播的贡献、在建党过程中的实践和理论贡献、李达哲学思想的突出特点；此后王炯华著《李达与马克思主义哲学在中国》（华中工业大学出版社 1988 年版），主要阐述了李达与马克思主义哲学在中国传播、应用和发展的关系；宋镜明在完善发展原有《李达传记》的基础上新著《李达》出版（河北人民出版社 1997 年版），该著"历史资料丰富翔实，梳理精细，重点突出"②，虽然传主属于历史人物，但它立足过去，立意却在当今，通过追寻研究李达人生及其思想历程，旨在为

---

① 王毅：《马克思主义中国化视域的第一次国共合作——兼对李达脱党主要原因的重新诠释》，载《江西师范大学学报》2006 年第 3 期。

② 朱传茞：《传播马克思主义的先驱坚持真理的理论勇士：读宋镜明著〈李达〉》，载《武汉大学学报》2003 年第 3 期。

当代中国共产党人提供如何坚定不移地信奉马克思主义、坚持马克思主义的启示性材料；丁晓强、李立志的《李达学术思想评传》（北京图书馆出版社 1999 年版），对李达的学术活动、主要成果、特点、地位等六个方面做了梳理和论述，是一本对李达思想进行比较全面介绍和概括的专著；唐春元著《毛泽东与李达——肝胆相照四十年》（中央文献出版社 2003 年版），吸收了毛泽东和李达交往关系研究的成果，按时间顺序将毛泽东和李达生平史实进行对比排列，把两人的关系平行展开，揭示了他们充满坎坷和传奇色彩的一生和深厚的友情，填补了这一领域的研究空白；王炯华著《李达评传》（人民出版社 2004 年版），全书 14 章，记述了李达的一生，同时还对李达的一些理论著作进行了评述，作者力图通过李达，从一个侧面展现中国马克思主义的风貌，中国革命的历程，早期中国共产党人的追求和奋斗，以及"文化大革命"给他们带来的空前浩劫；苏志宏的专著《李达思想研究》（西南交通大学出版社 2004 年版）将李达思想形成和发展过程中所产生的问题，置于人类社会发展史以及近代以来国人寻求民族独立、国家富强和文化发展的具体历史语境中予以分析，以彰显其中的历史意义和当代价值，该著"构思缜密，新意迭出，……具有创新性"[1]；罗海滢著《李达唯物史观思想研究》（暨南大学出版社 2008 年版）以马克思主义中国化的研究为切入点，对中国早期马克思主义者李达的唯物史观进行了全面研究。

同时，这一时期还出版了两本具有专著性质的研究论文集：一是为纪念李达诞辰 95 周年，武汉大学出版社 1985 年出版了《为真理而斗争的李达同志》的论文集，其中收录有关李达的建党活动、哲学、教育思想等内容的文章 48 篇，侧重评价了李达在马克思主义理论传播和研究方面的重大贡献，赞扬和肯定了他的学风和开拓精神[2]；二是 1990 年纪念李达诞辰 100 周年系列纪念活动结束后，湖南人民出版社在收集整理相关文献的基础上，于 1991 年编辑出版了《纪念李达诞辰一百周年——中国现代哲学与文化思潮（续集）》的纪念文集，虽然这是一本纪念文集，"但又是一本具有自身特色和学术价值的理论著作"[3]。

---

① 万里：《"中国现代性"的艰辛梦寻》，载《光明日报》2004 年 8 月 3 日。
② 段启咸：《李达学术讨论会综述》，载《武汉大学学报》1986 年第 5 期。
③ 李步楼：《学习李达、研究李达的新成果——读〈中国现代哲学与文化思潮（续集）〉》，载《江汉论坛》1992 年第 8 期。

此外，不少论及李达思想和实践活动的著作先后面世，对研究和了解李达具有重要参考价值，主要有：王炯华的《李达》（《当代中国十哲》，华夏出版社1991年版），丁晓强《马克思主义理论家李达》（《20世纪中国十大学问家》，青岛出版社1992年版），何继良《李达研究》（《中共党史人物研究荟萃》，复旦大学出版社1993年版）。其他可资借鉴参考的专著，有庄福龄著《中国马克思主义哲学传播史》（中国人民大学出版社1988年版），李其驹等著《马克思主义哲学在中国——从清末民初到中华人民共和国成立》（上海人民出版社1991年版），中共中央党校出版社1991年出版的《中国现代哲学人物评传》（上卷），胡绳的《中国共产党的七十年》（中共党史出版社1991年版），许全兴、陈战雄、宋一秀等著《中国现代哲学史》（北京大学出版社1992年版），王炯华的《五十年中国哲学风云》（湖北人民出版社1999年版），王怀超著《马克思主义发展史纲》（中共中央党校出版社2002年版），何萍、李维武著《马克思主义中国化探论》（人民出版社2002年版），孟醒著《谁主沉浮——中共一大代表沉浮录》（人民出版社2009年版）等。这些著作总体上概括了李达及其思想的个性特色、李达的突出成就、李达及其思想的地位等。

（四）李达思想研究不断深入

李达思想历来是李达研究的重点领域，这方面的研究文章占整个李达研究成果的40%。这也与李达一生宣传研究马克思主义、毛泽东思想所取得的丰硕成果是相一致的。这一领域涉及的主题包括李达与马克思主义传播、李达的早期思想、哲学思想、法学思想、经济学思想、教育思想、妇女解放思想、社会主义思想、李达的学术思想、道德思想、生产力思想、统一战线思想以及我国早期马克思主义传播的共性和特性研究[①]等领域的问题，其中研究最多的是李达哲学思想及其与毛泽东思想的关系（占李达思想研究类文章的40%），其余依次为李达教育思想、社会主义思想、法学思想、妇女解放思想、经济思想、道德理论、史学思想等。

第一，对李达哲学思想的研究。李达的哲学思想是学术界一直关注的

---

① 易国喜：《我国早期马克思主义传播的共性和特性研究—李大钊、陈独秀、李达早期传播马克思主义之比较》，载《山东社会科学》1997年第5期；阎颖：《五四时期李大钊、陈独秀、李达传播马克思主义之比较》，载《攀登》2001年第4期。

热点问题。广泛传播和研究马克思主义，并对马克思主义哲学中国化作出独特贡献，这是李达研究中众多学者的共识。在此共识下的具体研究视角有所不同，有对李达传播和研究马克思主义哲学的主要特点的研究①，有对李达马克思主义哲学观的研究，有对李达所赋予马克思主义哲学的中国特色的研究②，有李达对马克思主义哲学中国化与系统化的结合之道的探讨③，有对李达开创的马克思主义哲学中国化的传统的分析研究④，有对李达这种探索的当代意义的研究，也有一些文章对毛泽东与李达哲学思想进行了比较研究⑤，还有李达对马克思主义哲学中国化的理论贡献及其历史地位的评价研究。学者们普遍认为李达对传播和研究马克思主义哲学有着独特的贡献，形成了不同于他人的马克思主义哲学观，指出其特色突出地表现在坚持以马克思主义哲学作为考察中国问题、解决中国问题的根本方法，李达哲学论著中贯穿着一条红线，就是致力并推进马克思主义哲学中国化，促成具有中国气派和中国风格的马克思主义哲学。李达在对马克思主义哲学的研究、信仰、运用过程中，走出了一条开辟、坚守、扩宽马克思主义哲学中国化与系统化的结合之道，是马克思主义哲学中国化的开拓者，即把中国具体情况和"五四"以来马克思主义哲学在中国研究、传播的理论成果结合起来，把马克思主义哲学的中国化作为马克思主义中国化的实质和核心，为实现整体推进马克思主义中国化奠定了坚实的哲学基础。李达的这种探索为当代马克思主义哲学中国化研究指明了方向，代表了先进文化的前进方向。学者们通过更具体地了解毛泽东与李达的哲学理论关系，认为李达与毛泽东哲学思想存在着相互影响、相互促进的关系，最终形成了各具特色的哲学思想体系。李达通过完整准确地解读马克思主义哲学，为马克思主义哲学中国化创造了前提条件，对马克思主义哲学中国化的第一次历史性飞跃的理论成果——毛泽东思想的形成和发展作

---

① 雍涛：《李达与马克思主义哲学中国化——纪念李达诞辰 115 周年》，载《武汉大学学报》2006 年第 1 期。

② 张守刚：《迎着时代的风云，推进马克思主义哲学的中国化——纪念李达同志诞辰一百周年》，载《现代哲学》1990 年第 3 期。

③ 时丽茹：《中国化与系统化的结合之道——李达独特的哲学探索》，载《武汉大学学报》2009 年第 2 期。

④ 彭继红：《论李达开创的马克思主义哲学中国化传统》，载《武汉大学学报》2007 年第 2 期。

⑤ 王炯华：《毛泽东李达哲学比较研究简论》，载《重庆工学院学报》2008 年第 3 期。

出了独特的贡献。他还用通俗易懂的语言，普及马克思主义哲学，为马克思主义哲学的通俗化作出了重要贡献。学术界对李达哲学思想的研究，大大深化了对马克思主义哲学中国化的内涵及历史进程、李达传播和研究马克思主义哲学的特点、李达对马克思主义哲学中国化的理论贡献、李达在马克思主义哲学中国化中的历史地位等问题的认识，为在更宽广的层面上理解马克思主义中国化，打开了研究的新视角，也是将其研究进一步推向纵深的新起点。

第二，对李达教育思想的研究。李达早在建党初期就致力于平民教育、妇女教育，培养党的积极分子和妇女干部，后期主要以马克思主义传播和教育为己任。他毕生从事教育事业，并担任教学和教育行政领导工作，前后长达四十余年，在马克思主义理论宣传、在发展教育方面作出了独特贡献，他的教育实践和教育思想就成了学界研究的一个重要课题，从主题看，主要集中在四个方面：对李达的教育实践经验和办学思想进行的总结①；对李达教育实践和思想突出贡献的评价性研究②；对李达教育思想特色的分析概括③；对李达大学管理思想的研究④。这些研究都高度认可李达忠于马克思主义真理，热爱教育事业，尊重教育规律，尊重知识，尊重教师，爱护人才，鼓励科学研究，奖掖青年，热忱对待学生的教育风范，充分肯定了李达致力于人民教育事业应有的教育家的地位。认为李达教育思想的突出特色表现在学校观和教学法思想两个方面，李达的教育思想是毛泽东思想体系的重要组成部分，大大丰富和发展了马克思主义教育思想，它"对于今天发展我国社会主义高等教育仍具有启迪意义"⑤。李达的"教育思想是正确的，是经得起实践考验的"⑥。

第三，对李达社会主义思想的研究。论题主要集中在五个方面：一是20世纪中共成立前在与各种反社会主义思潮的论战中反映出来的李达关

---

① 宋镜明：《李达的教育实践和办学思想》，载《武汉大学学报》1984年第3期。

② 陶德麟：《李达同志是杰出的马克思主义理论家和教育家》，载《武汉大学学报》1986年第3期。

③ 丁晓强、李立志：《李达学术思想评传》，北京图书馆出版社1999年版，第207页。

④ 柏春林：《李达大学管理思想研究》，载《湖南师范大学教育科学学报》2006年第3期。

⑤ 李钟麟：《论李达教育哲学思想》，载《长沙电力学院学报》2001年第2期。

⑥ 陶德麟：《李达同志是杰出的马克思主义理论家和教育家》，载《武汉大学学报》1986年第3期。

于社会主义的思想①；二是对李达早期社会主义观的分析概括②；三是李达社会主义观的形成过程、主要内容、理论贡献的总体概括和总结研究③；四是李达关于社会主义与发展生产力的思想研究④；五是李达关于中国式社会主义建设道路理论探索成果的分析评价研究⑤。学术界对李达关于社会主义思想的研究都考察了李达著述中的社会主义思想，把李达的思想认识放在当时特定的中国现实中，认为李达早期阐述的社会主义的主要思想对于中共党的建设、为中国走上科学社会主义的道路起到了重要作用，李达对社会主义的可贵理论探索给后人留下了宝贵的思想遗产，其中有些理论探索也经受了实践的检验和时间的考验⑥，同时这些研究也表达了研究者们对李达高深的理论水平、勇敢的探索精神的崇敬之情。

第四，对李达法学思想的研究。李达的法学思想也是学术界比较关注的一个热点领域。李达的法学专著《法理学大纲》和《中华人民共和国宪法讲话》，是研究李达法学思想的主要文献。张泉林、韩德培、宋镜明、唐春元、王炯华等认为，李达法学思想的突出特点在于：一是坚持辩证唯物主义和历史唯物主义为建立中国式法学理论的基础；二是对以往各派法理学进行了科学批判和评价，划清了马克思主义法学同以往各派法学理论的原则界限，发展了马克思主义法学；三是深刻阐述了法的本质。总起来看，李达"是我国杰出的马克思主义哲学家、又是我国少有的马克思主义研究法学家，是我国最早运用马克思主义研究法学的一位拓荒者和带路人"⑦。"他不但正确地阐明了马克思主义法学的基本原理，而且也明确提出了法学研究的指导思想和研究方法"⑧。都充分肯定了李达法学思想在我国新法学体系形成中的奠基作用。

第五，对李达妇女解放思想的研究。李达在宣传马克思主义、参加革

---

① 李其驹、陶德麟、熊崇善等：《只有社会主义才能救中国：重读李达同志的〈讨论社会主义并质梁任公〉》，载《江汉论坛》1979 年第 1 期。

② 谭双泉：《李达早期社会主义观》，载《湖南师范大学社会科学学报》1991 年第 3 期。

③ 权宗田：《论李达的社会主义观》，硕士学位论文，湖南师范大学，2004 年。

④ 谭献民：《李达论社会主义与发展生产力》，《湖南社会科学》1991 年第 4 期。

⑤ 张喜阳：《论李达对于中国式社会主义建设的探索》，载《天津师大学报》1991 年第 3 期。

⑥ 同上。

⑦ 唐春元：《李达研究综述》，载《零陵师专学报》1989 年第 4 期。

⑧ 唐春元：《李达与法学》，载《零陵师专学报》1986 年第 1 期。

命活动的过程中，关注并积极参加妇女解放运动。尽管李达在"五四"前后对妇女问题的关注和研究时间不长，但发挥了极为重要的作用，而且对于妇女解放问题形成了许多富有重要价值的理论观点。对此，唐春元指出，李达运用历史唯物主义的方法思考妇女解放问题，正确指出妇女解放的根本道路，对于中国妇女解放运动来说是一个重大的理论贡献①。李达妇女解放思想的研究总体看集中在两个方面：一是对李达妇女解放思想本身的研究，这方面有对李达《妇女解放论》的主要思想的研究②，有对李达妇女解放思想的形成发展过程的思考、评价研究③，有对李达妇女解放思想在中国革命史、中国思想史以及中国妇女运动史上的意义评价的研究④，有从李达对妇女受压迫的根源、妇女解放的必要性、妇女解放的途径及其重要意义三个方面主要思想的解读和思考⑤。这些论题相对新意不足，内容重复多。二是以"五四"运动前后以李大钊、陈独秀、瞿秋白、李达等为代表的回国留学生群体为对象，认为马克思主义妇女观在中国的早期传播与本土化包含着知识分子特别是具有留学经历的知识分子主观努力传播的成果⑥以马克思主义妇女理论的早期中国化为研究视角的研究，虽然有助于厘清他们各自对马克思主义妇女解放理论中国化所作出的具体贡献，然而由于论题和篇幅的限制也影响到对李达妇女解放思想的深入考察。

第六，对李达经济思想的研究。李达从宣传马克思主义始，就把经济学作为一个重要方面，不但翻译出版了大量的马克思主义经济学著作，而且自己潜心研究经济问题，《中国产业革命概观》《经济学大纲》《货币学概论》等著作是其经济学研究的主要成果，因此李达被称为20世纪三四

---

① 唐春元：《"五四"前后李达对中国妇女解放运动的杰出贡献》，载《零陵师专学报》1984年第2期。

② 罗萍：《世界——男女共有：李达妇女解放思想简论》，载《中华女子学院山东分院学报》1994年第1期。

③ 廖雅琴：《五四时期李达关于妇女解放途径的思想》，载《湖南城市学院学报》2006年第4期。

④ 关威：《五四时期李达的妇女解放思想》，载《韩山师范学院学报》2004年第6期。

⑤ 罗进：《李达的妇女思想》，载《长沙大学学报》2007年第4期。

⑥ 陈文联：《留学生与马克思主义妇女理论早期中国化》，载《南通大学学报》2009年第6期。

十年代著名的经济学教授，李达在当时的经济学研究中具有重要地位①。学术界认为李达经济思想的主要成就表现在四个方面：其一，依据马克思主义经济学原理，从经济学角度，论证了社会主义是中国的唯一出路；其二，研究和探讨了政治经济学的研究目的是为现实服务；其三，最早系统、准确地阐述了《资本论》的基本原理；其四，初步探讨了社会主义经济及其科学体系②。同时结合李达著作研究其经济思想的也有不少成果。

第七，对李达道德思想的研究。学术界对李达著作中阐述的道德思想进行了挖掘和概括，指出，李达虽然没有专门的道德理论专著，但在《现代社会学》《社会之基础知识》《法理学大纲》《经济学大纲》等著作以及其他一些文章中，坚持了历史唯物主义关于社会存在决定社会意识的基本观点，将道德看作上层建筑的一部分，将道德起源的根源归于人类生活③，对道德的本质和作用、道德的起源和演变、道德与其他社会规范的关系、人类各个历史时期的道德特点、以及无产阶级新道德等方面，都有创造性的论述④。学者们对此做过比较具体的研究，比如，李达以人类制造工具的实践活动为出发点，论述了道德是规范性与内心性的统一，道德的基础是社会生活的客观要求与内在精神倾向的统一⑤；阐述了道德是一种特殊的社会意识，是维护人类社会存续的特殊的行为规范，其作用是维持并改进社会经济关系等观点，从而与各种非马克思主义伦理观划清界限，为党的思想建设起过积极作用⑥。

第八，对李达史学思想的研究。侯外庐，吕振羽等著名马克思主义史学家都曾著文深情地回忆李达当年对他们的巨大影响⑦。学术界认为，他是继李大钊之后最早在我国传播马克思主义史学理论的重要代表，并运用马克思主义史学理论研究了世界史和中国史的许多课题，取得了重大成

① 丁晓强、李立志：《达学术思想评传》，北京图书馆出版社 1999 年版，第 210 页。

② 唐春元：《李达研究综述》，载《零陵师专学报》1989 年第 4 期。

③ 丁晓强、李立志：《李达学术思想评传》，北京图书馆出版社 1999 年版，第 118 页。

④ 刘伏海：《试论李达的道德理论》，载《湖南师范大学社会科学学报》1991 年第 4 期。

⑤ 同上。

⑥ 刘伏海：《道德根源于人类的社会生活：李达道德起源论评述》，载《湖南师范大学社会科学学报》1997 年第 1 期。

⑦ 江明：《展读遗篇泪满襟——记李达和吕振羽的交往》，载《文献》1980 年第 4 期；陶德麟：《杰出的马克思主义理论家——李达》，载《武汉大学学报》2000 年第 6 期。

果，写了不少论著，为创立我国的马克思主义史学作出了卓越贡献，李达是我国马克思主义史学的开拓者之一①。学界将李达史学思想的主要贡献概括为两个方面：其一，全面系统地宣传唯物史观，为中国马克思主义史学的形成和发展提供了重要的理论指导②；其二，着重进行中国经济史的研究，李达在中国近代社会性质、中国社会史、农村社会性质的研究方面对中国史学发展产生了重要影响③。也有专论对李达研究中国近代经济史的主要成果进行了梳理④。

除以上学术界对李达的其他思想也有研究，比如，对李达马克思主义国家学说思想的专论⑤，认为李达突出的贡献有三个方面：一是重视和强调马克思主义国家学说的科学性；二是系统地阐发历史唯物主义国家观；三是突出无产阶级专政理论的一些重大问题。对李达统一战线思想的研究⑥，认为李达较早认识到了革命统一战线对中国革命的重大作用，他在理论上阐明了建立统一战线的必要性、可能性和重大意义，对于党制定正确的统战政策具有指导意义，他的统一战线思想是对马克思主义统战理论在中国的传播、运用和发展。对李达真理观的研究⑦，认为李达的真理观主要表现为：只有实践才能证明认识的真理性；关于客观真理、相对真理与绝对真理之辩证法的理解；真理的具体性和普遍性是不可分割的；人们在实践中对于真理的认识永远没有完结；坚持真理，修正错误，真理在斗争中发展。对李达的学术思想的分析⑧，认为李达的理论活动注重马克思主义的科学性和系统性，严肃、认真、准确地研究传播和宣传马克思主义，在斗争中传播和研究马克思主义。李达的学术思想的特点是：学习与

---

① 段启咸：《李达学术讨论会综述》，载《武汉大学学报》1986 年第 5 期。

② 丁晓强、李立志：《李达学术思想评传》，北京图书馆出版社 1999 年版，第 212—213 页。

③ 洪认清：《李达的历史理论和史学思想》，《船山学刊》2001 年第 2 期。

④ 卢琼：《论李达的近代中国经济史研究》，华东师范大学硕士学位论文，2007 年，第 19—30 页。

⑤ 邹永贤：《李达同志早期对传播马克思主义国家学说的贡献》，载《学术月刊》19823)。

⑥ 唐春元：《试述李达民主革命时期的统一战线思想与实践》，载《零陵师专学报》1987 年第 2 期。

⑦ 陈占安：《坚持真理是科学家传统的宝贵品质——学习李达同志的真理观》，载《中共福建省委党校学报》，载 2006 年第 8 期。

⑧ 胡敏中、崔新建：《论李达的学风和信念》，载《北京师范大学学报》1992 年第 3 期。

运用并重，重视和强调马克思主义的实践性，注重用马列主义基本原理来分析和认识中国问题，致力于马列主义基本原理的通俗化和中国化。对李达学术思想渊源进行考察的专论①，着重探讨了湖湘地域传统文化对李达个人学风、方法论和思想情感方面的重要影响和作用，也有论者从中国传统哲学与李达接受马克思主义的途径以及李达的学术交往进行分析，认为除了中国传统哲学外，日本、欧洲和苏联以及国内与李达同时代的学者也对李达的学术思想产生了重要影响②。

总体来看，学术界通过对李达思想的深入研究，认为李达作为我国传播马克思主义的先驱者之一，他的思想在中国马克思主义发展史、在我国现代思想史上都有重要地位，李达在实践和理论上为马克思主义在中国的传播、中国共产党的建立作出了重要贡献，他在哲学、经济学、科学社会主义、法学、史学等领域独特的建树是留给我们的重要遗产③，而且他身上表现出来的实事求是、理论联系实际的学风，坚定信念、富于开拓和敢为真理献身的精神风范，也是值得后人敬仰和学习的重要遗产。

二　问题与建议

30 年来李达研究确已取得较大进展，但我们也感到，还存在一些薄弱环节，而较突出的问题：

一是研究成果的学术含量还不够。20 世纪 80 年代以来，李达研究呈现出方兴未艾的势头，论文数量迅速增多，其中不乏精到之作。但客观地说，李达研究中除去部分上乘之作，低水平重复前人研究也非特例，整体研究成果还不够丰富，李达研究中学术争鸣风气不浓厚。研究水平尚待进一步提高。首先从研究成果来看，总体研究成果数量少而且重复研究多，李达在中国共产党成立早期的思想影响仅次于李大钊、陈独秀，"李达不仅在为我们党的创建、理论研究、教学和教育活动等方面做了大量的工

---

① 谢双明：《湖湘文化对李达的影响》，载《湘潭大学社会科学学报》2002 年第 1 期；曲广娣：《论湖湘文化及其对李达的影响》，载《湖湘论坛》2009 年第 2 期。

② 丁晓强、李立志：《李达学术思想评传》，北京图书馆出版社 1999 年版，第 39—152 页。

③ 陶德麟：《杰出的马克思主义理论家——李达》，载《武汉大学学报》2000 年第 6 期。

作，取得了卓越的业绩，而且在品格和风范上也为我们作出了榜样"①。但李达研究与同时期的陈独秀、李大钊等中共早期领导人研究相比较，与李达在中国马克思主义传播发展史上的贡献相比，与现代学术史上的地位相对照，与当前中国化马克思主义理论事业发展的总体需要相比照，李达研究的成果仍显偏弱。其次，李达研究中存在有一定的过度溢美倾向。由于李达一生的遭遇，特别是晚年受迫害致死的悲惨境地，让研究者产生深深的同情和怜悯之心，过去遗留下来的对正面人物评述研究中的渲染、夸张的倾向，以及研究者个体潜在的以研究对象为荣的心理倾向，在李达研究中同样存在，影响到李达研究成果的科学性、客观性。如果我们在研究中对李达及其思想中的一些缺点、失误、错误采取淡而化之，或采取回避的态度，单纯追求历史人物"高、大、全"，忽视当时具体社会历史条件，不去客观真实地说明一些史实，分析其背景原因，将会背离学术研究的基本要求，不但不利于全面了解李达，也将阻碍李达研究的深入。

二是著述的研究还欠深入广泛。尽管 30 年来研究者们充分挖掘李达著述资料，并提出了许多新的见解，大大深化了对李达在哲学、经济学、科学社会主义、法学、社会学等方面著述的研究。但是，除去其主要代表作以外，其他著作的研究还很不够，特别是李达译著的研究涉猎更少。

三是研究领域和研究视角相对单一。30 年来，李达研究的深度和广度前所未有的得到拓展，但是随着研究的深化，我们认为还有一些园地亟须进一步耕耘。

针对 30 年来李达研究中还存在的这些问题，我们以为在加强著述研究（特别是译著研究）、促进不同学科间的交叉渗透研究、促进不同学科学人之间的合作研究，在整体推进李达研究深入的同时，更应着眼"资政育人"和服务社会现实，在进一步拓展研究领域上下功夫：

第一，李达与马克思主义中国化研究的视域有待扩展。近年来马克思主义中国化研究的深入开展，给李达研究带来了新的研究视域和启示，但是学界对李达与马克思主义中国化的研究，主要集中在李达对马克思主义哲学中国化的贡献上，这不免有一定的局限性。李达在马克思主义中国化的历程中居于开创者的地位，他与陈独秀、李大钊、毛泽东等人一起开创

---

① 王玄武：《李达的功绩将永载史册——读〈纪念李达诞辰一百周年〉》，载《武汉大学学报》1992 年第 6 期。

了马克思主义中国化的道路，在马克思主义中国化进程中，包括李达在内的我国马克思主义研究者们为马克思主义中国化都作出了极为重要的贡献。"虽然近年来的马克思主义中国化研究已遍及马克思主义中国化史上几乎所有的重要代表人物，但对这些重要代表人物思想的涉猎还远未达到微观个案研究应有的水平，更未展开他们之间的比较研究。就对毛泽东思想的研究来说，人们一般都强调毛泽东思想是中国共产党和中国马克思主义者的集体智慧，至于毛泽东思想中哪些内容是毛泽东本人的独立创造、哪些内容是其他人的理论贡献，则并没有引起人们的充分注意。"① 李达与马克思主义中国化研究还有很多具体工作要做，我们完全可以把李达研究纳入近代思想史研究的范畴，纳入马克思主义中国化发展史的研究范畴，对一些带有规律性的问题，进行历史总结和理论概括。在马克思主义同中国革命具体实践相结合的道路上李达的可贵探索，在中国传播马克思主义的历史上作出的不可磨灭的贡献，中国马克思主义发展的历史留给我们的经验，等等，都需要从马克思主义中国化的整体角度、也需要从个案的微观角度继续深入研究。目前，专门论述李达与马克思主义中国化的著作还很缺乏。陶德麟教授对此曾指出，"无论造成这种情况的原因是什么，这总是一个很大的缺陷"②。

第二，李达与马克思主义大众化的研究有待拓展。李达一生主要从事理论工作，早在中国共产党成立前他就致力于马克思主义理论的研究、介绍和宣传。国民党统治时期，他除了继续翻译马克思主义理论著作外，运用马克思主义基本原理撰著了许多有广泛影响的著作，并有很多创见。全国解放后，他又撰写《〈实践论〉解说》和《〈矛盾论〉解说》，主编《唯物辩证法大纲》。李达宣传马克思主义采用中国大众喜闻乐见的、带有鲜明中国作风和中国气派的表达形式，对马克思主义的迅速传播和发展、用马克思主义的先进理论武装革命人民，起到了积极而重要的作用。李达的《现代社会学》"是中国人自己写的最早的一部联系中国革命实际系统论述唯物史观的专著。这部著作在当时影响之大，凡是亲身经历过那

---

① 汪信砚：《近年来马克思主义中国化研究中存在的问题》，载《中国特色社会主义研究》2007 年第 4 期。

② 刘友红：《"李达与马克思主义哲学中国化"专题研讨综述》，载《武汉大学学报》2004 年第 5 期。

些岁月的老同志一定都不会忘却的"①，毛泽东评价李达的《社会学大纲》时指出，它是"中国人自己写的第一部马列主义的哲学教科书"②，毛泽东对李达所著的《〈实践论〉解说》给予了充分肯定，"这个解说极好，对于用通俗的言语宣传唯物论有很大的作用"③，并指出李达的"文章通俗易懂，……要利用这个机会，使成百万的不懂哲学的党内外干部懂得一点马克思主义的哲学"④。李达作为中国马克思主义传播的先驱之一，他努力以自己的实际行动推动马克思主义哲学的通俗化、普及化，使之更易于为广大群众所掌握，起到了播种机的作用。李达在马克思主义大众化、毛泽东思想大众化方面所作出的突出贡献，目前学者们虽有论及，但鲜见专论出现。研究李达在马克思主义大众化方面的贡献，对我们今天如何研究、学习和宣传马克思主义、毛泽东思想和中国特色社会主义理论体系，如何用理论武装群众、加强思想理论建设，确立和落实当代中国化马克思主义为大众服务的思想，具有重要的理论意义和现实意义。

第三，李达对各种反马克思主义思潮批判的研究有待拓展。"李达同志对于各种反马克思主义思潮的有力批判，对于唯物史观、特别是科学社会主义理论的阐发，对于坚持马克思主义、坚持共产党的领导、坚持社会主义道路的有力论证，特别应该看到李达同志作为一位马克思理论的忠诚战士的许多宝贵精神和高尚品质。这宝贵精神和高尚品质最根本的一点就是始终坚持马克思主义的理论道路。"⑤ "李达为传播马克思主义而奋斗终生的历史，深刻地展示了马克思主义必须也只能在斗争中发展的客观规律，并说明反对形形色色的假社会主义和无政府主义是思想战线上的一项长期的任务。"⑥ 研究李达的批判思想和方法，认识和掌握李达在同反马克思主义思潮论战中所表现出的理论批判的科学性和系统性、深刻性和客观存在的局限性，加深了解自五四运动以来中国各种思想流派的发展状

---

① 江明：《展读遗篇泪满襟——记李达与吕振羽的交往》，载《文献》1980 年第 4 期。

② 《李达文集》编辑组：《李达同志生平事略》，载《武汉大学学报》1981 年第 1 期。

③ 丁晓强、李立志：《李达学术思想评传》，北京图书馆出版社 1999 年版，第 163 页。

④ 宋镜明：《李达》，河北人民出版社 1997 年版，第 268 页。

⑤ 张腾霄：《始终沿着马克思主义理论的道路前进——读〈李达文集〉第一卷》，载《教学与研究》1981 年第 2 期。

⑥ 王永康、阳光：《一部具有历史价值、学术价值和思想教育意义的传记著作——评〈李达传记〉》，载《武汉大学学报》1987 年第 5 期。

况，研究马克思主义同这些思想流派的关系和斗争，对于我们今天批判各种反马克思主义、反社会主义的思潮能提供重要的经验教训，同时对于从事科学研究工作的人们坚持实事求是的科学态度，实现学术研究的科学性与政治性的统一，坚持中国特色社会主义道路和方向也具有重要的当代启示。

第四，对李达思想形成的影响因素的研究有待拓展。李达的思想、实践活动和生活习惯等必然带有深刻的时代烙印，也无法避免同时代相关人物对他的影响。这一领域目前有不少论述，也取得了较大进展，但这也只是有了一个好的开端。李达与毛泽东互为影响的研究成果较多，但是与其他人物关系的研究相对较少，特别是中国传统思想和西方思潮，同时代马克思主义学者对李达思想影响的文章及论著尚不多见，说明对李达思想形成的诸多影响因素的研究还不够充分，不够平衡，不够普遍。这方面，李达与李大钊、陈独秀、李汉俊、瞿秋白、蔡和森、杨匏安、艾思奇、杨献珍以至于国外一些马克思主义学者的影响关系都有可资研究的问题。另外，李达在传播宣传马克思主义、毛泽东思想过程中对中国学术思想和文化带来的重要影响，李达在其中所起的作用，李达与中国传统文化，李达的国情思想研究提供给我们的启示等，都是有待开垦的领域。

第五，李达对马克思主义世界化的研究有待开垦。马克思主义在其产生发展过程中，经历了从理论形态到实践形态、再到制度形态的发展，实现了从部分地区向全世界的传播，在当今世界形成了众多的马克思主义流派。"中国化马克思主义理论不仅是中国无产阶级和人民群众的思想武器，而且是人类社会的精神财富；不仅是我国社会的指导思想，而且是世界文化的重要内容。"① 马克思主义中国化也是马克思主义世界化的过程，它"将马克思主义引入中国并在理论与实践中进行中国化的过程，也是将中国马克思主义推向世界成为世界化的马克思主义一个有机组成部分的过程。"② 李达研究、宣传、介绍马克思主义大多借助当时流行于日本、俄国和欧洲的马克思主义，李达研究中国国情、分析中国革命的策略、李

---

① 石仲泉：《略论马克思主义中国化的基本经验》，载《中国特色社会主义研究》2007 年第 4 期。

② 刘友红：《"李达与马克思主义哲学中国化"专题研讨综述》，载《武汉大学学报》2004 年第 5 期。

达的著作和思想，"其全球视野和世界眼光非常明显"①，具有准确性和系统性，往往能达到当时世界马克思主义的先进水平。李达思想与马克思主义世界化之间应该具有某种必然的联系，而这恰恰是目前李达研究需要开拓的新领域。

中国共产党自成立以来就是一个善于理论学习和概括、富于理论创新的政党，可以说中国共产党的历史也是学习马克思主义、运用马克思主义、发展马克思主义，使之掌握群众，变成群众伟大力量的、实现人民群众利益的过程。从李达研究的回顾中我们看到在新的历史条件下进一步深入开展李达研究，不仅是必要的而且也是可能的，我们相信国内的李达研究一定会取得更加丰硕的成果。

（刊于《中共党史研究》2010 年第 8 期）

---

① 刘友红：《"李达与马克思主义哲学中国化"专题研讨综述》，载《武汉大学学报》2004年第 5 期。

董必武研究

严教亲属的典范　精神文明建设的楷模

——读《董必武诗选》断想

董必武是伟大的马克思主义者，杰出的无产阶级革命家和政治家，中国共产党和中华人民共和国的主要领导人之一。早年他就参加了辛亥革命和反对北洋军阀的斗争。俄国十月革命和我国五四运动之后，便投身到更伟大的革命洪流之中。经历了北伐斗争、土地革命战争、抗日战争和人民解放战争。新中国成立后，又积极参与党和国家的领导，特别是对我国人民民主政权和社会主义法制的建设作出了重大贡献。对此，不少学者已经从实践到理论进行了较深入的探讨。在纪念董必武诞辰100周年之际，笔者偶读《董必武诗选》，联想较多，感受匪浅。但本文却不谈"诗"，只想从他严格要求和教育亲属、子女方面来展示他高尚的共产主义情操，并以此来为促进社会主义精神文明建设探求新途径。

一

董必武共三个孩子。即长子良羽，女儿良翚（即楚青），次子良翮。董必武特别注重对三个孩子的教育和严格要求，对亲属也是一样，在此方面我以为至少有如下几点：

第一，他非常重视对子女进行马克思列宁主义、毛泽东思想的理论教育，坚定他们的共产主义信念，培养他们识别真假马克思列宁主义的能力，谨防上当受骗。1961年董必武76岁生日时，长子良羽陪他在广州疗养治病。他就作了《七六初度在广州》七律诗给良羽。诗中对当时我国面临的三年困难作了概述后写道："未因迟暮衰颓感，毛选诸篇读尚勤。"① 无疑，这既是董老当时对自己四十余年革命经验的总结，更是对子女的勉励。1965 年 10 月，董必武已是八十高龄了。按我国的传统习惯，80 岁的老人家偏爱小儿。而他却作诗赠小儿子良翮："父母皆望儿女智，我希尔学愚公愚。大山三座虽移去，穷白形存敢自娱？"② 他在告诫小儿子，革命虽然取得了胜利，但一穷二白的面貌还存在，不能满足于现有的成绩和沉醉于个人的幸福之中，要以马克思列宁主义、毛泽东思想武装自己，不断奔赴"前途"。可见，董必武教育子女是首先着眼于思想理论教育这个根本的。1967 年 11 月，当"文化大革命"狂潮中的武斗恶浪暂趋退潮的时候，他于同月 25 日，又写七言绝句诗寄给良羽、良翚和良翮，在末两句写道："风来有迹叶微动，潮退无声滩渐明。"③ 以我理解，董老在这时就开始了对"文化大革命"原因的思考。同时也是他对当时动乱形势的分析和概括，这既表明他坚信"文化大革命"不可能"万岁"，又表明他深信那场浩劫过去，形势必然好转，无疑这也是他在动乱年代给儿女们以含蓄而富有哲理的慰勉。1971 年秋冬之交，在北京车站送行儿女们时，他又作《北京车站别儿女》一诗，告诫他们："马列书多六本先，择优精读记疑难，增加知识与经验，防止奸人巧夺取。"④ 这是他教导儿女们，要学习马克思列宁主义的精神实质，提高政治觉悟，不要为"伪君子"一类政治骗子所迷惑，严防他们篡夺党权。

　　第二，进行革命传统教育，以此鼓励后生。董必武不仅善于给子女以思想理论武器，而且很重视革命传统教育。1962 年，女儿 22 岁生日时，他祝之以五言长诗，要求女儿："遇事莫呈性，责己严于友"，并且告诫"青春再难得，植根宜深厚；同群众前进，立功自不朽"，给女儿指出了律己准则，又提出了要求永远同人民群众在一起，为全面的社会主义建设建功立业的要求。1965 年赠良翮诗，他希望儿子"学愚公愚"。这种传统教育不仅在当时具有现实意义，就是在今天仍然具有现实的鼓舞意义。愚公精神是我们中华民族的宝贵精神财富，是我们进行革命和建设的优良传统，董必武在 20 年前就抓这一点，并成为他教育子女的重要内容，今天读这首教子诗更显得董老是何等的英明和具有预见力啊！

---

① 《董必武诗选》，人民文学出版社 1977 年版，第 140 页。

② 同上书，第 231 页。

③ 同上书，第 240 页。

④ 同上书，第 257 页。

第三，注重对子女的革命情操教育。在这方面主要是培养子女同劳动人民，尤其是同农民群众的思想感情，他在晚年吃饭时，常常背诵"锄禾日当午"全诗，尤其是把"粒粒皆辛苦"叫得最响，并要求儿女背会这首诗。他不止一次地冲着翚儿说："'粒粒皆辛苦'，你懂不懂？从耕至种、锄草、施肥、灌溉，如果风调雨顺，没有虫害，春种才能秋收！你妈妈是个行家。"①

董必武一生反对轻农的世俗偏见，不仅为小儿子选择了务农的道路，而且还希望第三代人也有继承者。1972 年当小孙子绍新（良翮的儿子）刚满两岁，他就作诗寄语："父母在晋县，农忙事田亩。望尔速长大，协作左右手。吾言亦云然，世为农人好。孙身颇苗壮，无逸符大造"②，尽管当时孙儿未必通晓事理，但终属董老的一片至诚心愿呀。

第四，严格是他教育亲属与子女的基本特征。董必武对子女与亲属的教育不只是讲道理，而且身体力行，严格要求。1949 年，中华人民共和国成立不久，其侄子董良俊就从家乡给他写信，说哥哥董良焱有文化，不想在农村生产和教书，要求三爹给找个好点的工作。董必武收到这封信后，立即复信，拒绝了侄子的要求，并中肯地讲道理给侄子："我们共产党人所要领导的革命，和过去的改朝换代不同，共产党员有个党性原则，就是一切听从党的安排。共产党的干部是为人民服务的，并不是要做官的……"③ 后来，良焱听从伯父的教诲，留在了农村，并把毕生的精力献给了乡村的教育事业。要求的严格还表现在生活琐事方面，有一次他要女儿午饭后到自己的办公室背诵《悯农》那首诗，女儿竟没有去，晚饭后，良翚怕他责问，也不敢说话，只想快吃，吃了就走。当她三扒两扒地吃完饭，转身要跑时，董必武却叫住女儿："你看，你看！碗里桌子上有多少饭粒？'粒粒皆辛苦'粒粒不能丢呀！"④ 虽然他脸带着笑容，但却以很严厉的声音要求女儿"捡起来吃了"，等女儿把饭桌上的饭粒一粒粒捡起来吃掉，把碗里的饭也扒拉干净后，才让她离开饭桌。良翚后来在回忆这一往事时，深有感触地说："1973 年初，我被下放到干校种水稻时，才真正体会到了'粒粒皆辛苦'的道理。"

---

① 转引自董楚青《忆我的爸爸董必武》，花城出版社 1982 年版，第 92 页。

② 《董必武诗选》，人民文学出版社 1977 年版，第 264 页。

③ 转引自周志纯《董必武的故事》，湖北人民出版社 1980 年版，第 95 页。

④ 转引自董楚青《忆我的爸爸董必武》，花城出版社 1982 年版，第 93 页。

　　第五，不搞特殊是他教育亲属的又一重要内容。他规定不准夫人和子女随便进出自己的办公室。每天傍晚夫人和子女陪他到中南海海边散步时，只能在办公室门口打招呼，即使进入办公室，也要绕到他的躺椅对面，站在离他放文件的小茶几一两米远的沙发跟前站着。良翚上中学时觉得别人家的孩子都可以看他爸爸的参考资料，她还不能翻翻公开发行的报纸吗？她总感到有些委屈。一个星期日，她壮起胆子，走进爸爸的办公室，大模大样地坐到茶几右侧的一把摇椅上，女儿的这一行动，使董老很吃惊，他很敏捷地把文件对折起来，露出了全白的纸面，这种行动本身就是对子女的一种纪律教育。女儿参加工作后，在和董老谈她的工作时，偶然一次流露出："我只要对得起人民给的四十六块钱，对得起八小时就得了。"董老听到后一脸怒气，严厉批评道："简直是胡说八道！"良翚看到父亲生气了，就嗫嚅着支吾："人家，人家……"他不容女儿辩解："人家，人家是人家。我问你，你生下来就拿四十六块钱，你怎么长这么大的？你怎么有能力工作的？我不问'人家'，我只问你！"他竟因此批评女儿，不只是组织上没入党，而且思想上也远远不是个党员①。在董必武看来，作为高级领导干部的子女，如果要说特殊的话，只能是思想境界要比别人高，工作态度要比他人好。这件事，对良翚教育很大，后来她回忆起这一往事不无感慨地说：是啊，我除了认真努力工作外，无权谈别的。

　　常言道：严师出高徒。那么，严格的家长，又何尝不是严师，这类严师教育出来的子女，同样是不负众望的。董必武就是这类严师。他的小儿子良翮早已挑起了所在地区的领导重担，别的孩子也都在各自的岗位上顶大梁，成为四化建设的中坚力量。这无不凝聚着董必武辛勤教育的心血，从这个意义上说，董必武堪称善于而且严以教子的典范，在客观上成为促进社会主义精神文明建设的楷模，尽管过去还没有使用这个概念。

二

　　董必武为什么能够注重严格要求和教育子女与亲属呢？绝非是他对子女缺少父爱，与亲属薄情义，恰恰相反，这是出于对子女更深沉的爱、对亲属更深长的情。特别是出于一个无产阶级革命家所具有的共产主义情操

---

① 转引自董楚青《忆我的爸爸董必武》，花城出版社1982年版，第83—84页。

和坚强的党性原则。

首先，他意识到对子女的溺爱不是真爱，“严”才是更深沉的爱。

前叙已知，董必武对子女事无巨细都不放松，要求极严格，在一些人看来，他有些太认真了，几乎到了不尽父子情的程度。其实，他的慈父心比常人更切。因为他是老来得子，52岁时才有了大儿子良羽。当时这个唯一的宝贝当然成为他的“开心果”，儿子的需要当然成为他的必然开销。他不嗜烟、不饮酒。除了买书别无他好。有一天，他由外地回办事处，却特意给宝贝儿子买了一条粉嫩粉嫩的小裙裙，这后来竟成为夫人何连芝取笑他不会买东西的典型例证。这确实听来让人好笑，但这怎能不是董必武具有深切父爱的印证啊！随后一次，董必武一脸不高兴地从外回来，看见夫人正抱着儿子，他一反惯例，推开夫人送过来的羽儿说：“我去看了一个孤独老太太，她一生支持革命，但一个人，无儿无女，生活上没人照顾，精神上也孤独，我们把芝生（良羽的乳名）送给她吧！”夫人先是一怔，看着他严肃认真的神情答道：“好，只要她是革命的。”然后就给孩子收拾起来。这时，董必武却慢慢朝夫人走过去，定睛望着她：“你真的愿意吗？”和他一样气度豁达、心胸宽阔的夫人回答：“孩子是革命的后代，交给支持革命一生的人管，我有什么不愿意的？！”董必武这时笑着赞叹夫人：“你真不简单！我……”他稍一顿，回身抱起儿子，并亲吻着孩子的脸蛋对夫人说：“我是跟你开个玩笑。”① 这则趣事难道不能说明董必武所具有的更深沉的父爱吗！

1970年年底，良翚刚满30岁。他趁机问女儿多少岁了，女儿知道父亲在故意逗自己，就说：“我在赶您呢，又追上一年了啦！”董必武便笑着说：“赶我？我问你：‘人过三十，日过午’。这句话你听说过没有？”他接着说：“这是句老话，是说人过了三十，就像太阳过了中午一样，一时不如一时呢。你要懂得这个道理，多当心咧。”一位85岁高龄的老人，在叮咛一个刚刚“过午”的女儿，由此看出董必武一颗慈父之心同女儿的心是贴得多么的紧呀！

他对小儿子良翮的爱更是如此。当林彪、江青一伙把无辜的良翮抓起来后，使董必武的精神受到极大的折磨，心情郁闷到了极点。但在当时的气候下，他又能怎样呢。他只是整天在报纸上写诗，尽写关于良翮被捕的

---

① 转引自董楚青《忆我的爸爸董必武》，花城出版社1982年版，第43页。

诗。"诗言志"啊，这是他发自内心深处对儿子的爱，更是对林彪、江青一伙的控诉。正如他在一次对话中说的，良翮是"代我坐牢啊"！如果没有对儿子深沉的父爱，是发不出这种感慨的，遗憾的是由于当时历史条件的限制，这些珍贵的寄托父子深情的诗，大多没能保留下来。

由此可见，董必武并非对子女只重严，而且充满着慈爱。他既是慈父，又是严师。作为慈父他爱子爱在根本上，作为严师他严格要求是为着爱、是更深沉的爱。他真可谓把对子女的爱与教育上的严这二者的辩证关系理解得最深刻、统一得最完好。

第二，是出于高尚的共产主义情操和坚强的党性原则。董必武是中国共产党的创始人之一，长期的革命斗争造就了他高尚的共产主义情操和坚强的党性原则。尽管他是一位可敬的慈父，但当子女或亲属的举动对党的威信稍有影响时，他都不放过，始终把党的利益看得高于一切。20世纪50年代初，他的姐夫由湖北坐火车到北京后，叫了一辆三轮车把自己送到城北小石桥胡同，下车后没付钱，就进了董必武家。三轮车工人说："这个老头自称是董必武副总理的姐夫，不付钱就走了。"正好何连芝在家，立即向三轮车工人付了钱，并致谢道歉。董必武晚上回来听说这件事后，大发了一次脾气，由此也得罪了姐夫。好多年之后，他同女儿说起这件事，还愤愤地说："那时候刚解放噢，共产党怎么样？许多人在看，许多人还不了解共产党的官和国民党的官究竟有什么区别，你姑夫的做法恰恰说明共产党领导人的家属和国民党的家属是一个样儿的，这怎能叫我不生气？"接着他又强调说："做什么事都要考虑到对党的影响，这才是共产党员咧！"① 董必武总是时时刻刻从党的影响、声誉考虑。这是他高尚的共产主义情操和坚强的党性原则的充分表现。

第三，在他战斗生涯的初期就形成了反抗的性格，并随着革命斗争的千锤百炼使这一性格更加倔强。董必武少年时期，他读书的学堂里因一张纸的事闹翻了天。有个财主的儿子因长得肥头大耳，大伙都叫他李大头。一天下午，他一到学堂就取出一大张白油光纸，声称是上海货，在极力炫耀。小同学们都围拢过来看稀奇。一个名叫张小三的同学，伸手扯了扯，不慎用力过猛，把那张大白纸给撕成了两半，这下惹怒了李大头，他抓住张小三的衣领，又嚷又叫，硬逼着赔他的"上海货"，张小三吓得直哭，

---

① 转引自董楚青《忆我的爸爸董必武》，花城出版社1982年版，第141—142页。

其他同学都惹不起李大头，目瞪口呆，各自散去。董必武闻讯赶到，严厉地说："李大头，为什么欺负小同学？"并厉声警告他："学堂是读书的地方，不是赚钱做生意的商店，这里不是卖纸的地方。要比就比读书、比写字，谁输了就罚款子、打棍子。"李大头家里有钱有势，从小娇生惯养。他横扯皮竖捣蛋数第一，读书写字在全学堂是倒数第一，哪敢比读书写字。在董必武的严厉威逼下，李大头早吓得不敢要纸和钱了，才平息了这场风波。董必武参加革命后，愤世嫉俗、憎恶丑恶使反抗不平等的性格更加倔强，并成为理论观点。因为他亲历了清朝、民国初年、袁世凯篡国、北洋军阀割据和蒋介石篡权的"五朝弊政"，那腐朽的不平等社会，才使他决心要逐渐立起"一代新规"，而且要达到"革心兼革面"的彻底程度。在我党成为执政党以后，董必武为了进一步树立和巩固我党的威望，就十分注意使党不脱离群众，而要使党不脱离群众，又必须使党的干部和亲属、子女不搞特殊化。董必武严格要求和教育亲属、子女，出于这样的考虑是合情合理、顺理成章的，与执政党的根本宗旨也是一致的。

三

　　鉴往知来，鉴往为来。

　　今天，我们纪念董必武，回顾他善于而且严于教育亲属的事迹，对我们搞好当前的各项工作都有重要的促进和推动意义。

　　首先，学习他严以教育亲属与子女的风范，要努力克服两种不正之风。

　　诚然，粉碎"四人帮"后，尤其是党的十一届三中全会后，党努力加强自身建设，十二大后又在分期分批地进行着全党范围的整党学习，已经取得了巨大的成就，作为反映党的状况的党风，总势头是逐步在好转，年年有进步。但是还必须看到，在新的历史条件下，党的建设所面临的问题是复杂的，党风还没有根本好转。正如王兆国最近在中央机关干部大会上讲党风时所指出的："当前有的部门和单位，在少数党员干部和领导干部身上，仍然存在着这样那样的不正之风，个别的还相当严重。"① 他在列举不正之风的表现时又点到："有的人个人主义思想膨胀，忘记了党的

---

　　① 王兆国：《在中央机关干部大会上的讲话》，《陕西日报》1986 年 1 月 13 日。

全心全意为人民服务的根本宗旨，一味追求名利地位，斤斤计较个人得失，利用职权谋取私利。……违反组织原则安插亲信，为自己的子女亲友图谋种种私利。"① 诸如这类以权为亲友、子女谋私的不正之风，同董必武置党的利益高于一切，严格要求子女及亲属的高风亮节形成何等明显的对照。就近年来见诸报端披露的有的干部子女及亲属特殊化突出，这也是在干部子女、亲属中存在的又一不正之风，而且干部子弟中经商走私，甚至有的为了金钱而不择手段、干出有辱国格、有损民族尊严的事也不乏其例。这些都程度不同地败坏着党风和社会风气。这些现象，原因固然很多，但当事者的家长不是没有责任的。身为领导干部的家长尤其如此。那么，作为这些人，当很好地学习董必武，时刻记着自己不仅是一个家长，特别是时刻都要"考虑到对党的影响"。严格地要求他们不做特殊子女，抛弃"优越"感。更重要的是本人要身体力行、以身作则，不搞形形色色、名目繁多、花样翻新的以权谋私，不言而喻这应当是各级领导干部，特别是高级领导干部表率作用的重要内容。也只有这样，才能实现党风和社会风气的根本好转。因为"党是整个社会的表率，党的各级领导同志又是全党的表率"②。

顺便指出一点，在反对少数领导干部以权为亲属子女谋私和少数干部子女特殊化的同时，还应当克服少数人中存在的对大多数干部子女的偏见。人们固然反感、讨厌那些脱离群众、有损党风和社会风气的干部子弟，但其实，他们是干部子弟中的"不肖子孙""败家子"，毕竟是少数。大多数干部子弟由于自幼受老一辈革命家的熏陶和严教，又受党的精心培养，完全可能成为革命事业的接班人，能担当起某一地区、某一部门的领导重任，群众信任他，组织选定他，这何尝不是好事，本来就标志着我们的事业兴旺发达、后继有人。可是有些人却把很正常的选拔一些干部子弟作为某一地区或部门的领导说成是"我党的终身制虽然废除了，世袭制又出现了"。我以为这是大大的偏见和误解。此说无论在理论和实践上都是说不通的，也无论马、恩、列、斯，还是毛泽东，都从来没有说过干部的子弟一定不能担任革命事业的接班人。关键在于要符合干部"四化"标准。

---

① 王兆国：《在中央机关干部大会上的讲话》，《陕西日报》1986 年 1 月 13 日。

② 《邓小平文选》(1975—1982)，人民出版社 1983 年版，第 164 页。

其次，学习董必武教育子女及亲属的方法和途径也是极有意义的。

常常见到有些做家长的，包括有些领导干部在内对自己的"不肖子孙"很头痛，时有"真没办法"的感叹。这个感叹发得好，道出了教育不好子女的关键所在和实质性原因。我们不否认有些孩子善于接受教育，在幼儿园和学校接受老师的指教，在家听父母的指点，成长较顺利。但是，同样不可否认，那些"不肖子孙"和"败家子"极多又是幼年受宠溺，到了少年就骄气横生，任性起来，等到迈向邪路时，父母这才想到要求、教育，但却已管不住。其实，这些人管教的方法要么是说教、要么是训斥打骂，在这两者均达不到目的时，只能摇头感叹，这实质上是既不会"管"，也不会教。

而董必武教子所以成功，岂止单纯是一个"严"字，他的方法绝就绝在会晓之以理，妙就妙在善于动之以情。用"诗"教子不敢说是他的独创，至少可以说是他教子的一条重要途径和重要方法之一。前述中已经看出，他善于通过作诗、赋词赠亲属、子女。使其要么晓得某一真理，要么寄予某一厚望。一本《董必武诗选》所收诗词185首，有关教育亲属的篇幅就有八首，占4%。如果只从20世纪60年代后的诗篇计算，共有98篇，涉及教育亲属的诗篇则占8%还多。再算上他的许多自谦、自勉、自励诗，那就更多了。事实上这些诗词都不同程度地对教育子女有着直接意义。诸如《八十初度》中的"蹲点未能知老至，观书有得觉思清"；《八十晋八初度》中的"国家治理逢尧舜，学说推行重马列"；《九十初度》中的"遵从马列无不胜，深信前途会伐柯"等诗句。不仅是他自己一生经验的不断总结，也是用诗的语言给予子女乃至全国青年指出了前进的目标和要掌握的思想武器，愿他们多学马克思列宁主义，学会用其立场、观点、方法去观察一切，不断开拓进取。

他教育子女在晓之以理、动之以情方面的例子也是很多的。如前举过的给女儿讲"人过三十日过午"，就是勉励女儿要加紧努力工作，为党多作贡献。他教女儿背诵《悯农》的良苦用心也是显而易见的，而且结果都达到了目的。这些方法也同"诗"教一样，既达到了使子女晓之以理的目的，又陶冶了他们的情操，还增加了他们的知识面。可见这些方法确是"一本多利"的美事，凡是做家长的同志应当很好借鉴。

当然，我们不能要求每一个做家长的或所有做家长的领导干部都用"诗"教子，因为这样的家长即使不是诗人，至少也得懂诗。但毕竟我们的不少家长，特别是相当多的领导干部家长，是具有一定文学或艺术素养的人。起码这些人是可以尝试一下的。至于不懂诗，也无文学素养的人，如果能从自己的"家情"出发，从本人的特点出发，在"晓之以理""动之以情"上下点功夫、动点脑筋，还是能做到的。如果连这也觉得难的话，恰巧说明：这是时代对家长们提出的新课题。在新的历史条件下，一切都在发展、变化，教子的方法也不能不变化。最基本要做到的是，在与子女平等相处的前提下，还要不断地开阔自己的视野，尽可能地增加自己的知识面，等等。

最后，我又设想，如果能把董必武教育亲属与子女的方法为我们的所有政工干部所掌握，这更是再好不过的美事了。目前，各条战线都在呼吁思想政治工作不能适应新时期形势的需要，我认为其原因有些是认识问题，即重视不够、抓得不力。但也有很多是思想政治工作的方法不对头，仍是空话多、说教多、说理少、动情少。那么如果不只是做家长的领导干部，而且包括各条战线、方方面面的思想政治工作者，都把董必武教育亲属与子女的方法学到手，使其发挥作用，那就不只是把几个或部分子女教育好的问题，将是开创整个思想政治工作的新局面，无疑地，其结果将是极大地促进全党风气和社会风气的根本好转，进而促进整个社会主义精神文明的建设。

这样做的本身就是对董必武的最好纪念。

（本文是 1986 年初为纪念董必武诞辰 100 周年而作，《湖北社科通讯》1986 年第 3 期（纪念董必武诞辰 100 周年专辑）刊发。2006 年湖北省董必武思想研究会成立并举办纪念董必武诞辰 120 周年学术研讨会，钟德涛教授主编《董必武思想与实践研究文集》一书又将此文收编其中，湖北人民出版社 2007 年 7 月版，收入本书保持了 1986 年稿原样）

恽代英研究

试论恽代英的文化思想

恽代英是中共早期杰出的革命领袖和理论巨匠，他短暂的一生中留下了三百余万字的遗著，其中蕴含了丰富的文化思想，为近代中国文化转型和发展作出了特有的贡献，但这一点却长期未被理论界给予应有的关注。在当前建设社会主义文化强国的征途之上，作者不揣浅薄，试对恽代英的文化思想进行重温和研究，以就教于方家，亦以此文纪念烈士诞辰120周年。

一　着力界定文化的概念

自近代起，人类才自觉地意识到文化的存在并开始理性地探究文化问题，这其中文化概念的界定具有基础性意义。众多学者从不同的侧重点出发，对文化的概念给予了不同的表述，最早的当数英国人类学家爱德华·泰勒，他在1871年出版的《原始文化》中指出："文化或文明，就其广泛的民族学意义来说，是包括全部的知识、信仰、艺术、道德、法律、风俗以及作为社会成员的人所掌握和接受的任何其他才能和习惯的复合体。"① 此后的学者或者描述文化现象，或者概括文化历史，或者分析文化结构，或者释义文化本质，等等，以尝试确定文化概念，迄今已有数百种而不能统一。马克思主义创始人并未直接论及文化的概念，但恩格斯曾在1872年发表的《论住宅问题》中讨论分工的积极作用时侧面阐释过他对文化的理解："使每个人都有充分的闲暇时间去获得历史上遗留下来的

---

① ［英］爱德华·泰勒：《原始文化》，连树生译，谢德胜、尹虎斌、姜德顺校，上海文艺出版社1992年版，第1页。

文化——科学、艺术、社交方式等等——中一切真正有价值的东西。"①
马克思在《资本论》中又将文化作为文明形态加以理解和运用："在文化
初期，已经取得的劳动生产力很低，但是需要也很低，需要是同满足需要
的手段一同发展的，并且是依靠这些手段发展的。"② 通观各种对文化概
念的理解和界定，无外将文化分为广义、狭义两个层面进行讨论，广义的
文化包括人类创造的物质财富和精神财富的总和，狭义的文化则特指精神
财富。

　　恽代英对文化概念的理解和界定经历了一个由广义文化向狭义文化转
变的过程。1915 年 5 月发表的《怀疑论》一文，在讨论"不足论之说"
时，他首次使用了文化这一概念，"此天下文化进步所以迟滞之首因也。
造将来世界之文明，造将来文明进步之善因者，其人姓名虽不可知，然必
善疑而不轻信，必不轻委其所不知于自然不足论，如吾人所为则可知
矣"。③ 在同一篇文章当中，恽代英又将人类文明的进步明确区分为精神
文明进化和物质文明进化两个方面进行详细论述，可见此时恽代英头脑中
文化与文明是两个可以相互替换的概念，文化或者文明都涵盖人类生活创
造的全部内容，不仅包含精神因素，还包括物质因素，实质上是在广义上
使用了文化概念。恽代英的这一概念认识是建立在近代中国民族危机引发
文化危机的背景之上的，帝国主义国家的侵略客观上将资本主义文明形态
与封建文明形态的强烈对比呈现于先进的知识分子面前，西方国家从物质
领域到精神领域对落后的中国都有巨大感召力，迫切寻求救国之路的恽代
英像这一时期众多先进知识分子一样，以西方物质和精神文化作为新文化
的蓝图范本，故以包含物质因素和精神因素的文明概念解释文化概念，并
将文明和文化相互替换使用。值得一提的是，自 1914 年 10 月恽代英发表
第一篇文章《论义务》起至 1917 年 3 月《欧战与永远和平》一文中第二
次使用文化概念，近三年时间中却数十次使用了文明概念，表明恽代英对
于文化的这一理解运用还是持有谨慎态度的，他敏锐地意识到与野蛮相对
应的文明意义无法用文化代替，故仅在指代人类生活创造的全部内容，包
含物质和精神因素这一意义上混合使用文明和文化两个概念。

---

① 《马克思恩格斯文集》第 3 卷，人民出版社 2009 年版，第 258 页。
② 《马克思恩格斯文集》第 5 卷，人民出版社 2009 年版，第 585—586 页。
③ 《恽代英全集》第 1 卷，人民出版社 2014 年版，第 17—18 页。

　　恽代英积极地参与了整个新文化运动，在前期"民主与科学"的旗帜下，他着重关注了国民道德伦理领域的破旧立新，此时对文化的理解主要集中于思想道德等精神方面。1915 年 12 月写了《文明与道德》一文，指出"吾人须知欲研究道德之为进化或退化，不可离文明而单独说之。抑吾人所最宜注意者，道德进退与文明之关系，非固定不可移易之性质，盖可以由人力进退之者也"①，并号召有志之士以为善而促道德进步。1917 年 1 月又作了《社会性之修养》一文，认为中国需要在"公德""公心""诚心""谨慎""谦虚""服从""礼貌""利他"八个方面修养国人的社会性，以振兴社会事业进而挽救民族危亡。1917 年 6 月写成《论信仰》一文，指出道德的三大动力即信、爱、智之间，信与智之间常相冲突，智与爱则共同鞭策。无理由的信仰比如宗教对于道德进步的影响微乎其微，而对于社会的团结，文化的增长的作用则完全是偶然现象，且并非统治阶级提倡宗教的本意，以此批判了孔教徒创建国教的意图。这一时期的文章还有《我之人生观》《政治家之诚意》《一国善势力之养成》等，都是围绕改造国民思想道德这一主题展开的。需要补充提出的是，恽代英始终倡导身体力行以改造国民素质，即并非单单强调国民道德水平的提高，而是从力行的角度，为提高国民道德水平指出了实践的途径并言行一致的逐一践行，首先时刻注重自身道德修养以身作则，坚持每日写日记反省进步；其次专门著文如《力行救国论》《践履道德的勇心》等向国人特别是广大青年宣传实践活动的重要性；再次积极投身教育、宣传等各种文化运动；此外还组织各种进步团体共同修养等。

　　在五四为界的新文化运动后期，恽代英注重的是以科学的指导思想寻求挽救国家危亡的根本方法，在完成自身向马克思主义者转变的同时，逐步形成了文化是反映经济状况的社会心理的认识。1920 年 7 月在《怎样创造少年中国》一文中，恽代英在论述新文化新道德时，指出了唯物史观对道德问题的科学分析："我从一方面很信唯物史观的意见，他说道德是随经济演化而演化的。"② 1923 年 5 月则在《做人的第一步——比研究正确的人生观还重要些的一个问题》一文中，指出比研究人生观更为迫切的是在现有制度下寻找救国的根本方法："所以你最要能懂得社会，最

---

　　①　《恽代英全集》第 1 卷，人民出版社 2014 年版，第 30 页。

　　②　《恽代英全集》第 4 卷，人民出版社 2014 年版，第 124 页。

要能懂得如何是改造社会最好的方法。"① 1923 年 11 月在《道德的生活与经济的生活》一文中，明确指出经济对于思想道德的基础性决定性地位："人的道德心，最怕碰着了经济上的计较心，一天有这样经济的制度——一天有这样要不顾人家疾苦，或甚至于要利用人家疾苦以自图利益的经济制度——什么道德行为总是空话呢！"② 在此基础上，恽代英在 1923 年 12 月的《读〈国家主义的教育〉》中，直接指明了东方文化（中国民族性）和西方文化的实质，对文化作出了符合历史唯物主义的界定："我以为所谓民族性，实则系由各民族经济状况所反射而形成的。除气候、山脉、河流等影响于一般精神生活外，生产的方法，亦给心理上很大的影响。普通所指西方文化，常即指他们机器生产、大量生产下的心理生活。"③

恽代英对文化概念的理解和界定始终是从中国的现实国情出发的，最初将文化与文明混用，指代人们在物质和精神领域创造的全部成果，在最广泛意义上界定文化概念，是在中国向西方学习以挽救民族危机背景下必然的结果。其后由专注于文化中的国民思想道德领域的研究到逐步揭示经济基础对于观念形态的文化的决定作用，恽代英对文化概念的界定由广义转向了狭义，这一转变伴随着他在哲学领域由坚持早期朴素的物质实在观点进而坚定历史唯物主义立场，因此是建立在科学的理论基础之上，有利于革命的推进，社会的转型。恽代英在近代中国社会转型的复杂背景下科学地分析了文化的本质，从而明确界定了文化的概念，他的这一表述与毛泽东在《新民主主义论》中阐释的"一定的文化是一定社会的政治和经济在观念形态上的反映"④ 交相呼应，体现了早期革命领袖的理论勇气和文化自觉。但是恽代英对于文化概念的这一界定，着重突出了经济基础对于社会心理的决定作用，而未涉及思想文化对经济政治的能动作用，客观上限制了他对与文化问题例如文化建设的规律等的进一步深入研究。分析其原因，这一概念界定的局限，实质上并非来源于他认识上的局限，一方面他非常注重教育、宣传等作用于人的思想的活动对于革命运动的积极作用，并在《致少年中国学会全体同志》一文中明确指出"讲学与文字鼓

① 《恽代英全集》第 5 卷，人民出版社 2014 年版，第 73 页。
② 同上书，第 136 页。
③ 同上书，第 258 页。
④ 《毛泽东选集》第 2 卷，人民出版社 1991 年版，第 694 页。

吹"① 必须注重其改造社会的特性。另一方面他在《文学与革命》《〈中国所要的文学家〉按语》两篇文章中明确指出没有真正认识到经济、政治受压迫的现实的文学家就不可能产生具有战斗性的革命文学作品，而并非他不注重文学对于革命的作用。

二　全面阐释文化的内涵

恽代英的文化思想，是为救国而服务的。1895 年中日《马关条约》签订不久，恽代英出生在封建社会末期的官宦世家，成年之前即亲身经历了戊戌变法、义和团运动、辛亥革命等爱国运动，对近代中国封建社会必亡的命运有着清醒的认识，对于新社会新文化有着无限的憧憬，在他的文章中曾多次使用了"黄金世界"来形容未来新社会，对于新文化的内涵，也随 1915 年开始的新文化运动和五四后向马克思主义者的转变逐渐作出了民主、科学、民族、大众的阐释。

恽代英心目中的新文化首先应当是民主的。所谓民主，是与强权、专制相对立的，是提倡民权、民政、民治的文化。辛亥革命推翻了在中国延续两年多年的封建专制制度，建立起中华民国，本应实现政治民主进而文化民主，但政权却为军阀窃取，加之不断的外敌入侵，中国又陷入军阀专制和帝国主义强权的泥潭。中华民国九年伊始，恽代英明确阐述了他心目中与强权专制斗争实现民主的系统规划："注意动的修养，练习团体生活，辅进文化运动，倡导社会教育。"② 并以此作为他建立民主的新文化的行动指南，在这些方面积极实践。民主就是人民当家做主，恽代英认为在当时的中国，学生掌管学校权力是国民掌握国家权力的第一步，因此他力主学生自治，认为"学生自治是学校的一种教育"。③ 并从民主国家国民应具备的对理性的服从和对非理性的反抗这样的基本素养方面，具体指出了在仍然是专制社会的当时，学校对学生民主精神的教育侧重培养顺从意识而忽略培育斗争精神的弊端。学校的民治化加上民主意识的平民化才能推进民主化，恽代英在领导武汉学生运动的过程中提出了通过宣传提高

---

① 《恽代英全集》第 4 卷，人民出版社 2014 年版，第 42 页。

② 同上书，第 2 页。

③ 同上书，第 490 页。

平民觉悟，以达到联合各界民众推进民主革命的目的。他还通过对辛亥革命的反思，强调了运用包括哲学、文学、艺术等手段在内的新文化来倡导民权的重要性。北洋军阀的专制统治客观上促成了国共统一战线的建立并发起了北伐战争，1927 年蒋介石汪精卫等右派窃取了北伐战争胜利的果实，随后建立起国民党独裁统治。恽代英对国民党政府的反民主本质有着清醒的认识，他在中共早期领导人中率先对三民主义进行了全面论述，在谈及民权主义的时候指出中华民国的共和政治与孙中山的理想方略大相径庭，揭示了国民党走向独裁路线的现实基础。1929 年又在总结国民党第三次全国代表大会时旗帜鲜明地指出国民党代表民族资产阶级利益，为巩固政治地位还对封建势力妥协的本质，他专门列举了国民党剥夺国民权利的论调："在训政时期，政权归国民党，治权归国民政府，并且说，他们可以限制人民集会、结社、言论、出版的自由。"① 勾勒出叛变革命的国民党假民主真独裁的嘴脸。国民党的这种独裁文化是与民主要求格格不入的，恽代英在及时深刻批判其反民主本质的同时，还对包含真正民主的社会主义文化建设进行了积极探索，他密切关注苏俄情况，曾为介绍苏俄教育译文做按语，为中国新文化建设提供了参考；他还积极考察了闽西苏维埃的建设情况，对其民主建设提出了意见建议。

　　新文化亦应当是科学的。所谓科学，即反对迷信和愚昧，提倡拥有科学的内容与科学的方法的文化。恽代英是中华大学哲学系学生，新文化运动初期他即利用自己朴素的唯物主义理论基础，运用现代科学成就阐述了科学的认识论观点，对迷信鬼神的学说进行了分析批判，集中体现在《新无神论》和《怀疑论》两篇文章中。在现实生活中，鬼神的学说始终与宗教密切联系，反对迷信鬼神不得不梳理宗教问题，恽代英敏锐地意识到"宗教与哲学，在一般人心中，其实大家都未分别明白"。② 因此普通人常常无法划定愚昧的迷信与科学的哲学的界限，不利于反对迷信倡导科学的新文化建立和发展，基于此他抓住少年中国学会评议部通过《有宗教信仰的人不得入会》决议案的契机，写就《我的宗教观》，分析指出宗教与哲学都源自于意识到一切事物背后不可思议的权力，只是对待它的方法有迷信和理智之分，宗教亦有其功效，因此对待宗教应取保持怀疑避免

---

① 《恽代英全集》第 9 卷，人民出版社 2014 年版，第 250 页。
② 《恽代英全集》第 4 卷，人民出版社 2014 年版，第 444 页。

盲从的态度，并特别提出反对基督教的传教活动。反对迷信还包括反对对以儒家学说为代表的传统思想文化的迷信，1919 年年底恽代英专门撰文驳斥了孟子的"不孝有三无后为大"理论，认为这一说法源于断香火和人类灭种的顾虑，都是毫无科学依据的无稽之谈。难能可贵的是，在新文化运动对中国封建传统文化彻底否定的热潮中，恽代英明确区分了对封建思想的迷信与对传统文化的继承，指出"我平日不菲薄孔子，而且有些地方很敬重他。但是，我很菲薄孔教徒，自然程、朱、陆、王等在外"。① 在反对迷信的同时，恽代英认为在民族危亡，社会问题丛生的时代背景下，探索建立新社会新文化需要掌握科学的方法，因而应侧重于社会科学领域的研究和实践。他指出"学问便是告诉我们最正确最有效力的做事方法"。② 中国的社会出了问题，需要运用科学的方法破坏旧社会，建立新社会，这就凸显了研究社会科学的迫切性。他连续写了两篇文章讨论学术与救国的问题，驳斥了种种对社会科学的偏见，还专门探讨了研究社会科学的方法，指出在从事有益于社会改造的实践的同时，应从研究历史和时事的知识着手进而研究理论。

新文化还应当是民族的。所谓民族的，即反对帝国主义侵略，反抗民族压迫，提倡民族独立和解放，体现民族特点的文化。恽代英在与帝国主义侵略的抗争过程中始终高度重视反对帝国主义的文化侵略问题。1923 年 10 月他在为少年中国学会苏州大会撰写的宣言中，首次明确将"提倡民族性的教育，以培养爱国家保种族的精神。反对丧失民族性的教会教育，及近于侵略的文化政策"。③ 作为实现学会寻求民族独立这一方针的纲领之一提了出来，着重关注了迷惑国人的教会教育这一帝国主义文化侵略活动。他还通过对庚子赔款的深入分析，对众多青年身上多重压迫的具体分析，揭示了帝国主义文化侵略的实质："其实所谓文化侵略，亦只是经济侵略而已。"④ 随着帝国主义侵略活动的不断深入，恽代英认为有必要系统清算帝国主义的文化侵略恶行，于是在 1926 年 6 月发表了《反对帝国主义的文化侵略》一文，一一历数了帝国主义文化侵略的各种形式，包括教会的宗教宣传、教会学校的宗教教育、招收留学生、创办中西文媒

① 《恽代英全集》第 3 卷，人民出版社 2014 年版，第 72 页。
② 《恽代英全集》第 4 卷，人民出版社 2014 年版，第 157 页。
③ 《恽代英全集》第 5 卷，人民出版社 2014 年版，第 98 页。
④ 《恽代英全集》第 7 卷，人民出版社 2014 年版，第 220 页。

体、讲演宣传等；具体分析了帝国主义文化侵略的原因，即软化驯服弱小民族以实现其经济利益；准确概括了帝国主义文化侵略的结果，即中国民族精神的缺失等。最为可贵的是，在这篇文章中，恽代英特别强调了反对帝国主义文化侵略并非反对欧美文化，指出学习欧美文化优点的必要性，同时也提醒大家要警惕盲目赞美中国文化的错误行为；他强调反对帝国主义文化侵略也不应该藐视谩骂受帝国主义文化侵略政策欺骗的人，提出了团结帮助这部分力量的主张；他论述了反对帝国主义文化侵略与反对宗教迷信的区别，指出基督教与帝国主义的联系是反对它的主要原因。这些注意事项使反对文化侵略运动建立在积极的建设性的基础之上，对建立民族的新文化具有重要意义。

新文化更应当是大众的。所谓大众的，即反对特权，主张通过文化的普及及大众的提高使文化为大众所有，提倡代表大多数人利益的平民的文化。恽代英是通过致力于平民教育推进教育普及、号召广大农工民众以建立大众的新文化的。1920 年 3 月他和刘功辅共同起草了湖北《平民教育社宣言书》，认为近代中国积贫积弱根源于教育未能普及，知识只掌握在少数特权阶级手中，因此提出创办平民学校以普及教育的主张。对于平民教育的内容，恽代英从革命斗争的现实需要出发，认为只注重识字教育远远不够，"应当注意教一般平民社会科学的知识，注意教一般平民，做各种实际的社会活动"。① 至于平民的界定，随着革命斗争实践的推进，以及对中国国情的了解，恽代英日益认识到广大农民阶级在平民中的主体地位。在规划利群书社的发展时期，恽代英就提出到农村发展乡村教育和乡村实业的课题。至国民革命兴起之时，恽代英明确指出："农民占全国人口百分之七十以上，所以是民众的一大部分。"② 由此将平民教育侧重点转向于农民教育。以农民为主体的平民教育如何进行？恽代英认为，以青年学生为主体的知识分子到农村去与农民相结合，要遵循因势利导的原则，通过开展识字、珠算等农民需要的教育来 "接近农民，调查他们的生活，学习他们的语言"。③ 这其中就不单单是教育向以农民为主体的大众的普及问题了，还包括广大知识分子向农民学习向社会学习提高的问

---

① 《恽代英全集》第 6 卷，人民出版社 2014 年版，第 90 页。

② 同上书，第 418 页。

③ 同上书，第 335 页。

题，因此恽代英总结说："我们要教育农民，先让农民来教育我们。"①

　　恽代英对新文化内涵的认识，受主客观原因限制，还未上升到明确地将民主、科学、民族、大众这些词汇作为新文化的内容直接表述出来的阶段，但通过以上梳理，我们发现他对于新文化四大内涵的思想认识是明确的，这一认识同张闻天对新民主主义文化内涵的表述也是高度一致的。同时恽代英是根据革命实践的发展渐次完善新文化的内涵，表明在他的认识当中，只要能对四者其中之一有所贡献的，都是新文化的组成部分，并不需要四者同时具备才能视其为新文化。而民主、科学、民族、大众之间是有机联系在一起的，民族独立是建立民主、科学、大众的新文化的基本前提，民族、民主的新文化要通过科学的知识方法和广大民众的参与才能建立，而用科学的方法追求民族民主，最终还是为了实现最广大人民的根本利益，因此恽代英认识中的新文化内涵相互之间是联系着的有机整体。

三　正确处理各种文化之间的关系

　　文化是建立在一定的经济基础和社会关系之上的，经济的前提和条件起决定性作用，但是文化的发展又有其独立性，不仅"政治等等的前提和条件，甚至那些萦回于人们头脑中的传统，也起着一定的作用。"② 恩格斯在致梅林的信中也论证过："历史方面的意识形态家（历史在这里应当是政治、法律、哲学、神学，总之，一切属于社会而不是单纯属于自然界的领域的简单概括）在每一科学领域中都有一定的材料，这些材料是从以前的各代人的思维中独立形成的，并且在这些时代相继的人们的头脑中经过了自己的独立的发展道路。"③ 因此新文化的建立和发展必须处理好各种文化之间的关系。近代中国社会半殖民地半封建的社会性质，决定了在无产阶级建立新文化并逐渐上升为主流文化之前，封建社会传统文化、西方文化（这里特指欧美文化，下同）、中国资产阶级文化处于竞争并存的状态，无产阶级的新文化的建立必须正确处理与上述各种文化的关系，依据文化自身发展规律而实现。恽代英较早地意识到"夫近日之世

---

① 《恽代英全集》第 6 卷，人民出版社 2014 年版，第 394 页。
② 《马克思恩格斯文集》第 10 卷，人民出版社 2009 年版，第 592 页。
③ 同上书，第 658 页。

界，以文化相竞争之世界也"。① 因此他对于中国文化的进步、新文化的建立有着强烈的憧憬，对作为新文化建设材料的封建社会传统文化、西方文化、中国资产阶级文化进行了审慎的观照和思考，形成了处理各种文化之间关系的理论观点，为新文化的建设作出了其特有的努力和贡献。

批判继承传统文化。中国有着两年多年的封建社会历史，亦有着漫长的封建传统文化发展轨迹。但是近代以来的民族危机导致了封建传统文化统治地位的丧失，其反动落后性也日益为先进力量所批判，主要体现在它为维护封建专制，对内禁锢思想、传播迷信，对外依附强权、妥协退让。五四新文化运动树立起"民主与科学"的旗帜，倡导建立先进的文化以挽救民族危亡，众多的知识分子们彻底否定了封建社会流传下来的传统文化，以此与反动落后的传统文化划清界限，这就不可避免地忽略了传统文化中应予以继承的积极因素。文化是一个历史范畴，其建设和发展遵循现实性与继承性统一的规律。恽代英对此有着清醒的认识：新文化运动兴起之初，不少人认为私塾应该彻底废除，在此基础上才能推广新式教育，恽代英则指出在国家教育资金并不充裕的情况下，完全可以通过改良私塾教育的方法来推广新式教育，且更易为社会所接受，还专门列举了实行此法的具体注意事项。这种在教育活动中利用旧形式倡导新内容的做法不失为新文化建设过程中最经济最符合中国实际的方法；恽代英还对传统文化的精华亦给予了充分肯定，1917 年 9 月他在日记中就质疑了《新青年》文字改革的倡议，他认为"中国文学认为一种美术，古文、骈赋、诗词、乃至八股，皆有其价值。而古文诗词尤为表情之用。……吾人今日言通俗文而痛诋文学，亦过甚也"。② 同时还认为"中国无一本好小说"的说法"亦一种过论"③；大革命时期，恽代英在参与与国家主义者的论战中，指出了全盘肯定、固守中国传统文化拒绝新文化的建设和发展的理论宿命，他认为中国固有文明虽然灿烂繁荣，但却是一去不复返的小生产制度的产物，"小生产制度既破坏而不可恢复，这样的文化自然亦破坏而不可恢复。……文明的古国，非努力求所以适应于近代的文化，终只有归于衰弱破灭之一途"④。在《评王光祈著〈少年中国运动〉》一文中，他更明确

---

① 《恽代英全集》第 2 卷，人民出版社 2014 年版，第 7 页。
② 《恽代英全集》第 1 卷，人民出版社 2014 年版，第 534—535 页。
③ 同上书，第 535 页。
④ 《恽代英全集》第 6 卷，人民出版社 2014 年版，第 557 页。

地批判了王光祈主张的以恢复中国古代礼乐为目标的民族文化复兴运动，否定了文化复古主义态度。恽代英对待封建社会传统文化，保持了冷静和理性，既不完全否定亦不全盘肯定，而是根据新文化建设发展的需要去其糟粕取其精华，区分形式和内容为我所用，在维护民族文化延续性的基础上批判地继承传统文化。

吸收借鉴先进的西方文化。马克思恩格斯在《德意志意识形态》中使用了"世界历史"一词，专指 16 世纪以来资本主义大工业发展使各民族紧密联系在一起的历史，并基于此提出了世界文化的概念，晚年马克思恩格斯又补充了对民族社会和文化发展多样性的认识。因此中国建立的新文化作为世界文化的有机组成部分，必然在世界历史当中，与西方资本主义国家的文化发生各种关系，以怎样的态度对待西方文化，就成为新文化建设和发展过程中无法回避的课题。恽代英对待西方文化，有着明确的吸收借鉴其先进性内容，警惕抗击其反动性内容的态度。1917 年 10 月在《经验与智识》一文中讨论片面夸大经验和把知识绝对化两种错误倾向不利于救国实践时，他就曾说："窃谓居于今日之世界，宜沟通中西文明之优点，以造成吾国之新精神。"[1] 指出了学习借鉴西方文化对于建设新文化的必要性。而在《不用书教育法之研究》一文中，恽代英则从当今世界是文化竞争的世界这一判断出发，充分认识了中国文化在世界文化竞争中"为后进之国"[2] 的地位，并指明了为西方文化侵略的危险，呼吁中国发展教育事业，积极参与文化竞争。因为要竞争，恽代英认为我们"不能不采用欧美的生产方法，所以亦不能不酌量移植一些欧美的文化"。[3]这就表明了对西方文化的优点持明确的学习借鉴的态度。同时他提醒民众，不能因此而对欧美文化产生盲目的崇拜迷信，并进一步论述了打破崇拜欧美文化迷信的方法。对于西方文化的反动面，恽代英也有着清醒的认识，在《少年中国学会苏州大会宣言》《我们为什么反对基督教》《反对帝国主义文化侵略》等文章中揭露帝国主义国家利用教会教育、招收留学生等隐形手段进行文化侵略的实质，这也是西方文化反动性的集中体现。总而言之，恽代英对待西方文化持在共存竞争中积极吸收借鉴的态

---

[1] 《恽代英全集》第 1 卷，人民出版社 2014 年版，第 344 页。

[2] 《恽代英全集》第 2 卷，人民出版社 2014 年版，第 8 页。

[3] 《恽代英全集》第 5 卷，人民出版社 2014 年版，第 259 页。

度，他并没有因为西方文化的反动性而采用全盘否定的态度，相反，他着重指出反对帝国主义文化侵略并非反对欧美文化，也没有因为西方文化的先进性而盲目崇拜，而且广泛宣传打破对欧美文化迷信的方法，始终是以有利于中国新文化的建设为原则的。

适时团结利用三民主义。这里的三民主义，指的是孙中山提出并阐释的三民主义，不包括其后由其他政治派别代表曲解宣传的所谓三民主义内容。孙中山是资产阶级革命派的领袖，他终身为实现中国的民族民主革命而不懈奋斗，晚年提出联俄、联共、扶助农工政策，发展完善了三民主义，也因此奠定了中共与之合作的政治基础。发展完善了的三民主义包含更为丰富和科学的民族、民主、大众民生的内涵，对近代中国具有重要的启蒙和救亡作用，实质上是中国民主革命时期新文化的阶段性体现。恽代英对待三民主义这一新文化的态度经历了由积极肯定到批判升华的过程。1923 年恽代英从军阀混战的政治乱局出发，首先肯定了三民主义对于当时中国的价值，他指出"我们相信一种主义，只是要他能帮助我们解决眼前的困难问题"①，三民主义"在中国总要算最有系统的、最能眼光笼罩及各方面的、最切实合于国情的，而可惜是最被一般国民忽略的一种主张"。② 在此基础上，他在中共早期领导人中率先详细阐述了三民主义的具体内容，科学解读了民族、民权、民生中进步的内涵，包括将民族主义由排满兴汉扩展到明确提出反帝主张，将民权主义扩展为包括一般平民的完整的民治计划，着重凸显了民生主义主张实业建设但节制资本的特点等。孙中山逝世后国民党日益分化反动，恽代英在与打着三民主义旗号的国民党其他派别思想理论进行斗争的过程中，也逐渐实现了对三民主义的批判和升华，憧憬着无产阶级新文化的建立和发展。1925 年在与戴季陶主义进行斗争，批评他曲解孙中山关于中国固有文化与发展阶级势力问题的观点时，恽代英还维护了孙中山理论观点的科学性，指出孙中山理论中"排斥'反科学'的中国文化"与"民族革命的自信力没有什么必要关系"③，反对工农阶级势力的扩大也并非孙中山本意。1929 年在批判国民党改组派理论观点时，恽代英则对孙中山的三民主义进行了理性的批判，

---

① 《恽代英全集》第 5 卷，人民出版社 2014 年版，第 160—161 页。
② 同上书，第 174 页。
③ 《恽代英全集》第 7 卷，人民出版社 2014 年版，第 209 页。

指出其中还包含着反革命的部分："大汉族观念、东方文化观念'千邦进贡，万国来朝'观念、先觉后觉不觉之区分的观念、反对工农自动手的观念"[①] 等，正是因此，他认为三民主义并不能作为指导新文化运动的理论基础，同时由于中国资产阶级的软弱性，三民主义中民族、民主、大众的内在要求在当时的中国根本无法实现，因而具有虚伪性，恽代英坚决地予以彻底否定，指出中国只有依靠工农群众自己的力量，建立起工农苏维埃政权才能建立真正的民族、民主、科学、大众的新文化。

马克思主义也属于一种外来文化，恽代英要思考建立中国的新文化，要处理与各种文化之间的关系，同样需要回答如何对待马克思主义这一问题。恽代英在自身朴素的唯物主义观点基础上找到了与马克思主义唯物史观的共鸣点，在对近代中国国情的深刻认识基础上找到了中国革命与将马克思主义由理论变为现实的俄国革命的相似点，经过革命实践的洗礼，于1921—1922 年完成了自身由激进的民主主义者向马克思主义者的转变，坚定地将马克思主义作为指导思想，运用于革命实践。在恽代英的脑海中，中国新文化的建设和发展，应批判地继承传统文化，吸收借鉴进步的西方文化，适时团结利用三民主义，最终建成在马克思主义指导下无产阶级的新文化。

恽代英的文化思想是恽代英思想的重要组成部分，如同其哲学思想、政治思想、教育思想一样，亦有着丰富的内涵。作为中共早期杰出的革命领袖，恽代英在将马克思主义与中国文化实际相结合的过程中，逐渐形成了独具特色的文化思想，为新民主主义文化理论的最终形成作出了探索性的贡献，对于推动近现代中国文化转型功不可没。本文希望通过客观的梳理恽代英文化思想，为推动社会主义文化大发展大繁荣增添历史的思想资源，为建设社会主义文化强国提供宝贵的思想启迪。

（刊于《陕西师范大学学报》2015 年第 6 期）

---

① 《恽代英全集》第 9 卷，人民出版社 2014 年版，第 152 页。

后　记

作为一名高校的政治理论课教师，在教学之余从事哲学社会科学研究是分内事、题中意。在30多年的教学工作中，我凭借一种使命和责任，对科研工作从不敢偏废，也不敢懈怠。我的科研工作主要集中在中共党史、马克思主义中国化的研究上，重点是中共历史人物的研究。之所以如此，在我看来，人物研究是历史学的一个重要载体，重视人物研究是我国历史学科的优良传统。中共历史人物研究既是中共党史、中国现代史和人民共和国史的重要组成部分，又为中共党史、中国革命史和中国近现代史提供丰富而具体、生动而鲜活的史料，当然，还能为社会主义精神文明和文化建设提供重要支撑。

这本文集是从自己30余年所发表百余篇论文中，选取33篇中共历史人物研究的文章（2001年由中国社会科学出版社出版我的《周恩来研究论稿》所收的周恩来研究的30篇论文，当然不会重复出现在此，而本文集所收周恩来研究的8篇论文均是2002年以后撰写和发表的），所涉猎的人物几乎涵盖党的第一代领导集体的全体成员（林彪陈外），第二代领导集体的核心及核心成员。此外，还收入研究党的创始人及早期理论家、教育家各一篇，这样做是觉得这几篇文章对当前的借鉴意义更强烈。

需要说明的是，《严教亲属的典范精神文明建设的楷模——读〈董必武诗选〉断想》和《论"两手抓""两手硬"——学习邓小平南方谈话札记》两文分别发表于1986年和1992年，当时，《邓小平文选》第2卷、第3卷还未出版，所以，这两篇文章的注释都沿用了当时的注释，以求保持一种"历史真实"。

还需要说明的是，如下文章是同他人合作完成、以自己为第一作者发表的：《论毛泽东的调查研究实践与思想——纪念毛泽诞辰110周年》《毛泽东与马克思主义中国化》《略论陈云关于党风建设的思想》是同解放军西安政治学院的王明副教授合作的；《毛泽东的诚信价值观及其现实意义》《周恩来对新中国宗教工作的思考与实践》是同临沂大学的刘涛副教授合作的；《延安时期毛泽东马克思主义大众化探索及其当代价值》是同南阳师范学院焦金波副教授合作的；《〈论党〉与马克思主义中国化》是同西安理工大学刘玲副教授合作的；《从经典走向大众——刘少奇〈论共产党员的修养〉的传播及启示》是同陕西师范大学任晓伟教授合作的；《从毛泽东哲学思想的形成和发展看中国共产党的理论创新》《1940—1947年朱德在延安的思想和实践贡献——兼谈朱德对马克思主义中国化的贡献》是同西北工业大学李鹏讲师合作的；《近三十年来李达研究述评》是同青海师范大学方立江教授合作的。这几位合作者都是自己昔日的硕士生或博士生，合作过程是在本人教学科研任务太忙，实在拉不开"栓"的情况下，要么是把我写成的半成品让他们帮忙续写完，要么是由我"拉条子"定出提纲由他们写成初稿、我再充实修改定稿，还有的是学术讨论中有时不谋而合想到一起形成论文。在此，对他们的辛勤付出表示由衷的尊重和诚挚的谢意。

在文集筛选和编排中，我的博士生贾晋锋、尤其是硕士生吕越颖及任晓伟教授做了大量繁杂而具体的电子文本处理工作，对他们的感激之情是难以言表的。

陕西师范大学马克思主义学科建设经费为本书的出版提供了支持，感激之情是不言而喻的。

感谢著名书法家贾温性先生为本书题写书名。

特别感谢全国政协常委、中国中共文献研究会副会长、邓小平思想生平研究会会长、原中央文献研究室常务副主任杨胜群研究员在承担科研、行政工作和国事参政议政等繁重任务的同时拨冗为本书作序。

对中国社会科学出版社责任编辑宫京蕾同志认真负责、一丝不苟为本书出版所付出的辛勤工作，表示谢忱。

真诚希望读者对本文集的任何篇章批评指正。

陈答才

2015 年 12 月 20 日